도구로서의 교육을 넘어

Obstinate Education :
Reconnecting School and Society

흔들림 없는 교육

도구로서의 교육을 넘어

거트 비에스타 Gert J. J. Biesta 지음

이민철 옮김

씨아이알

일러두기

1. 외래어 표기는 국립국어원 외래어표기법 규정을 따랐으나, 용례가 굳어진 경우에는 통용되는 표기를 따랐다.
2. 본문 내 진한 글씨는 원문의 이탤릭을 옮긴 것이다.
3. 옮긴이가 독자들의 이해를 돕기 위해 덧붙인 주석에는 (옮긴이) 표시를 했으며, 그 외의 주석은 모두 원저자의 것이다.
4. 단행본 및 정기간행물의 제목은 『 』, 논문 제목은 「 」로 표기했다.
5. 국내에 번역 출간된 단행본이 본문에 언급된 경우 국역본 제목을 따랐고, 번역 출간되지 않은 경우 최대한 원서에 가깝게 번역하고 원제를 병기했다.

obstinate

중세 영어(mid-14c.)에서 유래
라틴어 obstinatus — '결연한, 단호한, 고집 센'을 의미
동사 obstinare의 과거분사형
뜻: 고집하다, 단호히 서다, 마음을 정하다

정의

1. (사람이) 이성적 설득이나 논리에도 불구하고 완고하게 자신의 의견
   ·목적·방향을 고수하는

예) She remained obstinate, refusing to admit she was wrong.
   (그녀는 자신이 틀렸다는 것을 인정하기를 거부하며, 완고한 태도를 고수했다.)

2. (문제나 상태가) 쉽게 해결되거나 제거되지 않는, 고질적인

예) an obstinate cough (좀처럼 낫지 않는 기침)

옮긴이의 말

행복한 사람들은 일반적으로 '가슴이 얼마나 떨리는가'를 중요한 기준으로 직업을 선택하며, 내일을 기다리는 마음으로 삶을 살아가는 경향이 있다. 국가 차원에서 이러한 사람들이 차지하는 비율이 높을수록 당연히 행복지수도 높게 나타난다. 이와 같은 사회는 자아실현과 직업에서의 의미를 중시하며, 개인이 '가슴 뛰는 일'을 직업으로 선택할 수 있도록 제도적·문화적 조건을 갖추고 있다. 이 중에서 중요한 것은 실수와 실패에 대해 관대한 경향을 보이는 것이다.

반면, 오늘날 우리 사회와 학교의 공통적으로 문제는 실패 혹은 실수의 가능성을 쉽게 용납하지 않는 것이라고 할 수 있다. 단 한 번의 실수나 실패로 인해 인생의 목표가 좌절될 수 있다는 두려움이 사회에 첫발을 내딛는 젊은이들과 학교에서 학업에 매진하는 학생들의 마음을 움츠러들게 하고 있는 것이다. 사회의 제반 영역이 아무리 치열한 경쟁을 토대로 운영된다 해도 이러한 경쟁의 광품이 아무런 여과 장치 없이 학교로 스며드는 것은 교육적으로 바람직하지 않다. 그러나 우리의 현실은 사회와 학교가 경쟁이나 하듯이 무한경쟁의 원리에 의해 지배되고 있음을 부인하기 어렵다. 학교에서 실수를 두려워하는 성향을 몸에 배고 졸업한 학생들이 실패의 길을 회피하는 방향으로 사회생활에 첫발을 내딛는 것은 너무나 당연한 일이라고 볼 수 있다. 학교에서의 실수와 실패를 두려워하는 경향이 사회로 이어지면서 사회가 더욱 치열하게 경쟁 중심으로 운영되고 사회의 이러한 풍토가 다시 학교 교육에 영향을 미치는 악순환의 고리가 계속 이어지고 있는 것이다.

이 책의 저자는 사회의 요구가 직접적으로 학교 교육활동을 지배하는 것에 대해서 비판의 자세를 취하고 있다. 이는 학교와 사회를 서로 분리된 채 운영해야 한다는 의미가 아니라 학교가 사회의 직접적인 요구에서 일정한 거리를 둘 때, 오히려 학교도 살고 사회도 산다는 의미로 받아들여야 할 것이다. 이는 현재와 같이 사회의 온갖 요구를 직접 학교의 교육활동에 끊임없이 반영하려는 우리의 현실에 대해 깊이 성찰할 것을 요청하는 것이라고도 볼 수 있다.

저자의 문제의식

어릴 때 시골에서 다른 문화적 흥밋거리를 향유할 기회가 제한되어 있었던 아이들은 가끔 이동 영화사들이 마을을 방문하여 보여주는 영화를 무척 좋아했다. 입장료를 내지 못하는 아이들은 온갖 지혜(?)를 짜내서 몰래 천막 안으로 들어가기도 했다. 다른 마을에서 워낙 여러 번 돌린 필름이라 한 편의 영화가 끝날 때까지 필름이 끊기는 사례도 많았다. 그러면 영화 상영을 잠시 멈추고 망가진 필름을 가위로 잘라낸 다음 다시 돌리기도 했다. 운 좋게 잘린 필름을 손에 넣은 아이들은 필름 속에 찍힌 여러 장의 사진들을 보고 누가 설명해주지 않아도 간밤에 본 영화의 기술적 진실(?)에 대해 어렴풋이 짐작을 한다. 영화는 필름을 돌릴 때만 활동 사진이 되어 장면 하나하나가 살아 움직인다는 것을 깨닫는 것이다. 말하자면 영화는 '실체(entity)'로서의 필름에 있는 것이 아니라 필름이 릴에 감겨 돌아갈 때만 순간적으로 보이는 일시적인 가상의 세계일뿐이다. 필름을 아무리 잘 만들어도 기계에 의해서 제대로 돌아가지 않으면 멋있고 훌륭한 영화를 관람하는 것은 불가능하다. 영화는 실체가 아닌 것이다.

추억을 소환하여 사소한 얘기를 다소 길게 한 것은 학생과 교사의 삶에 중요한 영향을 주는 교육의 의미 역시 교육정책이나 교육과정에 객관적으로 존재하는 '실체'가 아니라 교육정책이나 교육과정을 도구로 삼아 학생과 교사가 교육의 장에서 상호작용을 할 때만 순간적으로 존재하는 것일 뿐임을 암시하고자 해서이다. 이 간단하고 당연한 사실을 인정할 때 교육정책이나 교육과정만 잘 만들면 훌륭한 교육이 이루어지리라 기대하는 것은 하나의 환상임을 쉽게 깨달을 수가 있다. 그런데 교육활동이 영화 상영과 다른 점은 필름을 좋은 릴에 감아 좋은 영사기에서 돌리기만 하면 되는 영화와는 달리 교사와 학생은 교육정책 혹은 교육과정을 기계적으로 실천에 옮기는 존재들이 아니라는 점이다. 영화 필름은 관객이 원하면 억지로 돌릴 수도 있는 것이지만 교육은 교사와 학생의 외부에서 누가 혹은 무엇이 강요한다고 해서 그대로 실천되는 것이 아니라는 점이다.

그런데 우리의 교육은 어떤가? 나라 안에서는 시대·사회적 요구들이 끊임없이 교사와 학생의 교육활동 속으로 밀려오고 나라 밖에서는 여전히 교육 선진국의 사례의 수용을 압박하는 흐름이 교사와 학생들에게 전달되고 있다. 이러한 현상은 비단 우리나라만이 아니라 세계적

흔들림 없는 교육 : 도구로서의 교육을 넘어

인 현상이라 할 수 있다. 정책의 근간을 책임진 위치에 있는 사람들은 이런 흐름에 원만히 대처하지 못할 때 예상되는 나라의 미래를 걱정하느라 밤잠을 설치고 있을 것이다. 우리의 교육 역시 끊임없이 변해야 하는 것은 선택이 아니라 당위일 수밖에 없다. 그러나 이 당위의 과제는 강요한다고 해서 기대하는 목적을 이룰 수 있는 것이 아니라는 데에 어려움이 있다. 교육은 다른 현상과 마찬가지로 복잡계의 특징을 지니고 있어서 기대하는 것이 거꾸로 나타나는 사례가 허다하기 때문이다. 입시에 대한 압박을 줄이려는 정책이 새로운 방향에서 더 많은 입시 압박을 불러오고 사교육을 줄이려는 정책 또한 사교육의 시장을 더 확대했던 사례를 우리는 끊임없이 목격해 왔다. 이러한 교육의 복잡성을 진지하게 고민할 때 교육에 대한 접근 방식을 원점에서 재검토해야 하는 것이 아닌가 하는 생각을 해볼 수 있다. 시대·사회적으로 감당해야 할 시급하고 중요한 과제를 교육정책 혹은 교육과정에 체계적으로 반영하기만 하면 문제가 해결될 것이라 기대하는 것은 너무나 단순한 선형적인 사고(linear thinking)이다. 이런 사고로는 기대하는 효과를 얻기는커녕 그 반대의 결과를 초래할 수도 있다.

이와 관련하여 이 책의 저자가 주장하는 것을 우리가 익숙하게 알고 있는 과거 어느 미국 대통령의 명언으로 패러디한다면, "교육이 사회를 위해서 무엇을 할 것인가를 고민하기 전에 사회가 교육을 위해서 무엇을 할 것인가를 고민해야 한다" 정도가 될 것이다. 여기에는 사회의 요구에 맞추어 교육을 변화시키려 하기 전에 사회가 교육을 위해서 어떤 노력을 해야 할 것인가를 진지하게 고민하고 이런 고민을 바탕으로 정책을 만들어낼 때 오히려 사회에 도움이 되는 교육이 될 수 있다는 가정이 들어 있다고 볼 수 있다. 급할수록 여유를 가지고 천천히 가야 한다는 명제를 표현한 것이기도 하다. 교육을 위하는 것이 진정한 의미에서 사회를 위하는 일이 된다는 믿음이 필요하다고 해석할 수도 있다.

그렇다면 학교와 사회 중 누가 먼저 변해야 하는가? 우리의 정책 당국과 그 상대편인 학교 혹은 교사들에게는 서로 약속이나 한 듯이 서로를 향해 비슷한 요구를 해온 오랜 관행이 있다. 정책당국은 학교와 교사가 변해야 한다고 하는 반면 학교와 교사는 정책당국이 먼저 변해야 한다는 요구를 명시적이거나 암묵적으로 하고 있다. 이 책의 저자는 학교에 초점을 맞추어 교사들이 정책당국을 비롯한 외풍에 당당히 맞서야 한다고 주장한다. 우리의 교사들은 오래전부터 학교에서 교육다운 교육을 실천할 수 있으려면 정책과 제도가 먼저 바뀌어야 한다고 주장해왔다. 예를 들면 학교가 입시교육에서 벗어날 수 있으려면 입시정책을 비롯한 제반 제도가 바뀌어야 한다는 것이다. 틀린 말은 아닐 것이다. 그러나 이런 믿음에서 탈피하여 학교가, 그리고 교사가 마땅히 해야 할 일을 우선적으로 하지 않는다면 교육다운 교육은 영원히 불가능하다는 것이 저자의 생각이다. 필요한 정책과 제도가 마련되지 않은 상황에서 교육다운 교육을 한다는 것은 쉬운 일이 아님을 인정하지 않는 사람은 아무도 없을 것이다. 그러나 혁신교육과 같이 근래에 우리의 교육을 새로운 방향에서 실천하려는 움직임을 보여 온 사례를 보면 이는 교사들이 정책과 제도의 도움을 받지 않고 바른 교육이라 믿는 것을 자발적으로 실천해 왔고 그러한 노력이 하나의 흐름이 되어 역으로 국가정책과 제도의 변화를 견인해 내기도 한다는 것을 우리는 알고 있다. 물론 이러한 노력과 흐름이 반드시 성공할 것이라는 보장은 어디에도

흔들림 없는 교육 : 도구로서의 교육을 넘어

없다. 이와 관련하여 저자는 교육에는 위험이 수반된다고 보고 있다. 아니 교육 자체를 아름다운 위험으로 정의내리기도 한다.[1] 그러나 이런 위험을 회피해서는 교육다운 교육은 영영 불가능하다는 것이 저자의 생각이다.

교육은 기원부터(물론 서구의 기원이다) 모험과 실수의 가능성을 안고 있다. 학교(school)의 어원인 스콜레(schole)에는 자유 시간 혹은 여유라는 의미가 들어있다. 이러한 상황에서는 실수를 할 가능성도 끌어안는다. 여기에는 학교 교육의 과정에서 안심하고 실수를 해보는 경험을 해보는 것이 성장에 도움이 된다는 기본 가정이 들어 있다고 볼 수 있다. 우리나라 젊은이들이 당면한 가장 큰 문제점 중 하나는 학교에서건 사회에서건 실수와 실패를 할 여유를 용납하지 않는다는 점일 것이다.

우리나라의 부모들은 세계에서 둘째가라면 서러워할 정도로 교육에 대한 관심이 뜨겁다. 교육에 대한 관심을 달구는 요인을 한 단어로 표현한다면 '욕망'일 것이다. 노력하면 얻을 수 있는 것들이 많다는 것을 알면 알수록 이 욕망도 덩달아 커진다. 그러나 저자는 모든 욕망을 충족시키기에는 너무나 한계가 분명한 지구라는 행성에서 이 욕망을 무정부적으로 방치해서는 타인들과 더불어 잘 살아가는 것이 불가능하다는 것을 지적한다. 타인들과 더불어 잘 살아갈 수 없다면 모두가 불행해질 수밖에 없다.

---

1   Biesta, G(2014). *Beautiful Risk of Education.* 국내에서는 『교육의 아름다운 위험』(곽덕주, 최진, 박은주 옮김, 교육과학사, 2024)이라는 제목으로 출간되었다(옮긴이).

교육자의 역할은 아이들과 젊은이들에게 무엇을 욕망해야 하는
지 알려주는 것이 아니라, 이 질문과 더불어 살아가는 것, 즉 이
질문을 자신의 삶에서 살아있는 질문으로 만드는 것에 대한 '의
욕'을 일깨우는 것이다. … 결국 세계에서 다른 사람들과 함께 존
재하기 위해서는 욕망이 필요하므로 우리의 목표가 욕망을 없애
는 것은 아니다. 대신에 어떤 욕망이 '도움'이 되고 어떤 욕망이
'방해'가 될지 판단하는 것이 목표가 되어야 한다. (본문 p. 4-5 참고)

경제발전을 지상 목표로 삼는 정부에게 학생들이 '욕망'에 대해 철
학적으로 성찰할 수 있도록 하는 교육정책을 기대하기란 쉽지 않다. 물
론 일부 정책 담론에서 경제발전 외의 가치들이 언급되기도 하지만, 그
것들이 경제발전과 대등한 가치로 자리매김되지는 않는다. 결국 교육
에 있어서 주도적인 행위주체(agent)는 학교와 교사 및 학생이 될 수밖
에 없다. 이는 학교가 사회와 분리된 외딴섬이 되어야 한다는 주장이
결코 아니다. 학교는 지역사회와의 관계를 더욱 확장하고 관계의 밀도
또한 더욱 높여야 한다. 그러나 이것이, 학교가 개인적 욕망 추구의 도
구로 활용되는 것을 용납하는 것을 의미하지는 않으며, 지역사회와의
연결은 교육 외적인 과도한 요구를 함께 막아내는 방파제로서의 역할
이 되어야 한다. 저자가 이 책의 제목을 'obstinate education'으로 설정한
데에는 이러한 문제의식이 담겨 있다고 할 수 있다. 'obstinate'에는 '완
고한', '고집스러운', '흔들리지 않는' 등의 뜻이 있지만, 여기서는
'obstinate education'을 편의상 '흔들림 없는 교육'으로 옮겼다. 여기에는
교육의 주체들이 어떤 이론적 주장에 대해서건, 실천에 대해서건 교육

흔들림 없는 교육 : 도구로서의 교육을 넘어

외적인 요구에 흔들림 없이 당당히 대응할 것을 요청하는 주문이 들어 있다. 이 책에서는 각기 다른 방식으로 이 주제를 다룬다. 이 책의 전반적인 개요를 알아보려면 저자의 '도입' 부분을 읽으면 된다. 여기서는 저자가 다루고 있는 주제들 중 우리의 교육과 관련하여 특히 중요한 의미가 있다고 여겨지는 몇 개의 주제를 선정하여 소개하고 논의함으로써 이 책이 우리나라의 교육에 어떤 시사점을 줄 수 있는지를 성찰해 보고자 한다.

반응할 것인가, 책임을 질 것인가?

'학교와 사회의 관계는 어떠해야 하는가'라는 질문은 현실적으로 그다지 진지하게 제기되는 이슈가 아니다. 국민의 세금으로 운영되는 공교육은 당연히 사회의 요구에 따라야 한다는 것을 의심할 수가 없기 때문이다. 이러한 요구는 민주주의란 이름으로 정당화되기도 한다. 우리의 경우 고교 평준화 교육에 대한 지속적인 문제제기, 혹은 원하는 고등학교에 진학하는 것을 제한하는 장벽을 제거하라는 주장, 학교별 교과 성적을 투명하게 공개하라는 목소리 역시 이러한 요구의 연장선에 존재한다. 그러나 이와 관련하여 저자가 제기하는 문제는 이중적이다. 사회가 학교에 대해 거는 기대를 완전히 포기하는 것도 아니고 학교가 이 새로운 현실에 어떻게 가장 잘 적응할 수 있는지를 묻는 것도 아니다.

> 오히려 나의 관심은 학교가 단순히 반응하는 것(being responsive)
> 이 아니라 책임을 지는 것(taking responsibility)에 있다. … 이

COMMENTARY • 옮긴이의 말

것은 단지 학교가 사회의 기능일 뿐이고 따라서 사회를 위해 기능하는 관계일 수만은 없으며 **학교가 사회와의 관계에서 어느 정도는 기능에 역행하는 면이 있어야 하는 관계다.** 프랑스의 교육학자 필립 메리외가 주장한 것처럼 교육에는 항상 '저항의 의무(duty to resist)'가 있기 때문이다(Philip Meirieu, 2007). (본문 p. 18 참고)

짐작하다시피 반응하는 것은 학교가 사회의 요구에 순응해가는 것이다. 반면에 책임을 지는 것은 학교가 때로 사회의 요구에 역행하기도 하는 것을 말한다. 그러나 저자는 학교가 사회의 요구에 역행한다고 해서 더 나은 교육이 이루어진다고 장담할 수는 없다고 본다. 책임을 진다는 것은 의사결정의 미래를 확신할 수 없을 때 요청되는 개념이다. 반면에 미래의 목표를 분명한 것으로 설정하여 반드시 달성해야 하는 것으로 볼 경우에는 책무성이 요구된다. 저자에 따르면 교육은 책임이 요구되는 영역이다. 이 책임이 두려워 책무성의 영역으로 물러나 앉으면 교육의 변화와 혁신은 기대하기 어렵다. 이는 저자가 이 책의 제목을 'obstinate education'으로 설정한 이유를 짐작할 수 있는 대목의 하나임을 알 수 있게 한다. 여기에는 저자의 복잡성 교육의 관점이 반영되어 있는 것으로 보인다. 학교가 사회를 위해서 일방적으로 기능을 하도록 하는 것이 결코 사회에 유익한 결과를 가져오지 못한다는 것을 암시한다고 볼 수 있다. 여기에는 학교가 사회의 요구에 저항하고 사회와의 관계에서 어느 정도는 기능에 역행하는 면이 있을 때 학교도 살고 사회도 산다는 저자의 가정이 들어 있다.

흔들림 없는 교육: 도구로서의 교육을 넘어

저자는 교육의 목표로 자격부여, 사회화, 그리고 주체화를 든다. 사회화는 특별히 설명할 필요가 없는 개념이고 자격부여는 우리 식으로 말하면 실력 향상에 가까운 것이다. 주체화는 실천이 까다롭고 미묘한 개념이다. 학생들이 세계 속에서 살아갈 때 자기 나름의 자세를 발전시킬 수 있도록 지원하는 것을 목표로 하는 것이라고 간단히 정의할 수 있지만 이는 자격부여나 사회화를 목표로 가르치는 것과 같은 방식으로 접근할 수 없는 목표이다. 자격부여나 사회화를 목표로 가르치듯이 접근하면 주체화에 역행하는 결과에 이를 수도 있다는 점에서 주체화는 까다롭고 미묘한 개념이다. 그러나 현실적으로 세 가지 목표는 분리해서 가르칠 수 있는 개념이 아니라는 점에서 사태가 더욱 복잡하다. 자격부여를 목표로 가르치는 과정에서 암묵적이건 명시적이건 사회화와 주체화의 목표도 간섭을 받는다. 어느 목표를 추구해도 마찬가지다. 그래서 교육은 가르치는 사람 혹은 기획하는 사람이 기대하는 대로 결과가 나오지 않는 영역이다.

저자가 보는 학교와 사회의 관계는 상호적이다. 교육의 도전 과제는 주체성을 강화하면서 동시에 세계와의 관계맺음을 지원하는 것이다. 물론 이것은 교육을 상반된 두 방향으로 끌어당기는 것이기 때문에 불가능한 과제로 보일 수도 있지만 저자에 따르면 저항하는 것과 관계맺음은 실제로 '대상'이 다르다. 즉, 현재의 상황에 적응하는 것에는 저항해야 할 필요가 있지만 아직 도래하지 않은 세계, 가능성의 세계, 현재의 상황과 다른 세계와는 적극적으로 관계를 맺을 필요가 있다고 보는 것이다. 이와 관련하여 저자의 입장을 한마디로 표현한 것은, "**사회에 대해서는 닫혀 있으면서도 세계에 대해서는 열려 있는 학교**"가 필요하다(본문 p. 37 참고)라는 진술이다. 여기서 말하는 세계는 '세계화'라고 할 때의 세계라기보다는 소위 타자의 의미가 강하다.

여기서 교육이 세계에 대해 열려 있다는 표현에 대해서는 이론의 여지가 없겠지만 사회에 대해서 닫혀 있다는 표현은 오해의 소지가 없지 않을 것이다. 사회의 요구에 귀를 기울이지 말아야 한다고 해석하면 공교육의 존재 이유를 찾을 수 없을 것이기 때문이다. 학교 교육이 사회에 닫혀 있어야 한다는 저자의 주장은 사회의 요구에 귀를 기울이지 말아야 한다는 의미가 아니라 사회의 요구가 직접적이고 노골적으로 학교 교육에 반영되는 것을 경계해야 한다는 의미로 받아들여야 할 것이다. 학교 교육이 사회의 요구를 직접적으로 반영해야 한다는 주장이 놓치고 있는 점은 사회의 요구를 교육과정에 반영하면 그대로 실천될 것이라는 기대가 그다지 현실성이 없다는 사실이다. 우리나라의 경우 이것은 교육정책이 중앙집권적인 방식으로 시행될 때에도 크게 다르지 않았다. 교육의 실천이 궁극적으로 완성되는 것은 학생과 교사에 의해 최종적으로 교육활동이 이루어지는 교육현장이다. 교육활동의 궁극적 '의미'는 교육 현장에서 현장교사와 학생의 자율적인 상호작용을 통하여 생성된다. 사회의 요구가 교육활동에 직접 반영되기를 기대하는 것은 교사와 학생을 교육활동으로부터 소외시키는 일이다. 교사와 학생이 소외된 상황에서는 사회가 무엇을 요구하건 교육과정에 담긴 사회의 요구가 왜곡될 가능성이 크다. 사회의 요구를 교육활동에 직접 반영할 수 없는 불가능성을 인정할 때 사회의 요구를 교육활동에 반영할 수 있는 가능성의 문이 열린다는 역설이 성립한다.

흔들림 없는 교육: 도구로서의 교육을 넘어

비판적 사고

현재의 사회적 요구에 적응하는 교육에 대해서 저자가 요구하는 개념은 비판적 사고이다. 그러나 이 개념은 생각처럼 단순하지가 않다. 이와 관련하여 저자는 독단적 비판, 선험적 비판, 해체로서의 비판이라는 세 가지 비판적 접근방식을 논의하고 있다.

독단적 비판

독단적 비판은 비판적이 될 수 있는 권리를 비판 기준이 진리라는 사실로부터 얻는다고 할 수 있다. 저자가 이를 독단적이라 하는 것은 비판의 기준 자체가 비판 작용의 범위를 벗어나 있다고 보기 때문이다. 말하자면 어떤 대상을 비판할 때 비판의 기준에 대해서는 비판을 하지 않는 것이다. 예를 들어, 무엇이 교육으로 간주되는지를 규정할 때 이러한 정의는 교육의 실천과 이론을 평가하는 데 사용될 수 있으며, 그 결과 이 기준에 부합하지 않을 때 비교육적이거나 교화적인 것으로 판단한다. 저자는 이러한 방식의 비판을 독단적이라고 부르지만, **그 독단적 성격을 인식하고 받아들이는 한** 이 접근 방식 자체는 문제가 없다고 본다. 저자는 이와 같이 특정의 기준을 적용하는 것이 전혀 긍정적인 효과를 가져 오지 않았거나 이러한 방식의 교육 비판 작업이 모두 헛된 것이라고는 보지 않지만 비판적 독단주의가 제시하는 정당화는 만족스럽지 않다고 주장한다. 이에 대한 대안으로 언급되는 것이 선험적 비판이다.

선험적 비판

저자에 따르면 선험적 비판은 과학적 세계관의 등장으로 인해 철학이 그 입장을 재고해야 했던 배경에 비추어 이해되어야 한다. 과학적 세계관의 등장 이후로 철학은 자연세계에 대한 지식을 제공할 수 있다는 주장도, 더 근본적인 실재(형이상학)에 대한 지식을 제공할 수 있다는 주장도 할 수 없게 되었고, 그 결과 철학은 기초 학문으로서의 역할을 상실하게 되었다. 철학을 새로운 궤도, 즉 **선험적 궤도**로 올려놓은 것은 칸트였다. 이 궤도에서 철학의 적절한 임무는 참된 (과학적) 지식의 **가능 조건**을 명확히 하는 것이 되었다. 그런데 선험철학이 근대철학에 완전히 새로운 영역을 열어주었지만, 칸트의 기획은 그 안에 내재된 자기 참조적 역설(reflexive paradox)로 인해 바로 비판을 받았다. 자기 참조적 역설은 어떤 시스템, 주체, 혹은 과정이 자기 자신을 참조하거나 반영하는 과정에서 모순이나 해결되지 않는 문제를 초래하는 상황을 가리킨다. 여기서 선험철학이란 단순히 참된 지식을 '발견'하거나 '설명'하려는 것이 아니라, 지식이 성립할 수 있는 조건 자체를 탐구하려는 활동을 의미한다. 이 조건은 경험적으로 진위를 가릴 수 있는 것이 아니라 지식이 성립할 수 있으려면 논리적으로(선험적으로) 반드시 받아들여야 하는 것이다. 그러나 칸트의 철학적 기획은 자기 참조적 역설을 내포하고 있으며, 이는 칸트의 선험적 탐구가 스스로의 조건과 한계에 의해 제약받으면서도 그 조건을 초월하려는 시도에서 발생한 문제이다.

선험적 비판의 주요 장점은 임의적이고 독단적인 기준의 선택에 의존하지 않는 비판 프로그램을 끌어들인다는 점에 있다. 선험적 비판은

흔들림 없는 교육 : 도구로서의 교육을 넘어

이를 통해 비판적 독단주의보다 더 강력하고 일관된 비판 프로그램을 제시한다. 그러나 선험적 비판의 생명은 선험적 논증과 추론의 타당성에 달려 있다. 선험적 논증이 과연 타당한 것이냐를 둘러싸고 여전히 논란이 있을 수 있다. 이에 저자는 세 번째 비판, 즉 해체로서의 비판을 끌어들인다.

해체로서의 비판

‘해체(desconstruction)’라는 우리말 번역어는 어감상 부정적인 뉘앙스가 있을 수 있지만 해체는 이 세계가 고정된 원리에 의해서 움직이는 것이 아님을 표현하는 용어로 볼 수 있다. “살고자 하면 죽을 것이요, 죽고자 하면 살 것이다”라는 표현도 해체를 나타내는 격언이라고 볼 수 있다.

데리다(Derrida)의 ‘해체’에 대해서는 열렬히 옹호하는 측과 적극적으로 비난하는 양극단의 태도가 존재한다고 알려져 있다. 그리고 옹호하는 측의 주장에 따르면 비난하는 측은 대체로 데리다의 저작을 꼼꼼히 읽지 않았다는 공통점이 있다고 한다. 또 한 가지 오해는 해체를 파괴(destruction)와 유사하거나 동일한 개념으로 보고 이를 비판하는 것이다. 이는 분명히 데리다의 저작을 제대로 읽지 않고 내리는 결론일 가능성이 크다. 또 다른 한 가지는 데리다가 어떤 대상(주로 언어)을 일부러 ‘해체시켰’다고 보는 것이다. 그러나 데리다는 적극적으로 ‘해체를 시킨 것’이 아니라 그 대상을 꼼꼼히 분석한 결과 해체됨을 ‘보여준 것’이다. 이 점에서 해체는 분석 혹은 비판의 차원으로 접근할 수 있는 개념임을 알 수 있다. 해체는 앞에서 소개한 독단적 비판과 선험적 비판의 한계를 넘어설 수 있는 가능성을 제시한다.

> 해체는 연역, 즉 논리적 추론에 의한 근거 설정의 가능성을 거부
> 하며 … 비판과 비판성에 대해 접근하는 또 다른 방법을 제시할
> 뿐만 아니라, 선험적 접근 방식에 대한 심오한 비판도 제시한다.
> … 이 점에서 해체는 비판성 개념에 대한 논의를 한 단계 '앞으로'
> 나아가게 한다. (본문 p. 117, 120 참고)

해체는 비판과 비판성에 대해 접근하는 또 다른 방법을 제시할 뿐만 아니라, 선험적 접근 방식에 대한 심오한 비판도 제시한다. 해체는 가능성 조건을 명료화할 수 있는 가능성 자체를 의문시하기 때문이다. 이 점에서 해체는 비판성 개념에 대한 논의를 한 단계 '앞으로' 나아가게 한다.

데리다는 서양 철학의 역사를 원초적 토대, 즉 절대적인 시작이자 거기서부터 출발하는 모든 것을 통제하고 지배할 수 있는 중심으로서의 아르키메데스 점을 찾으려는 지속적인 시도로 본다(본문 p. 60 참고). 이 원초적 토대는 세계를 구분하는 기준이 되어 선과 악, 밝음과 어두움, 진리와 허위 등 모든 것을 이분법적으로 바라보게 한다. 우리가 사용하는 언어 역시 어떤 기준이 있기 때문에 의미가 있고 이를 통해 의사소통을 한다. 가령 '사과'라는 단어는 '바나나', '오렌지', '포도'와 같은 다른 단어와의 '차이'를 통해 그 의미를 형성한다. 또한 '의자'라는 단어는 '책상'이나 '소파'와의 '차이'를 통해 의미를 얻는다.

그러나 이 차이는 결코 고정된 것이 아니라는 데에 문제가 있다. '의

흔들림 없는 교육 : 도구로서의 교육을 넘어

자"의 의미는 문화적 맥락에 따라 얼마든지 다르게 해석될 수 있다. 추상명사의 경우에는 의미가 더욱 유동적이다. 예를 들어 '사랑'이란 말을 국어사전에서 찾아보면 '어떤 사람이나 존재를 몹시 아끼고 귀중히 여기는 마음'이라고 되어 있다. 여기서 외국인이 '아끼다', '귀중히 여기다'가 무슨 말인지 몰라 다시 사전을 찾는다고 가정해 보면 이 작업은 영원히 끝나지 않는다. 내국인의 경우에 이런 작업을 하지 않는 이유는 다 이해했다고 착각하기 때문이다. 차이는 결코 확정되지 않고 끝없이 연기(defer)될 뿐이다. 그러므로 언어의 의미는 확실한 것 같지만 사실은 서로가 끊임없이 오해를 하면서 의사소통을 하고 있는 셈이다. 데리다는 차이가 결코 확정되지 않고 끝없이 연기될 뿐인 현상을 나타내기 위해서 '차연(différance)'이라는 용어를 만들어냈다. 이 용어는 프랑스어 '다르다'와 '미루다'의 뜻을 동시에 지니는 'différer'를 명사형으로 바꾼 것이다. 말장난 같지만 명사형 어미 'ance'는 현재진행을 나타내는 분사형 어미 'ant'를 명사형으로 바꾼 것이다. 말하자면 언어의 의미는 고정되지 않고 끊임없이 변한다는 것을 나타내기 위해 'différance'란 단어를 만들어 낸 것으로 볼 수도 있다. 우리는 언어로 소통하면서 확실한 의미를 주고받고 있는 것처럼 믿고 있을지 모르지만 해체 사상에 따르면 사실은 서로가 끊임없이 오해를 하면서 의사소통을 하고 있는 셈이다.

교육활동은 주로 언어를 통해서 이루어진다. 이때의 기본 가정은 언어의 의미가 고정되어 있다는 것, 언어는 진리를 담거나 전달하는 수단이라는 것이다. 그러나 언어의 의미가 고정되어 있는 것이 아니라면 언어를 통해서 이루어지는 대부분의 교육활동은 정당성을 유지하기 어렵다. 그러면 어찌하자는 것인가? 아무 말도 하지 않고 교육을 할 수는 없다. 해체가 교육활동에 주는 의미의 하나는 교육활동을 통해서 만들어지는 의미 혹은 가치를 고정된 것으로 보지 말라는 것이다. 이는 학생이 다른 응답을 하더라도 함부로 평가절하해서는 안 된다는 뜻이기도 하다.

데리다의 주장에 따르면 결정의 기반으로 삼을 수 있는 안전한 근거는 없으며, 우리의 판단을 단순하고 확실하게 뒷받침할 수 있는 순수하고 오염되지 않은 본연의 기준 같은 것도 없다. 우리가 내리는 결정의 기저에는 그 결정으로 인해 닫힐 수 없는 근본적인 불확정성이 있으며, 이 불확정성은 "우리의 결정과 늘 함께 따라다닌다." '확실한 것은 없다'는 것이 불행일까 행복일까는 우리가 받아들이기 나름이다. 세계의 질서가 고정되기를 바란다면 확실성에 한 표를 던지겠지만 모든 사람이 그렇게 하리라 기대할 수는 없을 것이다. **"해체는 무엇보다도 배제되고 잊힌 것에 대한 긍정이다.** 말하자면, **해체는 타자에 대한 긍정이다"**(본문 p. 121 참고). 또한 "해체는 예측할 수 없는 다른 것의 도래"를 향한 개방성이다. 이렇게 완전히 다른 것에 대한 관심, 데리다가 때로 **정의**라고 부르는 것에 대한 관심에서부터 해체는 비판의 '권리', 즉 해체를 드러낼 수 있는 권리를 얻는다(본문 p. 123 참고). 다시 말해, 해체는 파괴하기 위해서가 아니라, 배제되고 잊힌 것을 긍정하기 위해서, 예측할 수 없는 가능성을 열어주기 위해서이다(본문 p. 129 참고). 데리다가 분석의 칼을 들이대면 모든 것이 해체의 수순을 받지만 해체 불가능한 것이 있으니 그것은 바로 정의(justice)라고 했다. 이는 결국 모든 해체가 정의를 지향한다는 것을 의미한다고 볼 수 있다.

흔들림 없는 교육: 도구로서의 교육을 넘어

철학의 가치

도구적 교육관

철학을 비롯한 인문학 일반이 존립 위기를 맞고 있다는 진단은 어제 오늘의 일이 아니다. 국가 전체의 부(wealth)는 증가했지만 실용의 시대에 철학은 존립 근거를 찾기가 점점 어려워지고 있는 것이 현실이다. 저자에 따르면 이런 현상은 우리나라만의 문제가 아닌 모양이다. 철학적 탐구를 하면 가령 논리적 사고 능력이 향상된다든가 학업성취도가 높아졌다는 연구결과들이 있지만 이런 평가를 통해 철학의 정당성을 찾으려는 시도는 도구적 교육관에서 나온 것이라는 것이 저자의 주장이다.

이에 반해 자연과학을 비롯한 과학기술의 가치를 의심하는 사람은 없을 것이다. 오늘날 과학은 인간의 삶을 개선하는 실용적인 면에 있어서 가장 강력한 도구일 뿐 아니라 연구의 방법론에 있어서도 하나의 표준이 되고 있다. 그러나 철학의 경우는 철학이란 무엇인가라는 문제에 대해서도 통일된 답을 하기조차 어려울뿐더러, 철학으로 무엇을 성취할 수 있는가 하는 질문도 마찬가지로 답하기 어렵다. 말하자면 철학은 과학에 비해 정의는 물론 효용에 있어서도 불분명하다. 철학에 있어서 이 두 가지 어려움 간에는 관련이 있다.

> 철학을 이용해 어떤 일을 하려고 할 때에는 철학의 정의와 얻고자 하는 성과에 대한 질문은 중요하며, 특히 아이들을 위한 철학의 경우처럼 교육적인 무언가를 하도록 요청받을 때는 이러한 질문이 더욱 중요하다. 그러므로 이 점에서 두 질문은 불가능하면서도 동시에 불가피한 질문이다. (본문 p. 138 참고)

그럼에도 불구하고 다양한 접근 방식을 아우르는 표현으로 '철학의 교육적 활용이 갖는 주된 매력'으로 아이들과 청소년들이 비판적, 반성적, 합리적 사고 능력의 개발, 도덕적 성찰과 감수성, 사회적인 기술과 민주적인 역량의 발달을 촉진 등을 지적하기도 한다. 1980년대 미국에서 실시된 통제된 시험에서 철학적 탐구를 통해 아이들의 추론 능력뿐만 아니라 읽기 및 수학 능력도 향상될 수 있음을 보여주었다. 1990년대 영국의 더비(Derby)와 사우스웨일스(South Wales)에서 실시된 연구에서도 읽기와 이해력의 향상이 확인되었다. 그리고 2003~2004년 영국의 100개 학교에서 실시된 독자적인 연구를 통하여, 아이들을 대상으로 한 철학(P4C)이 전반적인 성취도와 IQ 및 시험점수를 향상시키고 모든 능력의 범위에 걸쳐 자존감과 동기를 개선한 것으로 나타났다고 한다.

그러나 저자는 철학의 교육적 가치에 대해 이런 식으로 접근하는 것은 철학에 어울리는 방식이 아님을 지적하고 있다. 이와 관련하여 철학적 탐구는 지식과 진리를 매우 중시하는 경향이 있는데, 저자에 따르면 이는 철학적 탐구공동체보다는 과학적 탐구공동체에 가깝다는 인상을 준다. 저자는 위에서 언급한 바, 철학의 교육적 활용을 통한 제반 가치들이 교육적으로 무의미하다고는 보지 않는다. 다만 철학이 교육적으로 기여할 수 있는 방법으로 사전에 정해진 목표를 달성하는 것은 철학의 본질이 아님을 지적하고 있다. 이와 관련하여 저자는 휴머니즘의 문제를 제기하고 있다.

흔들림 없는 교육 : 도구로서의 교육을 넘어

휴머니즘의 배반

휴머니즘은 인간다움을 규정하는 근대의 규범이다. 이는 근대에 일어난 많은 진보가 공통적으로 추구해온 가치이기도 하다. 그런데 근대의 휴머니즘은 인간다움이 무엇이냐를 규정하면서 이 규정에 어긋나는 인간들을 비인간화함으로써 스스로의 가치를 배반한 역설의 역사를 가지고 있다. 특히 백인 중심의 세계관과 다른 세계관을 믿는 인간들에 대한 비인간적 조치들은 지금도 비난의 굴레에서 벗어나지 못하고 있다. 지난 세기에는 전쟁을 기화로 대량학살을 정당화하는 이념적 무기로 활용되기도 했다. 이에 대한 반성으로 휴머니즘의 가능성, 즉 인간이 자신의 본질과 기원을 사전에 정의할 수 있느냐에 대해 의문이 제기되었다. 아직 태어나지도 않은 인간을 대상으로 인간은 이래야 하느니 저래야 하느니 하는 것 자체가 인간적이지 않다는 반성인 것이다. 이와 관련해서 철학이 교육적으로 기여해야 하는 것은 인간성에 대해서 정의를 내리는 것이 아니라 이런 정의 내림을 중단시키는 것이다.

그런데 이런 요구는 당장 우리의 교육에 도전장을 내미는 셈이 된다. 우리는 공교육을 통하여 인간은 이래야 한다, 저래야 한다, 홍익인간의 이념은 이렇다 등 인간의 개념을 사전에 규정하는 일을 수도 없이 진행해 왔고 또 지금도 그러고 있지 않은가? 이런 접근 말고 인간의 성장을 지원하는 교육에는 어떤 것이 있는가?

노출(exposure)

이와 관련해서 저자는 '노출'을 인간의 성장과 학습을 설명하는 방식으로 언급하고 있다. 인간은 타자와의 만남을 통해 자신이 이전에 알지 못했던 세계에 노출됨으로써 성장한다고 보는 것이다. 즉 노출은 단순히 자신의 경험을 확장하는 것을 넘어, 새로운 사고와 이해를 가능하게 하는 중요한 조건이다. '노출'은 안전하거나 통제된 환경에서만 이루어지는 것이 아니라, 불확실하고 예측할 수 없는 상황에서 이루어질 수 있기 때문에 항상 위험이 수반된다. 교육은 완전히 예측 가능하거나 프로그램화된 방식으로만 이루어질 수는 없음을 말하고 있는 것이다. 노출의 상황은 사전에 예측할 수 있는 것이 아니다. **노출은 만드는 것이 아니라 단지 멈추는 것일 뿐이다.** 말하자면 노출은 타자와의 관계에서 능동적으로 만들어지는 것이 아니라, 자신을 방어하거나 닫아두는 태도를 멈추는 순간 발생하는 자연스러운 상태임을 의미하는 것이다.

저자는 한나 아렌트(Hannah Arendt)를 소환하여 노출과 관련 있는 개념으로 '세상으로 나오기(coming into the world)'와 '유일성(uniqueness)'을 끌어들여 휴머니즘의 문제를 극복하려 한다. '세상으로 나오기'라는 개념은 인간의 주체성에 대한 교육적 관심의 표현으로, 이는 인간이 된다는 것과 인간으로 존재하는 것이 무엇을 의미하는지에 대해 사전에 규정된 개념이 없어야 한다는 것이다. 왜냐하면 세상으로 나오는 존재라는 것은 인간이 본질적으로 완결된 존재가 아니라, 끊임없이 변화하고 자신을 새롭게 정의할 가능성을 가진 존재임을 의미하기 때문이다. 아렌트는 인간이 세계에 들어오면서 단순히 기존의 질서를 반복하는 것이 아니라, 항상 새로운 것을 시작할 가능성을 가지고 있다고 본다. 따라서 '세상으로 나오기'라는 개념은 인간의 주체성에 대한 휴머니즘의 규정을 극복할 수 있다는 것이다.

'세상으로 나오기'라는 개념과 '노출'이란 개념은 인간 존재가 세계

흔들림 없는 교육 : 도구로서의 교육을 넘어

또는 타자와의 관계 속에서 의미를 형성한다는 점에서 공통점이 있지만 '세상으로 나오기'는 인간 존재가 세계와의 관계에서 새로운 시작과 창조적 가능성이 있음을 강조하는 반면, 노출은 인간 존재가 타자와의 관계 속에서 취약성과 윤리적 책임을 강조한다. 그러나 두 개념 모두 인간의 본질을 사전에 결정할 수 없음을 나타낸다는 점에서는 유사성이 있다.

유일성은 타자를 어떤 목적을 위한 수단이나 일반화된 범주(예: '인간' 또는 '집단')로 환원하지 않는다는 것을 의미한다. 타자를 단순히 사회적 역할(의사, 교사 등)로 규정하거나, 어떤 범주에 넣으려는 시도는 유일성을 훼손한다. 레비나스(Emmanuel Levinas)는 보편적 규범과 윤리 사이의 긴장을 인정하면서도, 개별적 타자의 유일성을 우선시한다. 말하자면 보편적 규범은 모든 타자에게 동일하게 적용될 수 있지만, 타자는 개별적이고 고유한 존재로 나에게 윤리적 책임을 묻는다. 인간은 각자 학생, 교사, 회사원 등의 역할을 맡고 있지만 실제 개개인은 이런 범주 안에 도저히 담을 수 없는 엄청나게 많은 특성을 지니고 있다. 만일 이런 특성을 무시하고 학생, 교사 등으로만 대한다면 당사자로서는 대단한 모욕감을 느낄 수도 있다.

저자에 따르면 이러한 아이디어가 지니는 중요한 한 가지 의미는 **유일성을 교육 프로그램을 통해 만들어낼 수 있는 것으로 보아서는 안 된다**는 것이다. 유일성은 구조적으로 우리의 통제 범위를 벗어난 것으로, 우리가 이를 포착하려 하는 순간 실제로는 사라진다. 이것은 교사가 학생을 대할 때 그에 대해 뭔가를 안다고 함부로 말해서는 안 되는 이유이기도 하다. 저자는 교사가 학생에 대해서 지나치게 많이 아는 것은 오히려 교육의 가능성을 해칠 수 있다고까지 말한다. 교사는 학생에 대해서 가능한 한 많은 것을 알아야 한다는 것을 진리로 믿어온 우리로서는 매우 이례적인 주장이다. 교사가 학생에 대해 지나치게 많이 알려고 하거나 학생을 완전히 파악하려고 하는 것은 학생을 있는 그대로의 주체로 존중하고, 학생의 개별성과 잠재성을 발견할 여지를 남기지 않게 될 가능성이 크다고 보기 때문이다. 이러한 주장에는 교육이 프로그램대로 진행되는 활동이 아니라 하나의 '사건'[2]이어야 한다는 저자의 철학이 들어 있다고 볼 수 있다.

비록 유일성은 만들어낼 수 없고, 이런 의미에서 이는 어떤 교육 프로그램의 범위도 벗어나 있는 것이지만, 역으로 유일성이 나타날 가능성을 매우 희박하게 하는 상황은 만들어낼 수 있다는 것이 저자의 생각이다. 이것은 우리가 타자성과 차이성에 대한 노출을 차단하는 상황이다. '망설임'은 이러한 상황에서 요구되는 개념이다.

망설임으로서의 교육

세상을 바라보는 방식에는 크게 앞을 내다보는(prospective) 방식과 뒤를 돌아보는(retrospective) 방식이 있다. 앞을 본다는 것은 적극적으로 문제를 해결하고 불편함을 없애는 활동임에 반해 뒤를 본다는 것은 지금까지 과연 제대로 된 길을 걸어왔는지를 성찰(reflection)하는 활동이다. 그래서 철학에서는 성찰을 주요한 활동의 하나로 간주한다. 망설임

---

2   교육이 하나의 '사건'이 되어야 한다는 말은 교육의 의미가 교육활동에 앞서 결정되는 것이 아니라 학생과 교사, 학생과 학생, 학생과 교육 내용, 학생과 교육환경 사이에서 이루어지는 상호작용에서 생성되어야 한다는 것을 말한다(옮긴이).

흔들림 없는 교육: 도구로서의 교육을 넘어

은 이러한 성찰 행위의 하나라고 볼 수 있다.

> 노출과 멈춤에 중점을 둔 교육론은 망설임을 불러올 수가 있다(6장 참고). 이 망설임은 곧 모르겠다는 경험, 말하자면 질문, 가설, 이유, 예시, 구별, 연결, 함축, 의도, 기준, 일관성 같은 헛된 안정감으로 서둘러 몰아넣는 대신에 우리를 멈추게 하는 경험이다. 철학의 전통에는 부분적으로 우리를 망설이게 하고 곤혹스럽게 하며 일상적인 존재 및 행동 방식에 문제를 제기하는 잠재력이 있다. 이것은 과학적 탐구 모델과는 상당히 거리가 있는 철학의 특성과 관련이 있다. 왜냐하면 **이는 아는 것과 지식의 향상에 중점을 두지 않고 '모름'을 지향하기 때문**이다. (본문 p. 159 참고)

교사와 학생 간에 간격을 두는 것은 '모름'과 '망설임'의 가능성을 열어놓음으로써 다소 모호하게 표현하자면, 논의의 현 시점에서 뭔가 다른 것이 '들어올' 수 있도록 하는 것이다. 철학과의 만남이 멈춤과 망설임을 불러올 때, 이는 어떤 의미에서 우리를 아이들의 위치에 두게 된다고 말할 수도 있다. 이는 다른 사람들의 지식과 범주, 말하는 방식으로 채워져 있지 않은 시각, 사고 및 행동을 말하는 것이다. 이것은 기존의 지식, 패턴, 구조 및 전통에 의존하지 않음으로써 스스로가 유일한 반응을 창조하고 이를 통해 우리 자신을 유일하게 창조해야 하는 상황을 말하고 있다. 노출로 인해 가능해진 이러한 아이 같은 '모름'의 위치는 철학과의 교육적 만남에 대해 완전히 다른 일련의 가능성들을 제시할 수 있으며, '아이들을 위한 철학'이라는 표현에 완전히 새로운 의미를 부여할 수 있을 것이다.

교사와 학생의 관계와 더불어 저자가 또 한 영역에 거리를 둘 필요가 있다고 보는 것은 가르침과 배움이다. 우리는 가르침과 배움, 그리고 평가가 일치할수록 성공적인 교육이라는 믿음을 가지고 있는 것이 사실이다. 그러나 저자는 교육의 목표를 자격부여와 사회화에 둘 때는 이러한 믿음이 타당할 수 있지만 주체화가 목표인 경우에는 가르침과 배움 사이의 간극을 열어두고 이를 창발적으로 활용하는 것이 중요하다고 강조한다.

> 교육과 학습의 간극을 좁히는 주요 '메커니즘'은 평가이다. 평가는 학생들의 다양한 결과물 중에서 일부를 '옳다'고 인정하고, 나머지를 '틀리다'고 판단하는 과정을 통해 이루어지기 때문이다.
>
> (본문 p. 172 참고)

저자의 이러한 관점을 받아들일 때 주체화라는 교육의 목표를 과연 평가할 수 있느냐 하는 의문이 생긴다. 또 이 의문에 수반되는 것으로, 평가 없는 목표도 있을 수 있느냐 하는 의문이 떠오를 수 있다. 이는 섣불리 결론을 내리기에 앞서 교육관계자들이 진지하게 검토하고 토론할 문제이다.

흔들림 없는 교육: 도구로서의 교육을 넘어

변혁적 포용(transclusion)

경제협력개발기구(OECD)는 총인구의 5% 이상이 외국인이면 다인종·다문화 국가로 정의한다. 이 기준에 따라, 대한민국은 2024년 4월 기준 전체 인구 중 5.07%인 260만 2,669명이 외국인으로 집계됐다. 일찍부터 이민을 받아들인 북미·유럽 등 일부 선진국을 제외하고 전 세계적으로 외국인 비중이 5%를 넘는 나라는 드물다. 같은 외국인이어도 국적과 피부색에 따라 대우를 달리하는 문제와 더불어 우리가 앞으로 외국인의 인권을 어떻게 존중할 것인가 하는 것은 커다란 사회문제로 대두될 것이다. 그러나 우리가 보호해야 할 대상은 외국인만이 아니다. 같은 한국인이어도 그가 어느 집단에 속해 있느냐에 따라 존중받는 인권의 정도는 결코 평등하지 않다. 인권 존중을 기준으로 보면 내집단과 외집단 간의 구별이 엄연히 존재하고 있는 것이다.

민주주의의 역사는 외집단을 끊임없이 내집단으로 포용해 온 역사, 말하자면 정치적 참여의 폭을 지속적으로 확장해 온 역사이기도 하다. 그러나 참여의 범폭을 확대하는 권한을 누가 갖고 있느냐 하는 것이 문제이다. 참여의 폭을 어느 정도, 그리고 어디까지 확대할 것이야 하는 문제의 중심에는 소위 '역량'의 문제가 있다. 그 역량을 평가하는 권한은 이미 정치적 권리를 누리고 있는 집단이 독점하고 있다. 자유주의자들은 합리적으로 행동할 수 있는 의지와 능력을 가진 사람들로 정치적 참여를 제한하는 경향이 있다. '합리성의 수준이 낮은 것'으로 간주되는 사람들, 즉 '전 합리적(pre-rational)'인 혹은 '전 민주적(pre-democratic)'으로 여겨질 수 있는 사람들에게는 정치적 참여를 제한하는 것이다. 그리고 이러한 범주의 가장 '분명한' 예는 바로 아이들이다. 우리나라에서 현재 학생인권조례를 둘러싸고 벌어지고 있는 논쟁은 이를 잘 보여준다.

저자에 따르면 민주주의에서 정치적 참여의 폭을 넓히는 문제, 즉 포용의 문제를 둘러싼 접근에는 선호집계모형(aggregative model)과 숙의모형(deliberative model)이 있다. 선호집계모형은 쉽게 말해서 의사결정이 주로 알고리즘적으로, 즉 단순이 찬반 숫자 집계를 통하여 이루어진다. 숙의모형은 문자 그대로 단순한 숫자 놀이가 아니라 당사자 간 합리적 숙의 과정을 통해 의사결정을 하는 관점이다. 성숙한 민주사회라면 선호집계모형에서 '숙의적 전환(deliberative turn)'으로 나아가야 하는 것이 당연하다. 숙의에 참여하는 것은 개인으로 하여금 "공공정신을 더 많이 갖추고, 더 관용적이 되며, 더 많은 식견을 기르고, 다른 사람들의 이익에 더 주의를 기울이며, 자신의 이익을 더 면밀히 살피게" 할 수 있다. 그러나 숙의모형이라 해서 문제가 전혀 없는 것은 아니다. "대부분의 숙의 민주주의 옹호자들은 참여를 위한 일련의 참여 조건을 명시하지만, 관련 논의에서 흥미로운 것은 민주적 숙의를 위한 이상적인 조건은커녕 숙의를 위해 필요한 일련의 최소 조건을 설정하는 데도 애를 먹는다는 사실이다"(본문 p. 202 참고). 숙의모형에서는 합리적으로 숙의의 과정을 거친다고 하지만 다양한 목소리를 체계적으로 배제할 수가 있다.

저자는 영(Iris M. Young)의 주장을 인용하여, 숙의모형에서 이루어지는 배재에는 내적 배재와 외적 배제가 있다는 점을 지적한다. 외적 배제는 사람들이 실제로 토론과 의사결정 과정에서 배제되는 것을 의미하며, 내적 배제는 사람들이 형식적으로는 의사결정 과정에 포함되

흔들림 없는 교육 : 도구로서의 교육을 넘어

어 있기는 하지만, 자신의 주장이 진지하게 받아들여지지 않거나 동등한 존중을 받지 못한다고 느끼는 상황을 말한다. 교육의 상황에 견주어 보면 교실에서 모든 아이들은 대등한 조건으로 교육활동에 참여하는 것 같지만 자신의 주장이 동료들에 의해 은연 중에 혹은 의도적으로 무시된다고 느끼는 아이들이 매우 많으며 이를 방치하면 때로 심각한 결과를 낳을 수 있다.

저자는 숙의적 전환을 거친다 해도 포용의 문제가 여전히 풀리지 않는 숙제로 남는 것은 포용의 과정이 '안에서 밖으로(inside out)' 진행되기 때문임을 지적한다. 말하자면 외부에 있는 사람들을 내부로 끌어들이는 주체가 이미 그 내부에 있는 사람들이라는 사실이다. 이는 내부에 있는 사람들이 포용의 기준을 설정하고, 포함되기를 원하는 사람들이 그 기준을 충족해야 한다는 것을 의미한다. 이와 관련하여 저자는 포용의 기준을 재설정하는 데 있어서 외부에 있는 사람들이 참여하는 접근을 소개한다. 여기서 저자는 랑시에르(Jacques Rancière)를 소환한다. 랑시에르에게 있어서 민주화는 중심에서 주변으로 확장되는 과정이 아니다. 다시 말하면 이는 이미 민주적인 랑시에르의 관점에서는 불가능한 일이다.[3] 사람들이 민주주의 외부에 있는 사람들을 그들의 영역으로 포함시키는 과정이 아니다. 오히려 민주주의는 '외부'로부터의 요구로 나타난다. 여기서 중요한 것은 '외부'에서 요구하는 사람들이 단순히 기존 질서에 포함되기를 원하는 것이 아니라, 새로운 정체성과 새로운 행위

3　랑시에르의 관점에서 민주주의는 완성된 '상태'나 고정된 '체제'가 아니라, 평등을 실현하기 위해 끊임없이 기존의 질서에 도전하고 재구성하는 '과정'이기 때문에 '이미 민주적인 사람들'이라는 개념 자체가 성립할 수 없다(옮긴이).

방식, 그리고 존재 방식이 가능해지고 '인정받을' 수 있도록 질서 자체를 재설정하고자 한다는 점이다. 변혁적 포용(transclusion)이란 이를 가리키는 개념이다.

서두에서 행복한 삶을 사는 사람들의 공통점 두 가지를 언급한 바 있다. 문제는 직업에서 가슴이 떨리지 않는 사람들, 내일이 어서 오기를 기다리며 흥분을 느끼지 못하는 사람들의 삶의 태도를 행복한 삶의 기준에 맞게 의도적으로 변화시킬 수 없다는 사실이다. 근래에 우리나라 학생들은 초등학교 때부터 진로적성교육을 받고 있지만 대학에 진학할 때는 지금까지 받은 진로적성교육과는 관계없이 자신의 점수와 진로에 따른 현실적인 이점을 기준으로 선택을 하는 학생들이 많다. 의대 열풍이 유치원 시기까지 불어 닥치고 있다는 소식도 들린다. 가슴이 떨리는 직업보다는 실패의 가능성이 적거나 없는 안정적인 직업, 그중에서도 물질적 보상을 충분히 기대할 수 있는 직업을 선호하는 사회적 풍토가 학교 교육을 왜곡하는 것이다. 이런 사회적 요구가 워낙 강해서 진로적성교육을 포함하여 지금까지의 제반 교육이 주체화라는 교육의 목표를 제대로 달성하지 못하고 있는 것이라고 볼 수 있다.

교육을 통해 실현하고자 하는 가치 가운데는 이렇게 의도적으로 성취하는 것이 어렵거나 불가능한 목표들이 있다. 저자에 따르면 주체화도 그중의 하나이다. 주체화를 소극적으로 방해하는 활동은 가능하지만 주체화를 적극적으로 추구하는 것은 용이한 일이 아님을 저자는 여러 저서에서 밝히고 있다. 저자는 주체화가 실존적 과제와 관련이 있으며 이는 통상적인 교육활동과는 방향을 달리하는 것으로, 불확실성 혹은 불확정성을 특징으로 하는 멈춤과 망설임, 유예, 모름의 개념으로

흔들림 없는 교육: 도구로서의 교육을 넘어

설명하는 것이 적절하다고 본다. 저자는 주체화를 발달의 개념이 아니라 선택의 개념으로 본다. "부모가 아기에게 말을 하는 것은 아기가 그들이 말하는 것을 이해할 수 있다고 가정해서가 아니라 말을 하면서 아기를 주체로 인정하기 때문이다."

우리는 지금까지 모든 교육의 가치를 발달의 측면에서 접근해 왔다. 이런 교육활동을 전개하면 이런 교육적 가치를 분명히 실현할 수 있다는 선형적 접근인 것이다. 그러나 저자에 따르면 사회화나 자격부여 같은 교육의 목표는 이런 접근이 가능하지만 주제화라는 목표는 이런 접근이 적합하지 않다. 이런 가치는 불확실하고 예측할 수 없는 상황에서 드러나기 때문에 항상 위험이 수반된다는 것이다. 따라서 이를 위한 교육활동에는 적극적인 추구보다는 멈춤과 망설임이 필요하다. 멈춤과 망설임, 모름, 불확정성 등을 용납하는 환경에서는 자연스럽게 복잡성이 증가할 수밖에 없다. 따라서 학생들이 내일을 행복한 마음으로 기다리고 자신의 가슴이 뛰는 직업을 선택할 수 있는 사람으로 성장할 수 있도록 하려면 지식이나 기술을 가르치듯이 엄격한 조건에서 복잡성을 축소한 환경에서 교육할 것이 아니라 그들로 하여금 폭넓은 선택을 할 수 있도록 복잡성을 용인하는 교육적 선택이 필요하다고 할 수 있다. 이 점에서 우리나라 학생들과 우리 국민의 전반적인 행복지수가 낮은 것이 멈춤과 망설임, 모름, 불확정성을 교육의 담론에서 추방한 데 중요한 원인이 있는 것은 아닌가 하는 의문을 가져보는 것은 교육적으로 가치 있는 일이라 생각한다.

이 책이 출판되기까지 많은 분들의 도움을 받았다. 우선 복잡성교육학회 회원들이 세미나를 통해서 책의 내용을 우리나라의 교육현실에 비추어 재해석을 해 준 점에 대해 크게 감사한다. 그리고 도서출판 씨아이알의 최장미 과장님을 비롯한 출판부 여러분이 원고를 꼼꼼히 읽고 수정·보완해 주었기 때문에 번역서의 완성도를 높일 수 있었다. 이 자리를 빌려 감사한다.

네덜란드에서 태어난 이 책의 저자는 교육에 대해 남다른 애정을 가지고 복잡성교육, 포스트모더니즘, 프래그머티즘, 실존주의 등 유럽 대륙과 영미 사상을 두루 섭렵한 학자로서 특히 데리다, 레비나스, 아렌트, 듀이 등의 사상에 조예와 애정이 깊다. 옮긴이는 그간 저자의 다른 저서들을 번역한 경험이 있지만 저서마다 다루는 영역이 다양해서 애를 먹었던 것은 이러한 저자의 박학다식함에 기인하는 면이 많을 것으로 판단된다. 많은 도움을 받았음에도 번역에 여전히 오역과 부적절한 표현들이 있다면 그것은 오로지 옮긴이가 저자의 이러한 폭넓은 사상을 충분히 이해하지 못한 탓일 것이다. 독자 여러분의 많은 질책을 기다린다.

흔들림 없는 교육 : 도구로서의 교육을 넘어

서문

우선 이 책이 시리즈로 출간될 수 있도록 기회를 준 마이클 피터스(Michael Peters)에게 깊은 감사를 전한다. 마이클은 영향력 있는 학자이자 다작의 저술가일 뿐만 아니라, 20세기 말부터 21세기 초까지 교육철학 분야의 글로벌 출판 기반을 구축하는 데 가장 큰 기여를 한 인물이라고 할 수 있다. 그는 학술지와 도서 시리즈의 편집자로서, 그리고 다양하고 새로운 출판 기획과 형식을 제안해온 발안자로서, 영어권 교육철학 분야에 지대한 영향을 미쳐왔다. 무엇보다도 마이클은 누구나 자신의 목소리를 낼 권리가 있다는 신념을 바탕으로, 이를 실제로 실천에 옮기는 진정한 의미의 민주적 지식인이었다. 물론 동시에 그 목소리를 책임 있게 사용하는 것의 중요성도 언제나 강조해 왔다.

나 역시 그의 이러한 배려 덕분에 첫 단행본인 『학습을 넘어*Beyond Learning: Democratic Education for a Human Future*』를, 그가 당시 편집하던 시리즈를 통해 출간할 수 있었고, 이후의 글쓰기 여정에서도 많은 도움을 받을 수 있었다.

이 책을 마이클의 변함없는 열정과 에너지에 바친다.

감사의 말

이 단행본을 집필하는 데 있어서 이전에 발표된 나의 저작물을 활용할 기회를 얻게 된 것에 대해 깊이 감사한다. 제1장은 Biesta, G. (2013). "Responsive or responsible? Education for the global networked society." *Policy Futures in Education, 11*(6), (pp. 734-745)을 바탕으로 하였고, 제2장은 Biesta, G. (2002). "How general can Bildung be? Reflections on the future of a modern educational ideal." *British Journal of Philosophy of Education, 36*(3), (pp. 377-390)을 토대로 했다. 제3장은 Biesta, G. (2012). "Becoming world-wise: An educational perspective on the rhetorical curriculum." *Journal of Curriculum Studies, 44*(6), (pp. 815-826)을 기반으로 작성되었다. 제4장은 Biesta, G. & Stams, G. (2001). "Critical thinking and the question of critique. Some lessons from deconstruction." *Studies in Philosophy and Education, 20*(1), (pp. 57-74)을 바탕으로 하였고, 제5장은 Biesta, G. (2011). "Philosophy, exposure and children: How to resist the instrumentalisation of philosophy in education." *Journal of Philosophy of Education, 45*(2), (pp. 305-319)을 기반으로 작성되었다. 제6장의 일부는 북미교육철학회 (Philosophy of Education Society of North America)에서 발표했던 회장 취임 연설로, 이후 다음과 같이 출판되었다. Biesta, G. (2012). "No education without hesitation: Thinking differently about educational relations." C.

Ruitenberg et al. (Eds.), *Philosophy of education.* (pp. 1-13), Urbana-Champaign, IL: PES. 제7장은 특히 이 단행본을 위해 작성된 것으로, 다음 논문의 내용을 포함하고 있다. Biesta, G. (2007). "Don't count me in." Democracy, education and the question of inclusion *Nordisk Pedagogik, 27*(1), (pp. 18-31). 제8장은 다음 논문에서 발표된 아이디어를 바탕으로 하고 있다. Biesta, G. (2010). "The most influential theory of the century." Dewey, democratic education and the limits of pragmatism. 이 논문은 다음의 단행본에 실려 있다. D. Troehler, T. Schlag & F. Osterwalder (Eds.), 『실용주의와 모더니즘*Pragmatism and Modernities*』, (pp. 197-213). Rotterdam: Sense Publishers. 제9장의 일부는 다음 내용을 기초로 하고 있다. Biesta, G. (2014), "Making pedagogy public: For the public, of the public, or in the interest of publicness?", J. Burdick, J. A. Sandlin, & M. P. O'Malley (Eds.), *Problematizing Public Pedagogy*, (pp. 15-25), New York: Routledge. 부록은 이전에 출판된 Biesta, G. (2014). From experimentalism to existentialism: Writing from the margins of philosophy of education의 내용을 바탕으로 하고 있다. 이 글은 L. Waks (Ed.), 『교육철학의 리더들*Leaders in philosophy of education*』. *Volume II,* (pp. 13-30)에 실렸으며, Rotterdam: Sense Publishers에서 출판되었다. 모든 경우에 원문은 검토되고 필요한 경우 수정하여 활용되었다.

차례

Introduction

저항의 의무

01

글로벌 네트워크 사회를 위한 민주교육

02

현대 교육이념의 미래에 대한 성찰

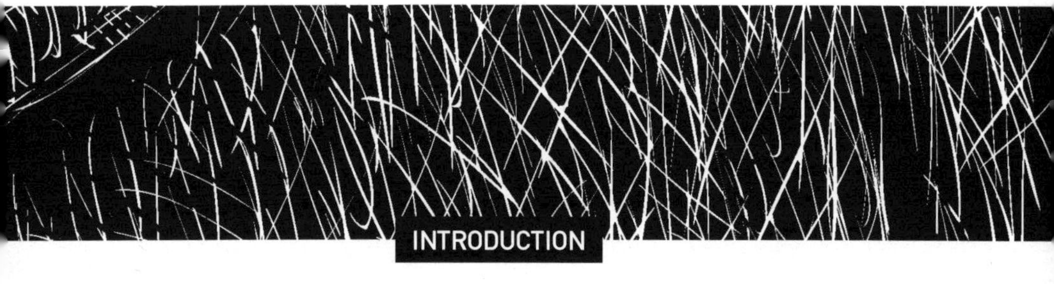

저항의 의무

저항의 의무

C'est la marge qui tient la page. (It's the margin, that holds the page.)
페이지의 생명은 여백에 있다.

장 뤽 고다르

이 책은 지난 15년 동안 출판된 나의 여러 논문과 책의 일부를 모아 엮은 것이다. 2006년 이후 출간된 *Beyond Learning*(2006),[1] *Good Education in an Age of Measurement*(2010),[2] *Learning Democracy in School and Society* (2011), *The Beautiful Risk of Education*(2014), *The Rediscovery of Teaching* (2017)[3]과 같은 단행본들이 하나의 일관된 논지를 전개하는 방식이라면, 이 책은 특정한 주장을 펼치기보다는 교육과정, 교수법, 민주주의에 대한 다양한 성찰을 유기적으로 연결하는 방식으로 구성되었다. 교육은 초중고와 대학 및 대학교뿐만 아니라 다른 장소와 환경에서도 이루어진다. 하지만 이 모든 교육 활동을 관통하는 핵심은, 교육이 단순히 개인이나 집단이 원하는 것을 충족시켜주는 수단이 아니라는 점이다.

다시 말해, 교육은 '타인의 문제를 해결'하는 도구가 아니라 교육 자체가 지켜야 할 고유한 가치와 목적을 가지고 있다.

The Rediscovery of Teaching 첫 장에서 나는 이것을 아이들과 젊은이들이 '성숙한' 방식으로 세계 안에서 그리고 세계와 더불어 존재할 수 있는 가능성에 대한 관심으로 설명했다. 이를 통해 나는 교육을 자유의 문제와 다시 관련짓고자 했다. 하지만 이 자유는 자신이 원하는 것을 할 수 있는 자유, 즉 '자아론적(ego-logical)' 자유, 혹은 철학과 다소 거리가 있는 용어로 신자유주의적인 '쇼핑의 자유'라고 지칭한 그런 자유가 아니다. 이러한 자유는 단순히 자신의 욕망을 추구하는 것이라면, 성숙한 자유 혹은 자아론적이지 않은 자유란, 모든 욕망을 충족시키기에는 한계가 분명한 지구라는 행성에서 타인들과 더불어 잘 살아야 한다는 도전에 비추어 '자기가 바라는 것(혹은 자신의 내부에서 욕망으로서 직면하는 것)'이 과연 '바람직한 것'인지를 항상 질문하는 그런 삶을 살아가려고 노력하는 것과 관련이 있는 자유이다.

여기서 교육자의 역할은 아이들과 젊은이들에게 무엇을 욕망해야 하는지 알려주는 것이 아니라, 이 질문과 더불어 살아가는 것, 즉 이 질문을 자신의 삶에서 살아있는 질문으로 만드는 것에 대한 '의욕'을 일깨우는 것이다. 또한 가야트리 스피박(Gayatri Spivak)이 교육을 '욕망의 비강제적인 재배치'라고 정의한 것과 같은 맥락에서 자신의 욕망에 '직면하고', 그것을 '극복할 수 있는' 공간과 시간, 그리고 (교육과정의) 형태를 제공하는 것이다(Spivak, 2004, p. 526). 결국 세계에서 다른 사람들과 함께 존재하기 위해서는 욕망이 필요하므로 우리의 목표가 욕망을 없애는 것은 아니다. 대신에 어떤 욕망이 '도움'이 되고 어떤 욕망이 '방

흔들림 없는 교육: 도구로서의 교육을 넘어

해'가 될지 판단하는 것이 목표가 되어야 한다. 이는 단번에 해결될 수 있는 것이 아니라, 기본적으로 열려 있고 끊임없이 제기되는 질문이기 때문에 매 상황마다 새로운 결단이 필요하다. 이 점에서 '성숙함'은 성취할 수 있는 상태가 아니라, 스스로 선택한 불편함으로 이해하는 것이 더 낫다. 이것은 평생 '안고 가야 하는' 불편함이다.

"교육의 저항의무(duty to resist)"[4]는 필리프 메리외(Philippe Meirieu)가 소개한 멋진 구절로, 이것은 두 가지 측면에서 작용한다. 첫째, 미시적 차원인 교육적 상호작용의 측면에서 작용한다. 이와 관련해서 교육자의 과제는 학생들과 그들의 욕망을 단순히 수용하는 것이 아니라 항상 학생들을 자신의, 즉 자신의 욕망과 비판적이고 성숙한 관계를 맺을 수 있게 도와야 하는 것이 되어야 한다. 따라서 이러한 관점에서 보면 학교는 학생들이 **자유로울 수 있는** 공간이 아니라, **자유와 직면**할 수 있고 자유가 단순한 축복이 아니라 부담이 될 수도 있음을 알기 시작하는 공간이다. 둘째, 교육은 사회가 교육에 던지는 욕망에 저항해야 한다. 이는 그 욕망에 대해 단순히 '아니오'라고 말하기 위함이 아니라, 말하자면 그 욕망이 교육 본연의 과제를 어느 정도로 지원하는지 또는 방해하는지에 대한 질문을 던지기 위함이다.

따라서 이 책의 제목에서 암시하고 있듯이, 교육은 사회와 부모, 학생들의 요구에 맞추어 원만하고 유연하게 움직이기보다는 어느 정도는 집요함(obstinacy)이 필요하다. 이것은 일부러 사태를 어렵게 하려는 고집이 아니라 숙고되고 원칙이 있는 고집이다. 그리고 여기서 중요한 핵심 원칙은 아이들과 젊은이들이 세계 속에서 자아중심으로 살아가는 것이 아니라, 세계 안에서, 그리고 세계와 더불어 성숙하게 존재하는 것에 대한 교육적 관심이다(이 구절에 대해서는 Meirieu, 2007, p. 96 참조).

이어지는 아홉 개의 장에서는 각기 다른 방식으로 집요함이라는 주제를 다룬다. 처음 세 장에서는 교육과 사회의 관계에 중점을 두면서 특히 현대 사회가 네트워크화된 사회이자 네트워크로서의 사회로 된 방식에 주목한다. 제1장 '글로벌 네트워크 사회를 위한 민주교육'에서는 현대 사회를 구성하는 다양한 네트워크의 특성을 밝히고, 교육이 글로벌 네트워크 사회의 요구를 어느 정도까지 충족시키며 또 어느 정도까지 이러한 요구에 저항하고 '자체적으로 설정한' 책임을 져야 하는지에 대한 질문을 탐색한다. 내가 그리는 비전은 사회에 대해 독립적인 학교이다. 다시 말하면 이는 학교에 대해 사회적 기능 수행만을 요구하는 것에 저항하면서 교육이 민주주의와의 관계를 유지함으로써 복수성과 차이 속에서 더불어 살아갈 수 있도록 세계에 대해 열려 있는 학교이다. 제2장 '현대 교육이념의 미래에 대한 성찰'에서도 네트워크는 중요한 역할을 한다. 여기서는 '현재와 구체적인 상황을 초월한' 것과의 만남이라는 빌둥(Bildung)[5]의 이상을 이해할 수 있는 세 가지 다른 방식을 탐구한다(Bailey, 1984). 나는 빌둥의 일반적인 성격에 대한 인식론적이고 사회학적인 이해 외에 교육의 저항 의무에 새로운 동력을 제공하는 네트워크 읽기를 제안한다. 제3장 '세계에 현명해지는 것'에서는 교육의 수사학적 '전환'에 대한 논의를 통해 이러한 탐구를 계속 이어간다. 교육의 주요 과제가 학생들을 '상징에 현명해지는 것'이라는 생각에 대응해서 보다 더 정치적이고 존재론적인 '요구'는 학생들이 '세계에 현명하게' 하도록 지원하는 것이라고 주장할 것이다.[6]

교육은 단순히 학생들을 기존의 사고, 행동, 존재 방식에 '맞추는 것'

흔들림 없는 교육 : 도구로서의 교육을 넘어

이 아니라는 개념이 2부 세 장의 주제이다. 제4장 '비판적 사고와 비판의 문제: 해체의 교훈'에서는 비판적 사고의 실질적 의미가 무엇인지를 묻는다. 내가 볼 때 이것이 중요한 이유는, 비판적 사고가 종종 학생들이 자신들을 둘러싼 세계에 저항할 수 있는 능력을 갖출 수 있거나 적어도 그에 대한 관점을 개발할 수 있는 방법의 하나로 제시되기 때문이다. 다시 말하면 나는 데리다의 연구와 "해체는 정의다"라는 그의 주장에서 영감을 얻어, 비판과 비판적 사고에 대한 기술적인 해석에서 보다 정치적인 해석으로 옮겨간다. 제5장 '철학의 도구화에 대한 교육적 저항'에서는 철학이 학생들을 세계에 자리매김하는 데 어떤 역할을 할 수 있는지를 살펴본다. 여기서는 철학을 비판적으로 사고하거나 사고를 잘 하는 전략으로 생각하는 대신에 노출[7]의 중요성, 즉 세계를 향해 '방향을 돌려'(자연이건 사회이건) 세계가 말을 걸어오는 자리에 우리가 위치하게 되는 것이 중요하다는 점을 강조한다. 이는 제6장 '망설임이 없으면 교육이 아니다. 교육적 관계의 한계'에서 다루는 주제이기도 하다. 여기서는 교육이란 관계의 '행위'로서, 교사와 학생 간에 간격을 둠으로써, 다소 모호하게 표현하자면, 논의의 현 시점에서 뭔가 다른 것이 '들어올' 수 있도록 하는 데 유의해야 한다고 주장할 것이다.

마지막 세 개의 장에서는 교육과 민주주의 사이의 관계, 아니 어쩌면 '관계들'이 더 적절할지도 모르는 주제에 초점을 맞춘다. 제7장 '변혁적 포용'에서는 민주주의와 민주적 시민권의 맥락에서 포용의 의미가 무엇인지에 대한 질문에 집중한다. 민주화를, 민주주의 '바깥에' 있는 이들을 민주적 '질서' 안으로 지속적으로 포함시키는 것으로 이해할 수 있다는 생각에 반대하면서, 아이리스 영(Iris Young)과 자크 랑시에

• 저항의 의무

르(Jacques Rancière)가 제시한 개념들에 대해 논의하면서, '진정한' 포용이 되려면 배재된 이들을 포용함과 아울러 그들을 포용하는 '질서' 자체를 재구성하는 일 또한 필요하다는 것을 주장할 것이다. 이 두 개의 과정을 표현하기 위해 나는 '변혁적 포용(transclusion)'[8]이라는 용어를 제안한다. 제8장 '교육과 민주주의 재조명'에서는 교육과 민주주의의 관계와 관련하여 가장 눈에 띄고 어떤 면에서는 더 잘 알려진 논의를 다룬 듀이의 『민주주의와 교육*Democracy and Education*』(1966)을 좀 더 자세히 살펴볼 것이다. 비록 이 책이 민주주의와 교육에 관한 논의에서 자주 언급되지만, 나는 듀이가 과연 민주주의에 진정으로 관심이 있었는지, 아니면 적어도 이 책에서 민주주의가 개인을 가장 다양하게 '함양할 수 있도록 한다는 이유로 민주주의에 관심을 두었는지를 묻고자 한다. 나는 후자[민주주의를 '함양'과 관련 있는 것으로 보는 것(옮긴이)]가 듀이 주장의 주된 '논리'라고 여겨지는데, 이는 민주주의라는 정치적 프로젝트에 참여하는 데 있어 상당히 제한적인 방식이라고 생각한다. 제9장 '교육의 공공성 실현'에서는 공적 교육의 개념, 보다 구체적으로 교육의 공적 성격이나 특성을 어떻게 이해할 수 있는지에 대한 논의, 즉 공공을 위한 교육인가, 공공의 또는 공공성에 대한 관심에서의 교육인가에 대한 논의를 계속 이어갈 것이다. 나는 공적 교육에 대한 세 가지 가능한 접근방식을 구분하고, 교육과 민주주의 사이의 적절한 관계를 찾을 수 있는 것은 오로지 세 번째 접근방식, 즉 '공공성' 또는 '공적 존재'에 대해 관심이 있는 교육에서만 가능하다는 점을 주장할 것이다.

이 책을 엮고 있는 장들에는 오늘날의 논의에 여전히 타당성이 있는 아이디어와 논거 및 사고의 흐름들이 담겨 있기 때문에 이것들을 선정

혼들림 없는 교육 : 도구로서의 교육을 넘어

했다. 그럼에도 불구하고 이러한 내용들은 나의 사고가 전개되어 온 과정을 보여주고 있으며, 이 책에 제시된 것들 중에는 지금은 달리 생각하는 측면들도 있다. 주된 이유는 시간이 지남에 따라 내가 관여해 온 논의들의 복잡성을 더 많이 인식하게 되었고, 논의를 진행하면서 다양한 전통들을 더 잘 이해하게 되었기 때문이다. '회고와 전망'이란 짤막한 마무리 장에서는 이 책의 핵심 주제와 이슈들에 대한 나의 현재 관점을 제시하기 위해 이러한 사고 전개 과정의 일부에 대해 성찰하고 있다. 이 마무리 장을 간략하게 정리한 이유는 독자들이 나의 텍스트와 대화하면서 스스로 결론을 도출하기를 바라기 때문이다. 이것은 항상 나의 주된 목표로 남아 있다. 그러나 내가 독자들에게 보여주고자 하는 길에 그들이 저항한다면 그 역시 나로서는 전적으로 행복한 일이 될 것이다.

책의 마지막 부분에는 자서전적인 장을 포함시켰다. 여기서 나는 저자이자 교사로서 내가 발전해 온 과정을 살펴보고자 했다. 이와 같이 나의 일에 대한 보다 개인적인 설명에 참여하는 것이 의미 있다고 보는 이들도 있겠지만, 이 책의 내용을 이해하는 데 불필요하다고 생각하는 이들도 있을 것이다. 나는 개인적으로 후자의 견해에 더 기울어져 있기 때문에 이 부분을 본문의 일부가 아닌 부록으로 포함시켰다. 그러나 장 뤽 고다르의 관찰에서 어떤 지혜를 발견할 수도 있다. 그것은 필리프 메리외의 저작에서 찾은 것으로, 한마디로 말하면 "페이지의 생명은 여백에 있다"라는 것이다(2007, p. 125).[9]

1   국내에서는 『학습을 넘어』(박은주 옮김, 교육과학사, 2022)라는 제목으로 출간되었
    다(옮긴이).

2   국내에서는 『우리는 교육에서 무엇을 평가하고 있는가』(이민철 옮김, 씨아이알,
    2023)라는 제목으로 출간되었다(옮긴이).

3   국내에서는 『가르침의 재발견』(곽덕주, 박은주 옮김, 다봄교육, 2014)이라는 제목으
    로 출간되었다(옮긴이).

4   메리외는 『교육의 저항 의무*Pédagogie: Le devoir de résister*』(2007)에서 교육은 단순히
    학생이나 사회가 요구하는 것을 수용하는 것이 아니라, 이를 저항하고 비판적으로 검
    토하는 역할을 포함해야 한다고 주장한다. 이 개념은 '개별적인 교육적 상호작용에서
    의 저항'과 '사회적 요구에 대한 저항' 두 가지 수준에서 작동한다고 본다. 첫째, 개별
    적인 교육적 상호작용에서는 교육자가 단순히 학생의 욕망과 요구를 수용하는 것이
    아니라, 학생들이 자신의 욕망과 바람에 대해 비판적으로 사고하고 그것들과 관계를
    맺을 수 있는 기회를 제공해야 한다. 학교는 학생들이 단순히 자유롭게 행동할 수 있
    는 공간이 아니라, 자유의 본질과 그 책임을 탐구할 수 있는 장소로 작용해야 한다는
    것이다. 이는 학생들이 자유를 단순한 혜택이 아니라 삶에서 함께 짊어져야 할 부담으
    로 이해하도록 돕는 과정이라는 것이다. 둘째, 사회적 요구에 대한 저항과 관련해서
    교육은 사회가 그 위에 투영하는 욕망을 그대로 수용해서는 안 되며, 이를 저항하고,
    사회의 요구가 교육 본연의 목적에 도움이 되는지 또는 방해가 되는지를 물어야 한다.
    이는 단순히 사회적 요구를 거부하는 것이 아니라, 교육이 학생의 성장과 인간다운 삶
    을 위한 본질적 역할을 수행하기 위해 필요한 가치와 기준을 비판적으로 재검토하는
    것이다. 요컨대 메리외의 '교육의 저항의무'는 교육이 단순히 외부 요구에 따라 움직
    이는 것이 아니라, 원칙적이고 교육적으로 정당한 방향으로 나아가기 위해 필수적으
    로 가져야 할 비판적이고 독립적인 태도를 강조한다. 이는 교육이 지닌 본래의 목적과
    학생들의 '성숙한 삶(grown-up existence)'을 위한 역할을 중심으로 유지하는 것을 목
    표로 한다(옮긴이).

5   '빌둥'으로서의 교육은 단지 직업을 준비하거나 특정 기술을 가르치는 것을 넘어서 전
    인적 교육, 비판적 사고의 촉진, 도덕성과 책임감, 다양한 학문 영역에 걸친 지식의 습
    득 등을 중시하는 것으로서, 소위 자유교육의 이념과 맥락을 같이한다(옮긴이).

6   '상징에 현명해지는 것'은 학생들이 기호와 상징을 해석하고, 분석하고, 효과적으로
    사용하는 능력을 갖추게 하는 것을 의미하며, '세계에 현명해지는 것'은 세계와 그 복
    잡성을 이해하고, 사회적, 문화적, 역사적 맥락에서 의미를 찾으며, 타인과의 관계 속
    에서 삶의 방향을 설정하는 데 중점을 두는 것이다. '상징에 현명해지는 것'은 학문적
    이고 기호적 사고를 통해 문제를 푸는 데 강점을 두지만, '세계에 현명해지는 것'은 개

흔들림 없는 교육 : 도구로서의 교육을 넘어

인과 공동체의 윤리적, 실존적 도전에 대응하는 데 중점을 둔다. 두 가지 접근은 서로 배타적인 것이 아니라, 상호 보완적으로 통합될 수도 있다(옮긴이).

7 저자는 교육에 있어서 학생이 세계에 대해 적극적인 자세로 접근하는 측면도 있지만 세계가 학생에게 다가와 말을 거는 측면도 중요하다고 지적한다. 말하자면 교육에는 학생의 능동적 자세와 수동적 자세가 모두 필요하다는 것이다. Biesta(2022). *World-Centred Education: A View for the Present.* 이민철 옮김(2024).『학습자와 교육과정을 넘어』. 씨아이알. 참조(옮긴이).

8 기존 체제에서 포용(inclusion)과 배제(exclusion)라는 이분법적 사고를 넘어, 기존 구조를 재구성하고 새로운 관계를 형성하는 것을 의미한다. 즉 단순히 기존 체계에 새로운 요소를 추가하는 것을 넘어서, 체계 자체를 변화시키고 새롭게 정의하는 과정을 내포한다. 여기서는 '변혁적 포용'으로 옮겼다(옮긴이).

9 겉으로 드러나지 않는 요소나 보조적인 역할을 하는 것이 전체를 지탱하는 데 필수적임을 강조하는 표현이다. 이는 주류와 비주류, 중심과 주변 사이의 관계를 재고하도록 한다. 교육과 같은 맥락에서 보면 '여백'은 소외된 목소리, 비주류적 관점 또는 교육과정에서 학생들이 스스로 사고하고 성장할 수 있도록 허용하는 공간(여유)을 의미할 수 있다. 이는 교육이 단순히 지식을 전달하는 것이 아니라, 학습자들이 자신의 사고를 확장할 수 있는 여지를 제공해야 한다는 점을 강조하는 것이다(옮긴이).

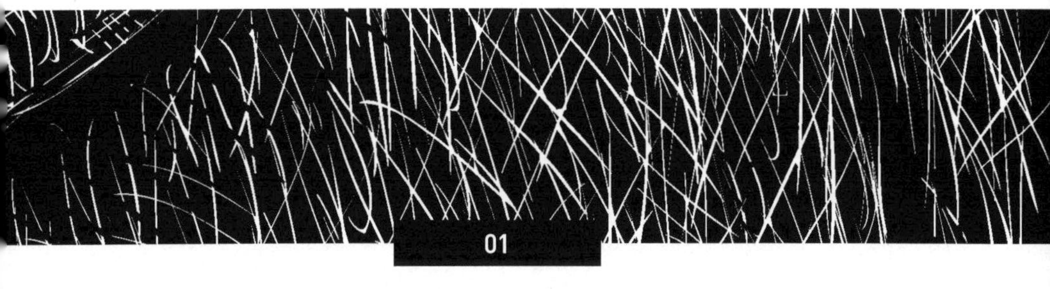

글로벌 네트워크 사회를 위한 민주교육

글로벌 네트워크 사회를 위한 민주교육

서론[1]

영국의 사회학자 앤서니 기든스(Anthony Giddens)는 특정 국가에서 전화로 연결되는 인구 비율이 일정 수준에 이르면 전체주의 정권이 붕괴한다고 주장한 바 있다. 구체적으로 그 비율이 얼마인지 혹은 기든스가 그런 비율을 제시하기나 했는지 기억할 수는 없지만, 이러한 관찰이 네트워크의 민주적 잠재력에 대해, 특히 전 세계 많은 사람들에게 일상생활의 일부가 된 '**평면**' **네트워크**[2]에 대해 시사하는 바는 흥미롭다. 가장 널리 사용되는 네트워킹 장치인 휴대폰 관련 통계를 잠시 살펴보면, 거의 70억 명에 이르는 전 세계 인구 가운데 50억 이상의 휴대폰이 연결되어 있다는 것을 알 수 있다(2008년에 40억 개를 넘어섰고 2010년 기대치에 따르면 2012년까지 60억 개를 넘어설 것으로 예측[3]되었다). 2010년 서유럽은 인구 대비 130%(즉, 개인당 연결), 동유럽의 경우는 123%

에 이르렀다. 다른 국가들도 빠르게 따라잡고 있다. 예를 들어, 중국의 경우 2012년에는 네트워크 연결 수가 10억 개에 이를 것으로 예상되며, 이는 인구 대비 약 75%에 해당되며,[4] 이 수치는 2012년 이미 5월에 달성된 것으로 알려져 있다.[5]

2010년에 전송된 60조 개 이상의 메시지들은 '나는 기차 여행 중이야', '아직 집이야', 'LOL(Laughing Out Loud; Lots Of Love)'과 같이 매우 사소한 것들이 대부분이지만, 이 엄청난 인프라가 의미 있게 활용될 것으로 기대하는 것은 합리적으로 여겨진다. 이는 이미 휴대폰과 같은 네트워크 기술이 의미 있게 활용될 수 있는 가능성을 작은 규모에서 보여주는 것이지만 이러한 기술 자체는 선과 악, 의미와 무의미, 민주와 비민주 그 어느 것도 아니다. 기술의 가치는 사람들이 그 기술로써 무엇을 하느냐에 달려 있다. 이는 최근 여러 아랍 국가에서 일어난 '트위터 혁명'과 2011년 여름 영국에서 벌어진 '페이스북 폭동'이라는 두 가지 사건에서 강력하게 입증되었다. 이 두 가지 대중적 사건, 여기서 '대중적'이라는 용어를 사용한 것은 '대중들이 주도한 사건'임을 나타내기 위한 의미로 사용되었다. 두 사건 모두에서 동일한 네트워크 기술을 활용했지만, 추구하는 목적과 초래한 결과는 매우 달랐다. 이러한 사건들은 권력자의 감시를 벗어나 사람들을 동원하는 '평면' 네트워크의 잠재력을 보여줄 뿐만 아니라, 이런 측면에서 이러한 네트워크는 사실상 '은밀히(under the radar)' 작동한다고 할 수 있다. 또한 오늘날 누구든 사람들을 통제하려고 한다면 마르크스가 말한 소위 생산 양식보다 정보의 흐름과 의사소통 방식을 통제해야 한다는 사실을 강조하고 있다.[6]

다른 사람들을 통제하려는 이들이 정보와 의사소통을 통제해야 한

흔들림 없는 교육 : 도구로서의 교육을 넘어

다는 생각은 새로운 것이 아니다. 교육자들은 실제로 그것을 꽤 잘 알고 있고 오랫동안 알고 있었다(예: Apple, 2004 참조). 심지어 현대 학교교육의 '논리'가 바로, 학교 교육의 맥락에서 '교육과정'이라고 불리는 정보의 통제, 그리고 가르침, 수업 혹은 교수법이라 불리는 의사소통 방식의 통제에 기초하고 있다고 말할 수도 있다. 학교에서의 정보와 의사소통에 대한 통제는 종종 최선의 의도와 좋은 이유로 이루어지지만 그럼에도 불구하고 이 또한 통제이다. 이를 긍정적인 각도에서 바라보고자 한다면, 정보, 더 중요하게는 신뢰할 수 있는 정보에 접근하는 것이 어려웠던 시대에는 정보 통제자로서의 학교라는 개념이 타당했다고 말할 수도 있다. 이와 관련해서 우리는 권한부여 기관으로서의 학교에 대한 상당히 전통적인 정당성의 논리를 가지고 있는데, 이것은 '지식이 힘'이라는 생각에 근거하고 있다. 물론 여기에는 어두운 면도 있다. 왜냐하면 바로 동일한 교육 인프라가 특정의 유용한 지식(혹은 정말로 유용한 지식, Johnson, 1979 참조)에 대한 접근을 제한하는 데 사용될 수도 있고, 실제로 사용되어 왔으며 여전히 사용되고 있기 때문이다.

그러나 우리는 지금 정보가 넘쳐나고 지식이 저렴한 시대에 살고 있다. 이 시대에는 오래된 인식론적 위계가 붕괴되고 중심이 더 이상 유지되지 않는다. 그렇다면 이 시대에는 우리가 알고 있는 학교, 지식을 제공하는 특권 기관으로서의 학교가 무용지물이 되었는가? 내가 보기에 이것은 너무 성급한 결론이다. 이는 학교가 무엇인지에 대한 매우 단순한 개념에서 나온 것일 뿐만 아니라 글로벌 네트워트 사회를 단지 주어진 것으로 받아들이고 학교가 이 새로운 현실에 가장 잘 적응할 수 있는 방법을 찾아내는 것을 교육자와 교육전문가들의 임무로 보는 것으로, 나는 이 지점에서 논의를 시작하고자 한다.

내가 제기하는 이슈는 학교에 대한 기대를 완전히 포기하는 것도 아니고 학교가 이 새로운 현실에 어떻게 가장 잘 적응할 수 있는지를 묻는 것도 아니다. 오히려 나의 관심은 학교가 단순히 반응하는 것(being responsive)이 아니라 책임을 지는 것(taking responsibility)에 있다. 여기서 책임은 교육적이면서 민주적이어야 한다는 점을 주장하고자 한다. 그러므로 여기서 중요한 것은 학교와 세계의 관계라는 더 큰 주제이다. 이것은 단지 학교가 사회의 기능일 뿐이고 따라서 사회를 위해 기능하는 관계일 수만은 없으며 **학교가 사회와의 관계에서 어느 정도는 기능에 역행하는 면이 있어야 하는 관계다.** 프랑스의 교육학자 필립 메리외(Philip Meirieu, 2007)가 주장한 것처럼 교육에는 항상 '저항의 의무(duty to resist)'가 있기 때문이다.

이와 관련해서 이 장은 세 개의 절로 구성되어 있다. 먼저 글로벌 네트워크 사회의 다양한 현상들에 대해 중요한 질문들을 제기하면서 그 개념을 탐색할 것이다. 이어서 교육 문제에 초점을 맞추어 글로벌 네트워크 사회의 현상에 대한 책임 있는 교육적 대응이 무엇인지 분명히 밝히고자 할 것이다. 마지막 절에서는 이를 민주주의 문제에 대한 몇 가지 간략한 관찰과 연결시킬 것이다. 나는 네트워크, 교육 및 민주주의 사이의 관계와 관련한 모든 문제를 해결하려는 의도는 없으며 다만 보다 정확한 질문을 하기 위한 도구를 제공하고 이것이 관련 논의를 전개함에 있어서 독창적이고 유용한 통찰에 도움이 되기를 기대한다.

흔들림 없는 교육 : 도구로서의 교육을 넘어

글로벌 네트워크 사회: 사실인가 허구인가?

글로벌 네트워크 사회가 사실인지 허구인지 묻는 것은 글로벌 네트워크 사회를 부인하고자 함이 아니라 두 가지 점을 강조하고자 함이다. 첫째는 글로벌 네트워크 사회가 상당 부분 새로운 현상이 아니며 역사적 선구 사례들을 살펴봄으로써 글로벌 네트워크 사회와 오늘날 현상과의 연속성이 어디에 있는지, 그리고 진실로 새로운 것은 무엇인지를 알 수 있게 된다는 것이다. 둘째는 글로벌 네트워크 사회를 단순히 하나의 사실로, 즉 단지 주어진 것으로, 따라서 불가피한 것으로 간주하고 싶지 않다는 것이다. 오히려 그것을 하나의 선택, 즉 어떤 사람들에 의해 만들어지고 어떤 사람들의 이익을 위해 작동하는 선택으로 접근하고자 한다. 첫 번째 요점부터 시작해 보자.

때로는 글로벌 네트워크 사회가 새로운 현상이라는 인상을 받지만, 현대에 드러난 글로벌 네트워크 사회의 현상에 있어서 새로운 것이 무엇인지를 이해하려는 모든 노력은, 비록 세계적인 규모는 아니더라도 광범위한 네트워크가 꽤 오랜 기간 동안 존재해왔다는 것을 인정하는 것에서부터 시작해야 한다. 인상적인 사례로 로마제국, 가톨릭교회, 그리고 영국의 식민제국이 떠오른다. 역사를 통해 알 수 있는 것은, 로마제국이 매우 잘 조직되어 있었을 뿐만 아니라 상당히 촘촘하게 연결되어 있었다는 점이다. 따라서 그것은 비록 전적으로 '세계적'이지는 않지만 의미 있는 규모의 네트워크 사회의 첫 번째 사례 가운데 하나라고 볼 수 있다(물론 '세계적인 것'이 무엇이냐에 대한 개념은 오늘날과는 달랐다는 것을 염두에 두어야 한다). 가톨릭교회는 글로벌 네트워크의 또 다른 흥미로운 사례이다. 그것은 국민국가란 의미에서의 사회라고 주장할 수는 없지만 분명 놀라울 정도로 세계적인 영향력을 가진, 매우 잘 연결되고 네트워크가 잘 구축된 구조의 또 다른 사례이다. 세 번째 대영제국의 경우도 마찬가지이다. 대영제국은 전성기였던 1922년 당시, 전 세계 인구의 4분의 1(약 4억 5천만 명)은 물론 지구 전체 면적의 4분의 1을 차지하는 역사상 가장 큰 제국이었다.

중심화된 네트워크

이러한 세계적인 네트워크의 흔적은 여전히 곳곳에 남아 있다. 가톨릭 교회는 여전히 존재하며 인류 역사상 가장 오래 존속하고 있는 기관 중 하나이다. 로마제국의 경우 별장과 목욕탕뿐만 아니라 광범위한 도로망과 기본 도시 계획 등에 물리적 흔적이 남아 있을 뿐만 아니라 로마법과 라틴어는 현대의 법과 언어에 지속적으로 영향을 미치고 있다. 그리고 대영제국은 더 이상 제국으로 존재하지 않지만, 제국의 많은 네트워크는 여전히 살아 있으며 작동하고 있다.

이 세 가지 글로벌 네트워크의 공통점은 모두 중심지 – 외곽 모형에 따라 운영된다는 것이다. 세 가지 사례의 네트워크에는 모두 로마, 바티칸 시티, 런던이라는 명확하게 규정된 중심지가 있을 뿐만 아니라, 모든 외곽 지점들이 지휘와 정보 체계를 통해 중심지와의 연결을 유지했기 때문에 네트워크가 존재했다. 명령은 중심지에서 외곽으로 흐르고, 정보는 외곽에서 중심지로 흐르며, 이를 통해 중심지는 전체 상황을 파악하고 통제력을 유지할 수 있었다. 로마 제국의 쇠퇴는 부분적으로 중심지와 외곽 간의 연결이 약화된 것으로 설명할 수 있다. 즉 제국

흔들림 없는 교육 : 도구로서의 교육을 넘어

이 너무 커지고 복잡해져서 모든 네트워크를 유지하기 어려워졌으며, 또한 외곽들이 자급자족하게 되면서 독립하게 되었던 것이다. 가톨릭 교회는 외곽들을 통제하는 데 더 성공적이었다. 그리고 앞에서 언급했듯이 대영제국의 많은 네트워크는 어떤 형태로든 여전히 기능하고 있다.

탈중심 네트워크

중심화된 네트워크의 특징은 중심과 주변 간의 불균형 원칙에 기반하고 있다는 점이다. 권력과 정보, 부가 명확하게 중심에 위치하며, 중심과 주변 간의 관계는 중심이 주변에 권력을 행사하고, 중심이 정보를 통제하며(소유한다고 할 수도 있다), 중심은 주변에서 수집된 부를 모으고 축적하는 위치가 되는 구조이다. 따라서 이러한 모형의 원칙에 따라 네트워크를 구축하는 것은 새로운 영역을 네트워크에 종속시키고 편입시키는 과정인 동시에, 이 새로운 영역을 중심의 '논리'와 원칙으로 번역하고 변형시키는 과정이다.[7] 이는 오랫동안 존재해 온 글로벌 네트워크와 새로운 네트워크 간의 주요 차이점일 것이다. 새로운 네트워크란 정보통신기술, 특히 인터넷과 휴대폰의 결과로 최근에 새롭게 등장하고 있는 네트워크를 말한다. 이 새로운 네트워크는 훨씬 더 탈중심화된 구조를 띠고 있다는 점이 특징이며, 이 점은 뒤에서 다시 살펴보겠다. 이 네트워크에는 네트워크 전반에 걸쳐 다양한 연결이 존재하지만 중심이 없고 중심이 존재할 필요성도 없다.[8]

그러나 탈중심 네트워크의 민주적 잠재력을 축하하기 전에 글로벌 네트워킹의 역사에서 한 가지 더 고려해야 할 차원이 있는데 이것은 바로 자본주의이다. 자본주의는 생산 수단의 사유화와, 경쟁시장의 작동을 통한 이익 창출을 특징으로 하는 경제 시스템으로, 분명 네트워킹 현상이며 아마도 현시대의 가장 영향력 있는 네트워킹 현상일 것이다. 주된 이유는 자본주의가 지속되기 위해서는 끊임없이 성장해야 하기 때문이다. 어느 정도까지는 자본주의의 팽창이 국내 시장 내에서 억제될 수 있었지만, 국가에 구속되지 않는 글로벌 자본주의의 등장은 단지 자본주의가 팽창할 필요성에 따른 결과이다. 여기서 우리는 식민주의와의 흥미로운 관계를 볼 수 있다. 식민주의는 어떤 의미에서 자본주의 사이클에 의해 부의 축적을 시작한 것으로, 식민지를 이용하여 원자재를 조달하고 같은 인프라를 사용하여 제품을 판매함으로써 때로는 강제적으로(예: 1852~1854년 미국 해군에 의한 일본의 개방) 새로운 시장을 열었다(Feifer, 2006 참조).

오랫동안 자본주의의 팽창은 주로 공간적 현상으로, 새로운 자원을 찾고 새로운 시장을 개척하는 방식으로 이루어졌다. 그러나 이러한 전략이 한계에 다다르자 자본주의 팽창은 점차 시간적 현상이 되어갔다. 이를 잘 보여주는 적절한 사례가 패션이라는 세계다. 이 세계는 끊임없이 새로운 수요와 욕망을 창출하는 원칙에 따라 움직인다.[9] 이렇게 자본주의의 지속을 위해 끊임없는 '속도 증가' 또는 '시간 압축'이 일어나고 있음을 알 수 있다. 그러나 앞서 언급한 휴대전화 계약 통계라든가 끊임없이 확장하는 자본주의가 초래한 생태학적 위기를 생각해 볼 때 자본주의는 이제 공간이 부족해지고 있다. 그러나 자본주의는 이제 공간만이 아니라 시간도 부족해지고 있다.

아마도 후자의 가장 극명한 예는 금융 산업(그리고 '금융 산업'이라

흔들림 없는 교육 : 도구로서의 교육을 넘어

는 표현 자체도 흥미롭다)이 점점 줄어드는 시간적 이점을 활용하여 이윤을 창출하려는 방식(대표적인 사례는 선물거래이다)에서 드러난 최근의 금융위기일 것이다. 따라서 자본주의는 글로벌 네트워크를 생겨나게 했지만 (이 점에서 자본주의는 오늘날 글로벌 네트워크 사회의 구체적인 모습을 형성하지는 않았지만 글로벌 네트워크를 활성화하는 데 가장 큰 영향력을 미친 요인 중 하나로 볼 수 있다), 이러한 네트워크의 지속 가능성에 대해 진정한 의구심이 생겨난다. 은행 위기가 보여준 것은 글로벌 자본주의 네트워크의 취약성과 불안정성이다. 이 네트워크는 모든 것이 서로 연결된 상태에서 일부가 무너지면 전체 시스템이 붕괴할 위험이 있는 상황을 만들었다. 그래서 당시에 글로벌 자본주의는 정부에 의해 지탱되고 구제될 필요가 있었던 것이며 이는 여전히 진행 중인 문제이다.

유사 탈중심 네트워크(Pseudo-Decentred Networks)

내가 글로벌 네트워크 사회를 분석할 때 제기한 중요한 질문은 자본주의가 중심화된 네트워크를 생성하는 체제로 볼 것인가, 아니면 탈중심 네트워크를 생성하는 체제로 볼 것인가 하는 것이다. 나는 이를 유사 탈중심 네트워크라고 부를 것이다. 유사 탈중심 네트워크는 중심화된 네트워크와도 공동점이 있고 탈중심 네트워크와도 공통점이 있다. 중심화된 네트워크와의 공통점은 둘 다 불균형, 특히 부와 권력의 불균형을 기반으로 하고 있고 또 이를 만들어낸다는 점이다. 탈중심 네트워크와의 공통점은 전체 네트워크를 통제하려는 하나의 중심이 없다는 점뿐만 아니라, 어쩌면 다수의 중심이 있을 수도 있지만, 그보다 더 중요한 것은 네트워크 구성원들이 그 네트워크에 실질적으로 연결되어 있다는 사실이다. 이들은 글로벌 자본주의 네트워크가 붕괴할 경우 자신들이 더 큰 타격을 입을 수 있기 때문에, 이 네트워크의 존속에 이해관계를 갖고 있다(이 또한 현재에도 계속되고 있는 매우 현실적인 문제이다).

글로벌 네트워크와 전 세계적으로 네트워크화된 사회(the global networked society)에는 이와 같이 다양한 역사적, 현실적 차원들이 있고 또 나타나는 양상들이 다양하기 때문에(그리고 아마도 'the'라는 단어는 여기서 꽤 오해의 소지가 있을 것이다[10]) 나는 글로벌 네트워크 사회를 하나의 '사실'로 받아들이기보다는 하나의 '선택'으로 보고 싶다. 이 선택은 어떤 이들에게는 이익이 되고 다른 이들에게는 이익에 반하는 것이 된다. 여기서 '선택'이라는 단어를 사용하는 것은 특정한 글로벌 네트워크 사회의 구성을 선택한 사람들을 쉽게 식별할 수 있거나 식별이 가능하다고 주장하려는 것이 아니라, 글로벌 네트워크 사회가 현재의 모습으로 나타난 것이 대안이 없는 불가피한 현실이 아니라는 것을 강조하려는 것이다.

오늘날 정치인들은 종종 마거릿 대처(Margaret Thatcher)의 말을 따라 자신들의 정책에 대해 '대안은 없다'고 말하곤 하는데, 지그문트 바우만(Zygmunt Bauman)은 이 표현을 'TINA 신념'이라고 부른 바 있다(Bauman, 2000, p. 215).[11] 그러나 현재 존재하는 글로벌 네트워크 사회가 특정한 역사적 발전의 결과라는 사실은, 그것이 달라졌을 수도 있으며 여전히 달리 될 수 있음을 의미한다. 물론 달라질 수 있음에도 달라지지 못하는 것은 글로벌 네트워크 사회, 특히 자본주의 형태의 글로벌 네트워크 사회의 아이러니이자 복잡성 중 하나로, 글로벌 네트워크 사

흔들림 없는 교육 : 도구로서의 교육을 넘어

회의 작동에서 벗어나는 것은 상당히 어려운 일이다. 말하자면 진정으로 '독립하는 것'은 매우 어렵지만, 최근 은행 위기[2007~2008년의 글로벌 금융 위기를 가리킴(옮긴이)]에서 비교적 영향을 받지 않은 여러 은행들에서 볼 수 있듯이, 다른 방식으로 일 처리하는 것이 불가능하지는 않다. 이러한 은행들은 '주류 은행들'과는 상당히 다른 원칙으로 운영된다(예: 협동조합 은행, 주택금융조합, 다양한 형태의 윤리적 은행 등).

만약 이러한 논의를 통해 글로벌 네트워크 사회의 개념에 대한 이해가 확장되기 시작하여 그 연속성과 비연속성이 모두 드러나고, 아마도 가장 중요한 것으로, 자본주의 논리와의 관계를 알 수 있게 된다면 우리는 이제 교육에 대한 질문, 말하자면 "글로벌 네트워크 사회에서 우리에게는 어떤 종류의 교육이 필요한가?"라는 질문을 제기할 수 있는 더 나은 위치에 있다.

글로벌 네트워크 사회를 위한 교육

물론, 내가 이 질문을 처음으로 제기한 것은 아니다. 그러나 내가 달리 하고자 하는 것은 단지 '글로벌 네트워크 사회'를 수용하고 학교가 어떻게 이에 적응해야 하는지를 묻는 것이 아니라, 먼저 몇 가지 비판적인 질문을 제기하는 것이다. 간략한 탐색을 통하여 내가 제안하는 것은 글로벌 네트워크 사회를 쉽게 받아들일 것이 아니라 여기에 신중해야 한다는 것이다. 잠재적으로 흥미로운 측면이 있기는 하지만(민주적 잠재력의 문제에 대해서는 이후 다시 다룰 것이다), 앞에서 나는 글로벌 네트워크 사회가 불평등을 야기하고 지속시키는 경향이 있으며, 그 일부 현상에 있어 매우 취약하고 불안정한 네트워크를 초래할 수 있다는 점을 지적한 바 있는데, 이는 이러한 네트워크에 얼마나 '투자'해야 하는지(이러한 네트워크에 우리 자신을 투자해야 하는지), 그리고 보다 지속 가능한 대안이 있는지에 대한 질문을 제기한다.

학교 교육과정의 형식화

교육자와 교육전문가들이 글로벌 네트워크 사회에 대응하는 방식을 살펴보면, 몇 가지 다른 접근 방식을 구별할 수 있다. 그중 일부는 글로벌 네트워크 사회를 정보가 풍부하고 이 정보에 접근하는 것이 일반적으로 자유로운 사회로 읽는 것으로부터 출발한다. 앞서 지적했듯이 이는 학교가 다음 세대에 지식을 전수하는 특권적인 역할에 대해 의문을 제기한다. 어떤 이들은 이에 대해 학교를 쓸모없게 만드는 것이라고 급진적인 결론을 내리기도 하지만 보다 일반적인 반응은 소위 학교 교육과정의 형식화를 주장하는 것이다(즉, 학교 교육과정이 내용이나 개념이 아닌 형식의 문제가 되는 것). 여기서 초점은 지식의 습득에서 현재와 미래에 지식 습득을 위한 기술을 습득하는 것으로 바뀐다. '학습을 위한 학습' 혹은 평생 학습을 준비하는 교육이라는 개념이 이 범주에 속한다.

　이러한 접근 방식의 잠재적인 문제는 학교 교육의 기능에 대해 다소 협소한 시각에 기반하고 있을 뿐만 아니라(이에 대해서는 아래에서 다룰 것임), 지식에 대한 무비판적인 시각에 근거하고 있다는 점이다. 이는 지식이 '거기에' 존재하고 있으며 학교는 이 지식을 전달해야 하거나 만일 지식이 어디에나 존재한다면 학생들이 스스로 지식에 접근하

흔들림 없는 교육 : 도구로서의 교육을 넘어

도록 가르치는 임무를 지닌다는 것이다. 따라서 나는 **비판적 문해력**의 형식이 필요하다는 접근 방식에 더 관심이 있는데 이는 특히 정보의 과잉으로 인해 주어진 정보로부터, 그리고 그에 관하여, 어떻게 적절히 선택하고 판단할 것인가 하는 문제가 제기되기 때문이다. 비판적 문해력의 접근 방식은 또한 한 걸음 더 나아가 위에서 제시한 방식과 유사하게 글로벌 네트워크 사회라는 개념 자체를 비판적 검토 주제로 만들 수도 있다. 이렇게 되면 초점이 지식과 정보의 비판적 읽기에서 세계 자체의 비판적 읽기로 이동한다(예: Freire & Macedo, 1987 참조).

아래에서 더 자세히 설명하겠지만 이러한 접근 방식은 글로벌 네트워크 사회의 특정 현상을 무비판적으로 수용하고 단순히 학생들을 이러한 현실에 준비시키는 것을 교육의 임무로 보는 접근 방식과 크게 대비된다. 이에 대한 하나의 사례는 21세기 기술(21st century skills)이라는 개념인데, 이 개념은 현재 미국에서 큰 인기를 끌고 있으며, 나의 판단이 타당하다면 여러 다른 나라에서도 인기를 얻고 있다. '21세기 역량을 위한 파트너십(Partnership for 21st Century Skills)'의 웹사이트(http://www.p21.org)에서는 다음과 같은 내용을 확인할 수 있다.

> **21세기 역량을 위한 파트너십**은 모든 학생들이 21세기를 준비할 수 있도록 지원하는 전국적인 조직이다. 혁신을 요구하는 글로벌 경제에서 미국이 지속적으로 경쟁함에 따라 21세기 파트너십과 그 회원들은 3R과 4C(비판적 사고와 문제 해결, 의사소통, 협업, 창의성과 혁신)를 융합함으로써 미국 교육 시스템이 이에 부응할 수 있도록 도구와 자원을 제공하고 있다.[12]

21세기 역량이라는 개념에 대해 우려하는 것은, 이 역량이 모든 문제에 대해 또 하나의 만병통치약 같은 교육적 해결책을 제시함으로써 교사와 학교에게 그들이 성취할 수 있고 또 성취해야 하는 것에 대해 비현실적인 기대를 다시금 부과한다는 점이 전부가 아니다. 더욱 우려스러운 것은, 21세기 역량이 제공하고자 하는 21세기 학습을 위한 '프레임'이 글로벌 경쟁 경제, 즉 글로벌 자본주의를 의문의 여지가 없는 참조의 틀로 삼고 있다는 사실이다. 그 결과 교육의 목적은 이러한 '현실'에 학생들을 준비시키는 것으로 (재)정의되며, 이런 역량 담론은 심지어 글로벌 경제가 이를 단순히 **요구한다**는 것을 암시하고 있다. "21세기 학습을 위한 프레임은 우리 아이들이 21세기에 시민과 노동자로서 성공하는 데 필요한 필수 역량을 기반으로 한다"는 주장에서도 21세기 역량의 경제적 지향을 찾을 수 있으며, 이는 다음과 같은 고도의 수사적 표현에서도 드러난다.

> 미국의 모든 아이들은 오늘날과 내일의 세계를 준비해야 한다. 대부분의 학생들이 학교에서 배우는 지식 및 기술과, 지역사회와 직장에서 성공하는 데 필요한 지식과 기술 사이에는 커다란 격차가 존재한다. 엄격한 고등 교육과정과 직업적 도전, 그리고 글로벌 차원에서 경쟁력 있는 노동력에 성공적으로 대처하려면 미국의 학교는 세 개의 R과 네 개의 C를 융합함으로써 교실 환경을 실제 세계 환경에 맞추어야 한다.[13]

일의 중요성을 부정하려는 뜻은 없지만 일이 교육의 전부는 아니며

흔들림 없는 교육 : 도구로서의 교육을 넘어

삶의 전부도 아니다. 따라서 교육을 이와 같이 글로벌 경제와 강하게 연결짓는 것은 다소 편협한 시각이다. 그리고 21세기 역량으로서 비판적 사고가 매우 중요하게 언급되면서도[14] 전체적인 프레임이 글로벌 네트워크 경제의 현실을 무비판적으로 수용하는 것에 기반을 두고 있다는 사실은 아이러니한 일이기도 하다. 그러므로 내가 볼 때 이는 글로벌 네트워크 사회에 대한 반응적(또는 반작용적이라고 해야 할 수도 있을 것이다) 대응의 사례인데 이런 대응은 무책임해질 위험이 있다. 그 이유는 전체적인 프레임이 단지 글로벌 네트워크 사회를 특히 경제적 측면에서 받아들이는 것으로 보이기 때문이다. 그렇다면 더 책임 있는 대응은 무엇인가?

교육 목적의 문제

이 질문에 답하기 위해, 나는 한 걸음 물러서서 교육의 목적(또는 보다 적절한 표현으로 목적들)에 관한 질문에 어떻게 우리가 생산적으로 접근할 수 있을지에 대해 몇 가지 지적하고자 한다. 문제는 학교가 글로벌 네트워크 사회에 어떻게 대응해야 하는지, 더 나아가 글로벌 네트워크 사회를 위해 어떤 종류의 교육이 필요한지를 묻는 경우, 우리가 사용하는 언어는 교육이 단일한 목적을 가진 단일체라는 인상을 줄 수 있다는 점이다. 그래서 '학교의 목적이 무엇인가'에 대한 논의에서 많은 혼란이 계속해서 발생하고 있으며, 이러한 이유로 나는 그간의 연구를 통하여 교육은 실제로 여러 다양한 영역과 관련하여 기능하고 있을 뿐 아니라, 또 '그래야 한다'고 주장해 왔다. 나는 교육의 세 가지 기능인 자격부여(qualification), 사회화(socialisation), 주체화(subjectification)를 구분하는 것이 유용하다고 생각했으며, 이를 교육 목적의 세 가지 영역으로도 보고 있다. 내가 생각하는 바를 간단히 설명하겠다.[15]

교육의 중요한 기능 중 하나는 **자격부여이다**. 이는 아이들과 젊은이들이 특정한 일을 할 수 있도록 자격을 부여하는 방식에 관한 기능이다. 자격부여는 지식과 기술 및 성향의 습득과 관련이 있으며, 여기에는 직업교육에서와 같이 매우 구체적인 일을 할 수 있게 하는 것과 현대 사회에서 아이들과 젊은이들이 기능할 수 있도록 하는 것이 포함된다. 이것은 학교가 집중해야 할 유일한 것이라고 주장하는 이들도 있으며, '기본으로 돌아가자(back to basics)'는 표현이 이 맥락에서 자주 사용된다. 또한 앞서 언급한 21세기 역량의 논리도 일부 여기에 기반을 두고 있을 가능성이 있다. 그러나 교육의 두 번째 기능, 즉 **사회화**(socialisation)에 대한 관심이 수년간 꾸준히 증가해 왔다. 사회화는 교육을 통해 아이들과 젊은이들이 특정의 전통과 관행, 즉 특정한 문화적, 사회적, 역사적, 정치적, 종교적 '질서'의 일부가 되는 방식을 의미한다.

그런데 여기에는 특정 직업이나 전문 직종의 업무 방식과 태도를 익히는 것과 같이 직업적 사회화에서 확인할 수 있는 좁은 차원도 있고, 훌륭한 시민이 되는 것, 혹은 '영국적인 것(Britishness)'(혹은 다른 문화나 국가의 가치)을 습득하는 것과 같이 더 넓은 차원에서 사회화를 생각하는 방식도 있다. 다시 말하면 사회화는 공식적이든 비공식적이든, 아니면 제도화된 것이든, 특정한 행동 방식을 받아들이는 것을 의미한다. 자격부여와 사회화는 한편으로 교육이 실제로 '하는' 일이 무엇인지를 분명히 하는 데 도움이 될 수 있다. 이는 사회화의 측면에서 바라볼 때 잠재적 교육과정에 대한 연구가 중요한 역할을 한다는 것을 의미한

흔들림 없는 교육: 도구로서의 교육을 넘어

다. 하지만 자격부여와 사회화는 또한 교육이 해야 하는 일이 무엇인지에 대한 두 가지 관점이기도 하다. 말하자면 이들은 교육의 기능뿐만 아니라 교육목적의 영역도 설명한다.

학교는 자격부여에만 집중해야 하며 사회화는 부모와 사회의 역할이라고 주장하는 이들도 있지만, 자격부여와 사회화 역할 모두를 수행해야 한다고 주장하는 이들도 있다. 이는 최근 몇 년 동안 시민교육, 환경교육, 글로벌 교육 등 다양한 주제와 이슈가 교육과정에 추가된 것에서 가장 명확하게 드러난다. 나는 이 두 가지 기능 외에도, 교육에는 인격형성에 기여하는 방식과 관련된 세 번째 기능과 차원이 있다고 제안하고 싶다.

나의 연구에서는 이 차원을 교육의 주체화라고 지칭해 왔다. 그 이유는, 간단히 말해서, 교육이 아이들과 청소년들이 행동과 책임의 주체가 될 수 있는 방식에 기여하는 것을 강조하고 싶었기 때문이다. 따라서 주체화는 독립성과 자율성 같은 개념, 즉 자신의 행동의 주체가 되는 것과 관련이 있다. 하지만 '행위와 책임의 주체'라는 표현은 인간의 주체성을 이기적이거나 자기중심적이 아니라 항상 다른 인간, 더 나아가 보다 일반적으로 자연세계와 책임 있는 관계를 맺는 존재로 이해하려는 개념을 담고 있다.[16]

주요 요점을 한 번 더 강조하자면, 교육의 이 세 가지 기능은 교육이 **실제로** 무엇을 **하는지**를 설명한다. 즉, 교육은 항상 이 세 가지 영역에서 어떤 방식으로든 작동한다는 것을 설명하고 있다. 그러나 동시에 교육이 무엇을 **해야 하는지**에 대해 훨씬 더 정확한 질문을 할 수 있는 프레임을 제공하기도 한다. 따라서 이는 교육의 목적에 대해 논의할 수 있는 틀을 제시한다. 나는 이 세 가지 차원을 별개로 보지 않으며, 세 가지 기능 중 어느 하나에만 초점을 맞추는 방식으로 교육을 조직할 수 있다고 생각하지도 않는다. 설령 지식과 기술에만 집중하려고 한다 해도, 이를 통해 학생들을 세상의 중요한 것에 대한 특정한 관점으로 사회화시키고 또한 어떤 식으로든 인격 형성에도 항상 영향을 미치게 된다. 그렇기 때문에 나는 어떤 교육적 논리도 세 차원 모두에 대해 무언가를 말하는 것이 있어야 한다고 생각한다. 이 세 차원을 실제로 분리하기는 어렵기 때문에, 나는 이것을 교육의 세 가지 기능과 목적의 영역이 겹치는 벤 다이어그램의 형태로 묘사하는 것을 선호한다.

책임 있는 대응이란?

이러한 렌즈를 통해 글로벌 네트워크 사회에 필요한 유형의 교육에 대한 질문을 살펴보면, 어떤 대응들의 위치를 파악할 수 있을 뿐만 아니라 그 한계를 확인할 수 있고 내가 제안하고자 하는 보다 **책임 있는** 대안으로 나아갈 수 있다. 앞에서 언급했던 일부 대응으로 다시 돌아가 보면, 지식 전달기관으로서의 학교는 글로벌 네트워크 사회에서 한물 갔다고 말하는 사람들과, 따라서 형식적 교육과정, 즉 내용 중심의 교육과정이 아닌 지식 습득을 위한 기술에 초점을 맞춘 교육과정이 되어야 한다고 하는 사람들은 학교의 기능을 주로 자격부여의 측면에서 접근하고 있다는 사실이 이제 분명해진다.

이러한 배경에서 나는 이러한 관점들이, 학교란 무엇이며 학교가 무엇을 위한 것인지에 대해 다소 단순화된 개념[17]에 기반할 위험이 있음을 지적했다. 내 생각에 21세기 역량과 같은 접근 방식은 자격부여와

흔들림 없는 교육: 도구로서의 교육을 넘어

사회화를 결합한다. 자격부여라는 의제는 아이들과 젊은이들이 21세기와 글로벌 경제의 요구에 '준비되어야 한다'는 주장에서 분명히 드러난다. 이와 더불어 제기되는 사회화 의제에서는 앞에서 보여준 바와 같이 비판적 사고를 강조함에도 불구하고 교육을 글로벌 경제의 봉사자로 묘사한다(이와 관련하여 더 부정적으로 평가하자면, 비판적 사고에 그러한 중요한 위치를 부여함으로써 비판적 사고가 실제로는 이데올로기적으로 작용한다고, 즉 작동하는 권력 구조를 숨긴다고 말할 수 있을 것이다).

내가 볼 때 비판적 문해력을 주장하는 접근법은 더욱 흥미롭고, 사회 문제와 더 관련성이 있으며, 또한 책임감도 더 강하다. 특히 그 목표가 아이들과 젊은이들이 교육과정의 내용뿐만 아니라 더 넓은 사회 정치적 맥락에 대해서도 문해력을 갖추도록 하는 것이라면 더욱 그렇다. 여기서 글로벌 네트워크 사회를 위한 교육은 분명 정치적 차원을 갖게 된다. 다시 말해, 문해력은 단지 기술적이거나 인지적인 것이 아니라 명백히 정치적인 것이다. 이는 비판적 문해력의 접근이 아이들과 학생들에게 특정한 방식으로 자격을 부여하려는 명백한 목적을 가지고 있지만, 이는 자격부여 영역에만 한정되지 않고 자격부여 영역과 다른 무언가의 교차점에서 작동한다는 것을 의미한다. 그러나 중요하고 어려운 질문은 이 '다른 무언가'가 과연 무엇인가 하는 것이다. 비판적 문해력은 자격부여와 사회화의 교차점에 위치하는가? 아니면 자격부여와 주체화의 교차점에 위치하는가? 그것도 아니면 세 영역의 교차점인 다이어그램의 중심에 위치하는가?

여기서 문제의 핵심을 빠르게 이해하는 방법은, 비판적 문해력의 접근을 지지하는 사람들이 이것을 자격부여와 주체화의 교차점에 위치시킬 수 있다고 보는 것이다. 여기에는 사람들로 하여금 배후에서 권력이 어떻게 작동하는지 읽는 능력을 갖추게 함으로써 그들이 권력의 작용으로부터 독립할 수 있게 한다는 가정이 들어 있다. 이것이 비판이론과 비판적 교육학의 고전적 주장이다(Biesta, 2010b; Galloway, 2012 참조). 하지만 이러한 접근법에 대한 고전적 비판은 비판적 문해력이 학생들에게 특정의 가치관에 근거한 매우 특별한 세계관을 제공한다고 주장하는 것이며, 따라서 이는 기껏해야 정치적 사회화의 한 형태일 뿐이라는 것이다. 비판적 교육학과 비판이론을 강하게 비판하는 이들은 이것이 정치교화의 한 형태라고 주장할 것이다. 여기에는 쉬운 해결책이 없지만, 비판적 문해력의 접근을 다른 접근법과 구별하는 것은 그것이 명시적으로 교육의 주체화 차원에 관여하는 것을 목표로 한다는 점이다. 즉, 학생들이 글로벌 네트워크 사회와 같은 현상과 관련하여 자기 나름의 입장을 발전시킬 수 있도록 지원하는 것을 명시적인 목표로 한다는 것이다. 요컨대 이는 학생의 주체성, 즉 주체가 되어가는 과정을 지원하려는 교육적 대응이다(Meirieu, 2007 참조).

글로벌 네트워크 사회와 관련하여 어떤 교육이 필요한가 하는 질문에 대한 나의 입장은 주체화 영역에서 더욱 명확하게 시작한다. 교육을 통해 학생들이 글로벌 네트워크 사회의 현실에 대비하도록 하는 데 어떻게 도울 것인가를 묻는 것은 정당하다고 생각한다. 나는 이러한 현실이 존재한다는 것을 부정하지는 않는다. 내가 부정하는 것은, 이러한 현실이 존재하기 때문에 그것은 좋은 것이고 바람직한 것이며 우리는 그저 거기에 적응해야 한다는 주장이다. 다시 말해서 내가 부정하는 것은 대안이 없다는 모든 주장이다. 이와 관련하여 교육이 할 수 있는 것을 찾는 것은, 이론적으로는 글로벌 네트워크 사회의 현상이 주체화 과정, 즉 주체가 되어가는 과정에 어떤 영향을 미치는지 이해하려고 노력할 때만 가능하며, 실천 전략상으로는 글로벌 네트워크 사회의 다양한 현상을 고려하여 아이들과 젊은이들이 주체가 되어가는 과정을 어떻게 지원할 수 있을지 명확히 밝히려고 노력할 때만 가능하다. 이 질문에 답하기 위해 나는 글로벌 네트워크 사회 또는 적어도 그 일부 현상이 유혹으로 가득 차 있다는 인식에서 출발할 것이다. 이런 유혹은 글로벌 자본주의와의 관계 때문이며 따라서 사람들을 끌어들이는 경향이 있다. 이와 더불어 또 하나의 출발점은 글로벌 네트워크 사회가 사실 대부분 어디에나 존재한다는 사실이다. 이는 그 유혹에 빠지지 않는 것이 매우 어렵다는 것을 의미한다.

그러나 글로벌 네트워크 사회의 유혹에 빠지는 것은 주체화, 즉 주체가 되어가는 것과는 정반대이다. 여기서 **"아무런 신념이 없으면, 모든 것에 쉽게 넘어간다**(if you stand for nothing you will fall for anything)"는 옛 격언은 교육적으로 매우 중요하다. 왜냐하면 글로벌 네트워크 사회의 유혹에 저항하거나 적어도 글로벌 네트워크 사회의 어떤 측면과 관여하는 것을 단순한 자동 반응이 아닌 신중한 결정의 결과로 만들기 위해서는 주체를 일정 부분 '강화'할 필요가 있기 때문이다. 물론 이것은 까다로운 문제이다. 그리고 이것은 글로벌 네트워크 사회에 대응하는 교육적 과제의 절반일 뿐이라는 점을 곧 제시하겠지만, 이는 내가 볼 때 가장 근본적인 교육 문제 혹은 도전 과제 중 하나와 연결될 수 있는데, 그것은 바로 바라는 것(what is desired)을 바람직한 것(what is desirable)으로 전환하는 것이다(Biesta, 2010a 참조). 이는 내가 원하는 것이 과연 마땅히 원해야 하는 것인지, 즉 실제로 바라는 것이 과연 바람직한 것인지를 들여다보도록 함으로써 교육을 자신의 욕구를 '초월' 하도록 지원하는 과정으로 보는 것이다. 잠시 '약함'과 '강함'이라는 단어를 다소 단순하게 사용해서 자신의 욕망을 따르는 것은 주체성을 약화시키는 것이고 어떤 욕망이 실제로 바람직한 것인지를 고민하는 것은 주체성을 강화하는 것이라고 할 수 있다.

그러나 교육이 주체를 강화하는 것과 관련이 있다는 생각, 그리고 이런 의미에서 현재의 상황에 적응하는 것에 저항하는 것과 관련이 있다는 생각에는, 주체를 세계로부터 분리시키는 위험이 수반된다. 주체가 너무 강해지면 자신만의 세계에 갇혀 타자로부터, 나아가 세계로부터 차단될 위험이 있다. 주체를 강화하고 단지 현재의 상황에 적응하는 경향에 저항하는 것이 세계로부터 등지는 것으로 이어져서는 안 된다. 그러므로 교육의 도전 과제는 주체성을 강화하면서 동시에 세계와의 관계맺음을 지원하는 것이다. 메리외에 따르면(Meirieu, 2008, p. 91), 교육에는 관계맺음과 해방이라는 이중의 과제가 있다. 물론 이것은 교육을 상반된 두 방향으로 끌어당기는 것이기 때문에 불가능한 과제라고 할 수도 있다. 그러나 나는 꼭 그렇게 생각하지만은 않는다. 왜냐하면 저항하는 것과 관계맺음은 실제로 '대상'이 다르기 때문이다. 즉, 현재의 상황에 적응하는 것에는 저항해야 할 필요가 있지만 아직 도래하지 않은 세계, 가능성의 세계, 현재의 상황과 다른 세계와 관계를 맺는 일은 필요하기 때문이다.

만약 이러한 주장들이 타당하고 이른바 글로벌 네트워크 사회의 현

흔들림 없는 교육 : 도구로서의 교육을 넘어

실에 대한 보다 책임 있는 대응이라고 보는 것이 무엇인지를 밝히는 것이라면 이는 학교를 매우 흥미로운 위치에 놓이게 한다. 내가 생각하고 있는 바를 가장 간략하게 요약하자면, **사회에 대해서는 닫혀 있으면서도 세계에 대해서는 열려 있는 학교**가 필요하다는 것이 될 것이다. 이는 사회의 직접적인 요구로부터는 차단되어 있는 대신, 가능성의 세계, 대안의 세계와는 교류할 수 있는 학교이다. 또한 이는 일시적인 중지, 즉 모라토리엄(moratorium) 공간으로서의 학교[18]이다. 이러한 학교의 이미지는 그리스어 '스콜레(schole)'의 원래 의미와 잘 맞아떨어지는데, 이는 여가 또는 자유 시간을 의미한다. 여기서의 시간은 우리가 하고 싶은 일을 할 수 있는 시간이 아니라 특정한 요구, 특히 사회의 요구에 의해 결정되지 않는 시간을 의미한다(Masschelein & Simons, 2010 참조). 이는 학교를 매우 흥미로운 위치에 놓이게 한다. 이 말은 또한 글로벌 네트워크 사회에서도 학교는 여전히 중요한 역할을 한다는 뜻이기도 하다. 이는 학교가 시대에 뒤떨어진 것이 아니며, 오히려 어쩌면 그 어느 때보다도 사회의 즉각적인 요구로부터 자유로운 공간으로서의 학교가 더 필요하다는 것을 의미하는 것이다.

이제 1장의 세 번째이자 마지막 단계로 넘어가겠다. 그것은 민주주의에 관한 문제로서, 이번 장의 주제인 네트워크와 교육, 그리고 민주주의를 연결하기 위해 두 가지 간단한 사실을 적시하겠다.

글로벌 네트워크 사회를 위한 민주교육이란?

나는 글로벌 네트워크 사회의 특징으로 보이는 모종의 네트워크, 말하자면 평면 네트워크, 보다 정확한 표현으로는 탈중심 네트워크의 민주적 잠재력을 내비치면서 이번 장을 시작했다. 그러한 네트워크에 민주적 잠재력이 있다는 것은 분명하지만, 이는 잠재적인 것이지 실제로 그렇다는 것은 아니라는 점을 유의해야 한다. 민주주의는 반드시 탈중심적이어야 한다고 주장할 수 있지만, 그렇다고 해서 모든 탈중심 네트워크가 저절로 민주적이 되는 것은 아니다. 트위터 혁명과 페이스북 폭동[19]의 차이는 이 점을 잘 보여준다. 나는 두 사건 모두 대중적인 사건, 즉 민중의 사건으로 특징지었지만, 두 사건은 서로 다른 가치관에 의해 영향을 받았다고 할 수 있다. 트위터 혁명은 평등과 자유라는 민주적 가치를 지향한 반면, 페이스북 폭동은 이러한 지향이 크게 부족했으며, 특히 이 폭동이 파괴적으로 변한 경우에는 더욱 그렇다(Biesta, 2011a 참조).[20]

따라서 첫 번째로 지적할 점은, 탈중심 네트워크가 잠재적으로만 민주적이며, 이러한 민주적 잠재력이 실제로 실현될 수 있는지 여부는 그러한 네트워크 안에 있는 개인들의 행동에 영향을 미치는 가치에 달려 있다는 것이다. 글로벌 네트워크 사회의 민주적 잠재력을 단순히 찬양하기보다는, 이 민주적 잠재력을 어떻게든 현실화하려는 관심이 있다면, 끊임없는 노력과 경계가 필요하다. 이를 위해 내가 '유사-탈중심화 네트워크'라고 지칭한 것의 잠재적 위협에 대해 인식하는 것도 중요하다. 이는 통제의 분명한 중심이 없으면서도 불균형과 불평등을 만들어내는 데 기여하는 네트워크를 의미한다. 다시 말해, '글로벌 네트워크 사회'라는 단일한 개념은 존재하지 않으며 다양한 형태의 글로벌 네트워크 사회가 존재하기 때문에 다양하게 나타나는 이러한 차이점들을 매우 신중하게 살펴볼 필요가 있다.

글로벌 네트워크 사회의 민주적 잠재력을 현실화하는 데 관심을 둔다면, 우리의 행동이 평등과 자유라는 민주적 가치를 따라야 한다는 것을 받아들여야 할 뿐 아니라, 비록 평등과 자유가 역설적인 긴장 속에서만 존재할 수 있다 하더라도(Mouffe, 2000 참조), 자유에 대한 민주적 지향이 단순히 자신의 자유만이 아니라 모두의 자유를 극대화하는 것이라는 점을 인식하는 것도 중요하다. 이는 어떤 의미에서 민주적 지향이 무엇보다도 타인의 자유를 향한 것임을 뜻한다. 이러한 사실이 의미하는 것은 민주주의를 산술적 측면, 즉 선호를 표현하고 집계하는 과정으로 이해해서는 안 되며, 표현된 선호가 집단에 의해 정당하게 '받아들여질' 수 있는 것인지 항상 질문하는 변혁적 과정으로 이해해야 한다는 것을 의미한다. 바로 이 지점에서 교육과 민주주의의 유사성을 볼 수 있다. 교육과 민주주의 모두 욕망이나 선호를 단순히 수용하는 것이 아니라, 그러한 욕망과 선호를 정당하게 바람직한 것으로 변환해야 하는 요구를 수반한다는 점에서 그렇다(이 주제는 Biesta, 2011b에서 더 자세히 다루고 있다).

이것이 바로 교육적 가치와 민주적 가치가 교차하는 지점이다. 그 이유는 두 가지 모두 어떤 의미에서 자신의 욕망에 따라 삶을 살아가지 **않고**, 자신의 욕망이 진정으로 바람직한 것인지 항상 물어야 하는 동일한 '요구' 또는 도전에 직면하기 때문이다. 민주주의의 경우 다른 점은 무엇이 바람직한가에 대한 판단이 항상 타인의 관점을 끌어들이는 점이라고 주장하는 이들도 있을 수 있다. 그래서 특정 선호가 과연 바람직하다고 여겨질 수 있는지에 대한 판단에서는, 나의 선호가 타인의 선호와 어떻게 충돌하는지를 묻는 문제를 반드시 다루어야 한다는 것이다. 이것이 바로 특정 선호가 집단에 의해 정당하게 '받아들여질' 수 있는가 하는 질문의 의미이다.

그러나 나는 이것이 교육의 경우에도 실제로 다르지 않다고 주장하고자 한다. 만약 교육의 도전 과제가 주체성을 강화하면서 **동시에** 세계와의 관계맺음을 지원하는 이중의 과제라고 한 나의 주장이 옳다면, 자신이 원하는 것이 바람직한 것인지에 대한 판단은 필연적으로 타자인이 세계의 '차원'을 고려해야 한다. 이러한 관점에서, 비록 전제와 개념의 틀은 다소 다르지만, 나는 존 듀이가 민주주의와 교육 간의 본질적인 연관성에 대해 말한 것이 옳았다고 생각한다. 즉, 교육은 필연적으로 민주적이며 민주주의는 본질적으로 교육적이라는 것이다. 좀 더 정확히 말한다면, 여기에서 언급하는 '좋은' 교육은 필연적으로 민주적이며, '좋은' 민주주의는 당연히 교육적이라는 것이다.

그러므로 이는 이번 장에서의 논의에 있어서 학교와 세계 사이를 반드시 민주적인 방향으로 연결해야 하는 것이, 내가 설명한 글로벌 네트워크 사회 현상에 대한 책임 있는 대응임을 의미한다.

흔들림 없는 교육 : 도구로서의 교육을 넘어

결론

이 장에서는 글로벌 네트워크 사회를 위해 어떤 교육이 필요할까 하는 질문에 답하려고 했다. 한편으로 교육과 글로벌 네트워크 사회의 관계에 대해 보다 정확한 질문을 제기하기 위한 개념적 도구들을 제시했다. 이를 위해 중심화된 **네트워크, 탈중심 네트워크,** 그리고 **유사 탈중심 네트워크**라는 다양한 특성의 글로벌 네트워크와 교육의 다양한 기능 및 교육목적의 다양한 영역을 구분했다. 이번 장에서 나는 정치적 접근으로 특징지을 수 있는 방식을 취했다. 나는 이것이 공정한 묘사라고 생각하지만(결국 권력, 이익, 불균형, 불평등에 대한 문제를 제기했다), 이와 동시에 그리고 아마도 가장 중요한 점인데, 나의 대응을 교육적 대응이라고도 표현했다. 여기에는 교육이 정치적 영역 밖에서 수행되거나 이해될 수 없다는 설명이 수반되었다.

그 이유는 내가 볼 때 교육이란 본질적으로 가치중립적인 '기술적' 사업이 아니라, 소위 **이해관계가 걸린** 노력이기 때문이다. 그리고 나에게 있어서 주요하고 어쩌면 궁극적인 교육의 관심은 행위와 책임의 주체로서의 인간에 있다는 것을 분명히 하려고 했다. 그래서 나는 글로벌 네트워크 사회를 너무 낙관적으로 받아들이는 것에 대해 경고했으며, 단지 반응적인 교육적 대응에 대해 의문을 제기했다. 이런 대응은 단순히 글로벌 네트워크 사회를 수용하고, 교육의 임무를 아이들과 젊은이들을 오로지 이러한 현실에 준비시키는 것으로만 보는 것이기 때문이다.

나의 주장은 글로벌 네트워크 사회를 전면적으로 거부하는 것이 아니지만, 글로벌 네트워크 사회의 일부 측면에 저항할 필요성을 지적하고 있다. 이를 가능하게 하기 위해서는 글로벌 네트워크 사회의 '요구'를 최소한 일시적으로나마 중지시킬 수 있는 공간이 필요하다. 나는 학교가 그러한 공간이 될 수 있고 되어야 한다고 주장했다. 이는, 앞서 지적했듯이, 학교가 이 점에서 사회(의 요구)에 대해 어떤 면에서 닫혀 있어야 한다는 것을 의미하지만, 동시에 세계(의 가능성)에 대해서는 열려 있어야 한다고 주장했다. 학교는 주어진 것과 불가피하다고 보는 것에 대해서는 닫혀 있어야 하고, 가능성의 세계, 즉 항상 대안이 있는 세계에 대해서는 열려 있어야 한다. 학교가 세계에 대해 열려 있는 바로 이 지점에서 교육적 관심과 민주적 관심은 일치한다고 본다(Winter, 2011 참조). 따라서 결론적으로 나는 글로벌 네트워크 사회에 대한 책임 있는 교육적 대응은 반드시 민주적인 것이어야 한다고 주장하는 것이다.

흔들림 없는 교육: 도구로서의 교육을 넘어

1 이 글의 초기 버전은 제14회 유럽 학습 및 교수 연구 협회(EARLI) 격년 회의에 초청받 아 기조연설로 발표되었고, 또한 Biesta, G. J. J.(2013), Responsive or responsible? Education for the global networked society로서 *Policy Futures in Education, 11*(6), 734-745에 게재되었다. 11(6), 734-745.

2 평면적 네트워크는 네트워크 설계에서 모든 노드가 같은 네트워크 레벨에 존재하고, 중앙 집중적인 스위칭이나 라우팅 없이 서로 직접 연결되는 구조를 말한다. 이 구조는 주로 네트워크의 설계를 단순화하고, 관리를 용이하게 하며, 비용을 절감하는 데 목적 이 있다. 이에 대비되는 개념이 계층적 네트워크(Hierarchical Network)이다(옮긴이).

3 http://www.bbc.co.uk/news/10569081를 참조 [2025년 6월 23일 접속].

4 https://www.wirelessintelligence.com/analysis/2011/07/china-to-surpass-1-billion-mobile-connections-in-may-2012/를 참조 [2012년 9월 4일 접속]. 현재는 접속이 끊 어진 상태이다.

5 http://www.them.pro/One-billion-mobile-phone-subscribers-China를 참조 [2012년 9월 4일 접속]. 현재는 접속이 끊어진 상태이다.

6 이는 월드 와이드 웹(www) 접근성에 대한 문제가 지속적으로 제기되고 있는 중국에 서 잘 알려져 있을 뿐만 아니라, 영국에서도 2011년 거리 폭동에 대응하여 정부가 사 회적 불안 기간 동안 소셜 네트워킹 사이트를 차단할 권한을 가져야 한다고 제안한 사 례에서도 나타난다. 중국 정부는 이 제안의 아이러니를 지적하지 않을 수 없었다.

7 브뤼노 라투르(Bruno Latour)의 *Science in Action*(1987)은 이러한 원칙에 따라 근대 과학의 작동을 분석한 흥미로운 예이다. 국내에서는 『젊은 과학의 전선』(황희숙 옮 김, 아카넷, 2016)이라는 제목으로 출간되었다(옮긴이).

8 복잡성 이론은 창발(emergence)과 자기 조직화(self-organization)의 개념을 통해 이 러한 탈중심 네트워크의 역동성을 이해하는 데 특히 적합하다(예: Cilliers, 1998; Osberg & Biesta, 2010 참조).

9 예를 들어, 아이폰 3, 4, 5를 생각해 볼 수 있고 또한 H&M과 같은 회사가 약 3주를 주 기로 새로운 의상 디자인을 매장에 들여오는 것도 생각해 볼 수 있다.

10 'the'라는 표현은 글로벌 네트워크 사회의 다층적이고 유동적인 특성을 정확히 반영 하지 못하며, 이를 단일하고 변화 불가능한 것으로 오인하게 만들 수 있다는 점에서 오해의 소지가 있음을 지적하는 것이다(옮긴이).

11 바우만(Z. Bauman)의 'TINA creed'는 'There Is No Alternative'의 약자로, 이 신념은 신자유주의 경제 정책을 필연적이고 대체 불가능한 것으로 제시하는 것을 의미한다. 바우만은 이러한 신념이 현대 자본주의 사회에서 경제적 불평등과 사회적 불평등을

심화시키는 주요 원인 중 하나라고 본다(옮긴이).

12 http://www.p21.org를 참조 [2012년 9월 4일 접속]. 현재는 접속이 끊어진 상태이다.

13 http://www.p21.org를 참조 [2012년 9월 4일 접속]. 현재는 접속이 끊어진 상태이다.

14 앞서 언급한 '21세기 기술을 위한 파트너십'에서는 3R과 비판적 기술을 포함하는 4C(Critical thinking and problem solving, Communication, Collaboration, and Creativity and innovation)의 융합을 강조하였다(옮긴이).

15 이러한 개념들은 Biesta(2009a, 2010a)에서 더 자세히 논의되고 발전되었다.

16 '주체(subject)'라는 단어를 선호하는 이유는 부분적으로 기술적·철학적인 이유에 기인한다(Biesta, 2010a 참조). 나는 여기서 '인간(person)'이라는 단어를 사용할 수도 있었을 것이다(전문적인 논의에서 보면 '인간'은 '주체(subject)'보다 더 개인주의 적인 개념이겠지만 말이다). 내가 이 문맥에서 사용하기를 꺼리는 단어는 '정체성 (identity)'이다. 내가 볼 때 정체성은 '무엇과의 동일시'라는 문제와 관련되며, 따라서 사회화(socialisation)의 영역에 더 근접한다. 또한 정체성은 교육적 개념이라기보다 는 심리학적이고 사회학적인 개념에 더 가깝다.

17 교육의 기능과 목적에 있어서의 세 가지 차원, 즉 자격부여, 사회화, 주체화를 독립적 인 것으로 보고 한 가지 기능 혹은 목적이 다른 기능 혹은 목적에 영향을 미치지 않는 다는 관점을 말한다(옮긴이).

18 글로벌 자본주의 사회에는 모든 분야에서 무한경쟁의 원리가 지배하지만 학교는 이 러한 원리로부터 자유로운 공간이라는 뜻이다. 즉 학교는 치열한 경쟁보다는 '여유 (schole)'를 생명으로 한다는 것이다. 우리 교육의 가장 큰 문제는 학교가 사회와 동일 한 경쟁, 어떤 면에서는 사회보다 더욱 치열한 경쟁이 지배하는 공간이 되었다는 점일 것이다. 저자의 관점에서 보면 우리 교육의 문제는 이 점을 핵심으로 다루는 데서 접 근해야 한다고 말할 수 있을 것이다(옮긴이).

19 '트위터 혁명(Twitter revolutions)'과 '페이스북 폭동(Facebook riots)'은 글로벌 네트 워크 사회에서 소셜 미디어가 사회적·정치적 운동에 미친 영향을 예로 들며 사용된 표현이다. 트위터 혁명이란 표현은 '아랍의 봄(Arab Spring)'과 같은 사건들을 가리키 는 데 주로 사용되며, 트위터와 같은 소셜 미디어 플랫폼이 시민들 간의 신속한 정보 공유와 조직화 도구로 사용되어 민주주의와 자유를 추구하는 운동을 촉진한 사례를 가리킨다. 반면에 페이스북 폭동은 2011년 '영국 폭동(England riots)'과 같은 사건을 나타낼 때 사용한 것으로 플랫폼이 폭동이나 파괴적 행동을 조장하거나 확산시키는 도구로 사용되었다. 저자는 소셜 미디어 기반 네트워크가 민주적 잠재력을 가질 수 있 지만, 그 잠재력이 실현되기 위해서는 네트워크 내 구성원들의 가치와 행동이 중요하 다고 지적한다. 즉, 네트워크가 탈중심적(decentred)이라고 해서 자동적으로 민주적

흔들림 없는 교육: 도구로서의 교육을 넘어

이 되는 것은 아니라는 점을 강조한다. 말하자면 중요한 것은 소셜 미디어라는 도구 자체가 아니라 그 도구를 사용하는 사람들의 가치와 행동이라는 것이다(옮긴이).

20 나는 페이스북 폭동이 어느 정도는 평등에 대한 특정한 욕구의 표현으로 이해될 수 있다는 점에서, 차이에 대한 보다 복잡한 해석이 가능하고 아마도 필요하다는 것을 알고 있다. 그렇기 때문에 폭동이 파괴적으로 변했을 때 평등과 자유라는 가치를 훼손하며, 결과적으로 타인의 자유를 침해했다는 점을 강조하고자 한다. 다시 말해, 어느 정도까지는 이러한 반응이 은행 위기와 그로 인한 파괴적 영향이라는 맥락에서 이해될 수는 있지만, 그렇다고 폭동이 정당화되는 것은 아니며, 물론 은행가들의 비윤리적이고 파괴적인 행동이나 나아가 글로벌 금융 네트워크 자체의 행태에도 정당성을 부여할 수 없다.

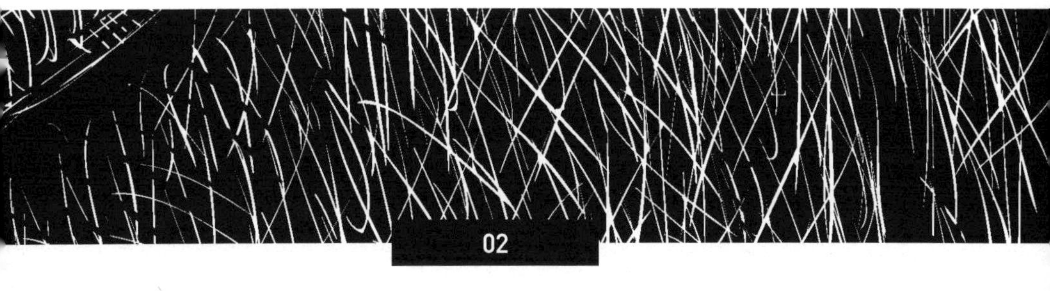

현대 교육이념의 미래에 대한 성찰

02

현대 교육이념의 미래에 대한 성찰

서론[1]

19세기 초, 영국의 주요 도시들 사이에서 가장 긴 동서 간 여정 중 하나였던 런던에서 플리머스(Plymouth)까지는 우편 마차로 약 22시간이 걸렸다. 플리머스에 도착한 여행자라면 현지 시간이 런던보다 20분 늦다는 것을 알게 되었겠지만, 이는 쉽게 조정할 수 있는 사소한 차이였다. 그러나 국가철도시스템이 발전하면서 시차는 곧 장애물이 되었다. 따라서 동서 방향으로 거의 직선으로 운행되는 두 철도 노선이 각각 1838년과 1841년에 개통되면서 모든 목적에 있어서 그리니치 표준시를 채택했다. 1841년 리즈에서 럭비까지 이어지는 노선을 구성한 회사들 역시 그리니치 표준시를 사용했다. 이 노선은 런던-버밍엄 철도와 럭비에서 연결되었지만 런던-버밍엄 철도는 여전히 지역 시간을 사용하고 있었다. 리버풀 & 맨체스터 철도 회사의 관리책임자인 헨리 부스

(Henry Booth)는 모든 철도 회사가 그리니치 표준시를 채택할 것을 주장했으며, 1845년 의회에 그리니치 표준시를 강제하도록 청원했다. 당시 그의 시도는 실패했지만, 그의 주장은 곧 불가피한 것으로 받아들여졌다. 전신이 시간신호를 즉시 전송할 수 있게 되자 그의 주장은 반박할 수 없게 되었다. 1852년까지 그리니치 표준시는 영국 철도 전역에서 확립되었다.

변화는 다른 곳에서도 감지되었다. 1847년, 맨체스터 지자체는 도시 내 모든 시계를 그리니치 표준시에 맞추도록 명령했다. 이를 계기로 공공시계의 수가 급격히 증가하기 시작했고 철도 회사들은 역 건물 위에 시계를 눈에 띄게 배치했다. 시계탑은 점차 공공 기념물로 인식되며 전국 각지 도시의 거리마다 세워졌다. 그리하여 시간, 특히 그리니치 표준시는 영국인들의 일상 속에 조용히 스며들기 시작했다. 그리니치 표준시는 일상적으로 철도시간으로 불리게 되었고, 철도의 위상이 확고해진 이후에는 '런던시간'이라는 이름으로 자리잡았다. 이는 수도에 집중되는 권력이 점점 강해지고 있음을 조용히 상기시키는 표현이기도 했다(Simon & Biddle, 1997, pp. 512-513 참조).

빌둥의 역사[2]

오늘날 '**빌둥**(Bildung)'[3]에 미래가 있는지, 만약 있다면 그 미래는 어떤 모습일지에 대한 질문을 제기한다면, 빌둥의 역사에 대한 탐구부터 시작해야 한다. 이러한 역사에 대한 이해를 바탕으로만 빌둥의 미래가 어

흔들림 없는 교육 : 도구로서의 교육을 넘어

떤 의미에서 그 역사의 연속일 수 있는지, 아니면 과거와의 단절이 필요한지, 애초에 그러한 단절이 가능한지를 결정할 수 있다.

빌둥의 역사는 이중적인 면을 가지고 있다. 하나는 교육적인 면이고 다른 하나는 정치적인 면이다. 한편으로 빌둥은 그리스 사회에서 등장한 교육적 이상을 의미하며, 로마 문화, 인문주의, 신인문주의 및 계몽주의에서 채택되어 근대 서구교육 전통의 중심 개념 중 하나가 되었다(Klafki, 1986, p. 455; Tenorth, 1986, p. 10). 이 전통의 중심에는 교육받은 사람 또는 교양 있는 사람이 무엇인지에 대한 질문이 있다. 이 질문에 대한 답은 규율, 사회화 또는 도덕적 훈련, 즉 기존의 외적 질서에 대한 적응의 측면에서 주어지지 않는다. 이보다 빌둥은 내면의 삶, 즉 인간의 영혼, 정신 및 인간 자체, 더 정확히 말하면 인간성의 함양을 의미한다.

처음에 빌둥에 대한 질문은 빌둥의 내용 측면에서 접근했다. 교육받은 사람은 명확히 정의된 일련의 지식, 개념, 가치를 습득한 사람으로 간주되었다. 중요한 진전은 빌둥의 내용을 습득하는 활동 자체가 빌둥의 과정으로 인식되었을 때 이루어졌다(예: Herder, Pestalozzi, von Humboldt 및 Groothoff 1978, p. 36 참조). 그 이후로 빌둥은 항상 자기 빌둥(Self-Bildung)이기도 했다.[4]

계몽주의는 빌둥 개념의 발전을 더욱 촉진했는데, 이는 자기 형성 과정이 합리적 자율성이라는 측면에서 정의되었기 때문이다. 칸트는 계몽주의를 "자신의 지성을 사용함으로써 인간이 스스로 초래한 미숙한 상태에서 벗어나는 것"이라는 고전적 정의를 제시했다(Kant, 1992, p. 90). 또한 칸트는 인간의 "자유로운 사고에 대한 성향과 소명"을 인간의 "궁극적 목적"이자 "존재의 목표"라고 생각했으며(Kant, 1982, p. 701),

이는 오직 교육을 통해서만 실현될 수 있다고 주장했다. 이러한 이유로 그는 『교육학 강의*Über Pädagogik*』에서 "인간은 교육을 받아야 하는 유일한 존재일 뿐만 아니라, 교육을 통해서만 인간이 될 수 있는 유일한 존재"라고 주장했다.[5] 다시 말해, 칸트는 합리적 자율성의 상태에 도달하기 위해서는 교육이 필수적이라고 주장했다.

칸트는 합리적 자율성을 인간의 '궁극적 목적'이자 '존재의 목표'로 개념화함으로써 빌둥에 강한 인간학적 방향성을 부여했다(Groothoff, 1978, p. 39). 칸트는 계몽의 과정을 막으려는 모든 시도는 인간 본성에 대한 범죄에 다름없다고 주장했다(Kant, 1992, p. 66 참조). 그러나 칸트에게 (그에게만 해당하는 것은 아니지만) 빌둥은 단순히 교육적 이상에 그치는 것이 아니었다. 그것은 또한, 그리고 어쩌면 우선적으로, 당시 새롭게 떠오르는 시민 사회에서의 주체, 즉 스스로 생각할 수 있고(아직 여성은 아님; Rang, 1987, pp. 53-54 참조) 자율적 판단을 내릴 수 있는 주체로서의 역할(Klafki, 1986, pp. 457-458; Bauman, 1992, p. 3 참조)과 관련한 질문에 대한 답변이기도 했다. 이 점에서 빌둥의 근대적 개념에는 정치적 역사도 들어 있다(Sünker, 1994 참조).

빌둥의 상실, 빌둥의 회복

1960년대에 빌둥의 개념은 유럽 대륙의 교육 영역에서 거의 사라졌다.[6] 많은 유럽 국가에서 교육의 담론(즉, 교육이론과 교육연구)은 '실증적 전환'을 겪었고(Roth, 1963), 그 결과 빌둥의 개념은 자격부여, 사회화,

흔들림 없는 교육 : 도구로서의 교육을 넘어

통합 및 학습과 같은 심리학적 및 사회학적 개념으로 대체되었다(Koring, 1990, p. 70).

그러나 1980년대가 되자 빌둥의 개념에 대한 새로운 관심이 생겨났다. 이 관심의 맥락은 일반교육(allgemeine Bildung), 즉 모든 사람이 받아야 하는 직업 외적 교육에 대한 논쟁이었다(Tenorth, 1986). 포괄적이고 문화 지향적인 접근을 추구하는 이들도 있었지만,7 일반 빌둥 즉 일반교육의 문제는 흔히 단순하고 도구주의적인 방식으로 접근되는 경우도 있었다. 미국에서 허쉬(E. D. Hirsch)는 문화적으로 문해력이 있는 미국인으로 인정받는 데 있어 모든 미국인이 알아야 할 목록을 작성했다(Hirsch, 1987, 1989). 많은 다른 나라에서 일반교육에 대한 문제는 국가 교육과정을 제도화하는 것으로 귀결되었고, 이는 종종 도구적이고 중앙집권적인 협소한 개념의 교육을 드러냈다.

빌둥의 개념이 일반교육에 관한 논의의 맥락에서 다시 등장한 것은 그 자체로 이해할 만하다. 경제와 정보의 세계화, 그리고 이주와 이동성의 증가로 인해 다양성과 차이에 대한 인식이 매우 높아졌다. 다양성이 문제로 간주되는 경우(여기서 그 이유에 대해서는 다루지 않고, 단지 이러한 경우가 있다는 것만 언급한다)에는 통합하는 힘이나 공통의 기반을 찾으려는 경향이 많다. 이러한 과제에 대해서는 일반적으로 공유되거나 심지어 보편적이라고 여겨지는 지식과 가치의 관점에서 접근하는 경우가 종종 있다. 다시 말해서 이는 우리 모두를 묶어주거나 묶어주어야 하는 '일반성(일반적인 것)' 또는 '보편성(보편적인 것)'을 제도화함으로써 다양성을 극복하려는 생각이다.

빌둥과 일반적 혹은 보편적인 것과의 관계는 새로운 것이 아니다.

현대의 빌둥에 관한 사유에서는 자기 결정, 자유, 해방, 자율성, 합리성, 독립성과 같은 개념에 중점을 두고 있지만(Klafki, 1986, p. 458), 개인이 합리적 자율성에 도달하려면 자신이 것이 아닌 주제, 클라프키(W. Klafki)의 표현을 빌리자면, 인류 문화사의 객관화된 산물로 이루어진 주제와 관련맺을 때만 합리적 자율성을 달성할 수 있다는 것이 인정된다(ibid, pp. 459-460 참조). 여기서의 요점은 개인이 현실을 있는 그대로 받아들이거나(따라서 현실에 적응하는 것이 아니라), 그 현실과 관련된 자신의 특정한 관심사에만 이끌려서는 안 된다는 것이다. 말하자면 이 아이디어는 빌둥을 소환하는 관계란 구체적이고 특수한 것을 통해 개인이 일반적이고 보편적이며 영속적인 것과 연결될 수 있도록 하는 관계여야 한다는 것이다(Vanderstraeten, 1995, p. 108).

빌둥은 얼마나 보편적일 수 있는가?

앞서 언급한 빌둥의 역사는 근대적 개념의 빌둥이 계몽주의를 통해 정치적 중요성을 획득한 교육의 이상을 표현한다는 것을 보여준다. 이는 빌둥이 새롭게 떠오르는 시민 사회와 이러한 사회에서 이상적인 시민의 특정 개념과 밀접하게 연결되었다는 의미이다. 이러한 시민은 자신의 지성을 활용할 수 있는 능력(합리적 자율성)을 가져야 하며, 빌둥은 근대적 시민이 이런 능력을 습득할 수 있는 기회를 제공해야 한다.[8] 빌둥의 과정은 그 자체가 '현재와 특수성을 넘어서는' 관계로 이해된다(Bailey, 1984). 다시 말해, 이것은 일반적인 어떤 것과의 관계이다.[9]

흔들림 없는 교육 : 도구로서의 교육을 넘어

만약 이것이 현대 사회에서 필요한 합리적 자율성에 이르는 길이라면, 빌둥에서 '일반적인 것'이란 개념을 어떻게 이해해야 하는지에 대한 의문이 바로 제기된다. 다시 말하면, 무엇이 특정한 주제를 일반적, 즉 특정하지 않은 주제, 모든 사람에게 어디에서나 똑같이 타당한 주제로 만드는 것일까? 무엇이 지식을 일반적인 지식, 즉 모든 사람에게 어디에서나 똑같이 타당한 지식으로 만드는가? 무엇이 가치를 일반적인 가치로 만드는가? 그리고 우리는 '일반적인 것'과 '일반성'을 본질적으로 어떻게 개념화해야 하는가? 다음 페이지에서는 이러한 질문들을 다루고자 한다.

먼저, 근대 빌둥의 전통이란 맥락에서 이 질문들에 주어진 두 가지 응답을 제시할 것이다. 첫 번째는 일반적인 것을 보편적인 것으로 이해하는 인식론적 응답이다. 두 번째는 일반적인 것을 사회적 구성물로 이해하는 지식사회학의 응답이다. 나는 두 입장의 강점과 약점을 논의할 것이다. 이러한 배경을 바탕으로 과학의 인류학에서 가져온 세 번째 접근 방식을 제시할 것이다. 이 접근 방식은 다른 두 접근 방식[계몽주의 혹은 칸트의 관점과 실증주의의 관점(옮긴이)]의 문제를 일부 해결할 수 있다고 주장할 것이다. 마지막 절에서는 포스트모던의 세계에서, 즉 일반적 혹은 보편적인 관점이라는 개념이 문제가 된 세계에서 빌둥의 미래에 대한 질문으로 돌아올 것이다.

인식론적 해석

전통적으로(이 전통은 현재까지 지속되고 있다) 일반적인 것은 인식론적 범주로 이해되어 왔다. 이 전통에서 일반적인 것은 지식의 내재적 특성으로 여겨진다. 지식이 언제 어디서나 타당하고 적용될 수 있다면 일반적인 것으로 간주된다. 인식론적 해석에서는 지식이 '있는 그대로의' 현실을 나타낸다는 사실을 지식의 보편적 타당성과 적용 가능성을 통해 증명한다. 이 해석은 두 가지 가정에 기반을 둔다. 첫째는 현실 자체가 단일하고 보편적인 것이라는 가정, 즉 궁극적으로 하나의 현실만이 존재한다는 의미이다. 둘째는 지식이 (이) 현실을 표상한다는 가정이다. 이 두 가지 가정을 통합하면, 일반적인 지식은 객관적인 지식임을 보장한다는 것이다. 뒤집어서 말하자면, 객관적인 지식은 곧 일반적이고 보편적인 지식이라는 것을 의미한다.

철학적으로 볼 때 인식론적 해석은 고대 그리스에서 '독사(doxa, 의견)'와 '에피스테메(episteme, 참되고 확실한 지식)'의 구분으로 거슬러 올라간다. 역사적으로 일반적인 것을 보편적이고 객관적인 것과 인식론적으로 동일시하게 된 것은 주로 과학혁명, 산업혁명, 그리고 소위 과학기술혁명이라고 부르고자 하는 세 가지 혁명이 연속적으로 이루어진 결과이다.

과학혁명은 과학, 즉 실험 자연과학을 통해 실재 혹은 현실의 가장 근본적인 층에 접근할 수 있다는 생각을 만들어냈다. 다시 말하면, 과학혁명은 과학을 통해 자연의 책을 읽을 수 있다는 생각을 심어주었다. 망원경과 현미경의 도움으로 과학자는 일상적으로 지각하는 세계의 이

흔들림 없는 교육 : 도구로서의 교육을 넘어

면에 실제로 무엇이 있는지를 밝힐 수 있게 되었다.

이러한 현실은 산업혁명에서 관리와 통제의 대상으로 나타났다. 산업혁명의 새로운 점은 인간이 자연에 개입하기 시작했다는 사실이 아니다. 이는 산업화 이전 사회, 예를 들어, 산업화 이전의 농업사회에서도 이미 존재했다. 새로운 점은 개입의 규모와 방식이었다. 산업화 이전의 자연과의 관계는 주로 경작과 기존 공정의 최적화를 위한 관계였다. 이러한 관계에서 인간은 기본적으로 예측 불가능한 자연의 힘에 의존하는 존재였다. 산업혁명의 가장 큰 특징은 자연의 힘 자체가 관리와 통제의 대상이 되었다는 점이다. 치폴라에 따르면(Cipolla, 1976), 이는 사회가 무한한 양의 순수한 광물 에너지를 소유하게 되었기 때문에 가능했다(Bauman, 1998, pp. 48-53).

과학기술혁명에서, 그리고 아마도 그보다 훨씬 이전은 아닌 시점부터 두 혁명의 핵심 과정(각각 지식과 기술의 습득)은 얽히기 시작했다. 어떤 경우에는 순수 연구 형태의 과학연구가 그 결과의 기술적 적용보다 앞서는 패턴으로 이러한 일이 일어났다. 그러나 점점 더 기술은 상업적 이익에 따라 추진되면서 과학연구의 방향과 과정을 규정하고 이끌게 되었다(Boehme et al., 1978). 과학, 기술 및 비즈니스가 서로 얽혀 일어난 초기 사례 중 하나는 멘로 파크(Menlo Park)에서 이루어진 에디슨의 작업이다(Hughes, 1979 참조). 가장 최근의 사례는 의심할 여지없이 생명공학이다.

과학기술혁명의 중심이었던 과학과 기술 간의 밀접한 관계는 현대 기술이 자연과학이 제공한 지식 덕분에 가능해졌다는 생각을 촉진했다. 이는 다시 현대 기술의 성공(그 성공은 특히 현대 기술의 산물과 기법이 보편적으로 적용된다는 점에서 명백해 보였다)이, 그 기술의 기반인 지식이 참이라는 것을 입증한다는 가정으로 이어졌다.[10] 나는 기술의 보편적 성공이, 그 기반인 지식이 참임을 입증한다는 논리를 기술 – 논증(technology-argument)이라고 부를 것이다.

지식사회학적 해석

인식론적 해석에서는 일반적인 것이 지식의 **내재적** 특성으로 간주되는 반면, 지식사회학적 해석에서는 일반적인 것이 지식의 **외재적** 특성이라고 여겨진다. 지식사회학자들은 모든 지식이 역사적이고 사회적으로 결정된다고 주장한다(예: Zijderveld, 1974, p. 219 참조). 지식이 인간의 개입에 방해받지 않고 현실을 있는 그대로 드러낸다고 가정하는 인식론적 해석과 달리, 지식사회학에서는 지식 습득의 과정에서 인간이 수행하는 역할을 인정한다. 이는 지식을 사회경제적, 사회문화적, 정치적 상황과 관련짓는 것이다(ibid., p. 12). 초기 지식사회학자의 한 사람인 카를 마르크스(Karl Marx)는 "인간의 사회적 존재가 그의 사고와 의식을 결정한다"고 주장했다(Woolgar, 1988, p. 22). 이는 허위의식의 설명을 위한 기반을 제공한 것으로, 오류에 대한 사회학적 설명으로 볼 수 있다. 카를 만하임은 사회적인 것을 계급이라는 위치에 국한하지 않고 더 폭넓게 개념화했을 뿐만 아니라, 마르크스를 넘어 참된 지식과 거짓 모두를 사회학적으로 설명할 수 있다고 주장했다. 만하임에게 있어서 이는 모든 지식이 이데올로기적이라는 것을 의미했다. 보다 적극적으로 표현하자면, '진리는 그것을 신봉하는 사람들의 특정한 세계관 내에서만 존재한다고 말할 수 있다'는 것이다(ibid., p. 23).

지식사회학적 접근의 한 예는 최근 교육과정에 관한 논의에서 찾을 수 있다. 전통적으로 교육과정의 문제는 인식론적 관점에서 접근되고 이해되었다. "어떤 지식이 가장 가치 있는가?"라는 허버트 스펜서(Herbert Spencer)의 유명한 질문은 교육과정에 무엇을 포함할 것인지를 결정하는 기준이 지식의 질이라는 것을 시사한다. 그러나 최근의 역사적 및 사회학적 연구에서는 교육과정의 실제 내용이 교육과정에 포함될 내용의 질에 대한 합리적 숙고의 결과가 아니라, 다양한 이해집단 간의 복잡한 갈등의 잠정적 결과라는 주장을 제기하고 있다(Kliebard, 1986; Apple, 1993). 우리는 이 과정을 한 집단 또는 집단 연합체가 자신들의 지식이나 세계관을 공식적인 교육과정의 일부로 만듦으로써 '공식적인 지식'의 지위로 끌어올리는 것으로만 생각해서는 안 된다. 교육과정의 일부가 된다는 것은 그 자체로 '정당화 효과'를 가지며, 이는 결국 해당 집단 또는 집단들의 지위와 권력을 강화한다(Apple, 1993, p. 10). 다시 말해, 교육과정 개발에 대한 사회학적 분석을 통해서 보면 스펜서의 질문 뒤에는 또 하나의 질문, 즉 '누구의 지식이 가장 가치 있는가?'라는 질문이 숨겨져 있다는 것을 보여준다(ibid., p. 46).

요컨대 지식사회학에서는 일반적인 것을 사회적 구성물이라고 주장한다. 다시 말해, 일반적인 것(또는 일반적으로 여겨지는 것)은 사회적 관계의 표현이자 산물이며, 따라서 사회에서 권력이 분배되는 특정 방식을 표현하는 것이자 이를 강화하는 것으로 본다.

빌둥에 대한 비판이론과 비판적 교육학

진리는 역사적이고 사회적으로 결정된다는 지식사회학의 주장이 타당하다면, 이는 **빌둥**의 개념과 가능성에 대해 심각한 문제를 제기한다. 지식사회학에서는 일반적인 것이 단지 사회적 구성물, 즉 특정 시점에서 권력이 분배되는 방식의 표현일 뿐이라고 주장한다(따라서 일반적인 것은 사실 특정한 것의 구체적 표현이라는 것이다). **빌둥**이 일반적이고 지속적인 것, 다시 말해 현재와 특수한 것을 넘어서는 것과의 관계에서 비롯된다면, 지식사회학은 **빌둥**이 더 이상 가능하지 않다고 시사한다. 즉, **빌둥은** 그 자체 이데올로기가 된다는 것이다.

그러나 이 문제에 대한 하나의 해결책이 존재하는데 이것은 이미 지식사회학의 의도 속에 들어 있다. 이는 빌둥에 대한 비판이론과 모종의 비판적 교육학의 중심에 있는 것으로, 결국 지식사회학의 측면에서 빌둥의 '과제'를 재정의하는 것이다. 비판적 교육의 목표는 바로 현상의 이면, 즉 필연적이고 자연적이며 일반적, 보편적인 것 뒤에 숨어 있는 권력의 작용을 해독할 수 있는 능력을 습득하는 것으로 구체화된다. **빌둥에** 대한 비판적 접근의 목표는 탈신비화로 규정된다(예: Mollenhauer, 1982; McLaren, 1997 참조). 이러한 방식으로 현재와 특정한 것, 즉 자연스럽고 당연해 보이는 것들을 넘어설 수 있는 가능성이 열린다.

이 접근법의 한 예가 '비판적 문해력'의 개념이다(Apple, 1993, p. 44; Lankshear & Lawler, 1988 참조). 비판적 문해력은 단지 기존의 문화와 현 상황을 받아들이도록 하는 데 그치지 않고 스스로를 필연적이며 자연스러운 것, 일반적인 것으로 제시하는 것들을 꿰뚫어봄으로써 그 배

흔들림 없는 교육 : 도구로서의 교육을 넘어

후에 숨겨진 권력 관계를 드러낼 수 있는 능력으로 구성된다. 애플(Michael W. Apple)에 따르면, 비판적 문해력은 "우리가 참여하고 있는 모든 사회적 삶의 영역에 대해 진정한 이해와 통제력을 기를 수 있도록 해준다"(Apple, 1993, p. 44).

비판적 접근법은 근대 빌둥의 프로젝트를 되살릴 수 있을 것 같다. 어떤 의미에서 지식사회학은 인식론적 접근의 순진함에서 벗어날 수 있게 한다. 이는 적어도 비판적 접근의 옹호자들이 주장할 만한 것이다. 이는 지식이 단순히 '존재한다', 진리가 단순히 '존재한다'는 생각에서 벗어날 수 있게 한다. 그러나 나는 단순히 '주어진' 것에 만족해서는 안 된다는 점에는 동의하지만, 지식사회학과 이를 기반으로 한 비판적 교육이론이 모든 문제를 해결한다고는 생각하지 않는다. 최소한 두 가지 문제가 남아 있다.

첫 번째 문제는 이론적 문제이기도 하지만, 실질적, 정치적, 교육적 문제이기도 하다. 이것은 지식사회학 자체의 지위와 관련되며 자기 반영성의 문제(the problem of reflexivity)[11]로 알려져 있다(Woolgar, 1988; 과학적 지식의 사회학에 대해서는 Bloor, 1976 참조). 지식사회학의 핵심적인 주장은 모든 지식이 사회적 관계의 표현이라는 것이며, 이러한 관계는 권력관계로 이해된다. 그러나 문제는 지식사회학이 이러한 권력관계에 대한 통찰을 제공할 수 있으려면, 첫째, 권력관계에 대한 지식 자체가 이러한 관계에 의해 결정되는 영역 밖에 있어야 하고, 둘째, 지식사회학에서 제공하는 지식이 그 지식의 바탕이 되는 사회적·역사적 상황을 올바르게 표현하고 있다고 가정할 수 있어야 한다는 것이다. 지이더벨트가 주장하듯이(Zijderveld, A., 1974), '전통적인' 지식사회학자들 사이에는 비판적 분석을 수행할 수 있는 '아르키메데스의 점'을 찾으려는 경향이 있다.[12] 이것은 사회적 및 역사적 편향으로부터 독립되어 있고 그렇기 때문에 비판이 가능한 지점이다. 그러나 이는 지식사회학이 결국은 그에 대한 (비판적) 대안을 제시하고자 했던 인식론적 사고 구조로 되돌아가게 됨을 의미한다. 다시 말해, 지식사회학의 비판적 추동력은 오로지 사회적 현실에 대한 지식을 제공하거나 진실을 말할 수 있는 경우에만 존재할 수 있다.

두 번째 문제는 지식사회학이 현대 기술의 성공을 적절히 설명하기 어렵다는 점이다. 만약 지식이 '단지' 사회적 구성물일 뿐이고, 본질적으로 권력의 사회적 관계의 표현이라면, 지식이 도구적으로, 즉 실제로 효과적이라는 사실을 어떻게 설명할 것인가? 그리고 어떤 지식은 특정한 사회적, 문화적, 정치적 상황과 관계없이 어디서나 효과적이고 참인 것처럼 보인다는 것을 지식사회학은 어떻게 설명할 수 있을까? 다시 말하면 여기서의 문제는 지식사회학이 기술-논증에 대해 적절한 답을 제공할 수 없다는 점이다.

이것은 일반적인 것에 대한 인식론적 해석이, 즉 일반적인 것을 객관적이고 보편적인 것으로 보는 견해가 유일하게 가능한 해석이라는 뜻인가? 이는 사회 전반에 널리 퍼져 있는 성공한 기술의 편재성이 실제로 그 기술의 기반인 지식이 진리임을 받아들이도록 강요한다는 의미인가? 이 결론을 받아들이기 전에, 나는 일반적인 것에 대한 또 하나의 해석을 제시하고자 한다. 그것은 바로 현대 기술의 명백한 성공을 출발점으로 받아들이는 해석이며, 기술의 성공적인 편재성에 대한 인식론적 해석이 과연 가장 적절한 해석인지에 대한 질문에서 출발하는

흔들림 없는 교육 : 도구로서의 교육을 넘어

해석이다. 이 접근법은 프랑스 철학자이자 '과학 인류학자'인 브뤼노 라투르(Bruno Latour)에 의해 개발되었다.

네트워크 접근법

'과학기술'의 성공에 대한 인식론적 해석에서는, 라투르의 표현을 빌리자면, 실험실에서 과학기술자들에 의해 새로운 사실이 발견되고 기계가 만들어진 후 실험실 외부의 세계로 확산된다고 가정한다. 사실과 기계가 성공적으로 확산된다는 것은, 보다 정확히 말해서 사실과 기계가 실험실 밖에서도 생존할 수 있는 것처럼 보인다는 사실은 이러한 사실과 기계의 기초가 되는 지식이 특별한 내적 특성을 지닌 것으로 간주된다.[13]

라투르는 과학기술자들이 실험실에서 실제로 사실과 기계를 만들어 낼 수 있다는 점에 의문을 제기하지 않는다.[14] 또한 특정 시점에서 사실과 기계가 원래 만들어진 데가 아닌 다른 장소에 출현한다는 사실에도 의문을 제기하지 않는다. 그러나 라투르가 도전하는 것은 이 과정에서 일어난 일이 실험실이라는 '안전한' 환경에서부터 외부의 '현실' 세계로 사실과 기계가 이동한 것이라는 주장이다. 라투르에 따르면 실제로 일어난 일은 실험실이 이동한 것, 즉 사실과 기계가 존재하고 성공적으로 작동할 수 있는 유일한 조건들이 이동한 것이다. **사실과 기계가 실험실 밖의 세계로 이동한 것이 아니라, 외부 세계가 실험실로 변형된 것이다. "실험실이 '외부' 상황에 먼저 개입하고 그 상황이 실험실의 규범에 맞게 변형되지 않는 한 실험실의 사실이 밖으로 이동하는 것을 본 사람**

은 아무도 없다"(Latour, 1983, p. 166).[15]

라투르의 연구에서는 이러한 과정을 보여주는 많은 흥미로운 사례를 제공한다. 루이 파스퇴르의 연구에 관한 책에서, 파스퇴르 접근 방식의 성공은 강력한 기술이 파스퇴르의 실험실에서 프랑스 시골 농장으로 확산된 결과가 아니라고 설명한다. 이는 단지 프랑스 농장의 중요한 측면이 파스퇴르의 실험실로 변형되었기 때문에 일어날 수 있었다. 라투르는 "파스퇴르의 실험실에서 만들어진 실험실의 관행을 모든 프랑스 농장에 확장하려면 실험실에서 이루어진 일련의 제한된 실천을 존중해야만 한다"고 주장한다(Latour, 1983, p. 152). 따라서 **프랑스 사회의 파스퇴르화**(저온 살균화)가 일어난 것이 중요한 점이었다(Latour, 1988).

라투르는 "사실과 기계가 생존할 수 있는 내부 세계를 외부에다 만드는 이 거대한 사업"을 미트롤로지(metrology)[16]라고 부른다(Latour, 1983, p. 251). 미트롤로지는 사실과 기계를 위한 '착륙지점(landing strip)'을 만드는 과정으로 이해될 수 있다(ibid., p. 253). 미트롤로지는 사회의 변형, 즉 사회를 과학기술 네트워크에 통합함으로써 사실과 기계가 어떤 내적이고 본질적인 힘의 결과로서 사회로 편안하게 확산될 수 있게 하는 과정이다. 라투르가 말했듯이, "과학의 외부는 없으며 과학적 사실의 유통을 가능하게 하는 길고 좁은 네트워크만이 존재한다"(Latour, 1983, p. 167).[17]

미트롤로지의 개념은 기술과 지식이 어떻게 일반적이거나 보편적이 될 수 있는가 하는 물음에 대한 답을 제시할 수 있는데, 이는 인식론적 접근이나 지식사회학과는 다른 방식이다. 후자와 달리 미트롤로지는 우리가 기술과 지식을 가지고 있다는 사실에 대해 의문을 제기할 필요

혼들림 없는 교육 : 도구로서의 교육을 넘어

가 없다. 다만 기술과 지식이 공간과 시간을 쉽게 이동할 수 있게 만드는 내재적 힘이나 특성을 가진다는 생각에 대해서만 의문을 제기한다.

라투르는 우리가 휴대전화를 만들 수 있다는 사실을 의심하지 않는다. 그는 단지 이러한 전화기가 어디서나 작동하기 위해서는 전 지역에서 끊김 없는 신호를 제공하는 송수신 네트워크가 구축되어야 한다는 사실을 지적할 뿐이다. 이와 유사하게, 라투르는 의료과학기술이 효과적인 치료법과 치료제를 개발했다는 사실을 의심할 이유가 없다고 본다(물론, 모든 치료법이 좋거나 바람직하다거나, 또는 다른 대안이 없다는 것은 아니다). 그가 강조하고자 하는 유일한 점은, 의료과학기술 제품이 겉으로 보편적으로 적용 가능한 것처럼 보이는 것은 사회가 이러한 제품이 작동할 수 있는 조건에 맞게 변형된 결과라는 것이다.[18] 의료과학기술이 그 진실성과 효과를 '길거리에서' 입증할 수 없을 때 안전하게 후퇴할 수 있는 한 가지 '착륙지점'은 물론 현대식 병원이다.[19]

일반적인 것의 개념에 대한 탐색에 있어서 라투르가 기여한 것은 무엇보다도, 겉으로 보이는 현대 과학기술의 보편성을 사실과 기계의 어떤 내적 특성으로 설명해서는 안 된다는 것을 보여주고 있는 점이다. 그러나 라투르는 과학기술의 보편적 존재에 대해 완전히 다른 설명을 제공하는 것은 아니다. 그는 우리가 다른 현상과 마주하고 있다고 주장한다. 즉 사실과 기계가 실험실 외부의 세계로 이동하는 것이 아니라, 외부 세계가 실험실의 질서에 통합된다는 것이다.

이와 같이 라투르는 인식론적 해석의 주요 아이디어, 즉 사실과 기계에 담긴 지식에는 본질적 특성이 있어서 보편적 이동이 가능하다는 것을 비판하고 있다. 그러나 이 또한 중요한 점인데, 라투르는 단순히 그 주장을 뒤집는 것이 아니다. 그는 사실과 기계의 확산이 거기에 내재된 지식을 보편화하는 것이라고 말하지 않는다(이것은 지식사회학이 주장하는 것으로, 이해 집단이 '자신들의' 사실과 기계를 가능한 한 널리 퍼뜨려 권력을 얻으려 한다고 것이다). 라투르 분석의 핵심은 사실과 기계의 이동이 전혀 없다는 것, 그것들은 원래의 자리에 그대로 있다는 것이다. 다만 점점 더 많은 '영역들(장소, 위치, 사람들)'이 네트워크에 통합됨으로 인해서 이동과 보편성이란 환상이 발생한다는 것이다. 말하자면 사실과 기계가 중심(실험실)에서 주변(사회)으로 이동하는 것이 아니라 주변이 중심으로 이동하는 것이다. 영국의 모든 철도와 역을 중심과 연결함으로써, 그것들은 중심의 일부가 되었다. 런던 시간은 여전히 어느 때와 마찬가지로 지역적인 것에 머물러 있었다. 실제로 일어난 일은 전국의 구석구석이 런던의 지역 시간에 통합된 것일 뿐이다.

그러므로 이는 지역적인 것과 전체적인 것, 구체적인 것과 일반적인 것 사이의 관계를 달리 이해하는 방식을 제시한다. 우리는 세계를 다양한 지역적 실천의 집합으로 볼 수 있다는 라투르와 의견을 함께 한다. 이러한 실천의 일부는 '외부' 세계를 통합하고 변형하는 데 있어 다른 것보다 더 성공적이었다. 라투르는 이러한 상황을 불균형(asymmetry)이라고 부른다. 이 불균형은 질적, 내재적 또는 인식론적 차이의 표현이 아님을 이해하는 것이 중요하다.

물론, 이러한 실천들 간에 질적 차이가 존재한다는 것은 의심의 여지가 없으며, 그 차이는 무엇보다도 그것들을 평가하는 기준에 따라 달라질 수 있다. 그러나 이러한 질적 차이가 불균형을 초래하는 것은 아니다. 불균형은 단지 일부 네트워크가 다른 네트워크보다 더 크고, 더

흔들림 없는 교육 : 도구로서의 교육을 넘어

광범위하고, 더 강하다는 것을 의미할 뿐이다.

이렇게 볼 때 일반적 혹은 보편적으로 보이는 것은 특정한 지역적 실천이 확장된 것에 불과하다(또는 확장된 것 그 자체이다). 이는 그러한 실천의 질이나 가치에 대해서 언급하는 것이 아니다. 물론 라투르가 주장하듯이, 과학자들(및 다른 사람들)이 불균형을 질적 용어로(예를 들어, 합리적인 것과 비합리적인 것의 차이로) 정의하려고 하는 경우가 종종 있는 것은 사실이다. 그러나 이러한 시도에 수사적 이점은 있을 수 있지만 실질적인 의미는 없다. 플리머스의 지역 시간이 런던의 지역 시간보다 나은 것은 아니다. 문제는 철도를 통해 두 지역이 단일 네트워크의 일부가 되었을 때에만 발생했다.

결론

이 에세이에서는 빌둥의 내용이 가진 일반적 성격과 관련하여 일반적인 것의 개념을 이해하는 세 가지 다른 방식을 제시했다. 나의 목표는 단지 일반적인 것의 개념을 다양한 방식으로 이해할 수 있음을 보여주는 것뿐만 아니라 또한 일반적인 것에 대한 서로 다른 개념이 빌둥에 대한 서로 다른 개념을 내포한다는 것을 제시하는 것이었다. 결론적으로, 오늘날 우리가 살아가는 시대에 빌둥이 미래를 가질 수 있는지에 대한 질문에 답을 찾는 데 도움이 될 수 있는 세 가지 관점을 제시하고자 한다.

나는, 합리적 자율성은 현재와 특수한 것을 넘어 일반적이고 지속적인 것을 향해 나아가는 움직임을 통해서만 실현될 수 있다는 생각이 오늘날 빌둥을 이해하는 핵심 요소임을 주장했다. 이 주장은 합리적이고 자율적인 주체가 실제 현실에 구속되지 말아야 하고 자신의 성향과 기질에 종속되어서도 안 된다는 점에서 의미가 있다. 그러나 이러한 의미의 자유를 향한 움직임 혹은 해방은 특수하고 국지적인 것과 일반적이고 보편적인 것 사이에 '명확한' 구분을 할 수 있을 때만 가능해 보인다. 앞에서 논의했듯이 이는 일반적인 것에 대한 인식론적 해석이 추구하는 것이다.

인식론적 해석을 지지하는 가장 설득력 있는 주장 가운데 하나는 기술-논증이다. 우리의 일상생활에서 기술이 어디에나 존재한다는 것과 분명히 전 세계로 쉽게 확산된다는 것은, 이 기술의 배후에 있는 지식을 일반적이고 보편적인 것으로 생각하지 않을 수 없게 만든다. 그러나 나는 라투르의 연구가 이 기술-논증에 대해 적절한 비판을 제시하고 있다고 생각한다. 라투르는 한편으로, 지식사회학과 달리 기술이 가능하다는 것, 즉 우리가 사람을 달에 보낼 수 있고, 암의 50% 이상을 치료할 수 있으며, 현대 과학기술에서 인상적인 모든 것을 할 수 있다는 것을 인정하고 있다. 그러나 라투르는 겉으로 보이는 과학기술의 '보편성'이, 그 기초가 되는 지식의 질에 대해 말해주는 것이 전혀 없다는 점 또한 명확히 지적하고 있다.

이러한 라투르의 연구가 지니는 중요성은 아무리 과대평가해도 지나치지 않다. 그의 연구로 인해 과학이 '실증주의(positivism)'로부터, 말하자면 과학이 단지 인지적 권위(즉 과학은 현실에 대해 궁극적 진리를 제공할 수 있다는 것)를 주장하는 것에 그치지 않고 이러한 권위에 근

흔들림 없는 교육 : 도구로서의 교육을 넘어

거해서 우리의 삶에 대해서 규범적 권위를 주장하는 상황으로부터 '탈출'할 수 있게 되었기 때문이다.

물론, 이러한 '탈출'에는 대가가 따르는데, 이는 특수한 것 또는 국소적인 것과 일반적인 것 또는 보편적인 것 사이의 명확한 구분을 포기해야 한다는 것이다. 보편적으로 보이는 것은 특정한 지역적 실천이 성공적으로 확장된 결과에 불과하다. 이러한 사고방식이 근대 교육 전통에서 개념화된 빌둥의 개념, 나아가 그 가능성에 대해 갖는 함의는, 현재와 특수한 것 너머에는 또 다른 현재와 또 다른 특수한 것만이 존재할 뿐, 결코 일반적이고 보편적인 것은 없다는 것을 인정해야 한다는 것이다.

어떤 의미에서는, 이것이 바로 내가 말하고자 하는 두 번째 요점인데, 이러한 결론은 지식사회학이 우리에게 제시할 수 있는 것과 놀라울 정도로 유사하다. 결국, 지식사회학도 모든 지식은 특정한 사회적 및 역사적 상황의 표현이라고 주장한다. 우리는 비판적 빌둥 이론과 비판적 교육학의 일부 버전에서 이것을 빌둥의 가능성이 끝났다는 것으로 받아들이지 않았음을 확인했다. 오히려 이는 지식의 배후에 숨겨진 권력을 '읽을' 수 있는 능력으로서, 보다 일반적이고 비판적인 빌둥 개념의 출발점을 제공했는데, 나는 여기에 문제가 있다고 주장했다. 왜냐하면 이러한 기획이 가능하려면 더 깊고 포괄적인 형태의 이해에 의존해야만 하는데 이는 결국 지식사회학을, 그에 대한 대안을 제공하려 했던 인식론적 접근과 매우 유사하게 만들기 때문이다.

이 문제는 지식과 권력이 원래부터 분리되어 있다고 가정하는 (근대의) 전통과 깊은 관련이 있다. 이런 가정을 바탕으로 지식은 권력이 어떻게 작동하는지를 밝히는 데 사용될 수 있을 뿐만 아니라, 이를 통해서 권력의 작동을 저지하는 일을 할 수도 있다고 여겨지는데 이것은 계몽사상을 매우 간략하게 요약한 것이라고 생각한다. 라투르의 연구는 지식과 권력이 존재론적으로 분리된 실체라는 가정에 의문을 제기할 근거가 있음을 보여준다. 라투르의 분석은 네트워크 간에 불균형이 있음을 시사하지만, 이러한 불균형이 권력의 작동에 의해 발생한다고 주장하지 않으며, 또한 경쟁하는 네트워크의 영역 밖에서 객관적인 상태를 기술하고 이를 통해 기존의 불균형을 제거할 수 있다고 주장하지도 않는다.

이것이 비판의 종말을 의미하는 것은 아니다. 라투르의 연구에서 도출된 함의가 푸코가 제시한 통찰(Biesta, 1998a, 1998b)과 놀라울 정도로 가까워지는 지점은, 지식이 권력에 대항하는 근대 전통의 비판적 스타일이 종말을 맞이했다는 점이다. 푸코의 통찰은 우리가 지식을 사용하여 권력과 싸울 수 있는 영역에서 살아가는 것은 아니라는 것이다. 대신, 우리는 항상 권력과 지식이 복잡하게 뒤얽힌 상황 속에서, 라투르의 용어로 표현하면 (더 약하거나 더 강한) 네트워크의 영역에서, 살아가고 있다. 푸코와 라투르의 비판은 더 이상 이론적이지 않고 철저히 실천적인 스타일의 비판임을 시사한다. 이러한 스타일의 비판에서는 강한 네트워크 뒤에 숨겨진 권력을 이론적으로 밝히는 것이 아니라, 대항적 네트워크(counter-networks) 혹은 대항적 실천(counter-practices)이라고 부를 수 있는(Biesta, 1998a 참조) 다른 네트워크를 구축하는 것이 핵심이다. 이는 보편적이고 필연적인 것으로 보였던 것이 단지 사물이 존재할 수 있는 하나의 가능한 방식에 불과했음을 보여주기 위함이다. 그러나 이 대항적 실천이 상황에 대한 더 깊은 이해나 더 진실한 지식에 기반하고 있다는 주장은 하지 않는다. 다시 말하면 사물이 다르게 될 수 있음을 보여주는 것이 핵심이다(이는 대안이 자동적으로 더 낫다는 주장이 아니다). 이것은 탈신비화를 추구하는 계몽주의 스타일의 비판보다 덜 확실하지만 아마도 더 위험할 것이다. 하지만 이것이 적어도 인식론적 모델에 의존하지 않으면서 빌둥에 대한 지식사회학의 비판적 추동력을 유지할 수 있는 실행 가능한 방법의 하나라고 생각한다.[20]

이는 (예를 들어, 국가 교육과정이나 국제 표준화 시험을 통해) 다양성을 제거하려는 경향이 심한 교육 풍토에서 인기 있는 메시지가 아닐 수 있다. 기회의 평등이란 미명하에, 학교와 교육 시스템은 일반적으로 점점 더 획일성을 향해 나아가고 있다. 이제 알 수 있듯이, 이러한 상황 전개에 대한 인식론적 논거는, 각각의 어린이가 자신 처한 특정의 환경을 뛰어넘어 일반적이고 지속적인 지식, 신념 및 가치와 교류할 권리가 있어야 한다는 것이다. 우리는 이러한 국가 교육과정 같은 상황 전개를 특정 네트워크의 확장으로 이해할 수 있으며, 따라서 학교가 특정한 불균형의 창조와 재생산에 기여하는 과정으로 볼 수 있다는 라투르와 의견을 같이 한다.[21] 이는 진정한 기회의 평등이 획일성과는 아무런 관련이 없으며, 오히려 불균형을 유지하는 네트워크를 차단하는 데 중점을 두어야 한다는 것을 시사한다.

결론적으로, 이것은 빌둥의 미래와 미래의 빌둥에 대해 무엇을 의미하는가? 오늘의 세계에 아직도 빌둥을 위한 자리가 남아 있는가? 오늘의 세계에는 더 이상 '외부'도, 우리가 현실을 바라보고 판단할 수 있는 안전한 피난처도 없다는 사실을 받아들일 수밖에 없는 세계, 일반적인 것이 없는 세계, 오직 다수의 실천만 있고 중립적인 기준이 없는 세계이다. 이는 더 이상 측정하거나 평가하거나 판단할 수 없다는 것이 아니라 우리가 사용하는 기준에 대해 우리 스스로가 분명히 책임을 지고 있음을 의미한다. 그렇다면 빌둥에 대한 미래의 이상 혹은 미래의 빌둥은 어느 정도 현대의 정의와 관련이 있거나 현대의 정의로부터 영감을 얻을 수 있는가?

이 질문들은 복잡하며 간단히 답할 수 있는 것이 아니다. 그러나 명심해야 할 것은 빌둥이 결코 추상적인 교육이념이 아니라는 것이다. 현재의 교육과 연결되어 있는 빌둥의 전통, 즉 계몽주의 시대에 만들어진 근대적인 빌둥의 개념은 무엇보다도 18세기 말에 등장한 새로운 정치 상황에 어떻게 대응하고 이를 다룰 것인가에 대한 답변이었다. 이는 포스트모던 세계에서 빌둥에 미래가 있을 수 있는가 하는 물음에 대한 어떤 답변도, 지금 이 세계에 어떻게 대응하고, 어떻게 이를 다루며 이해할 것인가에 대한 것이 되어야 함을 시사한다. 포스트모던 세계란 일반적이거나 보편적인 관점 자체가 문제가 되는 세계를 말하며 이번 장에서 이 문제의 몇 가지 차원을 제시했다.[22]

흔들림 없는 교육 : 도구로서의 교육을 넘어

1 이 장의 초기 버전은 Biesta, G.(2002). "How general can Bildung be? Reflections on the future of a modern educational ideal," *British Journal of Philosophy of Education,* *36*(3), 377-390으로 게재되었다.

2 이 장은 유럽 대륙의 교육 전통에서 핵심 개념 중 하나인 '빌둥(Bildung)'에 관한 것이다. 그러나 빌둥은 영어로 번역하기가 매우 어려운 개념이다(유익한 통찰을 제공한 Cleary & Hogan, 2001 참조). 따라서 나는 '빌둥'을 번역하지 않기로 했다. 대신, 빌둥이라는 개념의 간략한 역사를 제시함으로써 독자가 빌둥이 무엇을 의미하는지 이해할 수 있도록 도울 뿐만 아니라, '빌둥'의 의미 자체가 시간에 따라 어떻게 변화해왔는지를 알 수 있게 하고자 한다.

3 저자는 빌둥의 개념에 대한 역사를 제시함으로써 독자들이 스스로 빌둥의 의미와 그 의미의 변천과정을 이해하기를 바라고 있지만 그 의미를 간략히 밝히면, 빌둥은 독일어로 성숙한 사람이 되는 데 필요한 교양 혹은 그런 교양이 개인의 태도에 녹아들어 인격적, 문화적으로 성숙한 사람이 되도록 스스로를 갈고 닦는 독일의 교육적 전통을 일컫는다(옮긴이).

4 이 개념에 대한 현대적인 지지는 가마더를 참조(Gadamer, 2001). 빌둥과 자기 빌둥 사이의 역설적인 관계에 대한 흥미로운 설명은 위머를 참조(Wimmer, 2001).

5 원문에는 다음과 같이 쓰여 있다. "인간은 교육을 받아야만 하는 유일한 피조물이다. … 인간은 오직 교육을 통해서만 인간이 될 수 있다"(Kant, 1982, pp. 697, 699).

6 독일에서는 몇 안 되는 예외 중 하나가 하이도른(Heydorn)이었다(Rang, 1987, p. 51; Sünker, 1989 참조). 다른 나라에서도 대륙의 빌둥 전통과 유사한 언어와 틀로 연구를 한 교육 이론가들이 있었다고 주장할 수 있다. 영국에서는 마이클 오크숏(Michael Oakeshott)과 피터스(R. S. Peters)의 저작을 떠올릴 수 있다. 이는 빌둥 전통의 개념이 완전히 사라지지 않았다는 것을 보여준다. 사실, 빌둥 전통의 직관이 현대 교육 담론의 일부로 항상 존재해왔다고 주장할 수 있다(예: Arcilla, 1995; 존 듀이 작업에서 빌둥에 대해서는 Biesta, 1995a 참조). 하지만 여기서 강조하고자 하는 점은 스스로를 하나의 전통으로 이해했던 빌둥 개념에서의 단절이다. 다시 말해, 나는 대륙의 교육 사상에서 빌둥 개념의 소멸에 대해 이야기하고 있는 것이다.

7 독일에서는 클라우스 몰렌하우어(Klaus Mollenhauer, 1983)의 작품을, 미국에서는 앨런 블룸(Allan Bloom, 1987)을 떠올릴 수 있다.

8 칸트는 이러한 시민이 자신의 이해력을 사용할 용기를 가져야 한다고 강조했지만(Kant, 1988, p. 59), 이러한 용기가 어떻게 획득될 수 있는지에 대해서는 명확히 설명하지 않았다.

9 나는 의도적으로 '보편적(universal)'이라는 단어가 아니라 '일반적(general)'이라는 단어를 사용한다. 물론 '일반적'이라는 단어가 '보편적'이라는 단어보다 덜 명확하며, 이는 영어 독자들에게는 처음에 혼란을 초래할 수도 있다는 점을 알고 있다(독일어에 익숙한 독자들은 'general'을 'allgemein'의 번역으로 이해할 수 있다). 그러나 나는 덜 명확한 단어 사용을 선호하는데, 이는 '일반적인 것'을 '보편적인 것' 또는 '보편적으로 타당한 것'으로 생각하는 것이 '일반적인 것'을 이해하는 한 가지 방식일 뿐임을 보여주기 위해서이다(아래 참조). 독자 여러분께서 '일반적인 것'이라는 개념을 표현하는 다양한 방식을 탐구하는 나의 논의에 함께 해주기를 바란다.

10 이는 예를 들어, 어니스트 겔너(Ernest Gellner)가 서구 세계관의 우월성을 '입증'하기 위해 사용하는 논거이다(Gellner, 1992 참조).

11 지식사회학은 모든 지식이 사회적·역사적 맥락에서 형성된다고 주장하지만 그러한 주장을 하는 지식사회학 자체도 사회적·역사적 맥락에서 자유로울 수 없다는 딜레마를 가리킨다(옮긴이).

12 '전통적인' 지식사회학자들이 비판적 분석을 수행할 수 있는 '아르키메데스의 점'을 찾으려는 경향이란, 이들이 사회와 역사적 조건으로부터 독립된 절대적이고 객관적인 관점 또는 기반을 찾으려는 시도를 의미한다. '아르키메데스의 점'이라는 표현은 여기서 특정한 사회적·역사적 맥락으로부터 자유로운 절대적인 위치나 시각을 비유적으로 나타낸다. 이러한 경향은 지식사회학자들이 사회적 권력 관계를 비판하기 위해 자신들의 분석이 이러한 권력 관계에 영향을 받지 않고 독립적이고 객관적이어야 한다는 전제를 내포한다. 그러나 이러한 시도는 종종 모순에 빠질 수 있는데, 이는 비판적 분석의 기반이 되는 지식 자체도 결국 사회적·역사적 맥락에 영향을 받을 수 있기 때문이다. 결과적으로, 이러한 접근은 지식사회학이 제공하려고 하는 비판적 통찰의 신뢰성과 정당성을 약화시킬 위험이 있다(옮긴이).

13 "사실과 기계가 생존할 수 있는 내부 세계를 외부에다 만든다"는 표현은 '사실(facts)'과 '기계(machines)'가 어떻게 사회적·물리적 맥락 속에서 구성되고 유지되는지를 설명하는 맥락에서 나온 것으로 보인다. 이는 주로 과학철학자 브뤼노 라투르의 관점에서 이해될 수 있다. 과학적 사실은 단순히 자연에 '존재하는' 것이 아니라, 실험, 관찰, 그리고 해석 과정을 통해 만들어진다. 이를 사실의 외부화라 한다. 이러한 과정에서 과학적 사실은 연구실(lab)이나 특정 과학 공동체라는 내부적인 맥락에서 출발하지만, 사회적으로 수용되고 일반화되면서 외부 세계에서도 유효한 '사실'로 자리 잡게 된다. 즉, 사실은 사회적·기술적 맥락을 떠나 독립적으로 '존재하는 것처럼' 보이게 되는 것이다. 기계 또한 인간의 설계와 기술적 구현에 의해 만들어진 내부의 산물이지만, 이들이 작동하며 영향을 미치는 세계에서는 '자연스럽게 존재하는' 것처럼 간주된다. 이를 기계(machines)의 외부화라 한다. 라투르의 관점에서는 기계 역시 사회적·

흔들림 없는 교육 : 도구로서의 교육을 넘어

기술적·경제적 요소들이 상호작용하여 구성된 결과물이다. 하지만 기계가 사회적 맥락에서 독립적으로 보이게 될 때, 그 기능과 목적은 외부 세계로 확장된다. 사실과 기계는 구성(construction)의 산물이지만, 이러한 구성 과정이 드러나지 않을 때 그것들이 마치 자연스럽고 자명하게 존재하는 것처럼 보이게 된다. "내부 세계를 외부에다 만든다"는 것은, 사회적·기술적 맥락 속에서 만들어진 것들이 더 이상 그 맥락에 의존하지 않고 독립적으로 작용하며 널리 받아들여지는 상태를 의미한다. 예를 들어, 지구가 둥글다는 '과학적 사실'은 초기에는 천문학자들의 연구와 논쟁 속에서 형성된 것이지만, 현재는 누구나 당연히 받아들이는 독립적 '사실'이 되었다. 그리고 자동차는 기술적·사회적 협력의 산물이지만, 사용자는 그저 '이동 수단'으로만 받아들이며 그것이 어떻게 만들어졌는지 고민하지 않는다. 이 표현은 과학과 기술이 어떻게 사회적 현실을 구성하고, 그 과정에서 내부적 기원을 넘어서 독립적으로 기능하며 사회적 질서를 유지하게 되는지를 설명하려는 것이다(옮긴이).

14 라투르가 사실과 기계의 구성 과정을 이해하는 방식에 대해서는 라투르와 울가를 참조(Latour and Woolgar, 1986).

15 외국에서 뛰어난 과학기술자들을 국내에 도입한다고 해서 도입된 그들이 기대한 만큼의 성과를 낸다는 보장을 하지 못하는 것은 그들을 도입한 국가의 문화, 교육체제, 인프라 등 제반 '사회적 조건'이 과학기술자들이 활동하기에 적합하게 변화되지 않았기 때문이라고 할 수 있다. 그래서 '사실과 기계가 실험실 밖의 세계로 이동한 것이 아니라, 외부 세계가 실험실로 변형되어야 한다는 것이다. 비근한 예로 노벨상 수상자를 모셔온다고 해서 우리의 연구 역량이 노벨상을 바로 수상할 만큼 발전할 수는 없는 것이다. 이는 국가의 예산은 발전이 필요한 영역에만 집중 투자하는 것이 그다지 현명한 전략이 아님을 말해주는 것이기도 하다(옮긴이).

16 'metrology'를 우리말로 하면 '계량학' 혹은 '계측학' 등으로 옮길 수가 있는데, 이런 번역어로는 이 용어를 과학적 사실과 기계가 사회 전반에 걸쳐 퍼지고 유지될 수 있도록 만드는 과정 혹은 사회의 제반 환경을 실험실의 상황에 맞추어 변형시키는 과정으로 보는 저자의 문제의식을 제대로 담기가 어렵다고 판단되어 원음을 살려 '미트롤로지(metrology)'라고 표현했다(옮긴이).

17 과학의 세계(예: 실험실)와 과학이 아닌 세계(예: 사회)는 구분할 수 없다는 것으로, 두 세계는 네트워크에 의해서 하나로 연결되어 있다는 뜻이다. 말하자면 과학을 비롯한 학문의 발전은 과학자 혹은 해당 분야 전문가의 힘만으로는 달성하기가 어렵다는 의미가 된다. 이는 위의 미주 15에서도 지적했지만 과학 선진국에서 우수한 과학자를 초빙했다 해도 그가 몸담았던 선진국에서만큼 뛰어난 업적을 남기기 어려운 이유를 설명해 줄 수 있는 하나의 관점이라 할 수 있다(옮긴이).

18 이 변혁에서 중요한 요소 중 하나는 건강 교육으로, 이는 특히 의학적 과학기술의 관

점에서 우리의 건강을 정의하도록 가르친다.

19 현대식 병원은 의료관련 실험실과 큰 차이가 없는 환경조건을 갖추고 있기 때문에, 병원 밖의 실제 사회적 조건이 의료관련 실험실의 요구에 충분히 부응하지 못하는 사회에서도 현대식 병원이 존재하는 한 의료관련 과학기술은 발전할 수 있다는 의미이다(옮긴이).

20 지식을 통해 권력에 대항하는 방식으로서의 전통적인 비판 스타일은 더 이상 유효하지 않을 수 있으며, 대신 지식과 권력이 얽힌 네트워크 속에서 실천적으로 대응해야 한다는 점을 강조하고 있다. 비판의 목적은 단순히 권력 구조를 폭로하는 것이 아니라, 대안적인 네트워크나 실천을 구축하여 기존의 권력 네트워크가 절대적이고 보편적이라는 착각을 깨뜨리는 데 있다. 대항적 네트워크 혹은 대항적 실천은 더 깊은 이해나 진리의 우월성에 기반하지 않고 사물이 다르게 될 수 있다는 가능성을 보여주는 데 초점이 맞춰져 있다. 이러한 접근은 전통적 계몽주의 스타일의 확실성을 포기하며, 더 많은 위험과 불확실성을 수반한다. 하지만 이는 기존 권력 구조를 유지하는 네트워크를 넘어서는 실질적이고 실행 가능한 대안을 제공한다(옮긴이).

21 학교가 특정의 불균형을 형성하고 재생산한다는 것은 학교 교육이 사회 내 특정 권력 구조나 불평등을 반영하거나 강화하는 역할을 한다는 의미이다. 즉, 학교 교육과정이나 제도는 사회의 특정 가치관, 규범 혹은 지식 체계를 우선시하며, 이는 특정 집단이나 계층에게 유리하게 작용하고 다른 집단이나 계층은 불리한 위치에 놓이게 할 수 있다는 것이다(옮긴이).

22 이 장의 초기 버전에 대해 유익한 의견과 제안을 해 준 파드라익 호건(Pádraig Hogan)에게 감사를 전하고자 한다.

흔들림 없는 교육 : 도구로서의 교육을 넘어

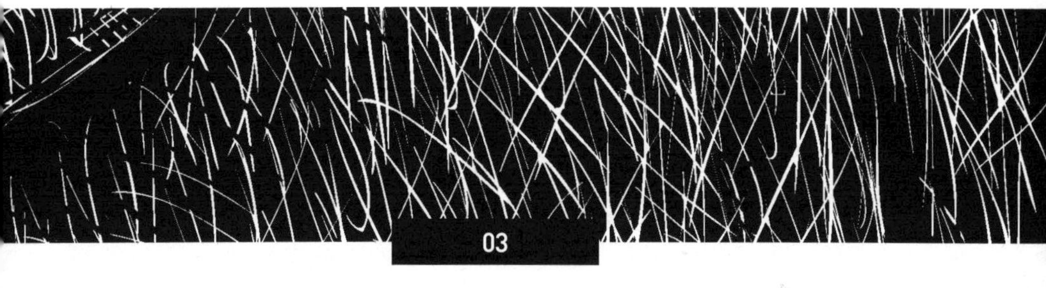

세계에 현명해지는 것

03

세계에 현명해지는 것

서론[1]

어떤 면에서 보면, 교육이 수사에 관심을 두는 것은 그리 놀라운 일이 아니다. 교육과정과 실천의 주요 목표 중 하나가 학생들을 납득시키는 것, 더 강한 표현을 쓰자면 설득하는 것이기 때문이다. 결국, 교육과정은 학생들이 선택할 수도 있고 그렇지 않을 수도 있는 선택 사항이 아니라, 배울 수 있는 모든 것 중에서 특정한 선택을 대표하며, 더 구체적으로는 의도적이고 강력한 선택을 나타낸다. 교육과정의 힘이 실제로 어디에서 비롯되는지는 교육과정 연구에서 지속적으로 제기돼온 문제였다. 1854년, 스펜서는 '합리적인 교육과정'을 설계하는 데 있어 가장 중요한 질문은 '어떤 지식이 가장 가치 있는가?'라고 주장했으며, 이에 대한 그의 대답은 '과학'이었다(Spencer, 1909 참조). 이후 1980년대에 애플(Apple)은 스펜서의 질문을 '누구의 지식이 가장 가치 있는가?'로 바

꾸어 표현하면서 교육과정의 문제를 인식론의 영역에서 사회학의 영역
으로 이동시켰다(Apple, 1979, 1986 참조). 교육과정을 바라보는 수사적
설명은 교육과정의 힘을 이해하는 데 있어 인식론적 관점보다는 사회
학적 관점에 더 가깝다. 이는 교육과정의 수사적 설명에서는 특정 교육
과정이 왜 설득력을 갖거나 사람들을 납득시키는가 하는 문제보다는
교육과정의 '본질적인' 인식론적 특성과는 무관하게 우선적으로 교육
과정이 어떻게 설득력을 가지게 되는가 하는 문제에 관심을 두기 때문
이다.[2]

사회학적 관점은 '전통적 수사'에서 '새로운 수사'로의 변화에서 특
히 두드러진다(Burke, 1951; Perelman & Olbrechts-Tyteca, 1958, 1969 참
조). 그 이유는 특히 케네스 버크(Kenneth Burke)와 같은 저자들이 '본성
적으로 상징에 반응하는 존재들에게 협력을 유도하는 동일시 도구'로
서 수사를 강조하기 때문이다(Burke, 1996, p. 41). 버크의 새로운 수사는
어떻게 언어가 분열을 극복하고 사람들을 하나로 모을 수 있는가, 혹은
루텐과 소에타에르가 언급했듯이, "우리가 공동체로 사회화되고 문화
적, 사회적 규칙을 창조하는 데 있어서 수사가 어떤 역할을 하는가" 하
는 문제에 중점을 둔다(Rutten & Soetaert, 2012). 새로운 수사의 맥락에
서 이루어지는 연구는 이러한 동일시의 실천에 대한 분석뿐만 아니라
거기에 수반되는 공동체 형성의 '효과'에도 역점을 둔다. 이러한 경향은
제시카 에녹(Jessica Enoch)과 피터 모텐슨(Peter Mortensen)이 이번 특별
호에 기고한 논문에서 두드러지게 나타난다.[3] 또한, 교육이 사람들을
'상징에 민감하게' 하는 데 기여해야 한다는 주장처럼, 수사적 교육과정
이 어떤 방식으로 '작동'하는가 하는 문제에 역점을 두는 실천적 경향

흔들림 없는 교육 : 도구로서의 교육을 넘어

도 존재한다(Burke, 1955, p. 260; 또한 Enoch, 2004 참조). 제임스 자펜(James P. Zappen, 2012), 루텐과 소에타에르(2012)의 기고에서는 이러한 질문들이 더욱 중요하게 다뤄지고 있다.[4]

이어서 수사와 교육과정에 대한 (새로운) 관심을 교육적 관점에서 살펴보려 한다. 이 관점은 교육에 대한 사회학적 관점과 신중하게 구별할 필요가 있다(Biesta, 2007a 참조). 나는 이 특별호의 논의에서 중점적으로 다룰 세 가지 주제와 관련하여 이 문제를 논의할 것이다. 첫째, 논의에서 등장하는 다양한 교육의 개념에 초점을 맞추어, 그리스 전통의 파이데이아(paideia)와 신인문주의 전통의 빌둥(Bildung) 간 차이를 밝힐 것이다. 둘째, 교육과 교육과정에 대해 수사적 접근이 갖는 몇 가지 교육적 함의에 대해 보다 자세히 논의하면서, 특히 언어가 논의과정에서 어떻게 인식되는가 하는 문제에 주목할 것이다. 세 번째이자 마지막 단계에서는 교육과정 연구에서의 '수사적 전환'이 교육을 권한부여[5] 또는 해방으로 보는 개념과 어느 정도 관련이 있는가 하는 문제를 다룰 것이다. 나는 수사적 관점이 교육과정 연구 분야에 새로운 것, 즉 교육과정에 대한 사회학적 분석과는 상당히 다른 것을 제공할 수 있다고 생각하지만, '수사적 전환'이 실천적으로 활용되는 방식에 대하여, 즉 교육에 대한 대안적인 접근 방식을 제시하기 위해 어떻게 활용되고 있는가 하는 점에 대해서는 다소간 의심을 품고 있다. 나는 '상징에 현명해지는 것'을 목표로 하는 교육과 '세계에 현명해지는 것'을 목표로 하는 교육 사이의 구별을 도입할 것이다. 이는 수사적 전환의 교육적 잠재력을 더 일관되고 철저하게 활용하기 위해 받아들여야 하는 일련의 더 큰 도전들을 간략하게 요약한 것이다.

교육, 파이데이아, 그리고 빌둥

루텐과 소에타에르가 기고한 논문에서 지적했듯이(Rutten & Soetaert, 2012), 수사학의 교육적 차원은 파이데이아라는 개념에서 처음으로 부각되었다. 고대 아테네에서 파이데이아는 개인으로서 덕(ἀρετή, arete), 보다 구체적으로는 시민의 덕을 함양하는 포괄적인 과정을 의미했다. 이러한 덕을 함양할 것으로 기대되었던 과목들 중에는 수사학, 문법, 수학, 음악, 철학, 지리학, 자연사, 체육 등이 포함되어 있었으며, 이 과목들은 중세 시대에 문법, 수사학, 논리를 포함한 3학(Trivium)과 산술, 기하학, 음악, 천문학을 포함한 4학(Quadrivium)으로 다시 등장하였고, 이것들은 '고등학문'의 핵심으로 간주된 7 자유학과를 구성했다. 파이데이아는 인간을 본연의 진정한 형식으로 이끄는 교육, 다시 말해 인간에게 고유한 것으로 인정되는 '수월성'을 성취하게 하는 교육으로 여겨졌다. 플라톤과 아리스토텔레스에게 있어 이는 이성적 능력(아리스토텔레스의 정의에 따르면 '이성적 동물'로서의 인간)을 기르는 것을 의미했다. 그러나 파이데이아는 자유시민으로서의 자유를 증진시키기 위한 교육이었기에 자유민에게만 허용되었고, 육체노동자와 장인, 즉 '바나우소이(βάναυσοι, banausoi)'를 위한 교육과는 대조적이었다. 파이데이아는 노동이나 생산의 영역과는 무관한 여가 혹은 스콜레(σχολή, schole)를 전제로 한 교육이었다(예: Jaeger, 1945 참조).

파이데이아와 빌둥은 모두 인간 형성에 대한 관심을 표현하고 있으며, 따라서 교육을 단순한 훈련과 적응 이상의 것으로 이해하고 있다는 점에서 파이데이아에서 빌둥으로 이어지는 사상적 연결은 분명히 존재

흔들림 없는 교육 : 도구로서의 교육을 넘어

한다. 그러나 그 연결이 직접적이거나 연속적인 것은 아니다. 빌헬름 폰 훔볼트(Wilhelm von Humboldt)의 신인문주의적 접근에서는 빌둥을 개인이 문화 및 사회와 변증법적으로 상호작용함으로써 **자아형성** ('Selbstgestaltung')을 하는 과정으로 이해했다. 이는 첫째, '진정한' 빌둥이 이루어지기 위해 문화와 사회의 어떤 측면이 가치 있는 것으로 여겨져야 하는가에 대한 질문을 제기했다. 여기서 폰 훔볼트는 그리스와 로마의 고대문화에 긍정적인 시각을 보였다(Ballauff & Schaller, 1970 참조). 둘째, 이는 빌둥의 과정에서 개인의 역할에 대한 질문을 제기하면서 빌둥은 단지 개인이 기존의 문화적인 혹은 사회적인 삶의 방식과 형태들을 수동적으로 받아들이는 '맹목적인' 과정이 아니라, 기존의 문화 및 사회와 관계를 맺고, 더 중요한 것으로, 기존의 문화와 사회에 대한 태도를 형성하는 **자기성찰**의 과정으로 이해되어야 함을 강조했다(Kron, 1989, p. 66 참조). 이 점에서 빌둥은 항상 기존의 문화와 사회에 대한 평가('Bewertung')를 수반하는 과정으로 나타난다. 이러한 양상은 하인츠-요아힘 하이도른(Heinz-Joachim Heydorn)과 볼프강 클라프키 (Wolfgang Klafki)와 같은 20세기 학자들의 저작에서도 다시 나타난다. 클라프키는 빌둥을 '이중적 개방'의 과정으로 이해해야 한다는 점을 더욱 분명히 강조하는데, 이는 '자아'의 개방과 '세계'의 개방 모두를 의미한다(Klafki, 1969 참조). 클라프키는 또한 빌둥을 해방이라는 개념에 더 명확히 접근시킴으로써 빌둥에 명시적으로 정치적 차원을 추가했다 (Klafki, 1964; 1986; Heydorn, 1972 참조).

파이데이아와 빌둥은 모두 인간 형성에 대해 관심을 두지만, 두 개념 간에는 중요한 차이가 있다. 파이데이아의 지향점은 기존의 전통과 기준에 따라 개인을 형성하는 '함양'에 있는 반면, 빌둥의 지향점은 자기형성('Selbstgestaltung'), 궁극적으로는 해방에 있다.[6] 여기에 파이데이아와 빌둥 간의 명확한 단절이 존재한다. 현대의 용어로 표현하면 파이데이아는 정체성, 즉 기존의 삶의 방식과 형태에 대한 동일시를 지향하는 반면, 빌둥은 주체성 또는 '주체로서의 존재'의 실현을 명확히 지향한다고 할 수 있다. 따라서 밀러가 두 개념 모두 인간성의 형성에 초점을 맞추고 있다는 점에서(Miller, 2007, p. 186) '밀접한 관련'이 있다고 한 것은 타당한 면이 있지만 그가 간과한 것은 파이데이아와 빌둥이 추구하는 인간성의 '형태'에서 중요한 차이가 있다는 점이다. 이 구분은 특히 영어권에서 중요하다. 왜냐하면 영어로 논의할 경우 일반적으로 'education(교육)'이라는 하나의 단어만 사용되기 때문에, 파이데이아와 빌둥 사이의 이러한 차이가 드러나기 어렵기 때문이다. '교육'이라는 단어만으로는 그 관심이 사회화, 즉 기존 삶의 방식에 '새로 도래하는 이들(newcomers)'을 끌어들이는 것인지 아니면 주체화(이 용어에 대해서는 Biesta, 2009a 참조), 즉 행동과 책임의 주체가 되는 과정에 있는 것인지가 불분명하기 때문이다.

여기서 이 구분을 강조하는 것은 수사학 및 교육과정에 대한 논의와 여러 가지 면에서 관련이 있다. 한편으로는 교육적 관점에서 볼 때 '설득의 예술'로 이해되는 '전통적' 수사학은 사회화의 측면에서 이해될 수 있음을 보여준다. 이는 내가 제시하는 파이데이아의 해석과 일치하는 것으로, 수사학을 통한 교육이 개인으로 하여금 주어진 사회-정치적 '질서' 내에서 효과적으로 살아갈 준비를 할 수 있게 하기 때문이다. '전통적' 수사학에서 '새로운' 수사학으로의 전환은 우리의 시야를 넓혀,

흔들림 없는 교육: 도구로서의 교육을 넘어

설득에 중점을 두는 것에서 보다 일반적으로는 언어가 어떻게 기능하는지 그리고 더 구체적으로는 사회적 관계를 형성하는 데 언어가 어떻게 기능하는지에 대한 관심으로 옮겨가도록 한다. 그러나 '전통적' 수사학에서 '새로운' 수사학으로의 전환이 단순히 파이데이아와 빌둥의 차이, 즉 사회화와 주체화의 차이와 일치하지는 않는다. 상황이 이렇게 복잡한 이유는 두 가지가 있다. 하나는, 앞서 언급했듯이, 수사학적 접근이 분석적 방식과 실천적 방식이라는 두 가지 형태로 사용되고 있다는 사실과 관련이 있다. 이 구분과 관련하여 새로운 수사학의 개념을 분석적으로 사용하는 것은 주로 사회화라는 렌즈를 통하여 교육을 바라보는 것이라고 주장하고자 한다.[7] 버크는 모든 주어진 용어는 현실의 반영일 뿐만 아니라 동시에 현실의 선택이기도 하며, 따라서 현실을 굴절시키기도 한다고 주장한다(Burke, 1966, p. 45). 이러한 주장은 초중등학교, 대학, 대학교 등의 공식 교육과정과 대중문화라는 일상의 교육과정을 '용어의 스크린'[8]으로서의 교육과정으로 분석할 수 있는 길을 열어준다(Rutten & Soetaert, 2012 참조). 말하자면 교육과정은 현실의 반영과 선택, 왜곡의 '메커니즘'으로 작용한다. 따라서 이 접근법에서는 특정의 교육과정이 어떻게 의미의 근본적인 불확정성에 비추어 설득력을 갖는지(Rutten & Soetaert, 2012 참조), 그리고 그렇게 함으로써 특정의 교육과정이 어떻게 사회화 효과, 즉 개인에게 특정한 사회적 위치와 정체성을 제공하는 효과를 지니는지를 가시화하기 위해 교육과정을 수사학적으로 연구하려고 한다.[9]

모텐슨이 기고한 논문은 두 가지 수준에서 문해력과 비문해력 측면에서 수사학이 어떻게 작용하는지를 보여주는 좋은 예이다(Mortensen,

2012). 첫 번째는 문해력과 비문해력이 수사적으로 어떻게 구성되는지를 가시화하는 측면이고 두 번째는 문해력과 비문해력의 생성에 관한 담론들이 어떻게 사회화 효과를 갖는가, 즉 그런 담론들이 문해력 또는 비문해력의 의미에 관한 믿음에 어떻게 영향을 미치는가 하는 측면이다. 이러한 분석 작업의 중요성은, 내가 보기에 수사학적 접근이 교육과정 연구에 혁신을 제시한다는 점에서도 드러나지만, 특히 그것이 보다 '전통적인' 사회학적 접근, 구체적으로 지식사회학의 접근에 대한 명확한 대안을 제시한다는 사실에 있다. 두 접근(수사학적 접근과 사회학적 접근) 간의 차이점은, 수사학적 분석의 경우 무엇보다도 교육과정이 어떻게 설득력을 가지게 되는지를 드러내는 데 관심이 있으며, 특정한 방식으로, 특정한 목적을 위해, 특정의 대상자와 관련하여 교육과정을 설득력 있게 만들려는 개인이나 그룹을 밝히려는 시도에는 관심이 덜하다는 점이다. 이 점에서 수사적 접근은 기본적인 이해관계에 관한 문제에 있어서 지식사회학보다 더 '중립적' 또는 '불가지론적'인 것 같다. 루텐과 소에타에르도 언급했듯이(2012), 이는 왜 새로운 수사학이 그 의도와 결과에 있어 상대주의적으로 특징지어질 위험이 있는지를 설명해 준다.

'고전적(전통적)' 수사학에서 '새로운' 수사학으로의 전환이 앞서 강조한 파이데이아와 빌둥의 차이, 즉 사회화를 지향하는 것과 주체화를 지향하는 것과의 차이와 단순하게 일치하지 않는 두 번째 이유는 교육에서 새로운 수사학의 통찰을 분석적이 아닌 실천적으로 사용하는 것과 관련이 있다.[10]

흔들림 없는 교육 : 도구로서의 교육을 넘어

상징에 현명해질 것인가, 세계에 현명해질 것인가?[11]

앞서 언급한 바와 같이, 새로운 수사학은 커리큘럼과 교육의 과정 및 실천을 분석하는 특별한 틀을 제공할 뿐만 아니라, 보다 실천적인 방식으로, 즉 특별한 교육적 접근법의 개발을 위한 틀로 사용할 수도 있다. 이것은 수사적 교육과정이라는 개념을 이해하는 한 가지 방식이지만, 아마도 새로운 수사학의 통찰에 기반을 둔 교육적 접근법이라고 말하는 것이 더 적절할 것이다. 루텐과 소에타에르는 특히 버크 자신의 작업이 지닌 교육적 가능성에 대한 아이디어와 관련하여 수사적 교육과정이 어떤 모습일지에 대한 몇 가지 통찰을 제공한다(2012). 이 논의는 1955년 버크의 에세이 "교육 문제에 대한 언어적 접근(Linguistic Approaches to the Problem of Education)"으로 거슬러 올라가며, 이에 대한 자세한 논의와 분석은 에노크에서 찾을 수 있다(Enoch, 2004). 새로운 수사학의 분석적 활용과 실천적 활용을 구분하는 것은 중요하지만, 이것은 두 가지가 분리되어 있다는 것을 의미하지는 않는다. 오히려 버크의 연구에서 확인할 수 있는 핵심적 개념의 하나는 '상징에 현명해지는 것'이며 (Enoch, 2004 참조), 이는 바로 새로운 수사학의 틀을 통해 현실을, 사회적 현실을 바라보는 능력을 개발하는 것이라고 할 수 있다. 이 틀은 우리의 상호작용이 언어, 상징 및 의미에 의해 어떻게 '구조화'되는지를 이해하는 데 도움을 준다. 버크는 한 서신에서 자신의 교육적 목표를, "사용하는 용어들이 서로 어떻게 연관되는지에 대한 인식, 그리고 용어가 인간의 사고와 행위에서 중요한 역할을 한다는 사실에 대한 인식을 날카롭게 하는 것"으로 표현한다(Burke, Enoch, 2004, p. 276에서 인용).

에노크는 이를 '비판적 성찰의 교육학'으로 특징짓고 있으며(2004), 여기에는 파울로 프레이리(Paulo Freire)의 아이디어와 유사점만이 아니라 차이점도 있음을 보여준다(교육에서 권한 부여와 해방이 하는 역할과 관련하여 아래에서 이 문제를 다시 언급할 논의할 것이다).

버크에게 있어서 상징에 현명해지는 것(becoming symbol-wise)은 이해와 상호작용을 하는 데 있어서 언어의 역할을 인식하는 형식적 능력을 갖추는 것 그 이상의 의미가 있음을 아는 것이 중요하다. 버크는 상징에 현명해지는 것을, '상징에 어리석은 방식(symbol-foolish)으로' 세계에 접근하는 것[12]과 대조시켰으며, 상징에 현명해지는 것은 투쟁과 경쟁보다 협력을 지향하는 것을 구현한다고 믿었다(Burke, 1955, p. 260). 에노크가 지적하듯이, 버크에게 있어서 학생들을 상징에 현명해지도록 가르치는 것은, '공격적인 논쟁의 상황에서 벗어나 언어가 그러한 갈등을 야기하는 방식에 대해 성찰하도록' 함으로써 명백히 경쟁적인 성향에 반대하는 것을 목표로 했다(Enoch, 2004, p. 273). 이와 관련해서 버크가 제안한 '준비된 후퇴(preparatory withdrawal)' 기술은 명백히 '인내의 태도를 체계화'하려는 의도로 고안되었다(Burke, Enoch, 2004, p. 273에서 인용). 또한 에노크에 따르면 버크에게 있어서 이 모든 것은 냉전의 위협과 밀접하게 연결되어 있으며 이 점에서 그의 교육적 제안들은 이러한 위협에 대한 명백한 대응으로 읽을 수 있음을 보여준다(Enoch, 2004 참조).

자펜(2012)은 이런 입장과 같은 맥락에서 버크의 아이디어가 지니는 교육적 잠재력을 대화와 다성성(polyphony)[13] 및 이중 언어성에 관한 바흐친(Mikhail Bakhtin)의 견해와 관련하여 탐구하면서 그들의

흔들림 없는 교육 : 도구로서의 교육을 넘어

주장이 현대의 문화 간 교육(inter-cultural education), 다문화 교육(multi-culturaleducation), 그리고 초문화 교육(문화 간 융합교육, trans-cultural education)과 관련성이 있음을 지적한다. 이와 관련된 핵심적인 아이디어는 '참조의 틀'이란 개념으로, 이는 세계를 다양한 방식으로 보고 이해하고 접근할 수 있으며, 자펜이 지적했듯이 '다양한 관점은 반드시 옳거나 그른 것이 아니며 단지 다를 뿐, 상반되지 않고 잠재적으로 상호보완적'임을 나타낸다(Zappen, 2012). 따라서 버크는 주입식 교육에서 출발하여 다른 관점과 논쟁하기 위해 그것에 대해서 알고, 다양한 습관과 강점, 약점을 가진 다른 집단을 이해하는 것을 배우며, 여러 목소리들을 서로 관련지어 적절한 위치에 자리매김함으로써 여러 목소리들이 서로를 교정하면서 하나의 목소리보다 더 나은 위치로 나아가는 교육의 흐름을 구상한다(Burke, Zappen, 2012에서 인용). 이것은 궁극적으로 우리가 다른 사람들의 관점을 이해할 뿐만 아니라 실제로 그들로부터 배울 수 있는 위치에 서게 됨으로써 자펜이 말하는 소위 '상호 존중과 상호 학습'에 기여하는 과정을 의미한다. 이러한 맥락에서 그는 다문화주의(multiculturalism)와 초문화주의(transculturalism)의 중요한 차이점을 강조한다. 다문화주의에는 '각각의 문화가 그 자체로 완전하고 완벽하다'는 가정이 들어 있는 반면(Zappen, 2012), 반면 초문화주의에는 '각 문화는 다른 문화 없이는 부분적일 뿐이고 불완전하다'는 가정이 들어 있다(Zappen, 2012). 자펜의 주장에 따르면 바흐친의 대화에 관한 아이디어는 후자의 문화 이해에 대한 이론적 지지를 제공한다.

새로운 수사학의 개념에서 비롯된 '비판적 성찰의 교육학'(Enoch, 2004)은 어느 정도 익숙하게 들린다. 특히 학생들을 성찰적이고 비판적

이 되게끔 하는 교육을 지향해야 한다는 생각이 현대 교육에서 유력한 사조로 되었다는 사실을 고려할 때 더욱 그렇다. 수사학적 관점이 여기에 추가한 것은, 언어가 우리의 이해와 행동 및 존재를 구조화하는 방식에 대해, 그리고 이러한 이해가 어떻게 교육 문헌에서 자주 언급되는 '차이를 넘는 대화'에 참여하는 데 도움이 될 수 있는지에 대해 비판적으로 분석하는 데 중점을 둔 것이다. 에노크는 특히 상징에 현명해지는 것에 관한 버크의 개념과 북미 실용주의 및 비판적 교육학의 개념 간 유사성을 강조한다(Enoch, 2004). 이들 개념은 모두 학생들에게 언어의 작동 방식을 비판적으로 분석하는 능력을 갖추게 함으로써 특히 언어의 작용이 어떻게 불평등과 불의를 조장하는가 하는 것을 폭로하는 데 중점을 둔다. 그러나 비판적 성찰이라는 수사학적 교육학을 특징짓는 '메타수사적 전환'14에는 문제가 없지 않다(Rutten & Soetaert, 2012). 이러한 문제들은 부분적으로 철학적, 윤리적, 정치적 성격을 지니지만 교육에도 영향을 미친다. 이제 이러한 문제들을 간략히 설명하겠다.

주된 철학적 문제는 데이비슨(Davidson)의 획기적인 논문「개념 체계의 의미에 대하여(On the very idea of a conceptual scheme)」(Davidson, 1974) 이후, '체계 - 내용 이원론(scheme-content dualism)'으로 알려진 것에 대한 새로운 수사학의 신뢰와 관련이 있다. 이 체계 - 내용 이원론에는 우리가 겪는 경험의 실증적 내용과 그러한 경험을 이해하는 데 사용하는 개념 체계를 구분할 수 있다는 가정이 담겨져 있다. 내 생각으로는 이러한 구분이 불가능하다고 한 데이비슨의 주장에 설득력이 있다. 이는 무엇보다도 다양한 개념 체계나 참조의 틀을 통해 관찰하는 '순수한' 실증적 내용은 결코 존재하지 않으며 내용과 체계는 항상 '함께' 나

흔들림 없는 교육 : 도구로서의 교육을 넘어

타난다는 것을 의미한다고 할 수 있다. 그런 구분 자체를 간단하게 할 수 없다고 말하는 것이 더 정확하다. 이러한 사실은 '상징에 현명해지는 것'이 가능하다는 생각이나, 문화 간 교육, 다문화 교육, 그리고 초문화 교육이 서로의 참조 틀에 대한 지식을 얻는 데 중점을 두어야 한다는 생각에 대해 심각한 의문을 제기한다. 물론 이것이 우리가 서로에게서 배울 수 없다는 것을 의미하지는 않지만, 이는 더 이상 우리가 서로의 세계관에 익숙해지는 과정으로 이해될 수는 없다. 대신, 이는 우리가 서로의 세계에 익숙해지는 과정[15]으로 이해되어야 한다(이 구분에 대해서는 Biesta, 2010d를 참조[16]). 이는 교육의 방향이 '상징에 현명해지는 것'보다는 '세계에 현명해지는 것'을 지향해야 한다는 것을 시사한다. 이는 이러한 접근이 여전히 수사학적 관점 안에 '포함될' 수 있는 것인지, 아니면 새로운 수사학을 넘어서는 위치를 표현하기 시작한 것인지에 대한 의문을 제기한다.

이 문제에는 철학적일 뿐만 아니라 윤리적이고 정치적인 측면도 있다. 이와 관련하여 내가 강조하고자 하는 주요 문제는 새로운 수사학에서 언어와 상징에 중점을 두는 것이 모든 차이를 '단순히 문화적'인 것으로 해석할 위험이 있다는 사실이다. 말하자면 모든 차이를 문화적 혹은 개념적 체계가 달라서 발생한 '결과'로 해석할 위험이 있다는 것이다. 여기에는 두 가지 문제가 있는데 하나는 사람들 간의 많은 중요한 차이가 단지 문화적 차이, 문화적 관점이나 참조의 틀의 차이와 관련된 것으로만 볼 수는 없다는 점이다. 따라서 새로운 수사학을 교육에 적용할 때 나타나는 '문화주의적' 경향은 모든 차이를 동일한 범주로 묶어 버림으로써 차이를 이해하고 표현하며 경험하는 다른 방식들을 부당하게 처리할 위험이 있다. 여기에 더해 모든 차이를 '언어적으로 발생한' 것으로 이해할 수 있다고(그리고 어떤 의미에서는 그렇게 이해해야 한다고) 주장하는 것은, 결국 차이가 가시화되는 바로 그 순간에 모든 차이를 제거하는 전체화 경향(totalising gesture)이 된다는 문제가 있다. 이 점은 호미 바바(Homi Bhabha)가 『문화의 위치*The Location of Culture*』(1994)에서 매우 강력하게 주장한 것으로, 문화는 그 자체로 객관적이고 공유된 세계에 추가된 일종의 중립적인 '층'이 아니라고 주장한다. 문화는 '제3의 표현 공간'에 '위치'하지만(Bhabha, 1994, p. 55 참조), 상호작용의 산물로서 그 자체로는 명확히 표현될 수 있는 것이 아니다. 다시 말하면 문화는 항상 '변형되는 과정'에 있고 끊임없이 생성되는 것이기 때문에, 문화에 대해 단정을 내리는 것, 즉 문화(언어와 의미의 더 넓은 체계를 포함하여)의 작용을 투명하게 드러낼 수 있다고 주장하는 것은 어떤 의미에서 특정한 국지적 위치를 보편적인 것으로 만들려는 것이라고 할 수 있다.[17] 탈식민지 이론의 관점에서 보면, 이는 전형적인 식민주의적 자세로 특징지어질 수 있다(예: Andreotti, 2011; Biesta, 2010d 참조).

흥미롭게도 자펜은 버크의 생각을 바흐친의 생각과 관련지어 논의하면서 이 통찰에 매우 가까이 다가가고 있다(Zappen, 2012). 특히 두 저자 간의 차이를 다문화주의와 초문화주의의 차이와 관련지을 때 더욱 그렇다. 그러나 자펜은 수사학적 전환의 교육적 함의를 논의하면서, 내 생각에는 그가 지나치게 버크에게 가까이 머물러 있어, 진정한 대화적 접근이 가져오는 보다 근본적인 함의를 놓치고 있다. 이러한 함의는 특히 '문화'라는 이름으로 이루어지는 교육을, '더 넓은 문화적 이해를

흔들림 없는 교육 : 도구로서의 교육을 넘어

향한 상호 학습'과 '상호 존중'이라는 단순한 과제를 넘어서는 방향으로 크게 이동시킬 수 있는 것이다. 여기서 문화 간 교육, 다문화 교육, 초문화 교육이 사실 이러한 이해를 목표로 삼아야 할 것인가 하는 것도 중요한 문제이기는 하지만 자펜은 이러한 형태의 교육이 실제로 문화적 이해와 사회적 정의라는 이중의 미션에 따라 운영되어야 한다는 점을 어느 정도 보여주고 있기는 하다(Zappen, 2012). 그러나 그는 문화적 이해를 위한 상호 학습에 중점을 두는 바람에 더 넓은 사회정의라는 과제와의 관계에서 볼 때 문화적 이해가 지니는 한계에 대해서는 덜 인식하고 있는 것처럼 보인다. 여기서 제기되는 핵심적인 질문의 하나는 다른 사람에 대한 더 나은 이해가 다른 사람과 더 공정한 관계를 이루는 최선의 방법인가 하는 것이다. 이러한 난제는 어쩌면 호머 심슨(Homer Simpson)의 악명 높은 진술 "내가 관심이 없다고 해서 이해하지 못한다는 것은 아니다(미국의 애니메이션 <심슨가족>에 나오는 대사)"에서 매우 **적나라하게 표현되었을 것이다**(민주주의 교육과 관련하여 이 난제에 대한 보다 학술적인 논의는 Biesta, 2010c에서 다루어진다).[18]

권한부여냐 해방이냐?

이제 이 특별호에 기고한 논문들에 대해 마지막 논평을 제시하고자 한다. 그 핵심은 수사학적 전환을 하는 것이, 특히 새로운 수사학으로부터 아이디어를 채택하는 것이 단순히 사회화, 즉 '새로 도래하는 이들'을 기존의 문화적 혹은 사회정치적 '질서'에 편입시키는 것이 아니라 소위 주체화에, 즉 행위와 책임의 주체가 되는 과정에 기여할 수 있는가 하는 질문으로 돌아가는 것이다. 이 특별 호에 기고한 몇몇 저자들은 암묵적이든 명시적이든 수사학적 접근이 갖는 잠재력이 학생들에게 권한을 부여하는 데 있음을 강조한다. 여기서 핵심 '기제'는 수사학적 접근을 채택하는 것이 학생들에게 언어의 작용을 비판적으로 분석할 수 있는 기술을 제공할 수 있다는 사실이다. 이 점에 대해서는 에노크도 강조한 바 있다(Enoch, 2004). 루텐과 소에타에르는 이를 '메타-수사학적 전환'으로 특징지었는데 '이런 방법을 통해서 현실에 대한 해석을 분석할 수 있기 때문이다. 수사학적 접근은 이런 방식으로 언어와 문화에 대한 메타적 관점을 제공한다'(Rutten & Soetaert, 2012). '메타'라는 개념은 수사학적 접근이 모종의 '탈출'을 제공할 수 있음을 시사하는 것처럼 보이지만(적어도 수사학적 분석이 이루어지는 위치를 수사가 '일어나는' 수준보다 한 단계 '위'에 설정함으로써), 나는 여기서의 '탈출'이, 잠시 비유하자면, 언어라는 건물 내의 다른 층으로 옮겨가는 탈출일 뿐 그 건물 자체로부터 벗어나는 탈출은 아니라는 점을 주장하고자 한다. 다시 말하면 새로운 수사학의 교육적 잠재력은 언어와 상징을 통해서 바라보는 세계 내에서의 권한부여에 기여할 수 있다. 물론 나는 그러한 권한 부여가 무의미한 것은 아님을 강조하고자 한다. 그러나 그 잠재력은 그러한 언어적 세계관에 한정되어 있으며, 이전 섹션에서 그러한 세계관의 한계와 제한점으로 몇 가지를 지적하고자 했다.

'권한부여(empowerment)'와 '해방(emancipation)'이라는 개념 간에 중요한 차이가 있다는 것을 인정한다면 '권한부여'라는 용어의 사용이 사실 그런대로 적절한 것일 수도 있다(이에 대해서는 Biesta, 2010b, 2012

흔들림 없는 교육 : 도구로서의 교육을 넘어

도 참고할 것). 나는 권한부여가 개인에게 특정 '질서'(언어적 질서, 사회적 질서, 문화적 질서 또는 정치적 질서일 수 있다) 내에서 활동할 수 있는 힘을 제공하는 과정과 관련이 있음을 주장하고자 한다. 따라서 권한부여는 자크 랑시에르(Jacques Rancière)가 '감성의 분할(distribution of the sensible)'[19]이라고 적절하게 특징지은 것의 한계 내에서 작동한다(2004, p. 85). 반면, 해방은 개인에게 발언하고 행동할 권한을 부여하는 특정 질서에 도전함으로써 새로운 발언과 행동, 궁극적으로는 새로운 존재 방식을 가능하게 하는 과정으로 이해되어야 한다. 따라서 해방은 주어진 감성의 분할 내에서 정체성(identity)을 얻는 정체화(identification)의 과정이 아니라 항상 탈정체화의 계기, 말하자면 '질서 밖'의 발언, 행동 및 존재 방식을 제도화하는 계기로 이해되어야 한다(Biesta, 2010b, 2011b 참조). 이것은 위에서 사회화와 주체화라고 언급한 구분을 이해하는 또 다른 방식이다. 나는 이 구분을 사용하여 파이데이아 전통과 빌둥 전통 간의 중요한 차이를 제시하려 했지만, 빌둥이라는 이름으로 사용되거나 실행되는 모든 것이 이 구분에 기반하고 있는 것은 아니라는 점도 지적할 필요가 있다(이는 빌둥의 이해와 실천 중에는 사회화의 형태를 넘어서지 않는 것도 있음을 의미한다).

언어에 대한 인식과 비판적 성찰이 기존의 행동 및 존재 방식으로부터 우리를 해방시켜 준다고 주장하는 이들도 있을 것이다. 이러한 입장은 계몽사상에 대한 칸트의 연구에서부터 20세기 비판적 교육학에 이르기까지 현대 교육에 있어서 중심적 위치를 차지해왔다. 그러나 나는 위에서 언어에 대한 인식과 비판적 성찰이 권한부여에 기여할 수는 있지만, '탈출' ―랑시에르에게 있어서는 민주정치가 '탄생'하는 해방의

'계기'로서의 감성의 분할이 더 나은 표현일 것이다(Biesta, 2011b 참조) -을 허용하지는 않는다는 것을 지적하고자 했다(다른 저술에서 훨씬 더 자세히 다루었다. 특히 비판적 교육학의 한계에 관해서는 Biesta, 2005 참조). 따라서 새로운 수사학의 통찰을 교육적으로 받아들이는 것을 볼 때 이는 권한부여의 프로그램을 구성하지만 해방의 프로그램은 구성하지 않으며, 따라서 영어로는 어색한 표현이기는 하지만, 이는 교육에 대한 교육적 접근으로 특징지을 수 있는 관점, 즉 주체화로서의 교육을 핵심으로 보는 관점보다는 교육에 대한 사회학적 관점, 즉 사회화로서의 교육이라는 관점과 더 밀접하게 관련된다(Biesta, 2009a 참조).

여기에서 내가 구분하고 있는 것들은 미묘하게 인식될 수 있으며, 아마도 너무 미묘하게 느껴질 수도 있지만, 그럼에도 불구하고 중요한 것이다. 이는 수사학적 전환의 교육적 함의뿐만 아니라 문제의 정치적 함의를 이해하는 데 있어서도 중요하다는 점을 지적하고자 한다. 이는 루텐과 소에타에르(2012)가 제기한 문제와 관련이 있는데, 이 특별 호의 다른 기고자들은 이 점에 대해서 실제로 다루지 않았다. 그들은 새로운 수사학을 명확하게 지식에 대한 탈기초적(post-foundational) 관점(그들의 표현)과 연결하려고 시도한다.[20] 이에 대해 나는 새로운 수사학이 교육과 교육과정에 대한 이해에서 '언어적 전환'을 구현한다고는 할 수 있지만, 탈기초적 전환은 아니라고 본다. 새로운 수사학은 우리가 언어적 세계관이라고 특징지을 수 있는 것으로 작동한다. 그리고 그것은 아마 '언어적 기초주의'의 한 형태라고 해야 할 것이다. 왜냐하면 그것은 언어에 대한 특정의 '신념'에 기반을 두고 작동하기 때문이다. 루텐과 소에타에르가 새로운 수사학을 인류학과 연결한 것은 수사학을

흔들림 없는 교육 : 도구로서의 교육을 넘어

'인류학적 사실'로 여기는 아이디어와 더불어, 새로운 수사학의 근저에 있는 일종의 언어적 기초주의를 가장 강력하게 나타내는 것이다.

도전

바로 이 지점에서 교육과 교육과정 연구에서 학문으로서의 수사학이 중요한 도전 과제에 직면하고 있다고 생각한다. 교육적 측면에서 이 도전 과제는 수사학을 권한부여를 넘어 해방으로 나아가도록 자리매김할 수 있는지의 여부이다. 또는 파이데이아와 빌둥에 대한 논의와 관련하여 도입한 표현으로, 사회화를 넘어 주체화로 나아가게 할 수 있는지의 여부이다. 철학적 측면에서, 이 도전 과제는 일관되게 탈기초적인 수사학적 접근법을 개발할 수 있는지의 여부이다. 그렇다고 언어적 관점을 완전히 포기해야 한다는 것은 아니라는 점을 지적하고자 한다. 그렇게 한다면 수사학적 접근 특유의 것을 그만두는 것을 의미하기 때문이다. 그 대신 언어를 투명한 것으로, 즉 내용에 대해 작용하는 하나의 '도식'으로 보는 생각을 버리고 보다 급진적으로 언어를 상호작용과 대화 속에 위치시키는 접근법으로 나아갈 필요가 있다.[21] 그리고 정치적 측면에서 본다면, 이 도전 과제는 다소 구시대적인 문화관에서 탈피하여 문화를, 타자와의 가장 공정한 관계를 가능하게 하는 유일한 방식이 아니라 차이를 이해하는 방식의 하나에 불과한 것으로 보는 수사학적 접근법으로 이동시키는 것이다. 물론 교육적, 철학적, 정치적 도전 과제는 서로 밀접하게 관련되어 있다. 이 논문의 목적은, 이 도전 과제들이 수사학과 교육과정에 대한 현재의 논의에서 다루어지고 있는 지점과 이로 인해 발생할 수 있는 잠재적 문제들을 밝힘으로써 아직도 연구가 필요한 영역을 지적하는 것이다. 수사학적 전환은 분명 교육과정 연구에 새로운 것을 가져올 잠재력이 있다. 요컨대 도전 과제는 이 잠재력을 보다 일관성 있게, 그리고 보다 철저하게 탐구하는 것이라는 점을 말하고자 한다.

흔들림 없는 교육 : 도구로서의 교육을 넘어

1   이 장의 초기 버전은 *Journal of Curriculum Studies*의 수사적 교육과정을 다룬 특집호에 토론 글로 게재되었다(*Journal of Curriculum Studies, 44(6), 2012* 참조). 이 장에서 언급하는 기사는 해당 특집호에서 찾을 수 있다.

2   교육과정의 설득력은 단순히 지식의 내재적 특성에서 오는 것이 아니라, 그 지식이 어떤 사회적 맥락에서 어떻게 전달되고 받아들여지는지에 의해 결정된다는 관점에 강조점을 둔다는 것이다(옮긴이).

3   여기서 언급한 논문은 *Journal of Curriculum Studies*에 실린 Enoch, J.(2012). Claiming access to elite curriculum: Identification and division at the Harvard Annex 및 Mortensen, P.(2012). The work of illiteracy in the rhetorical curriculum을 가리키는 것으로 판단된다(옮긴이).

4   *Journal of Curriculum Studies*에 실린 Zappen, J.P.(2012). US and Russian traditions in rhetoric, education and culture 및 Rutten, K. & Soetaert, R.(2012). Revisiting the rhetorical curriculum을 가리킨다(옮긴이).

5   여기서 '권한 부여'란, 교육이 학습자에게 스스로 말할 수 있고, 해석할 수 있고, 행동할 수 있는 힘을 길러주는 것을 의미한다. 즉 학습자가 스스로의 삶을 주도할 수 있는 힘과 비판적 사고 능력을 키우도록 하는 것을 말하는 것이다. 그러나 그 힘이 단지 기술적 역량을 넘어서서, 억압적 질서나 구조로부터 벗어나 기존의 질서 자체를 성찰하고 저항할 수 있는 힘까지 포함하는 것은 아니다(옮긴이).

6   교양과 해방의 구분은 이번 장의 중심 주제이다. 돌이켜보면, 이것을 파이데이아와 빌둥의 전통에 그렇게 쉽게 적용할 수 있는지 확신할 수 없다.

7   전통적 수사학과 새로운 수사학 모두 교육에서 사회화의 측면을 다루지만, 전통적 수사학은 사회화의 도구로 기능하는 데 초점을 두고, 새로운 수사학의 분석적 사용은 사회화의 과정과 메커니즘을 탐구하고 드러내는 데 중점을 둔다(옮긴이).

8   언어 혹은 용어는 단순히 현실을 반영하는 것이 아니라, 현실의 특정 측면을 강조하거나 왜곡함으로써 현실을 반영(reflection)하기도 하지만, 현실을 선택(selection)하고 왜곡(deflection)하기도 한다는 것, 말하자면 언어 혹은 용어는 우리가 세상을 보는 '스크린' 역할을 한다는 것이다(옮긴이).

9   버크의 수사학적 분석은 교육과정이 설득력과 사회화 효과를 어떻게 생성하는지를 탐구하는 데 초점을 맞추는 반면, 지식사회학적 분석은 교육과정의 구성 뒤에 숨겨진 권력 관계와 정치적 이익을 더 명확히 드러내는 데 중점을 둔다. 버크의 접근법은 이러한 점에서 상대적으로 중립적이고 해석적이며, 지식사회학적 접근은 비판적이고 권력 구조를 폭로하려는 경향이 더 강하다고 할 수 있다(옮긴이).

10 새로운 수사학이 교육에서 사회화와 주체화를 넘어 교육 현장에서 실천적으로 적용되는 방식에 의해 상황이 더 복잡해진다는 점을 강조하고 있다. 따라서 전통적 수사학과 새로운 수사학의 변화는 단순히 파이데이아와 빌둥의 방향성 차이에 국한되지 않고, 새로운 수사학의 교육적 실천 방식이 또 다른 차이를 만들어낸다는 것을 말하고 있다. 분석적 사용에서는 새로운 수사학의 통찰을 활용하여 교육과정을 비판적으로 분석하고 평가하는 데 중점을 두며, 교육의 사회적 기능을 해체하는 데 초점을 맞추는 반면, 실천적 사용은 분석적 통찰을 바탕으로 교육과정을 설계하고 실행하여 학생들이 능동적이고 비판적인 학습자가 될 수 있도록 돕는 데 초점을 둔다. 이 두 접근은 상호보완적이며, 교육과정에 대한 이론적 이해와 실천적 적용의 균형을 통해 교육의 질을 향상시키는 데 기여한다(옮긴이).

11 상징에 현명해지는 것(becoming symbol-wise)과 세계에 현명해지는 것(becoming world-wise)은 모두 사람들이 세상과 상호작용하는 방식을 깊이 이해하고, 비판적으로 사고하며, 다양한 관점에서 세상을 분석하는 사고능력이지만 전자는 언어와 상징의 기능과 의미에 대한 이해와 해석에 중점을 두는 반면 후자는 사회적·정치적·문화적 현실에 대한 깊이 있는 이해와 비판적 사고에 중점을 둔다는 점에서 구분된다(옮긴이).

12 언어와 기호가 우리의 인식과 상호작용을 형성하는 방식을 충분히 이해하거나 반성하지 않은 채 행동하거나 세계를 바라보는 태도를 나타낸다. 다시 말해, 언어나 기호가 현실을 구성하거나 영향을 미친다는 점을 간과하고, 기호와 의미를 무비판적으로 또는 단순히 수용하는 방식을 말한다(옮긴이).

13 원래 여러 독립적인 선율이 동시에 연주되는 음악적 구성 방식에서 나온 음악 용어로, 단일한 관점이 아닌 여러 독립적이고 자율적인 목소리들이 공존하며 상호작용하는 것을 의미한다. 교육의 과정에서는 다양한 관점과 의견을 존중하고 학생들이 여러 관점을 탐구하며 자신의 생각을 형성하도록 돕는 접근법이다(옮긴이).

14 '메타수사적 전환'이란 수사학 교육이 단순히 수사학적 기법을 가르치는 것을 넘어서, 언어와 기호가 우리의 사고, 행동, 그리고 사회적 구조를 형성하는 방식을 비판적으로 분석하고 이해하는 데 중점을 두는 변화를 의미한다. 다시 말하면 이는 학생들이 언어의 힘을 인식하고, 그것이 어떻게 사회적 불평등과 부정의를 조장하는지에 대해 비판적으로 성찰할 수 있도록 하는 교육적 접근을 말한다(옮긴이).

15 '서로의 세계관에 익숙해지는 것'이 아닌 '서로의 세계에 익숙해지는 것'을 강조하는 점은 일종의 현상학적 접근이라 볼 수 있다. 현상학은 단순히 개념적 틀이나 관점보다는 구체적 경험과 상황적 맥락을 중심에 두고 타인의 세계가 형성되고 작동하는 방식, 즉 타인의 삶의 세계를 직접적으로 이해하려는 노력으로 볼 수 있다(옮긴이).

16 비에스타의 관점에서, '세계관을 이해하는 것'은 세계를 해석하는 '방식'에 중점을 두는 반면, '세계를 이해하는 것'은 그 해석을 형성하는 실제적이고 '구체적인 경험'과

바람에 흔들리지 않는 교육 : 도구로서의 교육을 넘어

‘상황’에 중점을 두는 것이다(옮긴이).

17 국지적 수준에서의 차이를 무시하는 전체주의적 발상이란 의미이다(옮긴이).

18 다문화 교육이나 문화 간 교육에서 서로 다른 문화나 관점을 이해하는 것이 반드시 더 정의롭고 공감하는 관계로 이어지지 않는다는 점을 지적하고 있다. 이는 이해와 정의로운 행동 사이에 간극이 있을 수 있다는 것, 다시 말하면 타인을 더 잘 이해하는 것이 정의로운 관계로 이어지기 위한 충분조건이 될 수 없다는 것이다(옮긴이).

19 랑시에르는 공동체 안에서 각자의 몫(part)과 자리(place)를 규정하는 경계를 설정하여 구성원들로 하여금 그 경계를 벗어나지 못하게 만드는 것을 ‘감성의 분할(le partage du sensible, the distribution of the sensible)’로 설명한다. ‘감각적인 것의 나눔’으로 번역되기도 한다(Charles Bigngham and Gert Biesta(2010). *Jacques Ranciere: Education, Truth, Emancipation*. 이민철 옮김(2023). 『교육의 평등, 제3의 길: 자크 랑시에르의 시선』. 씨아이알. pp. 11, 262 참조)(옮긴이).

20 전통적으로 ‘기초주의(foundationalism)’는 지식이 절대적이고 변하지 않는 토대에 기반해야 한다는 관점이다. 이에 반해 ‘탈기초주의(post-foundationalism)’에서는 지식이 항상 맥락적이고, 특정한 사회적, 역사적, 문화적 상황 속에서 형성된다고 본다. 즉, 고정된 ‘기초’ 대신, 지식이 유동적이고 다층적인 네트워크와 상호작용을 통해 구성된다는 입장이다. 새로운 수사학은 언어와 커뮤니케이션의 역할을 강조하며, 지식과 진리가 고정된 ‘기초’가 아니라 언어적, 상호작용적 과정을 통해 구성된다는 점에 주목한다. 따라서 이를 탈기초주의적 관점과 연결하려는 시도는, 새로운 수사학이 지식을 이해하는 데 있어서 기존의 보편적이고 절대적인 기준을 벗어나, 맥락적이고 상호작용적인 관점을 제공한다고 주장하려는 것이다(옮긴이).

21 언어는 의미나 내용을 직접적으로 전달하는 수단이 아니라 사람들 사이의 관계와 소통에서 중요한 역할을 하는 역동적인 요소로 보아야 한다는 주장이다. 말하자면 언어는 고정된 의미를 전달하는 것이 아니라 상호작용과 대화 속에서 의미가 형성되고 끊임없이 재구성된다는 것이다. 언어를 상호작용 속에서 끊임없이 변화하는 것으로 보는 관점은 자크 데리다의 해체(deconstruction) 개념과 연결될 수 있다. 데리다의 철학에서 언어와 의미의 관계는 고정적이지 않고, 끊임없이 열려 있고 유동적인 것으로 이해된다. 이 관점은 언어를 단순히 고정된 의미를 전달하는 도구로 보지 않고, 맥락, 상호작용, 그리고 시간에 따라 의미가 재구성된다고 주장하는 점에서 유사성이 있다(옮긴이).

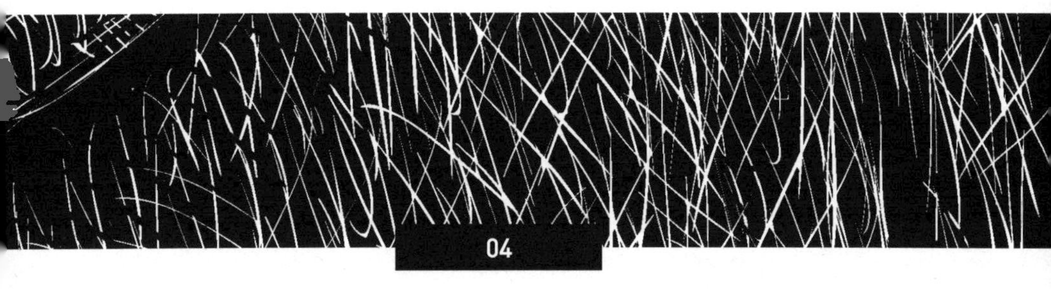

비판적 사고와 비판의 문제: 해체의 교훈

04

비판적 사고와 비판의 문제: 해체의 교훈

Deconstruction, if such a thing exists, should open up.
해체란, 만일 그런 것이 있다면, (해석의) 가능성을 여는 것이어야 한다.

자크 데리다(1987, p. 261)

철학, 비판 그리고 오늘의 교육[1]

철학이 서구 사상에 자리 잡은 이후, 보다 분명하게 표현해서, 철학이 서구 사상을 출범시킨 이후, 철학은 스스로를 비판적 활동으로 이해해 왔다. 소크라테스는 의심의 여지없이 철학의 비판적 스타일을 보여주는 주요 아이콘이다. 그는 끊임없이 기존의 의견들에 의문을 제기함으로써 처음에 예상했던 것만큼 그것들이 쉽게 유지될 수 없음을 드러내려고 했다. 플라톤은 후기 대화편에서 소크라테스의 접근 방식을 **지식**(episteme)과 **의견**(doxa)의 구분으로 해석했다. 이것은 단순히 소크라테스 스타일을 형식화한 것만이 아니었고 보통 사람과 철학자 간 임무의 분할 및 구분을 말하는 것이기도 했다. 말하자면 보통 사람은 의견에만 도달할 수 있는 반면 철학자는 단순한 관습과 결정 너머의 궁극적 실재에 대한 지식, 즉 **에피스테메**를 가질 수 있다는 것이었다.

플라톤의 구분은 폴리스에서 철학자의 우월한 지위를 정당화하는 것 외에도, 비판의 원천에 대한 특정한 이해를 명확히 했다. 플라톤에게 있어서 그것은 바로 궁극적 실재, 즉 이데아의 세계에 대한 지식이었다. 이데아는 철학자에게 구별, 분리, 결정, 반박, 판단과 같은 **크리네인**(krinein)[criteria의 어원(옮긴이)]이 가능하도록 기준을 제공한 것이었다. 유사한 맥락에서 아리스토텔레스는 기준의 필수불가결성을 강조했다. 그의 주장에 따르면 "청자가 비판할 수 있으려면 반드시 참조할 수 있는 특정한 기준들이 있어야 한다"(Aristoteles, 『동물의 부위에 관하여*De Partibus Animalium*』 제1권 제1장의 639a 페이지, 12번째 줄).

소크라테스, 플라톤, 아리스토텔레스 이후 서양 철학은 다양한 길을 걸어 왔지만, 비판적 성향은 확실히 사라지지 않았다. 오히려 자연과학의 등장으로 자연세계에 대한 상위 차원의 지식(형이상학)에 대한 주장을 포기해야 했기 때문에 비판적 동기는 현대 철학의 핵심적인 관심사는 아니더라도 하나의 관심사가 되었다고 보는 것이 더 정확할 것 같다(Rorty, 1980 참조).

현대철학의 비판적인 측면을 발전시키는 데 있어 중요한 단계는 비판의 개념을 **일반화**한 것이었다. 로테르담 출신의 철학자 피에르 베일(Pierre Bayle)은 텍스트만이 비판의 대상이 될 수 있다는 생각을 넘어선 최초의 근대 학자 중 한 명이다(1715년 그의 저서 『역사와 비평 사전 *Dictionaire Historique et Critique*』 참고). 이때부터 교회와 국가 같은 기관과 제도, 그리고 더 일반적으로는 사회 전반이 비판적 검토의 대상이

흔들림 없는 교육: 도구로서의 교육을 넘어

될 수 있었다(Röttgers, 1990 참조). 이는 몇 십 년 후 우리의 시대가 진정한 비판의 시대이며 모든 것이 비판의 대상이 되어야 한다는 칸트의 다소 대담한 주장으로 절정에 이르렀다(Röttgers, 1990, p. 892 참조).

칸트의 3대 **비판**(Critiques)은 철학이 여전히 비판적이라는 것이 무엇을 의미하는지를 명확히 설명하려는 중요한 시도로서 돋보인다. 하지만 칸트가 비판에 관해서 최종적인 결론을 내린 것은 아니다. 이성의 법정으로서의 비판이라는 칸트의 생각은, 역사적 관점을 더욱 강조한 헤겔과 마르크스에 의해 도전받았다(Röttgers, 1990 참조). 이성과 역사라는 두 가지 방향성은 20세기 철학의 두 가지 주요한 비판적 전통, 즉 포퍼의 비판적 합리주의와 프랑크푸르트 학파의 비판 이론에서 계속해서 중심적인 역할을 해왔다.

계몽주의 이후로 비판의 문제는 교육의 문제와 밀접하게 연결되었다. 어셔와 에드워즈가 주장한 바와 같이, 오늘날 교육에 대한 이해의 근본적인 논리는 '내재적으로 자발적이고 자기 주도적이 될 수 있는 잠재력을 가진 특정한 유형의 주체에 대한 인본주의적 개념'에 기반을 두고 있다(Usher & Edwards, 1994, p. 24). 따라서 교육의 주요 과제는 이 잠재력을 끌어내어 주체들이 '완전히 자율적이고 개별적이며 의도적인 행위를 수행할 수 있도록' 하는 것이 되었다(ibid., pp. 34-35; Mollenhauer, 1982, pp. 9-16 참조).

비판과 교육을 연결시키는 명확한 논거를 제시한 사람은 역시 칸트였다. 칸트는 계몽주의를 '자신의 지성을 사용함으로써 스스로 초래한 미숙함에서 벗어나는 것'이라고 정의했을 뿐만 아니라(Kant, 1992, p. 90), 인간의 '자유로운 사고를 향한 경향과 소명'이 인간의 '궁극적인 목적지'이자 '존재의 목표'라고 주장했으며(Kant, 1982, p. 701), 이는 교육이라는 수단을 통해서만 실현될 수 있다고 보았다. 칸트는 인간을, 교육을 **받아야만 하는** 유일한 존재로 여겼을 뿐만 아니라, 인간은 **교육을 통해서만 비로소** 인간이 될 수 있다고 주장하기도 했다. 따라서 인간은, 교육이 그를 만든 것 덕분에 그가 존재하는 모든 것이 된다.[2]

비판적 사고와 비판의 문제

지난 수십 년 동안 교육의 비판적 소명을 가장 명확하게 나타낸 것 중 하나는 **비판적 사고**라는 이름으로 전개되었다. 로버트 에니스(Robert Ennis)의 1962년 논문 「비판적 사고의 개념*A concept of critical thinking*」은 종종 영어권에서 비판적 사고에 대한 현재의 관심의 출발점으로 평가받는다(예: Siegel, 1988, p. 5; Thayer-Bacon, 1993, p. 236; Snik & Zevenbergen, 1995, p. 103 참조). 에니스는 논문에서 비판적 사고를 '진술에 대한 올바른 평가'라고 정의하고(Ennis, 1962, p. 83), 비판적 사고의 여러 측면과 차원을 밝혀냈다. 이후 출판물에서 에니스는 비판적 사고에 대한 정의를, '무엇을 믿거나 행동할 것인지를 결정하는 데 중점을 둔 합리적이고 반성적인 사고'로 수정하면서, 비판적 사고를 하기 위해서는 필요한 기술과 이러한 기술을 사용할 의지가 **모두** 필요하다고 주장했다(Ennis, 1987, p. 10).

에니스의 연구는 교육적 이상으로서의 비판적 사고에 대한 관심을 다시 불러일으키는 데 중요한 역할을 했을 뿐만 아니라, 비판적 사고와

흔들림 없는 교육: 도구로서의 교육을 넘어

교육에 관한 후속 논쟁에도 중요한 기준점을 제공했다. 이러한 논의의 주요 참여자로는 에니스 외에도 맥펙(McPeck, 1981, 1990), 폴(Paul, 1992), 시글(Siegel, 1988, 1997) 등이 있다(이 논의에 대한 최근 논문으로는 Norris, 1992; Portelli & Bailin, 1993; Walters, 1994; Thayer-Bacon, 2000; Haroutunian-Gordon, 1998 등을 참고).

비판적 사고의 본질과 범위에 대한 전통적인 질문들이 계속해서 제기되고 있지만, 최근에 점점 더 중요하게 다루어지고 있는 문제는 비판적 사고의 개념(또는 이상)이 과연 중립적이고 객관적이며 보편적이고 자명한 것인지, 아니면 어떤 방식으로든 편향되어 있는 것인지(예: 문화, 계급 또는 성별에 의해) 여부이다. 이러한 편향에 관한 문제는 비판적 사고의 개념(또는 이상)의 **정당화** 혹은 **정당성**에 관한 보다 일반적인 문제의 일부이지만,[3] 이 문제는 비판적 사고에 관한 내부 논쟁의 전개에서 나온 것이 아니라 비판적 사고의 개념(또는 이상)이 주로 '외부'로부터 도전받는 방식에서 비롯된 것이라는 점에서 이례적이다. 포스트모던주의자, 페미니스트, (신)실용주의자들은 비판적 사고의 개념(또는 이상)이 중립적이고 자명한 특성을 가졌다는 것을 의문시한다(예: Orr, 1989; Garrison & Phelan, 1990; Thayer-Bacon, 1992, 1993; Alston, 1995; Garrison, 1999 참고). 그들은 비판적 사고의 개념(또는 이상) 자체를 거부하기 위해서가 아니라, 오히려 그것을 더 포괄적으로 설명하고 "재규정"하기 위해 이러한 질문을 제기했음을 강조할 필요가 있다(Thayer-Bacon, 1998).

비판적 사고의 개념(또는 이상)이 편향되어 있는가라는 질문에 대한 모든 대답은 우리가 비판의 개념 자체를 이해하는 방식과 밀접하게 관련되어 있다. 말하자면 이는 '비판성(criticality)'의 개념과 밀접하게 연결되어 있다(이 용어에 대해서는 Burbules, 1999 참조). 이 장에서는 비판의 지위라는 보다 일반적이고 어떤 면에서는 보다 근본적인 문제에 초점을 맞추어 비판적 사고에 대한 논의를 계속하고자 한다. 여기서 논의하고자 하는 것은 '비판성'에 대한 세 가지 다른 개념으로, 이를 **비판적 독단주의**(critical dogmatism), **선험적**[4] **비판**(transcendental critique), **해체**(deconstruction)로 지칭할 것이다. 이 개념들은 비판적이라는 것이 무엇인지에 대한 이해가 서로 다르다는 것, 즉 비판적 '작용'에 대한 서로 다른 정의를 수반한다는 것을 의미한다. 또한 이는 '비판적이 되는 것'에 대한 서로 다른 정당화에 기반을 두고 있다. 다시 말해, 이들 개념은 무엇이 이들 각각에 비판적이라는 **권리**를 부여하느냐 하는 질문에 대해 서로 다른 답을 제시한다.

다음 페이지에서부터 제시할 논의는 다음과 같은 단계로 구성된다. 내가 논의할 비판성의 첫 번째 개념(비판적 독단주의)은 비판을 어떤 기준의 적용으로 간주하는 것이다. 이 입장의 주된 문제는 기준의 정당화와 관련이 있다. 비판적 기준의 무비판적 수용이 불가피하다고 주장하는 이들도 있지만 이와는 반대로 독단적이지 않은 방식으로 비판적 기준을 정당화할 수 있다고 주장하는 이들도 있다. 두 번째 접근법(선험적 비판)에서는 이러한 방식으로 비판적 기준의 정당성 문제에 대해 다른 답을 제공할뿐더러 다른 '스타일'의 비판을 요구한다. 이러한 비판성 개념은 비판의 기준에 대해 덜 무비판적인, 따라서 비판의 문제에 보다 일관성 있는 접근 방식을 제시하지만 전체화하는(totalising) 비판 스타일[5]을 포함한다는 점에서 여전히 문제가 있다. 세 번째 비판성 개

흔들림 없는 교육: 도구로서의 교육을 넘어

념(해체)은 이러한 전체화를 지양하는 비판 개념을 명확히 하려는 시도로 볼 수 있다.

이 장의 주요 목적은 비판적 사고의 이상(ideal)에 대한 논의의 철학적 토대를 제시하는 것이다. 특히 그 이상이 편향된 것인지 여부에 대한 문제를 다룬다. 나는 '비판'이 단일하고 일관된 개념이 아니라, 비판성의 개념이 다양하게 구분될 수 있음을 보여줄 것이다. 나의 주된 가정은 철학의 비판적 소명을 진지하게 받아들이고자 한다면, 어떤 비판성의 개념에서도 비판적이지 않은 '잔재'를 지속적으로 경계해야 한다는 것이다. 나의 핵심 주장은 바로 이 점에서 **해체**가 가장 일관성 있는 접근 방식을 제시한다는 것이다.

독단적 비판[6]

비판적이라는 것이 무엇인지를 개념화할 수 있는 첫 번째 방법은 비판을, 특정 상황의 평가를 위한 기준의 적용으로 생각하는 것이다. 나는 이 스타일의 비판을 독단적 비판[저자는 비판적 독단주의로 지칭함(옮긴이)]으로 부르자고 제안한다. 이러한 과정을 **비판적**이라 부르는 것은 특정 상황에 대한 평가를 제공하기 때문이다. 그러나 그 과정은 비판의 기준 자체가 비판 작용의 범위를 벗어나 있다는 점에서 독단적이다. 독단적 비판은 비판적이 될 수 있는 권리를 비판 기준이 **진리**란 사실로부터 얻는다고 할 수 있다(Masschelein & Wimmer, 1996, 1장 참조).

이러한 방식의 비판은 교육에서 많은 예를 찾아볼 수 있다. 예를 들어, 무엇이 교육으로 간주되는지를 정의함으로써 비판적 작업을 수행한다(예: Peters, 1966 참조). 이러한 정의는 교육의 실천과 이론을 평가하는 데 사용될 수 있으며, 그 결과 이 기준에 부합하지 않을 때 비교육적이거나 교화적인 것으로 판명될 수 있다. 또 다른 예는 비판적 교육학에서처럼 '해방'을 교육 이론과 실천의 일반적 평가 기준으로 삼는 교육전문가들의 작업에서 찾을 수 있다(예: Mollenhauer, 1973; McLaren, 1995 참조).

이러한 방식의 비판을 독단적이라고 부르지만, 이 접근 방식 자체는 문제가 없다. 말하자면 **그 독단적 성격을 인식하고 받아들이는 한** 문제가 없다. 한스 알버트(Hans Albert)는 『비판적 이성에 관한 논고*Treatise on Critical Reason*』(1985)에서 비판적 독단주의가 불가피하다고까지 주장했다. 그는 '뮌히하우젠의 삼중 딜레마(Münchhausen trilemma)'[7]로 알려진 논법을 통해, 어떤 토대를 명확히 하려는 모든 시도가 결국은 삼중 딜레마, 즉 '세 가지 대안 어느 것도 받아들일 수 없는 상황'(Albert, 1985, p. 18)으로 이어진다고 주장한다. 알버트에 따르면 우리는 다음 세 가지 중 하나를 선택할 수밖에 없다: (1) **무한 회귀에 빠진다.** 근거로 사용되는 명제들은 스스로도 근거를 필요로 하기 때문이다. (2) **순환 논증에 빠진다.** 이유를 제시하는 과정에서 정당화가 필요한 것으로 드러난 진술을 정당화의 근거로 사용해야 하기 때문이다. (3) 특정 지점에서 논증 시도를 중단하고 **독단적으로 기초를 설정한다.** 첫 번째와 두 번째 선택지는 기준을 찾고 정립하는 데 있어 만족스러운 결과에 이르지 못하기 때문에, 유일하고 가능한 비판의 기초는 독단적인 것이며, 따라서 유일하게 가능한 비판의 형태는 비판적 독단주의라는 결론에

흔들림 없는 교육: 도구로서의 교육을 넘어

이르게 된다.

비판을 기준 기반의 평가로 개념화하는 데는 나름의 이유가 있지만, 이러한 비판성의 개념에는 적어도 긴장 혹은 추정컨대 역설, 심지어 모순까지도 존재한다는 것을 알기는 어렵지 않다. 물론 이는 알버트의 결론을 받아들일 것인지 여부, 특히 특정의 비판 기준에는 사실 관습적인 기초만이 있을 뿐이라는 것을 인정하는지에 달려 있다. 후자와 관련하여 포스트모던 사상가들은 주체, 의식, 실재 또는 진리와 같이 근대 철학에서 중심적인 역할을 하는 기초들이 오랫동안 가정되어 왔던 것에 비해 그렇게 견고하고 자명하지 않다는 점을 가장 강력하게 주장해 왔다(예: Biesta, 1995b 참조).

나는 특정의 기준을 적용하는 것이 긍정적인 효과를 가져온 적이 없다거나 이러한 방식의 교육 비판 작업이 모두 헛된 것이었다고 주장하고 싶지는 않다. 그러나 비판적인 것이 되기 위해 비판적 독단주의가 제시하는 정당화는 만족스럽지 않다고 주장하고 싶다. 그러면 비판적 독단주의의 역설을 피할 수 있는가? 이어서 논의할 비판의 '스타일'에 따르면 이는 실제로 가능하다.

선험적 비판

비판적 독단주의와 마찬가지로, 선험적 비판도 비판활동을 기준의 적용으로 간주한다. 두 비판 스타일의 주요 차이점은 이 기준을 정당화하는 방식에 있다. 즉, 선험적 비판은 선험적 형식의 논증을 통해 정당화된다.

선험적 비판은 과학적 세계관의 등장으로 인해 철학이 자신의 위치를 재고해야 했던 배경에 비추어 이해해야 한다. 그때부터 철학은 자연 세계에 대한 지식을 제공한다고 주장할 수 없었고, 더 근본적인 실재(형이상학)에 대한 지식을 제공한다고 주장할 수도 없었다. 그 결과 철학은 기초 학문으로서의 역할을 상실하게 되었다. 철학을 새로운 궤도, 즉 **선험적 궤도**로 올려놓은 것은 칸트였다. 이 궤도에서 철학의 적절한 임무는 참된 (과학적) 지식(그리고 칸트의 프로젝트 내에서는 참된 형이상학적 지식, 즉 **선험적**(priori) 종합판단에 대한 지식의 가능 조건도 포함)의 **가능 조건**을 명확히 하는 것이 되었다(Kant, 1956 참조).

비록 선험철학이 근대철학에 완전히 새로운 영역을 열어주었지만, 칸트의 기획은 그 안에 내재된 자기 참조적 역설(reflexive paradox)[8]로 인해 곧바로 비판을 받았다. 헤겔은 어떤 지식을 얻기 위해서는 그 존재(즉, 지식을 획득할 수 있는 능력)를 미리 전제해야 하는 기획의 문제점을 폭로했다. 이러한 전제가 없으면 어떠한 지식도 획득할 수 없는 것이다.[9] 칸트가 이 역설을 인식하지 못한 주된 이유는 그가 사유한 틀이 소위 의식철학이었기 때문이다. 칸트에게 "나는 생각한다(Ich denke)", 즉 '선험적 통각'[10]은 "모든 이해의 활용, 나아가 논리 전체, 그리고 이에 상응하는 선험철학에 이르기까지 모든 것의 원인으로 보아야 하는 최고 지점"이었다(Kant, 1929, B134).

카를-오토 아펠: 철학의 변혁

카를-오토 아펠(Karl-Otto Apel)의 입장은 의식철학의 틀에서 언어철학으로의 전환을 통해 선험철학을 재해석 또는 변혁(Apel, 1980, p. 973)

흔들림 없는 교육 : 도구로서의 교육을 넘어

함으로써 칸트 철학의 체계에 남아 있는 독단적인 요소를 피하려는 시도로 볼 수 있다. 칸트와 아펠의 주요 차이점은 아펠의 경우 모든 지식이 언어를 통해 매개된다는 사실을 인식했다는 점에 있다. 칸트가 지식의 습득을 개인적인 일로 간주한 반면, 아펠은 개인적 경험이 지식이 되기 위해서는 언어 게임의 수준으로 끌어올려져야 한다고 주장한다. 그러나 경험과 언어 사이의 연결은 자동적으로 이루어지지 않는다. 개인적 경험의 타당성에 대한 질문은 **논증**을 통해 답변되어야 한다. 논증은 특정한 '의사소통 공동체' 내에서, 즉 언어 게임 내에서만 의미를 가지기 때문에, 아펠은 이 공동체가 모든 지식의 가능 조건이라고 결론짓는다.

따라서 아펠의 '언어적 전회'는 결국 의사소통 공동체가 **선험적**인 것임을 인정하는 결과를 낳는다. 아펠에게 이 공동체는 "궁극적인 것, 가장 중요한 것(das Letzte, Nichthintergehbare)", 즉 "더 이상 초월할 수 없는 최후의 것"을 의미한다(Apel, Van Woudenberg, 1991, p. 92에서 인용). 왜냐하면 우리는 특정의 공동체에서 언어가 실제로 사용되는 방식을 초월하거나 그 이전 단계로 돌아갈 수 없기 때문에, 언어에 대한 추상적인 반성 혹은 분석은 특정 언어 게임 내에서만 이루어질 수 있고, 따라서 특정 의사소통 공동체에 의해서만 가능해진다. 그러므로 언어의 실용적 차원, 즉 언어가 구체적으로 사용되는 맥락은 가장 기본적인 것이며, 이것이 바로 아펠이 자신의 입장을 **선험적 실용주의**(transcendental pragmatics)라고 부르는 이유이다.

아펠은 선험적 실용주의와 실제 기존의 의사소통 공동체 사이에 강력한 연결을 설정하는데 이는 자신의 프로젝트에 강한 관습주의적 기초를 부여하는 것 같은 전략적 조치이다. 그렇지만 그는 단순한 관습을 넘어설 수 있게 해주는 비판적 요소를 도입한다. 이것이 **이상적인 의사 소통 공동체 또는 선험적 언어 게임**의 개념이다. 아펠은 진정한 논쟁의 참가자는 실제 의사소통 공동체의 일원이면서 동시에 현실에는 존재하지 않는 이상적인 의사소통 공동체의 일원이라고 주장한다. 이 공동체는 원칙적으로 모든 화자에게 열려 있으며 더 나은 논증의 힘을 제외한 모든 힘을 배제한다. 아펠은 상호주관적으로 유효한 지식에 대한 모든 주장도 합리적 논증의 메타 제도로서의 이러한 이상적인 의사 소통 공동체가 궁극적인 정당화의 원천임을 암묵적으로 인정한다고 주장한다 (Apel, 1980, p. 119 참조).

성찰을 통한 기준 설정

따라서 아펠에게 이상적인 의사소통 공동체의 개념은 비판을 가능하게 하는 기준을 제공한다. 아펠의 입장이 비판적 독단주의와 구분되는 점은 이 기준이 독단적으로 설정되지 않고 그가 말하는 소위 '**성찰을 통한 기준설정**(Letztbegründung durch Reflexion)'이라는 과정을 통해 이루어진다는 점이다. 이 과정에 대해 아펠은 '뮌히하우젠 삼중 딜레마'의 독단적 함의를 피할 수 있다고 주장한다. 이것은 어떻게 작동하는가?

먼저 인정해야 할 점은 뮌히하우젠 삼중 딜레마의 첫 번째와 세 번째 선택지, 즉 무한 회귀와 독단주의가 서로 연결되어 있다는 것이다. 둘 다 알버트가 기초 설정을 **연역적** 관점에서 생각한다는 사실에서 비롯된다. 만약 우리가 기초설정을 연역적으로 접근한다면, 즉 '기초의 기초'에 대한 질문을 제기한다면, 바로 무한회귀에 빠지게 되기 때문에

흔들림 없는 교육 : 도구로서의 교육을 넘어

이는 임의로 멈출 수밖에 없다. 아펠은 기초설정을 이렇게 연역적 의미로 이해한다면 결코 기초를 찾을 수 없다는 점을 인정한다. 하지만, 그는 이것이 기초라는 개념 자체를 포기해야 한다는 것을 의미하지는 않으며, 단지 기초를 파악할 다른 방법이 필요하다는 것을 의미할 뿐이라고 주장한다.[11]

아펠의 접근법은 모든 논증에서 논증의 가능 조건이 전제되어야 한다는 인식에서 출발한다(그렇지 않으면 그것들은 가능 조건이 될 수 없다). 이러한 조건에 반대한다면 바로 **수행적 모순**[12]에 빠지게 된다. 이는 논증의 수행적 차원, 즉 논증하는 행위가 명제적 내용, 그러니까 논증되고 있는 내용과 모순되는 상황을 말한다(예를 들어, "나는 존재하지 않는다고 주장한다"거나 "나는 실증되지 않은 사실을 주장하지 않는다"와 같은 문장에서는 이미 자기가 부정하고 있는 내용을 주장하고 있음). 이는, **부인하면 수행적 모순에 빠지는 모든 주장이 언어를 논증적으로 사용할 수 있는 조건을 표현한다는 것**을 의미한다. 요컨대, 수행적 모순을 피하는 원칙, 즉 **수행적 일관성**의 원칙은 언어를 논증적으로 사용하는 데 있어서의 궁극적인 기초들을 드러낼 수 있는 기준이다. 이는 더 이상의 정당화가 필요 없는 명제들로서, 그것들이 진리임을 인정하지 않으면 이해가 불가능하기 때문이다.[13]

아펠이 언어를 논증적으로 사용하는 데 있어서 궁극적 기초를 드러낼 수 있는 방법과 기준을 명확히 밝혔음에도 불구하고, 이러한 기초가 실제로 무엇인지는 그다지 많이 언급하지 않았다(이 점에 대해서는 Van Woudenberg, 1991, pp. 134-135 참조). 그러나 수행적 일관성의 원칙을 적용함으로써 드러날 수 있는 것들은 바로 그 기초들, 즉 아펠이 말하는 '모든 논증적 언어 사용의 메타 규칙'이라는 것들이다. 이러한 메타 규칙에는 모든 의사소통은 합의를 목표로 한다는 것, 모든 의사소통은 진리주장의 타당성과 정당성 및 진실성에 기초한다는 것, 그리고 이러한 주장들이 원칙적으로는 정당화될 수 있다는 것 등이 포함되는데, 이는 **이상적인** 의사소통 공동체를 개략적으로 설명한다(Van Woudenberg, 1991, pp. 134-135 참조).

선험적 기초 설정

아펠의 선험적 실용주의는 독단적이지 않은 방식으로 비판의 기준을 명확히 밝히고자 한다. 아펠의 입장은 칸트의 선험철학의 개인주의를 넘어선다는 점이 중요하다. 아펠은 선험적 접근을 논증과 의사소통의 영역으로 끌어들인다.[14] 아펠의 입장은 단순히 비판의 또 다른 개념을 제시하는 것을 넘어선다. 그는 비판적 독단주의가, 적어도 그것이 독단적인 것, 다시 말해 포퍼가 말한 합리적 삶의 형식에 대한 비합리적 선택이라면, 더 이상 유지될 수 없음을 시사한다. 왜냐하면 "의미 있는 것으로 이해될 수 있는 모든 선택은 이미 선험적 언어 게임을 그 가능성의 조건으로 전제하기 때문"이다(Apel, 1987a, p. 281). 따라서 오직 "상호주관적 규칙을 합리적 전제로 받아들이는 경우에만 대안이 존재하는 상황에서의 결정이 의미 있는 행동으로 인식될 수 있다"(ibid.).

이로부터 모든 결정은 합리적이라는 결론이 도출되는 것은 아니지만, **합리적 비판의 정당화 원칙을 지지하는 결정**은 '선험적으로 합리적'이라는 결론이 도출된다고 아펠은 결론짓는다(ibid., p. 282). 아펠에 따르면 이성은 자신에 대한 합리적 정당화를 위해 다른 것에 의존할 필요

흔들림 없는 교육 : 도구로서의 교육을 넘어

가 전혀 없다. 왜냐하면 "이성은 어떤 규칙을 선택할 때 그 규칙에 대한 이해를 전제로 한다는 사실을 성찰함으로써 항상 자신의 정당성을 확인할 수 있기 때문이다"(ibid.).

이러한 진술들은 아펠에게 있어서 선험적 비판의 비판적 특성이 **합리성**의 원칙에 의해 이루어진다는 것을 보여준다. 결국, 수행적 모순의 '죄'는 합리성에 대한 죄이다. 이 점에서 합리성은 선험적 비판에 비판적일 수 있는 '권리'를 부여한다. 선험적 비판은 주로 수행적 모순을 찾아내는 것을 목표로 하는 비판적 사고를 제안한다. 따라서 이는 특정한 형태의 내적 비판으로 이해할 수 있다. 여기서의 주요 비판 작업은 어떤 입장이나 주장을 암묵적인 가능성의 조건들, 즉 흔히 숨겨진 가정들과 대면하게 함으로써 그러한 입장이나 주장이 합리적인지 아닌지를 드러내는 데 있다.[15]

선험적 비판의 주요 장점은 임의적이고 독단적인 기준 선택에 의존하지 않는 비판 프로그램을 끌어들인다는 점에 있다. 선험적 비판은 이를 통해 비판적 독단주의보다 더 강력하고 일관된 비판 프로그램을 제시한다. 그러나 선험적 비판의 강점은 선험적 논증의 타당성에 달려 있다는 점이 분명해진다. 이 지점에서 내가 논의하고자 하는 세 번째 비판성 개념은 몇 가지 중요한 문제를 제기한다.

해체

해체의 철학이라고 부르고자 하는 자크 데리다(Jacques Derrida)의 저술은 뮌히하우젠의 삼중 딜레마에 대한 또 다른 대응으로 이해될 수 있다. 아펠과 마찬가지로 해체는 연역에 의한 근거 설정의 가능성을 거부한다. 아펠의 경우처럼 해체는 삼중 딜레마의 두 번째 선택지, 즉 자기 참조적 역설(reflexive paradox)의 선택지를 따라 해결책을 찾고자 한다. 그러나 아펠과 달리 해체는 선험적 접근을 통해 이 역설을 피하려고 하지 않는다. 오히려 이 역설적인 영역 내에 머물면서 그 비판적 잠재력을 탐구하고자 한다. 이를 통해 해체는 비판과 비판성에 대해 접근하는 또 다른 방법을 제시할 뿐만 아니라, 선험적 접근 방식에 대한 심오한 비판도 제시한다. 해체는 가능성 조건을 명료화할 수 있는 가능성 자체를 의문시하기 때문이다. 이 점에서 해체는 비판성 개념에 대한 논의를 한 단계 '앞으로' 나아가게 한다.

현전의 형이상학[16]

데리다는 서양 철학의 역사를 원초적 토대, 즉 절대적인 시작이자 거기서부터 출발하는 모든 것을 통제하고 지배할 수 있는 중심으로서의 아르키메데스 점을 찾으려는 지속적인 시도로 본다(Derrida, 1978 참조). 플라톤 이후로 이 기원은 항상 **현전**(presence)의 측면에서 정의되어 왔다. 기원은 자신에게 완전히 현전하고 전적으로 자족적인 것으로 여겨진다. 데리다는 "존재를 현전으로 규정하는 것"이 형이상학의 역사적 매트릭스라고 주장한다. 이 "현전의 형이상학"은 기원을 순수하고, 단

흔들림 없는 교육: 도구로서의 교육을 넘어

순하며, 정상적이고, 표준적이며, 자족적이고, 자기 동일적인 것으로 우선 지정하고 나서, 부차적으로 파생, 복잡성, 퇴화, 우연 등을 생각하는 **계층적 가치론**을 포함한다(Derrida, 1978, p. 281). 데리다는 이것이 "형이상학적 요구 **그 자체**"이며, "가장 지속적이고 심오하며 강력한 것"이라고 주장한다(Derrida, 1988, p. 93).

데리다는 이러한 형이상학적 접근에 의문을 제기하려고 한다. 그는 자신이 그것을 처음 시도한 사람이 아니라는 것을 인정한다. 그러나 니체, 프로이트, 하이데거 및 다른 이들의 "파괴적 담론"과 달리, 데리다는 완전한 단절은 불가능하며, 우리를 형성해 온 전통의 바깥으로는 절대 나갈 수 없다고 주장한다. 그는 "형이상학의 개념 없이 형이상학을 흔드는 것은 의미가 없다. 파괴적인 진술을 한 마디라도 하는 순간에 우리는 (⋯) 이미 그 진술이 논박하고자 하는 주장의 형식, 논리, 그리고 암묵적 전제에 이미 빠져들 수밖에 없다"라고 주장한다(Derrida, 1978, p. 280). 데리다는 분명 형이상학을 흔들고자 하지만, 형이상학을 벗어난 중립적이고 순수한 영역에서 할 수 있는 일이 아님을 인정한다.[17] 간단히 말하자면, 데리다는 형이상학이 항상 이미 '흔들리고' 있음을 보여줌으로써, 즉 자족적인 현존을 제시하여 존재를 고정하거나 불변하게 하려는 모든 시도가 불가능하다는 것[영원불변한 것을 추구하는 것이 불가능하다는 것(옮긴이)]을 보여줌으로써 형이상학을 흔들려고 했다는 것이 더 중요하다.

그러므로 해체는 외부로부터 형이상학적 전통(의 텍스트)에 적용되는 것이 아니다. 그래서 데리다는 해체가 하나의 방법론이 아니며 "결코 방법론으로 변형될 수도 없다"는 것을 강조한다(Derrida, 1991, p. 273). 오히려 해체는 "**일어나는 어떤 것**[ce qui arrive]이거나 **도저히 일어날 수**

없는 것[ce qui n'arrive pas à arriver], 즉 무가 아닌 무언가가 있는 모든 곳에서 규칙적으로 반복되는 어떤 어긋남 혹은 불일치를 (…) 나타낼 수 있는 가능한 개념의 하나"이다(Derrida & Ewald, 1995, pp. 287-288).

차연과 해체

'**차연**(différance)'의 개념은 데리다가 해체를 설명하는 한 가지 방법이다. 데리다는 페르디낭 드 소쉬르(Ferdinand de Saussure)의 구조주의를 논의하는 맥락에서 **차연**에 대한 자신의 생각을 전개한다(Derrida, 1982, pp. 1-28 참조). 소쉬르는 언어를 네이밍(naming)의 과정, 즉 사물에 이름을 붙이는 과정으로 이해해서는 안 되며, 오히려 언어는 그 구조의 한계를 벗어나면 어떠한 개별적 요소도 무의미해지는 구조로 보아야 한다고 주장했다. 언어란 결국 오직 차이로만 이루어진다고 말할 수 있다. 그러나 이러한 차이는 각각 독립적으로 체계 밖의 대상을 지시하는 독립적인 용어(positive terms)[18]들 사이의 차이가 아니다.[19] 언어에는 본래 독립적인 용어가 **존재하지 않으며**, 오직 차이만이 존재할 뿐이다. (여기서는 간략히 설명할 수밖에 없지만) 이 통찰에서 두 가지 결론이 도출된다.

우선, 독립적인 용어는 없으며 차이만이 존재한다는 개념은, "현전의 장면에 나타나는 각각의 요소가 자신과 다른 무언가와 관련될 때만 의미작용(signification)이 가능해진다"는 것을 의미한다(Derrida, 1982, p. 13). 따라서 '자명한 현재'라는 것도 '현재 아닌 다른 것과의 관계를 통해' 구성된다(ibid.). 이러한 오염은 필연적인 것이다. 자명한 현재가 현

흔들림 없는 교육 : 도구로서의 교육을 넘어

재이기 위해서는 이미 현재 아닌 **다른** 것이 되어야 한다. 이것은 현재 아닌 것을 이중적인 위치에 놓이게 한다. 왜냐하면 현재 아닌 것이 자명한 현재의 현전을 가능하게 하지만, 그 가능성은 자기 자신의 배제를 통해서만 이루어지기 때문이다. 이것이 두 번째 결론이다. 그렇게 배제된 것은 어떤 의미에서, "자신이 배제된 행위를 드러내기 위해" 되돌아오며, 바로 겉보기의 공모관계가 애초에 이루어진 배제 결정의 정당성을 "넘어설" 수 있게 한다(Bennington, 1993, pp. 217-218; 또한 Derrida, 1981, pp. 41-42 참조).[20]

만약 이것이 해체가 보여줄 수 있는 것이라면, 우리는 해체의 비판적 잠재력을 알 수 있다. 왜냐하면 해체의 핵심에는 자족적으로 보이지만 그 바탕에는 '외부의 구성 요소'에 대한 관심이 자리를 잡고 있기 때문이다. 이는 해체가 단순히 현전의 형이상학을 파괴하는 것 이상이라는 사실을 나타낸다. **해체는 무엇보다도 배제되고 잊힌 것에 대한 긍정이다.** 말하자면, **해체는 타자에 대한 긍정이다**(Gasché, 1994, 참조).[21]

해체는 정의다

그러나 배제된 것을 해체가 **어떻게** 드러낼 수 있는가 하는 복잡한 문제가 있다. 언어에는 독립적인 용어는 없고 오직 차이만이 존재한다면, 우리는 더 이상 독립적인 용어(예: '차별화')를 통해 언어 자체의 차별적 특성을 명확히 설명할 수 없다는 것을 인정해야 한다. 독립적인 용어는 없고 차이만이 존재한다는 것은 엄밀히 말해 이 차원을 개념화하는 것이 불가능하기 때문에 항상 인식되지 않은 상태로 남아 있어야 함을 의미한다. 따라서 데리다는 "모든 기호의 가능성과 기능의 조건인 차이의 놀이(play of difference)는 본질적으로 침묵의 놀이"라고 결론짓는다 (Derrida, 1982, p. 5).

만약 직접 명료화할 수 없는 것, 그럼에도 모든 명료화 가능성의 조건이 되는 것을 명료화하고자 한다면(이는 형이상학이 다시 들어오는 것을 막기 위해 하려는 것이다), 우리는 이 침묵의 놀이를 표현할 단어 또는 개념이 존재할 수 없다는 것을 인정해야 한다. 우리는 이 놀이를 간단하게 표현할 수 없음을 인정해야 한다. 왜냐하면 "우리는 어떤 특정한 순간에 **존재**할 수 있는 것만을 드러낼 수 있기 때문"이다(ibid.). 그리고 우리는 출발점이 없다는 것을 인정해야 한다. "왜냐하면 올바른 시작, 절대적인 출발점을 찾는 탐구가 바로 문제이기 때문"이다(ibid. p. 6). 이 모든 것은 새로운 단어 또는 개념, 실은 "단어도 아니고 개념도 아닌" (ibid., p. 7) "신조어(neographism)"(ibid., p. 13) '**디페랑스**(différance)'[22]로 표현된다.

데리다가 "'**디페랑스**'라는 신조어"(ibid., p. 11)를 도입한 이유는 이해하기 어렵지 않다. 차이의 놀이가 모든·개념화를 가능하게 하는 조건으로 인식되지만, 이 놀이를 통해 개념성의 진정한 기원을 최종적으로 확인했다고 생각해서는 안 되기 때문이다.[23] 이 난제는 다음과 같이 표현할 수 있다. 우리는 모든 개념화를 가능하게 하는 조건에 대해 이야기하고 있기 때문에, 이 조건은 그로 인해 가능해지는 것, 즉 개념화의 '질서'에 속할 수 없다. 그러나 우리가 이 가능성의 조건을 밝힐 수 있는 유일한 방법은 이 질서 내에서 나온다.[24] 가능성의 조건은 항상 그로 인해 가능하게 되는 시스템의 용어[개념화의 질서(옮긴이)]로 표현되기 때문에, 이는 어느 정도 항상 이미 그 질서 혹은 시스템의 가능성의 조건이

흔들림 없는 교육 : 도구로서의 교육을 넘어

되기에는 너무 늦었다는 것을 의미한다(이는 가능성의 조건이 동시에 불가능성의 조건이라는 것을 함축한다; Gasché, 1986, pp. 316-317 참조).[25]

이 지점에서 해체의 비판적 잠재력은 더욱 철저하게 되돌아온다. 여기서의 요점은 가능성의 조건들이 이미 항상 그 조건들로 인해 가능해진 '시스템'에 의해 오염되기 때문에, 이 '시스템'은 결코 이 조건들에 의해 전적으로 지배되지는 않는다는 것이다. 따라서 차연은 준선험적인 것(quasi-transcendental) 또는 가능성의 준조건(quasi-condition of possibility)이다. 카푸토(John D. Caputo)에 따르면 차연은 "무엇이 일어날 수 있고 일어날 수 없는지의 고정된 경계를 설명하는 것이 아니라, 완전히 통제할 수 없는 효과로서의 달을 향한 불교도의 말 없는 손가락을 가리킨다(Caputo 1997: 102).

따라서 해체(deconstruction)는 시스템의 관점에서 생각할 수는 없지만, 그 시스템을 가능하게 만드는 시스템 외부의 무언가의 이름으로 그 시스템을 열어보려는 시도이다. 이는 해체의 긍정적 측면이 단순히 시스템에 의해 배제된 것에 대한 긍정이 아님을 드러내는 것이다. 해체는 **완전히 다른 것**(tout autre), 즉 현재로부터 예측할 수 없는 것에 대한 긍정이다.[26] 이는 해체는 항상 도래할 타자성에 대한 긍정이며, 그 타자성은 사건으로서 '계산, 규칙, 프로그램, 예측을 초월하는' 것이다(Derrida, 1992, p. 27). 해체는 예측할 수 없는 다른 것의 **도래**(l'invention)를 향한 개방성이다(Caputo, 1992, p. 47 참조). 이렇게 완전히 다른 것에 대한 관심, 데리다가 때로 **정의**라고 부르는 것에 대한 관심에서부터 해체는 비판의 '권리', 즉 해체를 드러낼 수 있는 권리를 얻는다.[27]

비판에서 해체로

해체와 비판적 독단주의의 커다란 차이를 확인하는 것은 그리 어렵지 않다. 데리다는 "**크리네인** 또는 **크리시스**(krinein, krisis: 결정, 선택, 판단, 식별)[criteria의 어원(옮긴이)]의 사례가 … 해체의 본질적인 '주제'나 '대상'의 하나"라고 지적하며(Derrida, 1991, p. 273), 이러한 이유로 "해체는 비판적 독단주의에 대한 해체"라는 결론마저 내린다(Derrida, 1995a, p. 54). 데리다는 우리가 결정의 기반으로 삼을 수 있는 안전한 근거가 없으며, 우리의 판단을 단순하고 확실하게 뒷받침할 수 있는 순수하고 오염되지 않은 본연의 기준도 없다는 것을 다양한 방식으로 보여주려고 한다. 그의 주장에 따르면, 우리가 내리는 결정의 기저에는 그 결정으로 인해 닫힐 수 없는 근본적인 **불확정성**이 있으며, 이 불확정성은 "우리의 결정과 늘 함께" 따라 다닌다(Derrida, 1996, p. 87).

해체와 선험적 비판 사이의 거리는 아마도 이해하기 더 어려울 것이다. 그럼에도 불구하고 나는 해체가 어떤 면에서 선험적 실용주의의 주요 직관에 놀라울 정도로 근접해 있으면서도 이 프로그램에 심각한 도전을 제기한다고 주장하고 싶다. 아펠과 데리다는 우리의 모든 사고와 행동이 언어와 역사라는 틀 안에서 이루어진다는 사실에 동의한다. 그러므로 현재의 우리를 있게 한, 무엇보다도 말할 수 있는 가능성을 부여하는 언어 게임은, 아펠의 표현을 빌리자면, "근본적이고 넘어설 수 없는(nichthintergehbar(독), unsurpassable(영))"것이다. 그래서 데리다는 형이상학의 언어 게임으로부터 완전한 단절은 있을 수 없다고 강조한다(이는 이성에 대한 총체적 비판이 불가능하다는 아펠의 주장에 가깝

흔들림 없는 교육: 도구로서의 교육을 넘어

다). 그러나 우리가 말하는 것을 가능하게 하는 것에 대해, 더 구체적으로는 아펠의 경우 논증을 가능하게 하는 것에 대해 무언가를 말하고자 할 때는 어려움이 발생한다.

아펠은 언어를 사용하여 논증을 전개할 수 있는 가능성의 조건들에 대한 적극적인 설명을 주저하면서도 적어도 이러한 조건들은 수행적 일관성의 원칙을 통해 적극적으로 식별될 수 있다고 생각한다. 앞에서 지적했듯이, 이는 결국 이상적인 의사소통 공동체를 구성하는 메타 규칙으로 이어진다.

데리다는 언어를 통하여 의사소통할 수 있는 가능성의 조건을 적극적이고 명확하게 식별하고 명료화할 수 있는 가능성을 훨씬 더 근본적으로 거부한다. 이것이 바로 차연, 즉 **디페랑스**의 핵심이다. 디페랑스는 바로 표현할 수 없는 것을 표현하려는 시도이며, 가능성의 조건은 그것에 의해 가능해지는 시스템의 '외부'에 있어야만 가능성의 조건이 될 수 있다는 난제를, 그럼에도 불구하고 동시에 이 가능성의 조건은 이로 인해 가능해진 시스템의 '내부'에서만[즉 시스템 내부의 언어와 개념을 사용해야만(옮긴이)] 표현될 수 있다는 난제를 지적하려는 시도이다.[28] 따라서 차연은 내부이자 동시에 외부에 존재하며, 기원이자 결과이다[이런 역설을 나타내기 위해 '디페랑스'란 용어를 만들었다는 의미(옮긴이)]. 이러한 이유로 디페랑스는 '가능성의 준-조건'으로만 이해될 수 있으며, 앞에서 지적한 바와 같이 이는 무슨 일이 일어날 수 있는지와 그렇지 않은지를 한정하는 고정된 경계를 나타내지 않는다.

선험적 비판과 해체의 중요한 차이는 바로 여기에 있다. 내가 올바르게 이해하고 있다면, 아펠은 가능성의 조건이 그 조건에 의해 가능해진 시스템을 통제해야 한다고 가정해야 한다. 이러한 가정을 기반으로 해서만 거기에 반하는 말이나 행동은 수행적 모순이 될 수 있다. 왜냐하면 그러한 모순은 시스템 내의 모든 가능한 수행이 이러한 조건에 의해 통제될 때만 발생할 수 있는 것이기 때문이다. 데리다가 강조하는 바는, 가능성의 조건이 시스템과 독립적으로, 즉 시스템 외부의 안전한 형이상학적 위치에서 표현될 수 없다는 점이다. 바로 이 때문에 가능성의 조건은 시스템을 완전히 통제할 수 없다. 실제 일어나는 일은 어떤 가능성의 조건이 허용하는 것보다도 항상 더 많다고 할 수 있다. 해체는 이렇게 예측할 수 없는 초과를 제대로 다루려는 것이다.

이 점에서 해체는 현재와 주어진 것을 뛰어 넘는 또 하나의 방식, 즉 판단을 가능하게 하는 또 다른 방식을 구상한다는 점에서 비판에 대한 또 하나의 개념을 제시하는 것으로 볼 수 있다(해체 이후의 '이후'가 단순한 이후가 아닌 것처럼, 이제 해체 이후에는 개념에 대한 생각과 비판성에 대한 생각이 다르게 이해되어야 한다는 점이 분명해졌지만).[29] 비판적 독단주의와 달리, 이 판단은 '외부'라는 소위 안전한 장소에서 이루어지지 않는다. 선험적 비판과도 달리, 이는 수행적 일관성의 시험을 통한 내부 비판의 형태로서 내부에서 이루어지는 것도 아니다. 해체는 비판의 **두** 원천이 생각만큼 순수하고 자족적이지 않다고 주장한다. 해체의 비판적 작업은 비판의 기준이 순수하지 않으며 그 기준이 자족적이지 않기 때문에 비판이 가능해지려면 자신 외의 다른 것을 필요로 한다는 것을 드러내는 데 있다고 할 수 있다. 이는 구체적으로는 해체에 대해, 일반적으로는 포스트모던 및 포스트구조주의 사상에 대해 자주 거론되는 것처럼(예: Hill et al., 1999 참조), 비판의 가능성 자체를 전

흔들림 없는 교육: 도구로서의 교육을 넘어

복하기 위한 것이 아니다. 오히려 해체는 비판이 은연중에 전제하고 있는 무비판적 가정들을 드러내기 위한 것이며, 다만 이를 어떤 더 높은 위치나 더 고차원의 통찰 또는 지식으로부터 수행하는 것은 아니다(Biesta, 1998a 참조). 다시 말해, 해체는 파괴하기 위해서가 아니라, 배제되고 잊힌 것을 **긍정**하기 위해서, 예측할 수 없는 가능성을 열어주기 위해서이다.

결론

앞에서는 '비판'이 단일한 개념이 아니며, '비판적'인 것이 무엇인지를 이해하고 표현하는 데는 여러 가지 방식이 있음을 보여주었다. 또한 비판적 사고의 특성에 대한 다른 개념들은 비판활동에 대한 다양한 정당화에 근거하고 있음을 밝혔다. 이는 결국 각각의 입장(비판적 독단주의, 선험적 비판, 해체)에 비판할 '권리'를 부여하는 것이 무엇인가 하는 질문에 대한 다양한 답변과 관련이 있으며, 나는 이를 각각 진리, 합리성, 정의로 지칭했다. 나는 비판적 독단주의가 불가피하다는 주장도 가능함을 보여주기는 했지만, 비판 기준의 **독단적** 설정에 기반을 두고 있기 때문에 비판적 독단주의에는 문제가 있다고 주장했다. 나는 비판적 독단주의가 흔히 생각하는 것보다 더 만연해 있다는 점을 다시 한번 강조하고 싶다. 물론 이는 자신의 비판적 입장에 독단적 요소가 포함되어 있음을 인정할 의사가 있는지 여부에 달려 있기는 하다(Biesta, 1998a 참조). 선험적 비판은 어떤 의미에서 한층 일관된 비판성의 개념을 제공한다. 그러나 여기에도 여전히 문제가 남아 있다고 한 것은, 비록 더 정교한 논증, 즉 선험적 논증을 통해서이긴 하지만 이 관점에서는 비판의 기초를 명확히 밝힐 수 있다고 가정하기 때문이다. 이 점에서 선험적 비판은 전체화의 경향을 보인다고 주장하고자 한다. 반면에 "만약 그러한 것이 존재한다면" 해체는 새로운 전체성을 세우기 위해서도 아니고 또 다른 새로운 전체성을 통해서 수행하려는 것도 아니라는 점에서 이러한 경향을 뛰어넘으려고 하는 것이다.

앞 페이지들에서 비판적 사고에 대한 지속적인 논의에 몇 가지 새로운 통찰을 제공할 수 있을지 모르지만, 이는 단지 첫 걸음일 뿐이며 다루어야 할 문제들이 아직은 많이 남아 있다는 점이 분명하다. 그러나 이것은 주로 비판과 비판성에 대한 이해를 넓히고자 하는 이 기고 논문의 취지를 훨씬 벗어난다. 이러한 배경을 바탕으로 비판적 사고의 이념(또는 이상)이 편향되었는가 하는 질문으로 잠시 돌아가 보면, 무엇보다도 비판적 독단주의는 확실히 편향된 입장이라는 결론을 내릴 수 있다. 그러나 이것은 **이해관계를 가진** 입장이라고 생각하는 것이 더 적절할 수 있다. 결국 편향의 문제는 주로 비판적 사고의 이념(또는 이상)이 스스로 정당화되는 이념(또는 이상)이라는 가정과 관련이 있으며, 이는 선험적 접근을 비판적 사고에 적용하는 사람들이 제기하는 핵심적인 주장이다. 그러나 선험적 비판과 해체는 이 질문과 관련하여 정반대의 입장을 취하는 것으로 보인다. 문제의 핵심을 정의하는 한 가지 방법은 합리성을 정의보다 우선해야 하는지, 아니면 정의를 합리성보다 우선해야 하는지 묻는 것이다. 선험적 접근의 명석한 옹호자인 시겔은, "철학적 작업의 목표는 사회정의를 실현하는 것이 아니다"라고 했을 때

흔들림 없는 교육 : 도구로서의 교육을 넘어

이 문제를 확실히 인식하고 있을 뿐만 아니라 자신의 입장을 매우 명확하게 설명하고 있다(Siegel, 1995, p. 22). 그러나 나는 합리성이 어떤 가치를 가지려면(그리고 그것이 가치 있을 수 있음을 부인하고 싶지는 않지만) 그 가치는 궁극적으로 정의의 실현에 기여하는 데서 나와야 한다고 주장하고 싶다(Biesta, 1999b 참조). 요컨대 이것이 해체의 교훈을 고려하여 비판적 사고를 다시 기술해야 할 방향이라고 생각한다.

1 이 장의 초기 버전은 Geert-Jan Stams와 공동 저술되었으며 Biesta, G.J.J. & Stams, G.J.J.M.(2001)의 "Critical thinking and the question of critique. Some lessons from deconstruction."는 *Studies in Philosophy and Education, 20*(1), 57-74에 게재되었다.

2 "인간은 교육을 받아야 하는 유일한 피조물이다. (…) 인간은 오직 교육을 통해서만 인간이 될 수 있다. 인간은 교육이 그를 만들지 않는다면 아무것도 아니다"(Kant, 1982, pp. 697, 699).

3 시글은 이 문제를 심도 있게 다룬 몇 안 되는 논의 참여자 중 한 명이다(예: Siegel, 1987, 1988, 1990; Snik & Zevenbergen, 1995, p. 112 참조).

4 칸트가 말한 'transcendental(transzendental(독))'을 두고 우리말로 '선험적'으로 번역해야 한다는 주장과 '초월적'으로 번역해야 한다는 주장이 있다. 인간의 경험은 사람마다 다르지만 그럼에도 불구하고 경험을 가능하게 하는 조건으로서 인간이라면 누구나 공통적으로 가지고 있는 '마음의 특성' 같은 것이 있다고 할 수 있다. 칸트의 'transcendental'은 이런 특성을 의미하는 것으로 보아 여기서는 '초월적'으로 옮겼다(옮긴이).

5 특정 기준이나 관점을 통해 모든 현상이나 문제를 설명하고 평가하려는 시도를 말한다. 이 접근 방식은 종종 하나의 절대적 진리나 해석을 제시하며, 다양한 관점이나 차이점, 사태의 복잡성을 충분히 고려하지 못하고 이를 무시하거나 억압할 수 있다. 레비나스의 전체성(totality)에 대한 비판과 맞닿는 지점으로 이어서 논의하는 '해체'는 그 비판에 수반되는 개념이다(옮긴이).

6 이 장의 다음 세 개 섹션에서는 Biesta(1999a)와 약간 다른 맥락에서 전개된 논증을 활용한다.

7 뮌히하우젠 남작이라는 가상의 인물이 늪에 빠진 말과 자신을 꺼내기 위해 자기 머리채를 자기 손으로 잡아당겨 늪에서 벗어났다고 하는 우화에서 따온 것으로, 증명해야 할 것'을 '증명된 것'으로 보고 이를 근거로 논리를 전개하는 오류를 가리킨다(옮긴이).

8 자기 자신을 참조한다는 것은 어떤 대상, 개념, 문장, 체계 등이 스스로를 대상으로 삼아 언급하거나 분석하는 상황을 말한다. 자기 참조적 역설은 어떤 시스템, 주체 혹은 과정이 자기 자신을 참조하거나 반영하는 과정에서 모순이나 해결되지 않는 문제를 초래하는 상황을 가리킨다(옮긴이).

9 "그래서 요구는 다음과 같다. 인식 능력을 인식해야 한다는 것이다. 이는 물에 들어가기 전에 수영을 배우려는 것과 같다. 인식 능력에 대한 조사는 스스로 인식하는 것이며, 그것이 목표로 하는 것에 도달할 수 없다. 왜냐하면 그것이 바로 그 자신이기 때문이다 …"(Hegel, Sas, 1995, p. 508에서 인용).

흔들림 없는 교육: 도구로서의 교육을 넘어

니체는 이와 관련된 우려를 다음과 같은 방식으로 매우 날카롭게 표현했다. "인식 능력에 대한 비판은 무의미하다. 도구가 비판을 위해 자신을 사용할 수밖에 없다면, 어떻게 스스로를 비판할 수 있겠는가? 그것은 심지어 **스스로를** 정의할 수도 없다"(Nietzsche, 1964, 섹션 486).

10 칸트의 '선험적 통각'은 인간의 다양한 경험을 하나의 통일된 자아로 통합하는 능력을 설명하는 개념으로, 이는 경험을 가능하게 하는 선험적 조건이다. 우리의 인식이 단일한 자아 안에서 일관성을 유지할 수 있는 것은 이렇게 다양한 인식 내용들을 하나의 통일된 경험으로 통합하는 과정이 있기 때문이다(옮긴이).

11 어떤 면에서 우리는 아펠이 삼중적 딜레마(trilemma) 중 논리적 순환(logical circle)이라는 중간 선택지를 사용하여 문제를 해결하려 한다고 말할 수 있다(Sas, 1995, pp. 506-511 참조).

12 이러한 논증의 가능 조건은 논증 과정에서 비판할 수 없다는 것이 아펠의 주장이다. 왜냐하면 이를 비판하는 행위 자체가 이미 그 조건들을 전제하고 있기 때문이다. '수행적 모순'이란 이를 어기는 것을 말한다. 가령 '논증에서의 모든 주장은 합리적이어야 한다'는 조건을 부정하려면 이를 '합리적으로' 주장해야 하는데 그것은 이미 자기가 부정하려는 '모든 주장은 합리적이어야 한다'는 조건을 전제하고 있는 것이다(옮긴이).

13 아펠의 말로 표현하자면: "(이) 기준은 … **부정할 수 없는** 논증의 전제를 **반사적 – 최종적으로** 정당화된 명제로 기록할 수 있다. 즉, 다른 어떤 것으로부터의 정당화를 필요로 하지 않는 명제들로, 그 명제를 이해하려면 그것이 참임을 알 수밖에 없는 명제들"(Apel, 1987b, p. 185; 원문 강조)이라고 했다.

14 비록 선험적 접근법이 합리성을 비판적 사고의 중심 원리로 정당화하려는 논의에서 중심적인 역할을 한다고 해도(특히 하비 시글의 작업을 주목할 만함), 내가 이해하기로 오늘날 가장 정교한 선험철학의 버전을 제공하는 아펠의 접근법은 이러한 논의 맥락에서 거의 탐구되지 않았다. 몇 안 되는 예외 중 하나는 제번베르헨의 연구(Zevenbergen, 1997)이다.

15 이러한 사고방식은 소위 소수 집단이 자신들의 자녀를 집단 고유의 방식으로 교육할 권리를 주장하는 것이 지속될 수 없다고 주장하는 데 자주 사용되는데, 그 이유는 이러한 주장들이 집단 고유의 원칙이 아닌 비집단적인 보편 원칙에 근거하고 있기 때문이다.

16 데리다의 '현전의 형이상학(Metaphysics of Presence)'은 서구 철학 전통에 대한 근본적인 비판 개념으로, 존재(presence)와 현재성(present)을 철학적 사고의 중심에 두려는 경향을 지칭한다. 이 개념은 데리다의 해체(deconstruction) 철학의 핵심 요소 중 하나로, 서구 형이상학이 '현전'을 절대적이고 우선적인 것으로 간주한 방식이 가지는 문제를 드러낸다. 서구 형이상학 전통은 본질(essence), 실재(reality), 진리(truth) 등을 시간적·공간적으로 '여기'와 '지금'에 직접 드러나는 것(현전, presence)으로 이해

하려는 경향이 강했다. 데리다는 이러한 사고방식이 본질주의(essentialism)와 이분법적 사고(dualism)를 낳았다고 주장했다. 예컨대, 플라톤의 '이데아' 개념은 불변하고 완전한 본질이 현재의 사물들을 초월하여 항상 존재한다고 가정한다. 데리다에 따르면, 이런 '현전' 중심의 철학은 의미와 존재를 즉각적, 고정적, 자명한 것으로 다루며, 시간성, 맥락성 같은 요소를 배제한다. 데리다는 '현전의 형이상학'이 기원(origin)을 절대화하고, 모든 의미와 존재를 고정된 출발점에서 이해하려는 시도로 이어진다고 본다. 이러한 철학은 이데아/모방, 원본/복제, 말/글과 같은 대립구조를 만들어내고, 첫 번째 항(이데아, 원본, 말)을 절대적으로 우월한 것으로 간주한다. 그러나 데리다는 언어, 의미, 존재는 항상 맥락과 차이 속에서 구성되며, 절대적으로 고정된 '현전'이라는 것은 존재하지 않는다고 주장한다(옮긴이).

17 비판이 외부 기준의 적용을 통해 작동하는 한, 이것은 해체가 비판이 아니라는 것을 의미한다(Derrida, 1991, p. 273; Norris, 1987, p. 56 참조).

18 독립적인 용어란 각각 독립적으로 의미를 가지며 시스템 외부의 구체적인 대상을 지시할 수 있는 용어들을 뜻한다. 말하자면 시스템 내부에서 서로의 관계나 차이로만 정의되는 것이 아니라, 그 자체로 외부 세계의 어떤 구체적인 대상을 가리키는 용어를 말한다. 예를 들어, '의자'라는 단어는 물리적 객체인 의자를 지시할 수 있다. 데리다에 따르면 의미의 근원은 단어들이나 용어들 사이의 상대적이고 체계적인 관계에서 발생하는 차이이지, 개별 단어들이 외부 세계의 구체적 대상을 지시함으로써 발생하는 차이가 아니라는 것이다(옮긴이).

19 소쉬르에 따르면 언어는 기호(sign)들로 구성되며, 각 기호는 기표(signifier)와 기의(signified)로 나뉜다. 기호의 의미는 그 자체의 고유한 어떤 '내용'에서 (즉 긍정적으로 혹은 적극적으로. 예를 들어, 사랑은 미움의 반대) 규정되는 것이 아니라, 다른 단어들과의 관계 속에서 '차이'에 의해 (즉 부정적으로 혹은 소극적으로. 예를 들어, 사람, 사탕, 사랑) 규정된다(옮긴이).

20 이 구절은 데리다의 차연(différance) 개념과 관련하여 현재성(presence)과 '현재 아닌 것(non-present)'의 관계를 설명한다. '현재 아닌 것'이 이중적인 위치를 차지한다는 것은, 이것이 현전을 가능하게 만드는 역할을 하지만, 동시에 배제되어야만 그 역할을 수행할 수 있다는 역설적인 입장에 놓인다는 것을 의미한다. 즉, 현전은 마치 독립적인 것처럼 보이기 위해 자신이 의존하는 '현재 아닌 것'을 '가리는' 방식으로 작동한다. 이는 현재가 스스로 완전한 것으로 보이게 만드는 전략이다. 이는 데리다가 주장하는 현전의 불완전성과 차연의 역설적인 특성을 보여준다. 데리다는 우리가 '자명한 현재성'을 절대적이고 독립적인 것으로 여기는 것이 실제로는 '현재 아닌 것'과의 관계 속에서만 가능하다고 주장하며, 이러한 구조를 드러내는 것이 해체의 작업 중 하나라고 본다(옮긴이).

흔들림 없는 교육 : 도구로서의 교육을 넘어

21 비록 언어에 대한 논의 맥락에서 이러한 아이디어들을 제시하지만, 이 아이디어들은 단순히 언어 분야에 국한된 것이 아니라 더 큰 의미를 지니고 있다. 정치와 정치 이론과 관련된 문제에 이러한 아이디어를 탁월하게 적용한 사례로 호니히(Honig, 1993)를 참조하라.

22 보통 '차연'으로 번역한다. 프랑스어 동사 'différer'에는 '차이나다'라는 뜻과 '연기하다(delay)'라는 두 가지 뜻이 있는데, 이 단어의 명사형 'différence'에는 '연기'의 뜻은 없어지고 '차이'라는 뜻만 남는다. 데리다는 기호의 의미가 차이에 의해 만들어진다는 관점을 받아들이지만 이 차이는 확정된 것이 아니고 항상 진행 중이기 때문에 의미는 고정될 수가 없다고 본다. 즉 차이의 확정(의미의 결정)은 무한히 연기된다는 것이다. 이렇게 차이와 연기를 동시에 나타내기 위해 사전에 없는 'différance'라는 신조어를 만들어낸 것으로, 현재의 프랑스어 사전에는 실제로 이 단어가 들어 있다(옮긴이).

23 엄밀히 말하면, 이 실수[차이를 전통적 형이상학의 틀 안에서 원인-결과 관계로 설명하려는 오류(옮긴이)]를 피할 수 있는 유일한 방법은 차이의 놀이를 구성하는 차이들이 "그 자체로 **결과**"라는 것을 인정하는 것이다(Derrida, 1982, p. 11). 이는 곧 "가장 고전적인 방식", 즉 형이상학의 언어로, 이러한 차이들을 "원인이 없는 결과들"로 말해야 한다는 것을 의미한다(ibid., p. 12).

24 말할 수 없는 것을 표현하려면 말로 표현하는 체계를 받아들여야 하듯이, 개념화의 가능성을 위한 조건을 이해하고 표현하려면 이미 그 개념화의 체계 내에서 생각하고 말할 수밖에 없다는 역설적인 상황을 언급하고 있다. 그래서 저자는 이런 상황을 난제(predicament)라 표현하고 있다(옮긴이).

25 가능성의 조건을 설명하려고 할 때 이미 그 조건에 의해 가능해진 시스템의 용어와 개념을 사용해야 한다. 다시 말하면 시스템의 용어와 개념을 사용하지 않으면 가능성의 조건을 설명할 수 없다. 논리적으로는 가능성의 조건(개념화를 가능하게 하는 조건)이 개념화의 질서, 즉 시스템에 선행하지만 가능성의 조건을 설명하려고 하는 순간 시스템의 용어와 개념을 사용해야 하기 때문에 현실적으로는 시스템의 가능성의 조건이 되기에 너무 늦은 셈이 된다. 그래서 이 또한 난제가 되는 것이다(옮긴이).

26 이 구절은 해체가 단순히 이미 시스템에 의해 배제된 것을 복원하거나 조명하는 데 그치지 않고, 시스템 너머에 있는 완전히 새로운 가능성, 예측할 수 없는 타자성(otherness)을 긍정하고 포용하려는 시도임을 나타낸다. 이는 해체의 비판적이고 창조적인 성격을 강조하며, 기존의 구조를 넘어 새로운 의미와 가능성을 탐구하려는 철학적 태도를 보여준다(옮긴이).

27 지난 몇 년 동안 데리다의 독특한 정의(justice) 개념 사용에 관한 문헌이 다수 출판되었다. 데리다(1992) 외에도 데리다(1999)와 크리츨리(Critchley, 1999)도 참고하라.

28 이 구절은 체계의 외부에 있는 조건(차연)이 체계를 가능하게 하지만, 그 조건은 체계 내부에서만 인식되고 표현될 수 있다는 모순적 상황을 설명하며, 이를 통해 데리다의 '차연'이 기존 철학 체계를 해체하고 새로운 비판적 사고를 열어나가는 핵심 개념임을 보여준다. 복잡하게 설명하고 있는 것 같지만, '가능성의 조건'은 특정한 활동이나 현상이 가능하게 되는 근본적인 전제나 틀을 의미하며 이 조건에 의해 가능해진 '시스템'은 개념, 언어, 사회적 규범, 이론적 틀 등으로 나타날 수 있는 특정한 구조나 체계를 의미한다. 여기까지만 보면 가능성의 조건은 시스템에 대해 메타(meta)의 위치에 있는 것 같지만 데리다의 관점에서 보면 양자는 항상 상호 의존적이어서 순수한 가능성의 조건 같은 것은 허상이다. 저자는 이를 시스템에 의해 가능성의 조건이 오염되어 있다고 표현한다(옮긴이).

29 보통 '이후'란 표현에는 어떤 사태가 이전과는 달라진 모습으로 지속된다는 의미가 들어 있지만 '해체' 이후에는 그 달라진 모습이 고정된 상태로 지속되는 것이 아니라 끊임없이 변화한다는 것이다. 가령 개념형성이나 비판성에 관한 생각 자체가 해체 이전에는 이런 양상이었는데 '해체 이후'에는 양상 자체가 끊임없이 변화한다는 것을 말하고 있는 것이다(옮긴이).

흔들림 없는 교육: 도구로서의 교육을 넘어

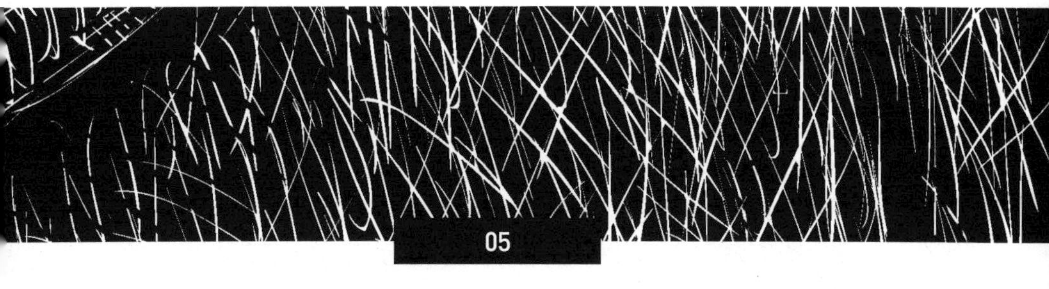

05

철학의 도구화에 대한 교육적 저항

철학의 도구화에 대한 교육적 저항

철학으로 무엇을 성취할 수 있는가?[1]

나는 이번 장이 아마 '철학이란 무엇인가?' 그리고 '철학으로 무엇을 성취할 수 있는가?'라는 두 가지 질문으로 귀결되지 않을까 조심스레 추측한다. 여기서 '조심스레 추측한다'라는 단어를 사용하는 이유는 두 질문 모두 어떤 의미에서는 답변할 수 없는 질문이기 때문이며, 따라서 어쩌면 이런 질문을 하는 것조차 불가능할 수 있기 때문이다. 철학이란 무엇인가에 대한 질문은 스스로를 철학자라고 부르는 사람들의 글에서 오랫동안 다뤄진 질문 중 하나이다. 제시된 답변들은 철학의 본질에 대한 주장부터, 리처드 로티(Richard Rorty)가 말한 '일종의 글쓰기'로서의 철학이라는 개념(Rorty, 1978)이나 피터 슬로터다이크(Peter Sloterdijk)가 철학의 전통을, 서신을 주고받는 친구들의 공동체로 묘사하는 것(Sloterdijk, 2009) 등 철학으로 간주되는 것의 임의성을 강조하는 견해에 이르기까지 매우 다양하다. 철학의 정의에 대한 논의는 종종 영역의 경계를 단속하려는 시도이기도 하다. 자크 데리다에게 케임브리지 대학교에서 명예박사 학위를 수여하려는 제안에 대해 여러 철학자들이 반대한 것은 이에 대한 '좋은' 사례다(Derrida, 1995b 참조). 따라서 무엇이 철학으로 간주되는가에 대한 질문은 사실상 대답하기 어려운 질문이다. 이는 철학이란 장르의 본질이 그 정체성과 경계에 대해 성찰하는 것이며, 그렇게 하면서도 최종적인 해결을 기대할 수 없는 것에 속하기 때문이다. 철학으로 무엇을 성취할 수 있는가 하는 질문도 마찬가지로 답하기 어렵다. 철학의 형태는 다양하며 성취할 수 있는 것들도 다양하다. 거기에는 우리의 통제와 상상의 범위 내에 있는 것들도 있고 이를 벗어난 것들도 있다. 그럼에도 불구하고 철학을 이용해 어떤 일을 하려고 할 때에는 철학의 정의와 얻고자 하는 성과에 대한 질문은 중요하며, 특히 아이들을 위한 철학의 경우처럼 **교육적인** 무언가를 하도록 요청받을 때는 이러한 질문이 더욱 중요하다. 그러므로 이 점에서 두 질문은 불가능하면서도 동시에 불가피한 질문이다.

아이들을 위한 철학, 아이들과 함께하는 철학 또는 철학적 탐구 공동체 등의 이름으로 교육 프로그램과 실천에 철학을 활용하는 것은 전 세계 여러 나라에서 확립되었다. 이는 무엇보다도 리프먼(Matthew Lipman)과 동료들의 노력 덕분이며, 그들의 발자취를 따르거나 그들의 활동에서 영감을 받은 수많은 사람들이 노력한 결과이다. 다양한 접근 방식을 아우르는 표현으로 '철학의 교육적 활용이 갖는 주된 매력'은 아이들과 청소년들의 비판적, 반성적, 합리적 사고 능력을 개발하는 데 도움이 될 수 있다는 주장에 있는 것 같다. 이러한 능력을 탐구 공동체

흔들림 없는 교육 : 도구로서의 교육을 넘어

에서 습득할 수 있도록 함으로써 철학에 대한 참여가 도덕적 성찰과 감수성, 보다 일반적으로는 사회적인 기술과 민주적인 역량의 발달을 촉진할 수 있다는 주장도 아울러 제시된다. 이러한 주장들은 철학을 단지 또 하나의 교과목이나 지식의 체계에 포함시키는 것을 넘어, 학교 교육과정에 포함시키기 위한 일련의 논거를 제공한다. 예를 들어, 영국 교육철학탐구 및 성찰촉진협회(SAPERE) 웹사이트는 '아이들을 위한 철학(P4C)'의 더 광범위한 이점을 다음과 같이 열거하고 있다.

2003~2004년에 영국의 100개 학교에서 실시된 독자적인 연구에 따르면 아이들을 위한 철학(P4C)은 전반적인 성취도와 IQ 및 시험점수를 높이고 능력 범위 전반에 걸쳐 자존감과 동기부여를 향상시키는 것으로 나타났다. 1980년대 미국에서 실시된 통제된 시험에서는 철학적 탐구를 통해 아이들의 추론 능력뿐만 아니라 읽기 및 수학 능력도 향상될 수 있음을 보여주었다. 1990년대 영국의 더비(Derby)와 사우스웨일즈(South Wales)에서 실시된 연구에서도 읽기와 이해력의 향상이 확인되었다. 교사들은 탐구 공동체 접근 방식이 학생들의 전반적인 사안에 적합하다는 것을 확인했다. 아이들이 또래와 개인적으로 의미 있는 방식으로 의사소통할 수 있는 능력이 향상되면서 자존감 또한 높아진다는 것이다. 1990년대 후반에는 이러한 접근을 뒷받침하는 긍정적인 사례도 있었는데, 철학적 탐구를 교육과정에 포함시킨 두 학교에 대해 OFSTED(영국 학교 감독 기관)[2]에서 매우 긍정적인 평가 보고서를 낸 바 있다. (http://www.sapere.org.uk/content/index.aspx?id=46; 2010년 7월 22일 검색, 현재는 연결이 끊어진 상태)

물론 나는 특정한 철학과의 만남이 이런 효과를 낳을 수 있다는 점을 의심하지 않는다. 비록 정확한 '원인', 정확한 '효과', 그리고 이 둘 간의 정확한 관계가 무엇인지에 대해서는 여전히 질문이 남아 있기는 하다(Biesta, 2007b, 2010e 참조). 또한 교육과정에 철학을 포함시키는 이 특정한 방식의 매력을 이해할 수는 있지만, 이러한 방식으로 제시된 철학에 대한 주장에도 문제점이 전혀 없는 것은 아니다. 이번 장의 목표는 철학의 교육적 활용에 대한 논의에 영향을 미치는 것으로 보이는 교육의 개념에 대해 몇 가지 의문을 제기하는 것이다. 나의 목표는 철학의 교육적 활용에 대한 대안적인 관점보다는 **보완적인 관점**을 제시하는 것이다. 이는 나의 관심이 교육에 있어서 철학에 대한 새로운 프로그램을 제안하고자 하는 것이 아니라 철학과 관계를 맺는 다른 방식을 상기시킬 수 있는 관점을 제안하고자 하는 데 있음을 의미한다. 이는 어떤 의미에서 철학이 우리와 어떤 방식으로 관계를 맺을 수 있는지를 성찰해 보려는 것으로도 읽힐 수 있다. 나의 주장을 통해서 나타내고자 하는 것은 휴머니즘과 포스트휴머니즘 간의 철학적 구분이다.[3] 그리고 여기서 말하는 '포스트휴머니즘'은 인간의 인간성을 제거하려는 접근을 의미하는 것이 아니라, 오히려 에마뉘엘 레비나스(Emmanuel Levinas)의 표현으로, "휴머니즘이 충분히 인간적이지 않기 때문에" 휴머니즘을 비판하는 접근방식을 말하는 것임을 처음부터 명확히 하고자 한다(Levinas, 1981, p. 128). 이 보완적인 관점에서 볼 때 핵심 개념은 '노출'[4]이다(노출과 관련한 나의 주장에서, 배경으로 밀려나 있지만 여전히 중요한 방식으로 영향을 미치는 '부재 속의 존재'는 바로 아동이다).[5]

흔들림 없는 교육 : 도구로서의 교육을 넘어

철학적 탐구와 과학적 탐구

철학의 영역에는 다양한 학파와 견해, 입장들이 있음을 고려할 때 철학을 교육적으로 활용하는 것과 관련한 중요한 질문 중 하나는 이 다양한 선택지 중에서 어떤 것이 선택되느냐 하는 것이다. 이와 관련하여 주목할 만한 것 한 가지는 철학적 탐구가 지식과 진리를 매우 중시한다는 것이다. 예를 들어, 헤이넘(Hannam)과 에체베리아(Echeverria, 2009)는 철학적 탐구 공동체에서는 "지식을 함께 구축하는 것이 목적"이며 "사물의 진리에 더 가까워지기 위해 협력을 촉진하는 것"을 목표로 한다고 주장한다(Hannam & Echeverria, 2009, p. 8). 이것이 철학적 탐구 공동체에서 일어나는 혹은 일어날 수 있는 일의 전부는 아니며, 진리에 대한 모든 주장의 잠정적 성격이 강하게 강조되고 있음에도 불구하고(ibid. 참조), 이와 같이 지식과 진리의 강조 및 더 넓은 철학적 탐구 공동체의 교육론(pedagogy)은 적어도 어느 정도는 **철학적 탐구 공동체보다는 과학적 탐구 공동체에 가깝다**는 인상을 준다. 더욱이 이는 과학적 지식이 무엇이며 그것이 어떻게 구축되는지에 대한 특정의 합리적-인식론적 견해에 기반을 두고 있다. 예를 들어, SAPERE[6] 웹사이트에서는 'P4C'의 교수법을 다음과 같이 요약하고 있다.

P4C의 핵심 원칙

- 전체 사고 과정을 선도하고 추진하는 핵심 실천은 탐구이다. 이는 단순히 정보를 넘어 이해를 추구하는 것을 의미한다.
- 사고와 행동의 중요한 변화를 가져오는 핵심적인 실천은 성찰이다.

이러한 목표와 과정은 교사가 적절한 질문을 함으로써 더욱 명확해 질 수 있다. 질문은 일반적인 초대(예: 누가 이에 대해 답할 수 있나요?) 에서부터 신중한 응답을 요구하는 보다 구체적인 요구에 이르기까지 다양하다. 교사가 신중한 응답을 이끌어 내기 위해 도입할 수 있는 열 가지 주요 요소는 다음과 같다.

1. **질문**: 여기서 우리가 이해하지 못하는 것은 무엇인가요? 이것에 대해 어떤 질문이 있나요?

2. **가설**: 다른 제안이나 설명을 할 사람이 있나요?

3. **이유**: 그것을 하는 이유는 무엇인가요? 이것을 믿을 만한 증거가 있나요?

4. **사례**: 이것에 대한 사례를 생각해 낼 수 있는 사람이 있나요? 반례를 생각해 낼 수 있는 사람이 있나요?

5. **구분**: 여기서 차이를 구분할 수 있나요? 정의를 내릴 수 있는 사람이 있나요?

6. **연결**: 그 아이디어를 발전시킬 수 있는 사람이 있나요? 또는 다른 아이디어와 연결할 수 있는 사람이 있나요?

7. **함의**: 이것의 배경에는 어떤 가정이 있나요? 이것은 어떤 결과를 초래할까요?

8. **의도**: 정말로 의미하는 바가 그것인가요? 우리가 정말로 말하고 있는 것이 그것인가요?

9. **기준**: 그것을 X의 예로 만드는 것은 무엇인가요? 여기서 정말로 중요한 것은 무엇인가요?

흔들림 없는 교육: 도구로서의 교육을 넘어

10. **일관성**: 그런 결론이 나오나요? 이러한 원칙 혹은 신념에는 일관성이 있나요?

(http://www.sapere.org.uk/content/index.aspx?id=45 참조. 2010년 7월 22일 검색, 현재는 연결이 끊어진 상태, 강조 표시는 원문)

철학과 교육의 만남이 과학적 탐구 공동체의 합리적-인식론적 해석을 모델로 삼는 경향이 있다는 점은 사고력, 특히 고등사고능력의 개발에 중점을 두는 것에서도 드러난다(ibid. 참조). 예를 들어, 헤이넘과 에체베리아는 사고력의 개발이 비판적 사고, 창의적 사고, 협력적 사고, 배려적 사고라는 네 가지 '핵심 요소'와 훌륭한 추론능력, 조사기술, 개념화 능력, 번역능력이라는 네 가지 '역량 범주' 간의 상호작용을 통해 이루어진다고 주장한다(Hannam & Echeverria, 2009, p. 13; ibid., pp. 91, 159 참조). 특히 후자의 처음 세 가지 능력 혹은 기술은 철학적 탐구 공동체가 논리적 추론, 조사 및 개념의 개발을 통해 진리를 향해 나아가는 과학적 탐구 공동체와 유사하다는 강한 인상을 준다. 한편, '번역'의 범주에 포함된 능력 혹은 기술들 역시 로버트 머튼(Robert K. Merton, 1942)이 설명한 과학적 실천의 네 가지 규범인 공동체의식, 보편주의, 공평무사, 조직화된 회의주의와 크게 다르지 않다. 이는 철학적 탐구 공동체 내에서 일어나는 일들은 적어도 부분적으로 과학적 탐구의 특정 개념을 모델로 하고 있음을 다시 한번 보여준다.

이는 다양한 철학적 전통으로부터 이와 같은 특정한 선택이 이루어진 것에 대한 **정당성**의 문제를 제기한다. 이 문제는 추후에 다시 다룰 것이다. 그러나 이 시점에서 염두에 두어야 할 또 다른 문제가 있다. 그 것은 철학적 탐구 공동체의 실천에 영향을 미치는 과학적 탐구라는 개 념 자체가, 과학이 실제로 어떻게 작동하는지에 대한 특정 해석을 반영 하고 있다는 점이다. 이는 과학의 실천을 주로 인식론적 및 절차적 측 면에서 표현하고 있으며 이 점에서 여기에는 이데올로기적 특징이 있 다고 할 수 있다. 이는 과학의 실천과 문화를 이해하는 방법에 대해 근 본적으로 다른 설명이 존재하기 때문이다(Pickering, 1992). 여기에는 인 식론과 합리적 절차가 과학을 이해하는 데 그다지 도움이 되지 않는다 고 주장하는 설명들도 있다(예: Latour, 1987; Bloor, 1991 참조).

리프먼(2003)은 이 문제를 다루면서 탐구 공동체의 개념을, "추론으 로 과학을 대체하려는 노력"으로 이해해서는 안 되며, 이보다는 "과학 적 탐구를 **보완**하려는 노력"으로 이해해야 한다고 주장한다(Lipman, 2003, p. 111; 강조 표시는 추가). 그럼에도 불구하고 그의 탐구 공동체 개념의 초점은 과학에 대한 인식론적 이해의 수용에 기반을 두고 있고, 어쩌면 이러한 관점을 무비판적으로 받아들이는 것에 기반을 두고 있 다고 말할 수도 있으며, 추론을 오로지 지식과 관련된 것으로만 보고 있다. 이와 관련하여 그는 다음과 같이 말한다.

> 과학에서 도출된 정보, 즉 이론, 데이터, 절차는 논쟁의 여지가 없다. 추론으로 할 수 있는 것은 (a) 논리적 추론을 통해 지식을 **확장하는 것**, (b) 근거와 논증을 통해 지식을 **방어하는 것**, (c) 비 판적 분석을 통해 지식을 **조정하는 것**이다(Lipman, 2003, p. 111; 강조 표시는 원문).

흔들림 없는 교육: 도구로서의 교육을 넘어

수행적 모순

그러나 철학적 탐구 공동체가 지식과 진리보다는 의미와 이해에 더 중점을 두는 경우에도, 여전히 철학적 전통에서 특정의 선택을 분명히 드러내고 있다. 철학적 전통은 그 전통의 경계 내에서 일어나는 모든 활동, 심지어 그 경계를 넘어서는 활동까지 포함하여 너무 방대하고 다양하여 하나의 개념으로 온전히 표현할 수 없기 때문에, 이것 자체를 문제로 보아서는 안 된다. 그러나 동시에, 특정 전통의 선택을, 철학 전체를 대표하는 것으로 너무 자신 있게 제시하는 것에는 불편한 점이 있다. 관련 문헌에서는 잠정적이고 항상 수정 가능하다는 **지식**의 성격을 매우 중시하지만, 철학 자체에 대해서는 그러한 강조가 덜하다. 이는 말할 필요도 없이 이번 장의 서두에서 제기한 불가능한 질문으로 돌아가게 한다. 여기서 이 문제에 대한 논의에 들어가기보다는, 아이들과 함께하는 철학과 아이들을 위한 철학의 **틀 안에서**, 그리고 철학적 탐구 공동체 **내에서** 특정의 철학적 전통이나 사상이 전체 철학을 대표하는 것으로 제시되는 방식에 대한 문제는 추가 검토 과제로 기록해 두고자 한다.

그러나 철학의 특정 개념에 대해 질문을 제기할 수 있는 또 다른 차원이 있다. 그것은 철학을 명시적으로 어떻게 대표할지에 관한 문제, 즉 선택의 문제가 아니라, 교육적 활용을 통해 철학이 어떻게 **실천되고 있는지**에 관한 문제이다. 이것은 어떤 의미에서 철학이 무엇인지에 대한 질문보다는 철학으로 무엇을 **성취할 수 있는지**에 대한 질문으로 우리를 안내한다.

아이들을 위한 철학, 아이들과 함께하는 철학에서, 그리고 철학적 탐구 공동체에서 철학을 교육적으로 활용하는 데 있어서 눈에 띄는 점은 철학의 **도구적** 사용과 **도구적** 위치 설정이다(예: Long, 2005; Murris, 2008 참조). 개인이 특정한 자질, 능력 및 기술을 개발하거나 습득할 수 있도록 작용할 것이 기대되는 도구로 철학을 활용하는 것이다. 이러한 경향을 철학의 심리화라고 특징지을 수도 있지만, 나는 더 일반적인 도구화란 용어의 사용을 선호한다. 이것은 철학을 '무언가를 생산하는' 도구로 보는 것이다. 물론 관련 문헌에서는 철학적 탐구 공동체에서 철학과의 만남을 통해 개인이 인지 능력 및 사고력, 도덕적, 사회적인 기술, 그리고 민주적 역량을 포함한 다양한 기술을 **개발**해야 한다는 점을 크게 강조하는 것은 사실이다.

헤이넘과 에체베리아(2009)는 청소년과의 철학적 토론을 중점적으로 다루면서 철학과의 만남으로 인해 가능한 여러 가지 성과에다 청소년기 동안에 이루어지는 정체성 발달에 대한 폭넓은 논의를 추가하고 있다. 뿐만 아니라 그들은 철학적 탐구 공동체가 인간의 다양한 발달에 미치는 잠재적 영향을 강조한다. 여기에는 정서발달과 정서적 웰빙, "타인에 대한 건전한 인식"(ibid., p. 43), "서로 다른 관점에 대한 이해력과 관용의 발달을 촉진하는 인지 능력의 성장"(ibid., p. 44), "자기통제와 자기관리의 개인적 특성"(ibid., p. 65) 및 문해력의 발달(ibid., p. 84) 등이 포함된다. 앞에서 언급한 바와 같이 SAPERE에서는 그 잠재적 효과로 전반적인 성취도와 IQ 및 시험점수, 자존감과 동기, 추론능력과 읽기 및 수학 능력의 향상을 열거한다.

이러한 주장들은 모두 사실일 수 있으며, 모두 중요한 것으로 볼 수

흔들림 없는 교육 : 도구로서의 교육을 넘어

있다. 여기서 나의 목표는 이러한 잠재적 효과 자체에 이의를 제기하는 것이 아니다. 물론 원인과 결과 및 그 상호 관계를 파악하는 것이 어느 정도 가능한지에 대한 우려를 다시 한번 표명하고자 하는 것은 사실이다. 그러나 이보다는 인간을 일종의 '발달하는 유기체'로 보는 기본적인 개념이 지니는 문제점을 강조하고자 한다. 어셔와 에드워즈에 따르면 (Usher & Edwards, 1994, p. 24), 이는 "스스로 동기 부여되고 스스로 결정할 수 있는 내재적 잠재력을 가진 특정 유형의 주체"로서의 인간이라는 개념이다. 이러한 개념은 다양한 자질, 역량 및 기술의 발달을 촉진하기 위한 과정으로 여겨지는 철학적 탐구 공동체의 교육론에 영향을 미치는 것으로 보인다. 이 관점에서 철학의 교육적 활용을 살펴보면, 이 프로젝트는 전체적으로 그 의도, 효과 및 교육론에 있어서 특정한 인간 **개념**(particular conception of the human being)에 바탕을 두고 있을 뿐만 아니라, 철학적 관점에서 더 문제시될 수 있는 인간에 대한 특정한 **진리**(particular truth about the human being)에 기반하고 있다는 것이 분명해진다.[7]

내가 우려하는 것은 이 프로젝트에 영향을 미치는 것으로 보이는 특정한 인간 개념이 아니라 철학의 교육적 활용이 인간에 대한 특정한 진리에 기반하고 있다는 사실이 갖는 함의에 있다. 하이데거(Heidegger), 레비나스(Levinas), 그리고 슬로터다이크(Sloterdijk)와 같은 철학자들은 후자의 측면에서 철학의 교육적 활용을 '휴머니즘'으로 특징지은 범주에 보다 분명하게 위치시켰다. 휴머니즘은 인간의 본질이나 특성을 알 수 있고 표현할 수 있다는 관점으로 이해되며, 여기에는 종종 교육, 정치 또는 윤리와 같은 영역에서 인간에 관한 지식을 후속 행동의 기초로 사용할 수 있다는 가정이 수반된다. 레비나스는 이러한 형태의 휴머니즘을 "'인간(Man)'이라는 불변의 본질을 인정하고, 현실의 질서(the economy of the Real)[8]에서 인간의 중심적 위치와 모든 가치를 낳는 인간의 가치를 확고히 인정하는 것"으로 특징짓는다(Levinas, 1990, p. 277).

이와 관련하여 잠재적인 문제를 확인하거나 최소한 토론 주제를 제기하는 한 가지 방법은, 한편으로 철학적 탐구 공동체의 **실천** 수준에서 이루어지는 성찰 및 문제제기의 태도와, 다른 한편으로 이러한 실천의 무반성적 토대 사이의 가능한 모순을 지적하는 것이다. 이 실천의 무반성적 토대는 특정한 교육방식을 통하여, 그리고 철학을 '특정한 인간 주체성'을 '생산'하는 도구로 보는 더 넓은 정당화를 통하여 구현된다. 여기서의 모순은 수행적 성격을 띠고 있다. 왜냐하면 그 모순은 인간 존재와 인간다움에 관한 질문이 철학적 탐구 공동체의 의제에 포함되지 않거나 포함될 수 없기 때문이 아니라, 철학적 탐구 공동체가 추구하는 것과 그 정당화 및 교육 방식에 영향을 미치는 것으로 보이는 가정들 간의 긴장에서 발생하기 때문이다.[9]

이는 특히 민주적 인간을 육성하려는 의욕과 관련하여 반시엘레헴이 아이들을 위한 철학에서 나타나는 도구주의적 경향에 대해서 비판한 내용이기도 하다(Vansieleghem, 2005). 반시엘레헴이 이 맥락에서 제기하는 질문은 교육을 미리 정의된 정체성의 생산으로 간주해야 하는가, 아니면 교육이 인간 주체와 자유에 관심이 있다면 무언가 다른 것, 무언가 새로운 것에 항상 열려 있어야 하는가 하는 것이다. 반시엘레헴은 아이들을 위한 철학이 "비판적 사고와 자율성을 강조"하면서 실제로는 "기존 담론의 재생산에 불과하다"고 주장한다. 그래서 "아이들을

흔들림 없는 교육 : 도구로서의 교육을 넘어

위한 철학에서 그들이 비판적 사고와 대화를 통해 얻는 자율성은 그 담론 안에 사전에 마련된 자리를 차지하는 자유에 불과하다"고 말하는 것이다(Vansieleghem, 2005, p. 25).

따라서 논의할 문제는 (1) 어떻게 그리고 왜 이 모순이 문제가 되는가, (2) 이를 어떻게 극복할 수 있는가 하는 것이다. 첫 번째 질문에 대한 부분적이고 신속한 대답은 모든 철학적 활동에서 독단적인 요소를 발견하는 것이 중요하다는 것이다. 이는 이러한 요소를 극복하는 것이 언제나 쉽다는 것을 의미하지는 않는다(이에 대해서는 이전 장 및 Biesta, 2009b를 참조). 이 문제의 더 넓은 함의를 탐색하고 이와 다른 교육론의 개요를 구체화하려면 좀 더 세부적인 논의가 필요하다.

교육과 관련한 휴머니즘의 문제

20세기 철학에서 휴머니즘은 두 가지 이유에서 근본적으로 도전을 받아왔다. 첫째로, 휴머니즘의 가능성, 즉 인간이 자신의 본질과 기원을 정의할 수 있느냐에 대해 의문이 제기되었다. 푸코와 데리다 모두 인간의 본질과 기원을 포착하려는 시도는 불가능하다는 것을 보여주었는데, 이는 '인간의 종말(the end of man)' 또는 '주체의 죽음(the death of the subject)'으로 알려져 있다(Foucault, 1970; Derrida, 1982 참조). 둘째로, 휴머니즘이 **바람직한가** 하는 의문이 제기되었다. 이 관점은 특히 하이데거와 레비나스에 의해 전개되었다(더 자세한 내용은 Biesta, 2006a 참조; 또한 Derrida, 1982, pp. 109-136 참조). 레비나스에 따르면 "우리 사회에서 휴머니즘의 위기"는 "최근 역사에서의 비인간적 사건들"과 함께 시작되었다(Levinas, 1990, p. 279). 그러나 레비나스의 경우 휴머니즘의 위기는 단순히 이러한 비인간성 자체에 있는 것이 아니라, 무엇보다도 그러한 비인간성을 효과적으로 반박하지 못하는 휴머니즘의 무능력에 있으며, 또한 20세기의 많은 비인간적인 사건들이 실제로 인간이 무엇을 의미하는지에 대한 특정의 정의에 기반을 두었고 또 이로 인해 동기부여를 받았다는 사실에 있다. 레비나스는 "1914년 전쟁, 혁명의 근본을 부정하는 스탈린주의 체제하에서의 러시아 혁명, 파시즘, 히틀러주의, 1939~1945년 전쟁, 원폭 투하, 대량학살 및 끊임없는 전쟁"을 언급한다. 그래서 레비나스는 하이데거를 연상시키는 표현으로 다음과 같이 결론을 짓는다. "휴머니즘이 비난받아야 하는 이유는 (…) **충분히 인간적이지 않기 때문이다**"(Levinas, 1981, p. 128; 강조 표시는 추가).

휴머니즘의 문제는 인간이 된다는 것의 **기준**을 설정하고, 그러한 기준에 부합하지 않거나 부합할 수 없는 사람들을 배제한다는 데 있다. 여기에는 단지 일반적이고 철학적인 문제만이 아니라 교육적으로도 중요한 의미가 있다. 교육의 측면에서 볼 때 휴머니즘의 문제는 '구체적인' 인간의 특성이 실제 실현되기도 **전에** 인간이 된다는 것의 기준을 사전에 설정한다는 점이다. 즉, 아이, 학생 또는 새로 도래하는 이들이 어떤 사람이며 또 어떤 사람이 될 것인지 보여줄 기회를 부여하기도 전에 무엇이 되어야 하는지를 미리 규정한다는 것이다(Vansieleghem, 2005 참조). 따라서 이러한 유형의 휴머니즘은 신입자, 즉 새로 도래하는 이들이, 인간이 된다는 것의 의미에 대한 우리의 이해를 근본적으로 변화시킬 가능성을 열어놓지 않은 것 같다. 요컨대 이러한 사태의 결과는 교육이 특정한 유형의 주체성을 '생산'하는 데 초점을 맞추게 된다.

흔들림 없는 교육 : 도구로서의 교육을 넘어

포스트휴머니즘의 교육이론: 행위와 유일성 및 노출

휴머니즘을 극복하는 것은 이중의 도전이다. 이 도전에는 **철학적으로** 어떻게 이것을 실현할 수 있을 것인가 하는 질문뿐만 아니라, **교육적으로** 어떻게 성취할 수 있을 것인가 하는 질문도 포함되어 있다. 이 두 질문은 부분적으로 분리되어 있는데, 이는 교육이론이 단순히 철학의 응용으로 간주되기를 원하지 않기 때문이다. 나의 이전 저서에서는 '세상으로 나오기(coming into the world)'와 '유일성(uniqueness)'이라는 개념으로 포착되는 두 아이디어의 결합을 통해 이 도전에 응답했다. 이 두 개념의 결합으로 포스트휴머니즘 교육이론으로 표현할 수 있는 것이 구성된다(특히 Biesta, 2006a, 2010a 참조). 한편으로는 특정한 주체성의 생산 혹은 촉진과 관련된 것으로 교육을 이해하기보다는 새로운 시작과 새롭게 시작하는 이들이 어떻게 세상으로 나올 수 있는가 하는 문제에 관심 갖는 것으로 생각해야 한다고 주장했다. '세상으로 나오기'라는 개념은 인간의 주체성에 대한 교육적 관심을 표현하는 것을 추구하는 것이지만 이는 어떤 주형 없이, 즉 인간이 된다는 것과 인간으로 존재하는 것이 무엇을 의미하는지에 대해 사전에 규정된 개념 없이 실천해야 하는 것이다. 따라서 '세상으로 나오기'라는 개념은 인간의 주체성에 대한 휴머니즘의 규정을 극복하려는 것이다.

세상으로 나오는 방식에 초점을 맞추는 것은 아동중심 및 학생중심의 교육 형태와 유사하다. 그러나 극단적인 아동 중심 및 학생 중심 교육은 단지 자신을 표현하는 모든 것과 모든 이를 수용하려는 경향이 있지만(Oelkers, 1996 참조), 나는 세상으로 나오는 사람이나 대상에 대해서는 항상 **판단**이 필요하다는 점을 강조했다. 나의 요점은, 그러한 판단이 세상으로 나오는 사건 이전에 아니라 사건 **이후**에 이루어져야 한다는 것이다. 더욱이, '세상으로 나오기'는 일회성 사건이 아니라 지속적인 활동의 흐름과 관련이 있는 것으로 이해되어야 한다. 이는 판단의 문제가 끊임없이 제기되는 것임을 의미한다(아래 참조). 물론, 여기에는 위험이 따른다.[10] 그러나 여기서의 문제는 새로운 히틀러나 새로운 폴 포트가 세상에 나오는 것을 막기 위해 새로운 마더 테레사, 마틴 루터 킹, 넬슨 만델라가 세상에 나올 가능성마저 포기해야 하느냐 하는 것이 아니다. 이는 겉보기에 단순하면서도 실제로는 복잡한 문제이다. 위에서 언급한 도전에 응답하기 위해 내가 사용한 또 다른 개념은 **유일성**이다. 여기서 유일성은, 각 개인은 인간의 의미가 무언인지에 대한 보다 일반적인 정의의 표본이 아니라는 것과 관련이 있다.

세상으로 나오기

'세상으로 나오기'라는 개념은 한나 아렌트(Hannah Arendt)의 저술, 특히 **행위**에 관한 그녀의 개념에서 영감을 얻었다. 아렌트에게 있어서 행위를 한다는 것은 우선적으로 주도성을 취하는 것, 즉 무언가 새로운 것의 **시작**을 의미한다. 아렌트는 인간 존재를 '**이니티움**(initium)', 즉 '시작하는 **행위**(beginning)와 시작하는 **주체**(beginner)'로 특징짓는다(Arendt, 1977, p. 170; 강조 표시는 추가). 아렌트는 행위를 출생이라는 사실에 비유한다. 왜냐하면 매번 출생할 때마다 무언가 '유일하게 새로운 것이 세상으로 나오기' 때문이다(Arendt, 1958, p. 178 참조). 그러나 새로운 것이 세상으로 나오는 것은 생물학적 출생의 순간에만 일어나

흔들림 없는 교육 : 도구로서의 교육을 넘어

는 것이 아니다. 우리는 우리의 말과 행동을 통해서도 **끊임없이** 새로운 시작을 세상으로 가져온다. 아렌트는 행위를 자유와 연결시키지만, 자유를 의지의 현상, 즉 우리가 선택하는 무엇이든 할 수 있는 자유로 이해해서는 안 되며, 대신 "이전에 존재하지 않았던 것을 출현시킬 수 있는 자유"로 이해해야 한다는 점을 강조한다(Arendt, 1977, p. 151). 주권으로서의 자유(freedom as sovereignty)와 시작으로서의 자유(freedom as beginning) 사이의 미묘한 차이는 중대한 결과를 초래한다. 중요한 것은 자유가 '내적 감정'이나 개인적인 경험이 아니라 필연적으로 공적이며 따라서 정치적 현상이라는 점이다. 아렌트에 따르면 "정치의 존재 이유는 자유이며, 그 경험의 장은 행위이다"(ibid., p. 146). 아렌트는 자유가 등장하기 위해서는 '공적 영역'이 필요하다는 것을 거듭 강조한다(ibid., p. 149). 더욱이 자유는 행위 속에서만 존재하며, 이는 인간이 행위 이전이나 이후가 아니라, 행위하는 순간에만 자유롭다는 것을 의미한다(ibid., p. 153). 그렇다면 자유는 어떻게 드러날 수 있을까?

이 질문에 답을 하기 위해서는 '시작'은 행위의 절반에 불과하다는 사실을 이해하는 것이 중요하다. 우리는 자신의 말과 행위를 통해 자신의 '독특한 유일성'을 드러내는 것이 사실이지만, 모든 것은 다른 사람들이 우리의 주도성을 어떻게 받아들이느냐에 달려 있다. 그래서 아렌트는 행위자가 창작자나 생산자[11]라기보다는 단어의 이중적 의미에서 주체라고 말한다. 즉, 행위를 시작한 사람이며 동시에 그 행위의 결과로부터 고통을 받고 또 그 영향을 받는 사람이라는 것이다(Arendt, 1958, p. 184 참조). 이로부터 도출되는 결론은 우리의 행위 '능력', 즉 자유는 다른 사람들이 우리의 시작을 어떻게 받아들이느냐에 크게 좌우된다는 것인데, 이것은 바로 행위 '능력'이 우리가 소유하거나 통제할 수 있는 능력이 아니라는 것을 의미한다. 이런 의미에서 행위 '능력'은 기술이나 성향이 아니다. 결국 문제는 (아렌트는 이것이 실제로는 문제가 아니라고 거듭 주장하지만) 다른 사람들이 우리의 주도성에 대해 예측 불가능하고 통제할 수 없는 방식으로 반응한다는 것이다.

이러한 사실은 우리의 주도성, 즉 시작하는 행위를 좌절시키지만, 아렌트는 "우리가 하는 것을 전적으로 통제할 수 없는 불가능성"이야말로 우리의 시작이 세상으로 나올 수 있는 조건, 그것도 **유일한** 조건이라고 거듭 강조한다(ibid., p. 244). 우리는 물론 다른 사람들이 우리의 시작에 반응하는 방식을 통제하려고 할 수 있다. 그러나 그렇게 한다면 우리는 다른 사람들에게서 그들이 시작할 기회를 박탈하게 될 것이다. 우리는 그들이 행위를 할 기회를 박탈하고 따라서 우리는 그들의 자유를 박탈하는 셈이다. 따라서 고립된 상태에서는 행위가 결코 가능하지 않다. 아렌트는 "고립된다는 것은 행위능력을 박탈당하는 것"이라고까지 주장한다(ibid., p. 188). 이는 또한 복수성이 없이는, 더 정확히 말하면 타자성과 차이성에 대한 노출 없이는 결코 아렌트가 말하는 의미에서의 행위가 가능하지 않다는 것을 의미한다. 우리가 복수성을 삭제하는 순간, 즉 다른 사람들이 우리의 주도성에 반응하는 방식을 통제하려함으로써 그들의 타자성을 삭제하는 순간, 우리는 다른 사람들에게서 그들의 행위와 자유를 박탈하게 되며, 그 결과 **우리 자신도** 행위를 할 가능성, 즉 자유를 박탈당하게 된다. 이 모든 것이 "복수성은 인간행위의 조건이다"(ibid., p. 8)라는 간결하지만 심오한 아렌트의 진술에 담겨 있다. 그러나 이는 경험적 진술로 읽혀서는 안 되며, 오히려 아렌트 철

흔들림 없는 교육 : 도구로서의 교육을 넘어

학의 규범적 핵심으로 받아들여야 한다. 아렌트 철학의 핵심은 모든 사람이 행위를 하고, 세상으로 나오고, 자유를 '실현'할 수 있는 기회를 향유하는 세계를 지향하는 것이다.

유일성

'유일성'이라는 개념은 내가 아렌트로부터 받아들인 사상에서, 특히 우리는 행위를 통해 '독특한 유일성'을 드러낸다는 그녀의 주장에서 중요한 역할을 한다. 앞에서 밝혔듯이, 이는 우리의 시작이 우리가 의도한 것과 다른 방식으로 받아들여질 위험을 감수할 마음의 준비가 되어 있을 때만 이 유일성을 드러낼 수 있음을 의미한다. 아렌트는 '유일성'의 개념을 우리가 다른 사람들과 더불어 존재하는 특정한 방식과 연결시키고 있기 때문에, 그녀의 관점에서 중요한 점은 그것이 유일성의 문제를 관계적, 정치적, 실존적 측면에서 접근하는 데 도움이 된다는 것이다(이러한 실존적 관점의 정치적 중요성에 대해서는 Biesta, 2010c를 참조). 그러나 행위를 통해 자신의 독특한 유일성을 드러낸다는 개념은 유일성을 주체의 특성이나 자질의 측면에서 이해할 위험이 있다. 그렇게 되면 유일성을 **소유**의 측면에서 접근하는 것이 될 것이다. 달리 표현하면 이는, 유일성의 문제를 정체성의 문제로 바꾸어 버릴 위험이 있다.

이런 방식으로 유일성을 이해하는 데에는 몇 가지 문제점이 있다. 첫 번째 문제는 유일성을 우리가 가진 특성의 관점에서 생각하게 되면, 그러한 특성들을 담고 있는 어떤 근원적인 '기반(substratum)'이 있다고 가정해야 한다는 것이다. 이는 우리를 다시 근원적인 인간본질이라는 개념에 가까워지게 하고, 결과적으로 은밀히 휴머니즘을 끌어들이게 된다.[12] 그러나 내가 볼 때 더 중요한 두 번째 문제가 있다. 이는 우리가 다른 사람들과 관계를 맺는 이유가 단지 **그들과 우리가** 어떻게 다른지를 분명히 하기 위한 것일 뿐이라면, 타인과의 관계는 어떤 의미에서 중요하지 않게 된다는 사실과 관련이 있다. 다시 말하면 우리가 타인과 어떻게 다른지, 즉 우리의 정체성이 어떻게 유일한지 확인하고 분명히 하기 위해서만 다른 사람들을 필요로 하며 일단 이 점이 명확해지면 더 이상 다른 사람들을 필요로 하지 않게 된다는 것이다. 따라서 다른 사람들과의 관계는 도구적인 것으로 남게 된다.

이러한 문제들을 철저히 따져보고 유일성이라는 개념에 접근하는 대안적인 방식을 명확히 하는 데 가장 큰 도움을 준 철학자는 에마뉘엘 레비나스(Emmanuel Levinas)다. 레비나스의 연구에서 가장 중요한 점은 그가 인간의 유일성에 관한 새로운 이론을 제시했다는 것이 **아니라**(사실 그는 어떤 이론도 내세우지 않았다고 주장할 수 있을 것이다), 유일성에 대해 다른 **질문**을 제기했다는 것이다. 레비나스는 각 개인을 유일하게 만드는 것이 무엇인지, 즉 정체성의 문제를 묻는 대신, 내가 유일하다는 것, 나는 나이고 다른 누구도 아니라는 것이 언제 **중요한 문제가 되는지**를 묻는 방식으로 유일성의 문제에 접근했다. 이 질문에 대한 레비나스의 대답을 간단히 말하자면, 내가 다른 누군가로 대체될 수 없는 상황에서, 즉 다른 누군가가 아니라 바로 내가 그 자리에 있는 것이 관건이 되는 상황에서 나의 유일성이 중요해진다는 것이다. 나는 이 개념을 '차이로서의 유일성'이라는 정체성의 문제와 구별하기 위해 '대체 불가능성으로서의 유일성'이라고 부르고자 한다(Biesta, 2010a, 4장 참조).

흔들림 없는 교육: 도구로서의 교육을 넘어

노출

레비나스가 염두에 두고 있는 것은, 내가 구체적인 타인에 대해 책임을 지는 자리에 있는 상황들이다. 다시 말하면 누군가 나를 부르는 상황, 말하자면 나를 지목하고 그에 대해서 내가 대응해야 하는 상황들인 것이다. 그러므로 내가 타인에게 **노출**되는 상황, 더 정확히 말하면 내가 노출되는 것이 '불가피한 상황'(imperative, 이 용어에 대해서는 Lingis, 1994, p. 111 참조)에서 나의 유일성은 중요해진다. 왜냐하면 이러한 상황에서 대응해야 하는 것은 다른 누군가가 아닌 바로 내가 짊어져야 할 책임이기 때문이다. 레비나스에게 있어서 이 책임은 우리의 의지나 책임지려는 결정, 또는 책임을 져야 한다는 판단에서 나오는 것이 아니라는 점을 지적하는 것이 중요하다. 레비나스가 언급하는 책임은 주체성에 **선행하는 것**이기 때문에 그는 책임이 "본질적이고, 주요하며, 근본적인 주체성의 구조"라고 주장했다(Levinas, 1985, p. 95). 따라서 유일성은 존재론적 개념이 아니라, 말하자면 우리가 무엇을 소유하고 있는지 혹은 정체성의 측면에서 우리가 무엇인지에 대한 것이 아니라, 우리가 타인에게 노출되고 타인에 의해 지목되는 방식과 관련된 **실존적인** 개념이 된다.

이러한 아이디어가 지니는 중요한 한 가지 의미는 행위와 유일성을 교육 프로그램을 통해 만들어낼 수 있는 것으로 보아서는 안 된다는 것이다. 행위와 유일성은 구조적으로 우리의 통제 범위를 **벗어난** 현상이다. 이를 통제하려고 하는 순간, 즉 우리가 이를 포착하려 하는 순간 실제로는 사라진다. 비록 행위와 유일성은 만들어낼 수 없고, 이런 의미에서 이는 어떤 교육 프로그램의 범위도 벗어나 있는 것이지만, 역으

로 행위와 유일성이 나타날 가능성이 매우 희박해지는 상황은 만들어
낼 수 있다. 이것은 우리가 타자성과 차이성에 대한 노출을 차단하는
상황, 말하자면 면역과 같이 외부로부터의 모든 간섭, 타자로부터의 모
든 개입에 무감각해지는 상황이다(면역작용에 대해서는 Masschelein,
1996; Masschelein & Simons, 2004 참조). 따라서 면역화에 기여하는 교육
과, 간섭과 개입의 가능성을 열어 두는 교육 사이에서 무엇을 선택하느
냐가 관건이다. 물론 이로부터 어떤 것이 나타날지에 대한 보장은 없다
(교육에서 노출과 간섭의 개념을 둘러싼 긴장에 대한 사려 깊은 논의는
Bonnett, 2009 참조).

결론

이 장에서는 철학의 교육적 활용을 위한 교육론의 기저에 내재된 가정
들에 초점을 맞추었다. 이런 교육론은 철학과의 만남이 특정한 자질과
능력을 가진 개인을 육성해낼 수 있는 방식에 중점을 두기 때문에 이를
도구적 교육론으로 특징지었다. 나는 교육에서 휴머니즘의 사고와 관
련된 이러한 교육론에 영향을 미친 보다 다양한 일련의 가정들을 끌어
들였다. 철학을 교육적으로 활용하는 것은 인간 주체가 무엇인지, 그리
고 보다 비판적이고 사려 깊고 분별 있는 덕을 갖춘 더 나은 사람이
될 수 있는지에 관한 특정한 개념 혹은 특정한 진리관에 근거를 두고
있다고 생각한다. 이것은 적어도 부분적으로 철학적 탐구 공동체를 무
엇보다도 **과학적** 탐구 공동체로 보는 경향과 관련되어 있는 것 같다.

흔들림 없는 교육 : 도구로서의 교육을 넘어

앞서 지적했듯이 이것은 철학이 다룰 수 있는 범위를 상당히 좁게 표현하고 있다는 점에서 문제일 뿐만 아니라, 과학을 특별히 진리에 대한 공평무사한 탐구로 묘사하는 것은 그 자체가 이데올로기적이기 때문에 문제이다.

철학을 교육적으로 활용함에 있어서 도구주의적 경향을 극복하기 위해 나는 단지 다른 교육론만이 필요할 뿐 아니라, 교육론을 구성하는 가정들을 실제로 전환할 필요가 있다고 주장했다. 이를 통해 현대 교육의 휴머니즘적 기초에 대한 폭넓은 논의와 포스트휴머니즘에 근거한 교육의 이해를 위해 몇 가지 제안을 하게 되었다. 이것은 인간 주체의 본질과 운명에 대한 특정의 진리에 토대를 두지 않고 교육을 유일한 존재로서의 개인이 세상으로 나오는 방식에 대한 관심으로 보려는 것이다. 이러한 인식에서 도출된 핵심적인 교육적 개념은 **노출**이다. 노출은 유일한 개인을 만들어내기 위한 교육의 기술이라기보다는 유일성의 '도래'라는 사건을 가능하게 하는 상호작용과 관계형성의 '특성'을 의미한다. 말하자면 노출은 내가 지목되는 순간이며, 내가 고유한 존재로서 노출되는 순간이다. 따라서 노출은 기존에 존재하는 유일한 정체성이 드러나는 일에 관한 것이 아니라 내가 어떤 요청 혹은 부름에 직면했을 때, 대체 불가능한 존재로서의 내가 **구성**되는 일에 관한 것이다. 이런 의미에서 노출은 만드는 것이 아니라 단지 멈추는 것일 뿐이다.

따라서 노출과 멈춤에 중점을 둔 교육론은 더 이상 특정한 유형의 주체나 주체의 어떤 특성을 만들어내는 것 혹은 주체에게 여러 유용한 기술을 구비하게 하는 것을 목표로 하는 것이 아니다. 노출과 멈춤에 중점을 둔 교육론은 망설임을 불러올 수가 있다(6장 참고). 이 망설임은 곧 모르겠다는 경험, 말하자면 질문, 가설, 이유, 예시, 구별, 연결, 함축, 의도, 기준, 일관성 같은 헛된 안정감으로 서둘러 몰아넣는 대신에 우리를 멈추게 하는 경험이다. 철학의 전통에는 부분적으로 우리를 망설이게 하고 곤혹스럽게 하며 일상적인 존재 및 행동 방식에 문제를 제기하는 잠재력이 있다. 이것은 과학적 탐구 모델과는 상당히 거리가 있는 철학의 특성과 관련이 있다. 왜냐하면 이는 아는 것과 지식의 향상에 중점을 두지 않고 '모름'을 지향하기 때문이다. 철학과의 만남이 멈춤과 망설임을 불러올 때, 이는 어떤 의미에서 우리를 아이들의 위치에 두게 된다고 말할 수도 있다. 이는 다른 사람들의 지식과 범주, 말하는 방식으로 채워져 있지 않은 시각, 사고 및 행동을 말하는 것이다. 여기서 나는 낭만적이고 직접적인 세계와의 일체감을 언급하는 것이 아니라, 기존의 지식, 패턴, 구조 및 전통에 의존하지 않음으로써 스스로가 유일한 반응을 창조하고 이를 통해 우리 자신을 유일하게 창조해야 하는 상황을 말하고 있다. 노출로 인해 가능해진 이러한 아이 같은 '모름'의 위치는 철학과의 교육적 만남에 대해 완전히 다른 일련의 가능성들을 제시할 수 있으며, '아이들을 위한 철학'이라는 표현에 완전히 새로운 의미를 부여할 수 있을 것이다.

흔들림 없는 교육 : 도구로서의 교육을 넘어

1   이 장은 Biesta, G. J. J.(2011). Philosophy, exposure and children: How to resist the instrumentalisation of philosophy in education. *Journal of Philosophy of Education*, 45(2), 305-319에 기초하고 있다.

2   Office for Standards in Education의 약어로, 영국에서 교육 품질을 평가하는 정부차원의 기관이다. 구체적으로 학교 평가 및 등급 부여, 아동 복지 서비스 감독, 정책 개선 촉진, 공공 정보 제공 등의 기능을 한다(옮긴이).

3   이 장을 집필한 이후, 그리고 철학적 휴머니즘과 현대 교육에서 그 역할을 명시적으로 비판한 나의 저서 『학습을 넘어*Beyond Learning*』(Biesta, 2006a)에 집약된 연구 작업을 수행한 이후, 포스트휴머니즘(post-humanism)과 관련된 문제들을 다루는 학문 분야가 새롭게 떠오르게 되었다. 어쩌면 나의 작업이 현재 진행 중인 논의의 선구자 역할을 했을 수도 있다. 하지만 이는 다른 이들이나 미래에 평가해야 할 문제이다. 또한 내가 취했던 관점, 그리고 이 장에서 제시하고 있는 관점이 현재 진행 중인 포스트휴머니즘 관련 논의와 (약간) 다를 수도 있다는 점도 고려해야 한다. 이 장에서 나의 주장을 가능한 최선의 방식으로 제시하고자 한다. 최근 논의에 대해 이 주장이 어떤 의미를 가지는지 혹은 그렇지 않은지는 독자들에게 판단을 맡기겠다.

4   여기서 저자는 '노출'을 인간의 성장과 학습을 설명하는 방식으로 사용하고 있다. 인간은 타자와의 만남을 통해 자신이 이전에 알지 못했던 세계에 노출됨으로써 성장한다고 보는 것이다. 즉 노출은 단순히 자신의 경험을 확장하는 것을 넘어, 새로운 사고와 이해를 가능하게 하는 중요한 조건이다. '노출'은 안전하거나 통제된 환경에서만 이루어지는 것이 아니라, 불확실하고 예측할 수 없는 상황에서 이루어질 수 있기 때문에 항상 위험이 수반된다. 교육은 완전히 예측 가능하거나 프로그램화된 방식으로만 이루어질 수는 없음을 말하고 있는 것이다(옮긴이).

5   교육에서 아이(child)는 부재 속에 존재한다고 보는 것이다. 아이는 교육적 논의에서 항상 중심에 있어야 하지만, 실제로는 종종 그 목소리나 존재가 명백하게 다뤄지지 않아 배경으로 밀려나 있음(brackets)을 지적하고 있는 것이다. 저자는 이를 통해서 아이가 교육 담론에서 '부재 속에서 존재하는' 방식, 다시 말해 그 영향력이 명백히 드러나지는 않지만 중요한 방식으로 작동하고 있다는 점을 강조하려고 한다(옮긴이).

6   SAPERE는 영국에 기반을 둔 비영리 단체로, 'Society for Advancing Philosophical Enquiry and Reflection in Education(교육에 있어서 철학적 탐구 및 성찰촉진협회)'의 약어이다. 이 단체는 철학적 탐구와 반성을 통해 교육적 접근 방식을 발전시키고자 하며, 특히 'Philosophy for Children(P4C)' 프로그램을 지원하고 확산시키는 데 중점을 둔다(옮긴이).

7   '특정한 인간 개념'이란 존재론적 인간관, 사회적 인간관, 실존적 인간관, 심리적 인간

관, 종교적 인간관과 같이 인간의 본질이나 특성에 대해 특정한 관점이나 이론을 말하는 것이며, '인간에 대한 특정한 진리'는 '인간은 이성적 존재이다', '인간은 본질적으로 사회적 동물이다', '인간은 자유 의지를 가진 존재이다'와 같이 인간의 본질이나 특성에 대해 절대적이고 변하지 않는 것이 있다는 관점을 가리킨다(옮긴이).

8　현실의 경제적 구조나 질서를 의미하지만 단순히 돈과 관련된 경제가 아니라 더 넓은 의미에서 사회적, 정치적, 철학적 체계를 포함하는 개념이다(옮긴이).

9　철학적 탐구 공동체가 추구하는 것은 성찰과 질문, 개방성과 다양성, 자기 이해와 성장과 같이 이상적이고 보편적 가치에 해당하는 것들이지만 실제 그 공동체를 운영하고 교육하는 방식에는 특정한 인간 주체성 형성이라든가 고정된 교육 목표, 이런 목표를 달성하기 위한 효율적 교수법 등 탐구 공동체가 추구하는 보편적 가치에 어긋나는 가정들이 들어 있다는 것이다(옮긴이).

10　이것이 바로 Biesta(2014a)의 중심 주제인 (교육의) '아름다운 위험'이다.

11　아렌트는 인간의 행위를 단순히 창작하거나 생산하는 능력을 가진 독립적이고 자율적인 주체로 이해하는 관점을 비판하고 있다. 이는 인간의 행위가 다른 사람들과의 상호작용 속에서 이루어지며, 그 결과와 의미는 예측하거나 완전히 통제할 수 없다는 점을 강조하는 것이다. 말하자면 인간은 단순히 자신의 의도나 계획대로 결과를 만들어 내는 자가 아니며, 행위의 과정에서 다른 사람들과의 상호작용 속에서 끊임없이 영향을 받고 변형되는 존재라는 것이다. 만일 한 사회의 지도자가 다른 사람들과의 상호작용에서 영향을 받지 않고 자신의 의도나 계획대로 리더십을 발휘한다면 그 사회 구성원 전체가 불행해질 것이다(옮긴이).

12　휴머니즘을 끌어들이는 것이 지니는 문제는, 인간에게 어떤 불변의 보편적인 특성 즉 본질이 있다고 가정함으로써 개인 간의 차이나 다양성을 충분히 고려하지 못하게 된다는 것이다. 휴머니즘을 비판하는 이들은 나치즘이나 파시즘 같은 전체주의를 이러한 경향이 극단적으로 드러난 것으로 본다(옮긴이).

흔들림 없는 교육 : 도구로서의 교육을 넘어

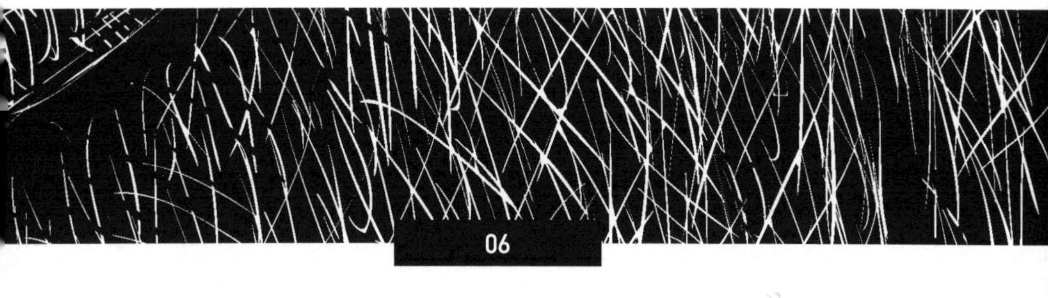

망설임이 없으면 교육이 아니다: 교육적 관계의 한계

06

망설임이 없으면 교육이 아니다:
교육적 관계의 한계

서론[1]

1894년 독일의 철학자 빌헬름 딜타이(Wilhelm Dilthey, 1833~1911)는 자신의 저서에서 "교육과학은 교육자와 교육받는 자와의 관계를 설명하는 것에서부터 출발해야 한다"고 서술하고 있다(Dilthey, 1961, p.190). 1930년대에 딜타이의 제자이자 당시 괴팅겐 대학의 교육학 교수였던 헤르만 놀(Hermann Nohl, 1879~1960)은 교육적 관계를 그의 교육 개념의 중심에 두었으며(Nohl, 1963 참조), 이를 20세기 독일 교육이론의 핵심 개념 중 하나로 만들었다(Kron, 1989, pp. 190-210 참조).

교육에서 관계가 중요하다는 생각, 그리고 그것이 결정적으로 중요하다는 생각에 이의를 제기하기는 어렵다. 관계가 **없는** 교육은 상상하기 어렵기 때문에, 찰스 빙햄(Charles Bingham)과 알렉산더 시도르킨

(Alexander Sidorkin)이 저술한 책의 제목을 인용하자면, "관계가 없으면 교육이 아니다(No Education without Relation)"라는 말이 사실일지도 모른다. 그러나 이렇게 말하는 것이 전혀 위험이 없는 주장은 아니다. 실천적 측면에서 보면, 우리는 학생들과 너무 가까워지려 하는 위험에 빠질 수 있다. 예를 들어, 학생들을 성공적으로 가르치기 위해서는 그들의 과거, 배경, 정체성, 감정, 자아감 등에 대해 최대한 많이 알아야 한다는 가정하에 **지나치게** 친해지려고 할 위험이 있다. 이렇게 되면 오히려 교육적인 일, 교육이라는 '사건'이 발생할 여지를 없앨 위험이 있는 것이다(Caputo, 2012 참조). 이러한 점에서 우리는 안톤 마가렌코(Anton Makarenko)에게서 영감을 얻을 수 있다. 마가렌코는 바로 이러한 이유로 자신이 일했던 고리키 콜로니(Gorky Colony)[2]의 비행 청소년들에 대한 배경 지식을 전혀 알려고 하지 않았다(Meirieu, 2007, pp. 109-110 참조). 이론적 측면에서도 교육의 관계적 측면에 지나치게 집중하다 보면, 교육과정과 실천의 일부이기도 한 틈, 균열, 불일치, 단절, 낯섦과 같은 요소들을 간과할 위험이 있다. 더 나아가, 이러한 요소들이 지닌 교육적 의미 자체를 놓쳐버릴 위험도 있다.

따라서 **관계가 없으면 교육이 아니다**라는 사실을 부정하고 싶지는 않지만 여기에 '**망설임**이 없으면 교육이 아니다'라는 명제를 추가하고 싶다. 여기에는 소위 '실천적 망설임'이라는 것이 있다. 이는 우리가 주저하고, 알기를 원하지 않으며, 근본적으로 우리의 의도와 통제를 벗어나는 무언가가 일어날 공간을 남겨두는 미묘한 순간들이다. 두 번째는 '이론적 망설임'이 있다. 이는 일반적인(또는 아마도 너무 피상적이라 해야 할) '관계로서의 교육'에 대한 이해를 넘어서는 교육의 과정과 실

흔들림 없는 교육 : 도구로서의 교육을 넘어

천에 중요한 면이 있음을 인식하는 것이다. 이 장의 제목에 설정한 바와 같이 '교육적 관계의 한계'라고 한 것을 탐색하는 것은 후자에 대해 작은 기여를 하고자 하는 것이다.

다음에는 교육의 과정과 실천의 몇 가지 측면을 탐색하면서 관계와 친밀보다는 분리와 거리를 강조하는 '상호 무관한(unrelated)'[3] 차원과 '관계외적인(non-relational)' 차원을 조명하고자 한다. 내가 집중적으로 살펴보고자 하는 주제는 **소통, 말하기, 가르침**이다. 나는 교육의 관계외적 차원에 대한 질문을 제기할 수 있는 여러 분야(arena)를 확인하려는 것이기 때문에 나의 접근법에서는 깊이보다는 넓이를 중시할 것이다. 따라서 나의 목표는 이러한 논의의 모든 측면을 상세히 다루는 것보다는 후속 논의를 위한 몇 가지 출발점을 제공하는 것이다. 그러나 논의를 시작하기에 앞서, 이 분야에서 점점 더 그다지 도움도 되지 않고 정확하지도 않은 것으로 인식되고 있는 '교육'이라는 용어에 대해 몇 마디 언급할 필요가 있다.

'교육'의 다양한 의미

유럽 여러 나라의 언어와 이론적 전통에는 교육 내적 논의와 교육 관련 논의를 위한 다양한 어휘들이 존재한다. 특별한 순서 없이 나열한다면, Pädagogik, Didaktik, Bildung, Erziehung, Ausbildung, Unterricht, Lehren, danning, utdanning, dannelse, bildning, utbildning, opvoeden, onderwijzen, vormen 등의 단어들이 있다.[4] 반면에 영어는 교육과 관련하여 의미 있

는 구별을 하는 데 필요한 수단이 매우 빈약하다. 나는 영어에서 발전된 교육적 사고 및 실천 방식과 다른 언어와 맥락에서 발전된 것 사이의 격차를 메우기 위한 마법 같은 해결책을 갖고 있지 않으며(Biesta, 2011d), 또한 그 격차를 해소하는 것보다는 다른 언어 간 어휘의 낯섦을 인정하는 것이 목표가 되어야 한다고 주장하지만, 교육의 기능과 목적을 세 가지 영역으로 구분하는 것이 유용하다는 사실을 알게 되었다(Biesta, 2010a). 내가 제시한 구분은 다음과 같다.

- **자격부여**(qualification): 지식과 기술의 전수 및 습득 영역
- **사회화**(socialisation): 전통과 관행, 즉 행동, 사고 및 존재 방식의 재생산 및 수용 영역
- **주체화**(subjectification): 어떤 방식으로 이해하건 인간형성과 관련된 영역

이들 영역은 적어도 기능 면에서 분리되지 않는다. 예를 들어, 잠재적 교육과정에 대한 연구는 지식 전달이 항상 기존의 사회구조와 계층을 재확인한다는 것을 보여준다. 또한 의도 면에서도 분리되지 않을 것이다. 이것은 적어도 요한 프리드리히 헤르바르트(Johann Friedrich Herbart)가 '교육적 지도(erziehenden Unterricht)' 혹은 어설픈 번역이지만 '교육을 목표로 하는 가르침(teaching-which-also-aims-to-educate)'이라는 개념을 제안한 이후로 널리 알려진 사실이다(Geissler, 1970). 이러한 구별을 염두에 두고 이제 세 가지 영역(또는 앞에서 '분야'라고 했던 것)으로 눈을 돌려 교육의 관계 외적 차원을 탐구하고자 한다.

흔들림 없는 교육 : 도구로서의 교육을 넘어

간극에 유의하라!

내가 『관계가 없으면 교육이 아니다*No Education without Relation*』라는 책에 기고한 장(chapter)의 제목을 '간극에 유의하라!'(Biesta, 2004)라고 설정한 것은 의미가 없지 않다. 그 기고문에서 특별히 초점을 두었던 것은 교육을 의사소통의 과정, 더 구체적으로는 의미의 소통 과정으로 보는 것이었는데, 이는 관련 논의를 주로 자격부여의 영역에, 그리고 어느 정도는 사회화의 영역에 배치하는 것이다. 그 장에서의 논증은 다양한 의사소통 이론에 대한 논의에 기초했으며, 주요 대립은, 정보를 송신자에서 수신자로 운반하는 것과 같이 의사소통을 주로 물류의 측면에서 보는 이른바 송신자-수신자 모형과 프래그머티스트들, 특히 존 듀이와 조지 허버트 미드가 개발한 의사소통 이해방식 간에 존재했다. 듀이와 미드의 관점에서 볼 때 의사소통은 실천적 창조와 변형의 과정으로, 듀이의 표현으로 하면, "문자 그대로 함께 무언가를 만들어내는" 과정으로 간주된다(Dewey, 1958, p. 178). '함께 무언가를 만들어내는 것'이라는 개념은 교육적 소통의 관계적 특성을 강조하기 시작할 법한 친밀함과 융합을 암시할 수도 있다. 결국, 우리는 서로 관계를 맺어야 하며, 실용주의적 관점에서 말하자면, 함께 무언가를 만들어내기 위해 우리의 행동을 조정해야 한다고 말할 수도 있다. 그러나 듀이 (Dewey)는 소통을 "적어도 두 개의 서로 다른 행동 중심에서 무언가를 함께 만들어내는 과정"으로 정의하지만(ibid.), 소통에서 무언가를 함께 만들어내는 과정이 소통의 두 파트너 모두에게 동일한 무언가를 생산하는 과정은 아니라고 주장한다(자세한 내용은 Biesta, 2006b를 참조).

송신자-수신자 모형이 동일성의 논리에 기반을 둔 것인데 반해 프래그머티즘 관점에서의 의사소통에 대한 이해는 차이의 논리, 즉 우리는 행동을 조율할 수 있지만 이는 행동, 의미, 자아의 동일성을 요구하지 않으며, 또한 그러한 측면의 동일성으로 이어지지도 않는다는 논리에 기반하고 있다. 따라서 프래그머티스트들은 공통의 이해, 즉 의사소통이 시작되기 전에 확립되어야 하는 공통의 기반에 의해서만 의사소통이 가능하다는 논리에 대항하는 효과적인 논거를 제시한다. 그들은 오히려 소통을 공동의 세계를 함께 만들어 내거나 살아내는 지속적인 과업으로 묘사한다(depict communication as the ongoing task of producing or living a common world, 여기서 'in'이라는 단어가 누락된 것이 아니라는 점에 주목하자[5]).

이 두 가지 교육적 의사소통 개념의 차이는 '메커니즘'과 '사건'이라는 단어로도 설명할 수 있다. 송신자-수신자 모형은 교육적 의사소통을 궁극적으로 기계적인 과정으로 묘사하는 반면, 프래그머티즘에서의 접근방식은 이를 사건으로 보며, 항상 예측할 수 없는 결과를 수반하는 것으로 본다. 하지만 여기서 우리는 정직해야 하며 둘 중에 단지 어느 한편의 입장만을 (암묵적으로) 규범적이라고 비난하는 함정에 빠지지 말아야 한다. 두 가지 의사소통 개념 모두 바람직하거나 이상적인 의사소통의 규범을 제시하고 있다. 송신자-수신자 모형에서는 이상적으로 의사소통을 송신자의 의도가 수신자에게 안전하게 전달되는 과정으로 보는 반면, 프래그머티즘의 모형에서는 이상적으로 의사소통을 창조, 생산 및 변형의 과정으로 본다. 이로 인해 자아의 위치를 다르게 설정하게 되는데, 송신자-수신자 모형에서는 자아가 의사소통에 종속된다

흔들림 없는 교육 : 도구로서의 교육을 넘어

고 할 수 있는 반면 프래그머티즘의 모형에서는 자아가 의사소통의 주체가 된다.

프래그머티즘 모형의 흥미로운 점은 의사소통 파트너 간의 근본적인 간극을 강조하며, 이 간극을 극복하거나 닫으려는 뜻이나 욕망이 없다는 것이다. 이러한 생각을 논리적 결론으로까지 밀어붙인 이론가는 호미 바바(Homi Bhabha)로, 그는 자신의 저서 『문화의 위치*The Location of Culture*』(Bhabha, 1994)에서 의미가 생성되는 '제3의 발화 공간(third space of enunciation)'[6] 즉 상호작용 공간은 대화자들 사이에서 나타나는 것이며, 이는 "그 자체로는 재현이 불가능하다"고 주장한다(Bhabha, 1994, p. 37). 그 이유는 제3의 발화 공간을 재현하려는 시도가 대화자 중 한 쪽의 입장에서만 이루어질 수 있으며 이를 넘어선 중립적인 입장에서 이루어질 수 있는 것이 아니기 때문이다. 이는 제3의 발화 공간을 재현하려는 시도가 언제나 또 다른 제3의 발화 공간을 생성하게 되어 이를 완전히 이해하려는 시도는 영원히 실패할 수밖에 없음을 의미한다.[7] 따라서 대화의 어느 당사자도 의사소통에서 발생하는 것을 소유하거나 완전히 포섭할 수 없다는 것을 인정하는 것은 단순히 인식론적인 문제가 아니라 무엇보다도 윤리적-정치적 의미가 있는 통찰이기도 하다(Biesta, 2009a 참조).

따라서 교육적 의사소통이라는 주제는 간극과 단절이 중요한 문제로 대두되는 교육적 상황의 첫 번째 사례를 제공한다. 우리가 관계를 연결과 간극의 해소 차원에서 생각하는 경향이 있지만(이것은 물론 논의가 더 필요한 문제이다), 오히려 교육 속에는 그런 관계의 이해방식으로는 충분히 포착되지 않는 한계들이 드러나는 측면이 있다. 그러나 여기에는 중요한 교육적 시사점이 있다. 그것은 많은 교육활동이 실제로 재생산과 충실한 전수를 추구한다는 사실과 관련이 있다. 결국, 학습이란 학생들이 자신의 의미와 통찰을 구성하는 과정이라고 우리를 설득하고 싶어 하는 구성주의자들이 더러 있기는 하지만, 결국 2 더하기 2는 여전히 4가 된다. 그리고 2 더하기 2가 5가 되어야 한다고 주장할 수 있는 학생의 창의성과 독창성을 칭찬하고 싶어 할 수도 있겠지만 교육이 특히 자격부여 모드로 작동할 때에는 전문적 의미에서 관용의 여지가 거의 없다.

이러한 경향은 의미와 지식 및 이해의 영역에만 해당되지 않으며 가르치는 것과 배우는 것 사이의 일치가 지배적인 지향점이 되는 실용 학습의 영역에서는 더욱 그러하다. 결국 자동차 운전, 석유 시추 또는 엠브라에르 ERJ 145[브라질 항공기 제조사인 엠브라에르가 제작한 소형 상업용 제트 항공기(옮긴이)] 비행을 배우는 과정에는 허용 가능한 창의성과 변형의 범위가 제한적이다. 아마도 주체화의 관점에서는 교육이 간극을 열어두고 이를 창발적으로 활용하는 것을 추구할 수 있고 또 그래야 하지만, 자격부여의 관점에서는(아마 사회화의 관점에서도 그러할 것이다) 규범적 교육의 목표가 간극의 축소, 재생산 및 종결에 강하게 맞춰져 있으며, 이 또한 교육의 실제적인 측면들이다.

교육과 학습의 간극을 좁히는 주요 '메커니즘'은 평가이다. 평가는 학생들이 만들어낸 다양한 결과물 중 일부를 '옳다'고 인정하고, 나머지를 '틀리다'고 판단하는 선택의 과정으로 볼 수 있기 때문이다. 비에스타는 이를 '회고적 복잡성 축소(retrospective complexity reduction)' 과정이라고 언급한 바 있다(Biesta, 2010g). 교육적 간극을 좁히는 핵심 과정

흔들림 없는 교육 : 도구로서의 교육을 넘어

이 가르침이나 교수법보다는 평가라는 점에서, 가르침(teaching)과 교수법(pedagogy)이 점점 더 평가로 대체되거나 평가의 개념 속에서 재정의되고 있다는 사실(예: Black et al., 2003 참조)은 의미심장한 일일지도 모른다. 이는 결국 교육에서 '사건(the event)'이 사라질 위험을 초래할 수 있다(Biesta, 2014a 참조).[8]

말 걸어옴(Being Addressed)

교육적 관계의 한계를 탐구하고자 하는 두 번째 영역에서도 의사소통의 주제를 이어가지만,[9] 여기서는 이를 발화(speech)의 문제와 관련하여 다룬다. 교육에서 발화의 문제를 다루는 익숙한 방식은 아이들이 어떻게 말하는 것을 배우는지, 더 일반적으로는 어떻게 의사소통을 배우는지 질문하는 것이다. 이는 발화를 발달 궤도의 끝에 위치시켜 모종의 학습이 이 궤도상에서 발화 능력으로 이어질 것으로 기대하는 것이다. 여기에는 많은 발달 관련 정보가 있으며, 실증적인 관점에서 보면, 발화를 배우는 것이 일종의 발달과정이라는 것을 부인하기 어렵다. 이 과정의 어떤 시점에서 아이는 단어와 문장을 만들어내지 못하다가 이후에는 이 능력을 습득하게 된다. 그러나 발화의 문제를 다른 각도에서 접근한다면, 즉 아이들이 어떻게 발화를 **배우는가**가 아니라, 발화하는 것이 어떻게 가능한가, 다시 말해, 아이가 말하는 주체, 발화의 주체가 되는 것이 **어떻게 가능한가**라는 질문으로 접근한다면 어떤 일이 일어나는가?

이를 위해 먼저 확실히 해둬야 할 것은 고립된 상태에서는 발화하는 것이 불가능하다는 사실이다. 고립된 상태에서는 소리를 낼 수는 있지만, 말을 하는 것은 불가능하다. 즉, 의미가 있거나 의미를 전달하는 소리는 낼 수 없다. 이러한 논리를 따른다면, 소리를 발화로 변환하기 위해서는 자신의 소리가 무엇을 의미하는지 배워야 하는데 이는 **당신의** 소리가 무엇을 의미하는지 다른 사람들이 당신에게 알려줄 필요가 있음을 암시하는 듯하다. 이는 말하기가 가능해지는 학습의 경로란 곧 '타자의 말', 다시 말해 이미 존재하는 말이 된다는 것을 시사한다. 이 관점에서 발화를 배우는 것은 기존의 발화 체계로 사회화되는 과정이며, 이러한 방식으로 가능해진 발화는 반복으로서의 발화가 된다. 다시 말하면 이는 주체가 물러나고 기존의 발화 체계와의 동일시로서의 정체성이 그 자리를 차지하는 발화인 것이다. 또한, 이러한 학습의 경로에서 교육자의 기본 전제는 기존의 발화 체계로 사회화되기 이전에는 아이가 **아직** 발화할 수 없다는 것이다. 말하자면 교육자는 아이의 능력이 **아직 갖춰지지 않았다는** 가정에서 출발하는 것이다.

그러나 이것이 어떻게 아이가 말을 할 수 있고 발화의 주체가 될 수 있는지에 대해 생각할 수 있는 유일한 방식은 아니다. 내가 탐구하고자 하는 대안적인 방식은 능력이 갖춰지지 않았다가 아니라 능력이 구비되어 있다는 가정에서 출발하는 것이다. 즉, 아이가 말을 할 수 있다는 가정에서 시작하는 것이다. 아니면 논의의 초점을 능력과 무능력의 문제로부터 벗어나서 **아이가 이미 말을 한다**는 가정에서 출발하는 것이다(Biesta, 2010f 참조). 물론 이것은 사실 하나의 가정일 뿐이다. 이것은 우리가 출발할 수 있는 가정이며, 우리의 교육적 행위에 영향을 미칠

흔들림 없는 교육 : 도구로서의 교육을 넘어

수 있는 가정이다. 랑시에르는 이를 '검증을 요구하는' 가정이라고 부른다(Rancière, 1991). 그러나 이는 그 가정의 진리를 확증한다는 이론적인 의미에서가 아니라 **진리를 만들어간다는** 실천적 의미에서 검증을 요구하는 것, 즉 그 진리를 실행에 옮기는 것이다.[10] 어떠한 방식으로 이 가정을 실행에 옮길 것인가? 여기에는 세 가지 다른 선택지가 있다고 생각한다. 이것들을 탐구하면서 교육에서 또 다른 단절과 관계 외적인 지점에 도달할 것이다.[11]

첫 번째는 최근 학계에서 매우 중요하게 다루어지고 있는 것으로 (예: Haroutunian-Gordon, 2004; Waks, 2010; Thompson, 2011 참조), 아이가 말한다는 가정을 실행한다는 것은 아이의 말을 **경청**한다는 것을 의미한다는 것이다. 나는 이 주장에 호감이 가는 점이 있다. 왜냐하면 듣는다는 것은 듣는 상대편이 말을 하고 있으며 그에게는 말할 것이 있다는 가정을 실천에 옮기고 있기 때문이다. 그러나 우려되는 점도 있다. 아마도 가장 우려되는 점은 듣는다는 것이 대체로 듣는 사람에게 우선권을 부여한다는 점일 것이다. 즉, 듣는 사람은 자신이 듣고 싶은 것에 대한 통제력을 유지한다. 또한 듣는다는 것은 해석, 이해, 번역의 문제로 너무 깊이 빠져들게 할 수 있으며, 이로 인해 발화의 문제를 다시 반복의 문제로 되돌릴 위험이 있다는 점도 우려된다. 즉, 발화하는 존재를 인정하기보다는 의미를 해독하려는 위험이 있다는 것이다.

두 번째 선택지 또한 최근의 논의에서 두드러진 위치를 차지하는데, 이것은 **인정**의 문제이다(예: Bingham, 2001; Stojanov, 2006 참조). 여기서 아이가 발화하고 있다는 가정을 실행하는 것은 내가 그의 발화 사실을 인정하고, 그를 발화하는 존재로서 인정하는 형태를 취하게 된다. 내가 인정이라는 개념과 논리에 대해 우려하는 것은 이것이 권력의 위치에서 작동하는 경향이 있기 때문이다. 이 위치에서 나는 당신을 발화하는 존재로 인정할 권력을 가지고 있기 때문에 당신의 존재는 당신을 인정하느냐 마느냐에 대한 나의 결정에 달려 있게 된다(나는 이 영역에서 논의되는 더 많은 복잡성, 특히 상호인정과 그에 따른 인정 투쟁과 관련된 이슈를 잘 알고 있다).

세 번째는 아이가 발화하고 있다는 가정의 실행을 '듣기'나 '인정'의 측면이 아닌, **'말 걸어옴**(being addressed)'[12]이라는 사건의 측면에서 접근하고자 한다.[13] 듣기와 인정은 자비로운 행위로 해석될 수 있는 반면, '말 걸어옴' 혹은 '호명됨'은 반대 방향으로 작용한다. 여기서 중요한 것은 내가 '타인'을 인정하는 것이 아니라 **타인**이 나에게 말을 걸고 있음을, 즉 내가 타인으로부터 **호명되고 있음**을 인정하고, 이러한 인정에 따라 행동한다는 것이다. 따라서 이 과정에서 관련된 인정이 있다면, 그것은 **타인**을 향한 인정이 아니라 자신을 향한 인정이다.[14] 그러므로 아이가 발화하고 있다고 가정하고 그에 따라 행동하는 것은 실증적 주장(empirical claim)을 하는 것이 아니라, 교육적이고 정치적인 선택을 하는 것이다. 하지만 여기서 '선택'이라는 말에 대해 주의해야 한다. 이는 내가 호명되기를 원하는지 여부를 선택할 수 있는 권한이 나에게 있다고 다시 생각하게 되는 오류에 빠지지 않기 위해서이다. 바우만(Zygmunt Bauman)이 『포스트모던 윤리학*Postmodern Ethics*』(1993)에서 레비나스를 해석한 부분이 이 점에서 유용하다. 그는 여기서, 중요한 것은 타인에 대한 책임을 우리의 선택에 의해 받아들이는 것이 아니라는 점을 분명히 하고 있다. 이것은 당연히 '존재하는' 책임이며 오히려

흔들림 없는 교육: 도구로서의 교육을 넘어

이 책임 자체에 대해 우리가 지는 책임이라는 것이다.

아이가 말을 하고 있다는 가정을 실행하는 이 세 번째 방식에 있어서 흥미로운 점은, 이것이 경청 및 인정과는 달리, 적절한 표현인지 모르겠지만 '관계 맺기 제스처'가 아니라 오히려 일정한 거리를 두는 것에 의존한다는 것이다. 결국 이 세 번째 대안의 경우 인정은 타인이 아닌 자기 자신을 향한다. 교사는 경청하는 자로서이건, 인정하는 자로서이건 학생에게 다가가는 것이 아니라 자기 내면을 향해 돌아서는 것이다. 글랜 후닥(Glenn Hudak)은 「여러 사람들 앞에서 홀로(Alone in the Presence of Others)」라는 흥미로운 제목의 논문에서 '자폐로 분류된 아이들'과 함께 일하는 교육자들에 초점을 맞추어 이 아이디어들과 관련된 중요한 탐구를 제공하고 있다(Hudak, 2011, p. 58). 그의 탐구가 나의 논의와 관련이 있는 것은, 일반적인 가정에 따르면 발화, 의사소통 또는 심지어 관계 맺기가 불가능하다고 여겨지는 '범주'에 그가 초점을 맞추고 있기 때문이다. 여기서 '범주'라는 단어를 사용한 점에 대해서는 바로 사과를 드린다.[15]

물론 이러한 정의, 즉 타인에 대한 지식을 받아들이고 이를 자신의 행위를 안내하는 가정으로 삼을 수도 있을 것이다. 하지만 그렇게 할 경우, 모든 교육 활동은 이미 존재한다고 여겨지는 것을 단순히 반복하는 데 그치게 된다. 결국 교육은 소위 **존재한다고 여겨지는 것**에 묶이게 될 것이다(이 문제에 대해서는 Biesta & Säfström, 2011 참조). 그러나 후닥은 이와 반대로 교육의 가능성은 오히려 교육자가 세 가지 가정, 즉 **능력의 가정**(competence), **상상력의 가정**(imagination), **친밀감의 가정**(intimacy)을 바탕으로 행동할 때 열리게 된다고 주장한다. 그리고 후닥은 각각의 경우에서 '사회적으로 받아들여지는' 방식으로 의사소통하고 관계를 맺어야 할 책임이 아이들에게 있는 것이 아니라는 점을 강조한다. 즉, 자폐아들은 주변에 머물러 있고 다른 사람들이 그들을 대신해서 발화를 하는 것이 아니라, "신체적으로 장애가 있는 이들이 자신의 경험을 더 잘 전달하고, 따라서 그들의 경험이 논의에 포함될 수 있도록 돕는 방법을 찾아야 할 책임이 교육자에게 있다"는 것이다(ibid., p. 61).

따라서 교육자의 임무는 "자폐라는 이름이 붙은 아이들에게 세상을 대신 해석해주는 것이 아니라, 그 아이들이 사고하고, 느끼고, 나아가 발화하는 사람이라고 **가정**하는 것이다"(ibid., p. 61; 강조 표시 추가). 후닥은 나머지 두 가정, 즉 상상력과 친밀감의 가정과 관련해서도 유사한 점을 지적하면서, 이 세 가지 모두가 "철학적이면서 동시에 정치적인 도전"을 제기한다고 주장한다(ibid., p. 66). 이 가정들은 발화하고 의사소통하고 관계를 맺는다는 것이 무엇을 의미하는지 근본적으로 재고할 것을 요구할 뿐만 아니라, 이러한 가정에 따라 행동함으로써 "지배적인 권력 구조"와 "인간으로 존재한다는 것에 대한 지배적인 정의"에 도전하는 것이기 때문이다(ibid., p. 62 및 Biesta, 2006a, p. 1 참고). 그리고 후닥이 결론을 내렸듯이, 이는 "장애로 분류된 사람들"뿐만 아니라 사실은 "우리 모두"와 관련이 있다(Hudak, 2011, p. 69). 그리고 나도 이 점에 동의한다.

'호명됨' 혹은 '말 걸어옴'이라는 개념에서 내가 흥미롭게 생각하는 점은, 이것이 경청 및 인정의 자세와는 상당히 다른 자세를 나타낸다는 것이다. 후닥의 논의에서는 '말 걸어옴'이라는 개념을 통해 말하기라는

흔들림 없는 교육 : 도구로서의 교육을 넘어

문제, 말하기에 이르는 문제, 그리고 말하는 주체가 된다는 문제들이 개인의 기술 및 능력의 문제들, 특히 관계를 가능하게 하는 데 필수적이라고 여겨지는 기술 및 능력의 문제들과 분리된다는 점을 강조한다. 발화는 더 이상 발화자가 능력을 **습득**하는 문제가 아니라고 할 수 있다. 이는 내가 말을 하고 그 말에 대해 이해받기 위해 노력하는 문제도 아니다. 내가 말을 하는 '능력'은 누군가 나의 발화에 대해서 반응을 보일 때 이미 존재한다고 할 수 있다. 아기의 옹알이나 자폐로 분류된 사람의 침묵처럼 설령 이 발화가 알아들을 수 있는 형태를 갖추지 않더라도 그렇다. 이렇게 볼 때 이는 또한 말하기라는 문제, 말하기에 이르는 문제가 더 이상 자격부여와 사회화의 문제가 아니라 궁극적으로 주체화의 문제임을 의미한다.

당신의 삶을 바꾸어라!

교육적 관계의 한계를 탐색하고자 하는 마지막 영역은 어쩌면 가장 일반적이고 가장 근본적인 교육의 '자세'라고 할 수 있는 것과 관련이 있을 것이다. 그것은 교육이 항상 어떤 방식으로든 **변화**에 대한 호소, 환기, 나아가 변화에 대한 요구까지도 내포한다는 사실이다. 교육자가 말하고 행동할 때 현재의 상태를 확인하기 위해서 그렇게 하는 것이라고는 거의 할 수 없을 것이다. 어쩌면 그렇게는 결코 하지 않을 것이다. 거기에는 항상 무언가가 변화해야 한다는 암시가 들어 있다. 이러한 변화에 대한 요청은 교육 기능과 목적의 세 가지 영역, 즉 자격부여, 사회화, 주체화 전반에 걸쳐 이루어지지만 구체적으로 무엇을 의미하는지는 각 영역마다 다르다. 변화에 대한 요청에는 반드시 이 변화가 **무엇**이어야 하는지, 그리고 이 변화가 **어떻게** 일어나야 하는지에 대한 명확한 세부지침이 수반되지 않을 수도 있다. 그러나 교사가 가르치거나 교육자가 교육할 때, 최우선의 방향성은 변화이다.

왜 나는 교육에서 관계적인 것과 '관계 외적인 것'에 대한 논의에 이 문제를 끌어들이는가? 주된 이유는 교육의 변화에 대한 요청이 **외부로부터** 오는 것이며 따라서 **반드시** 그렇게 이해되어야 한다고 주장하고자 하기 때문이다. 이것이 학습 담론과 교육 담론이 근본적으로 다른 주요 이유 가운데 하나이다. 물론 우리는 항상 스스로 변화하고 싶다고 결정할 수 있으며, 변화를 위해 학습에 참여할 수도 있다. 그러나 교육의 논리는 외부에서 내부로 향하기 때문에 작용하는 방향이 다르다. 그러나 이는 교육철학에 있어서 오랜 역사를 가진 문제를 소환한다. 그것은 교육이, 보다 구체적으로 말하면 가르침이 교육의 상황에 근본적으로 새로운 것을 가져올 수 있는가, 실제로 외부에서 오는 어떤 것을 가져올 수 있는가 하는 문제이다. 이 질문은 바로 플라톤의 『메논*Meno*』, 소크라테스, 그리고 '학습의 역설(learning paradox)'[16]로 알려진 것으로 거슬러 올라간다. 교육자로서 소크라테스를 해석하는 것은 까다로운 문제임을 알고 있으며, 거의 모든 교육철학자가 이에 대해 나름의 의견이 있다는 것도 알고 있다. 따라서 나는 이것이 유일하고 최종적인 해석이라거나 내 주장의 핵심이 소크라테스에 대한 올바른 해석의 문제라고 주장하는 것이 아니다. 내가 주장하고자 하는 요점을 설명하기 위해 한 가지 가능한 해석을 제시할 것이다.

흔들림 없는 교육 : 도구로서의 교육을 넘어

소크라테스는 학습의 역설에서 벗어나기 위해 모든 학습은 회상의 문제라고 주장했다. 그렇기 때문에 소크라테스는 자신이 실제로 가르칠 것이 전혀 없다고 주장할 수 있었고, 자신의 교육적 노력을 전적으로 **산파술**(maieutic), 즉 내면에 이미 존재하는 것을 이끌어내는 것으로 표현할 수 있었다. 소크라테스는 자신이 어떤 가르침에도 관여하지 않았으며, 그렇게 함으로써 가르침의 가능성을 부인하고 싶어하는 것처럼 보였지만, 이는 그가 실제로 하고 있던 것과 일치하지 않았다. 샤론 토드(Sharon Todd)는 자신의 저서 『타인으로부터 배우기*Learning from the Other*』에서 "소크라테스의 말을 곧이곧대로 받아들일 수는 없다" (Todd, 2003, p. 23)라고 주장하며, 대화 편 『메논』을 세심히 읽어 보면 소크라테스가 메논의 노예 소년에게 자신이 이미 가지고 있었으면서도 인식하지 못했던 지식을 실제로 많이 가르치고 있음을 보여준다.

토드는 특히 노예 소년의 주체성에 영향을 미치는 소크라테스의 가르침을 강조한다. 이것은 노예 소년이, 자신이 실제로 노예라는 것과, 학습자라는 것, 즉 '교육의 주체'임을 배우는 과정이다(ibid., p. 24). 토드는 소크라테스를 "완벽한 살인자마냥 가르침이 일어나지 않은 것처럼 보이게 하고 흔적 없이 현장을 떠남으로써 자신의 무죄를 확신하는 교사"로 제시한다(ibid.). 그러나 그녀는 소크라테스가 자신이 던지는 질문들에 숨은 의도가 없다고 선언함으로써 실제로 "교사와 학생 사이에 존재하는 근본적인 변화와 비대칭 구조[17]를 흐리게 하고 있다"고 주장한다(ibid., p. 25).

요하네스 클리마쿠스(Johannes Climacus)라는 가명으로 활동한 키에르케고르(Søren Kierkegaard)는 『메논』에 대해 유사한 비판을 제기하면서, 산파술의 개념에서 벗어나서 그것과 다른 가르침이 가능할지에 묻는다. 산파술로서의 가르침이라는 개념에서는 가르침을 학습에 부수적인 것으로 보지만, 클리마쿠스는 "**만약** 지식을 회상으로 보는 소크라테스의 설명에 대안이 있어야 한다면, 즉 교사와의 관계가 부수적인 것이 아니라 **본질적인 것**이 되도록 실제로 가르치려면 무엇이 필요한가?"라는 질문을 제기한다(Westphal, 2008, p. 25; 강조 표시는 원문). 키에르케고르가 제시하는 대답은, 교사는 학습자에게 진리뿐만 아니라 그것을 진리로 인식할 수 있는 조건까지 제공해야 한다는 것이다.[18] 왜냐하면 "만약 학습자가 진리를 이해할 조건을 스스로 가지고 있다면, 그는 단지 회상만 하면 되기"(Kierkegaard, 1985, p. 14) 때문이다. 클리마쿠스는 이를 '이중 진리 제공'이라고 특징짓고, 이를 통해 계시(revelation)의 개념을 설명한다. 따라서 계시는 단순히 "교사가 학습자에게 아직 소유하지 않은 지식을 제공하는 것"만이 아니라, 더 중요한 것으로, "그 지식을 진리로 인식할 수 있는 조건을 제공하는 것"이기도 하다. 후자의 경우에만 "**교사와의 관계가 본질적이 될 수 있기**" 때문이다(Westphal, 2008, p. 25; 강조 표시는 원문).

클리마쿠스는 부수적이라기보다는 본질적인 학습의 개념이 단지 학생들이 아직 알지 못하는 무언가를 제시하는 것이 아님을 보여준다. 본질적인 학습의 개념은 오히려 학생들에게 "그들이 이미 알고 있는 것에서 도출되거나 그것에 의해 검증되지 않은 것"(ibid., p. 26), 그들이 이미 알고 있는 것을 진정으로 초월하는 것을 제시하는 것이다. 그래서 레비나스는 소크라테스의 가르침이 "동일자의 우선성"을 특징으로 한다고 서술하고 있다. 이는 "외부에서 오는 것을 내가 마치 태초부터 이미 소유하고 있었던 것처럼 나에게 있는 것 외에 "타자로부터 아무것도 받아들이지 않는 것"(Levinas, 1969, p. 43)을 말한다. 이에 반해 레비나스는 '나'의 능력을 초월하여 타자로부터 받아들이는 관계를 추구한다. 이는 "무한성에 대한 개념을 가지는 것"일뿐만 아니라 "누군가로부터 가르침을 받는 것"을 의미한다(ibid., p. 51). 계시라고 할 수 있는 것은 이러한 가르침을 말한다(ibid., p. 67 참고).

메롤드 웨스프폴(Merold Westphal)은 레비나스와 키에르케고르의 저작에 들어 있는 이러한 개념들에 대해 논의하면서, 두 사람 모두 계시의 개념을 권위의 개념과 연결짓는다는 점을 강조한다. 결국 가르침이, 학생들이 이미 알고 있는 것에서 도출되거나 그것에 의해 검증되지 않은 것을 제시하는 것이라면, 학생들은 그것을 교사의 권위에 의존하여 받아들여야 한다. 웨스트폴이 지적했듯이 이 통찰이 갖는 더 넓은 의미는 "레비나스와 키에르케고르 모두에게 윤리적이고 종교적인 삶이 회상의 힘을 넘어 돌연 우리에게 다가오는 권위적인 계시에 근거한다"(2008, p. 26)라는 사실에 있다. 1965년 에세이 "현상과 에니그마(Phenomenon and Enigma)"에서 레비나스는 이 계시를 '수수께끼'라고 부르며, 드러나는 것은 현상이나 내가 이해하고 파악할 수 있는 것이 아니라 오히려 내 인지와 이해를 초월하는 것, 나아가 "존재를 초월하는 것"(Levinas, 1987, p. 62)이며 "이성을 넘어서는 것"(ibid., p. 61)임을 강조한다. '수수께끼'란, 자신을 드러내지만 우리가 이해할 수 없는 방식으로 스스로를 나타내는 방식에 관한 것이다. 즉, 그것은 '자신을 드러내지 않고서도 자신을 의미화(signify)하는' 어떤 것을 뜻한다(ibid., p. 73). 레비나스가 지적했듯이 인간의 이성이 신(God)을 이해하려고 하는 것이 아니라, 문자 그대로 신이 인간의 내면으로 들어오는 것에 관한 것이다(Levinas, 1998 참조).[19]

나는 다른 텍스트에서 이런 관점의 사유 방식을 정리한 바 있다(Biesta, 2011c). 즉 가르침이 현재 매우 인기 있는 학습의 촉진이라는 개념을 넘어서는 의미를 가지려면 초월이라는 개념, 즉 내가 만들어낸 것이 아니라 외부에서 내게 오는 것이 있다는 사유를 받아들여야 한다고 주장했다. 그래서 '타인으로부터 배우는 것'과 '타인으로부터 가르침을 받는 것'을 명확하게 구분하는 것이 중요하다고 생각했다(이런 구분이 단지 존재한다는 것이 아니라, 이 표현들로 구분할 수 있는 것에 대해서 깊이 생각해 보는 것이 중요하다는 것을 의미한다. Biesta, 2013a 참조). 타인으로부터 배우는 것은 내가 타인으로부터 배우고 싶은 것에 대한 통제권을 유지하는 방식을 강조하는 반면, 타인으로부터 가르침을 받는 것은 다른 제스처, 즉 타인이 내게 근본적으로 새로운 것을 가져다주는 제스처를 나타낸다. 이것은 아는 것을 단지 확증하는 것이 아니라 오히려 중단시키는 것이다. 여기서 중요한 것은 가르침이 근본적으로 외부에서 온다는 것, 거칠게 표현하자면 '산파술이 아니라는 것(non-maieuticity)'이며, 이는 관계의 단절, 분리, '관계 외적인 것'을 강조함으로써 교육의 '관계 외적' 차원의 또 다른 면을 드러낸다.

흔들림 없는 교육: 도구로서의 교육을 넘어

결론

앞서 말했듯이, 이 장의 목표는 교육적 관계에 반대하는 주장을 제시하는 것이 아니라, 교육의 과정과 실천에서 간극, 중단, 거리, 분리를 드러내는 측면을 탐색하는 것이었다. 이는 교육적 관계라는 개념을 **반박하기 위해서가 아니라** 교육에 대해, 특히 교육적 관계에 대해 생각할 때 망설임의 순간을 추가하기 위해서이다. 이와 관련하여 특별히 주장한 것이 없기 때문에, 딱히 결론지을 것도 없다. 대신에 나의 탐색에서 나온 주요 통찰을 요약해 보고자 한다.

첫째는 교육적 의사소통에 관한 것으로, 의사소통의 파트너 사이에는 항상 간극, 즉 바바(Bhabha)의 표현으로 '제3의 발화 공간'에서는 의미가 영원히 우리로부터 벗어나며, 언제까지나 우리의 통제를 넘어선다. 우리가 이해한 것을 상대방에게 들려줄 때마다 새로운 간극이 생기고 새로운 제3의 발화 공간이 생겨나기 때문에 우리는 의사소통의 파트너에게 '다가가려고', 경청하려고, 이해하려고 노력한다고 해서 이 간극을 좁힐 수 없다. 이러한 방식으로 의사소통을 이해하는 것의 가장 큰 장점은 그 간극을 좁히려는 시도에는 항상 힘(force)이 작용한다는 점을 깨닫게 해준다는 것이다. 힘이 작용한다는 것은 본질적으로는 표현할 수 없는 것을 억지로 표현하거나 다양한 의미와 행위 중에서 '옳다' 또는 '참'으로 간주되는 것을 선택하고 보상을 해주는 것이다. 후자는 평가의 과정에 대한 설명이며, 이러한 논의는 평가 자체가 항상 강제적인 개입임을 드러내지만, 교육의 방향이 자격부여와 사회화를 추구하는 것이라면 그러한 개입이 교육적 근거가 없는 것은 아니라고 주장했다. 그러나 우리의 관심이 주체화에 있다면 문제는 전혀 달라지며 교육은 훈련과는 달리 항상 이 차원에도 관심을 두어야 한다고 주장했다.

둘째는 발화, 즉 말하기의 문제, 보다 구체적으로는 어떻게 아이가 **발화의 주체가 될 수 있는가** 하는 문제(나는 **발화의 주체됨**을 '발화의 주체가 **되어감**'이라는 발달적 관점이 아니라 존재론적 측면에서 논의하는 것을 선호한다)는 논의를 보다 명확하게 주체화 '방식'의 교육으로 전환시켰다. 아이가 발화의 주체라는 가정을 실행하는 두 가지 관계 방식, 즉 경청과 인정 외에도, 나는 '말 걸어옴'이라는 세 번째 방식을 제시했다. 경청과 인정은 타인에게 다가가는 관계적 제스처로 볼 수 있는 반면, '말 걸어옴'은 자기 자신을 향하는 혹은 '**내면으로 향하는**' 제스처로 볼 수 있기 때문에, 연결보다는 간극이나 거리를 만든다. 그러나 바로 이 거리가 있기 때문에, 즉 상대를 포착하거나 그의 능력이나 역량을 증명하도록 요구하지 않기 때문에, 교육의 가능성이 열린다고 할 수 있다. 따라서 누군가가 자신에게 '말을 걸어오고 있음을 인식하는 것'은 단순한 사실이 아니라, 교육을 가능하게 하는 가정적(반사실적)인 것으로 이해할 수 있으며, 이는 샤파르(Birgit Schaffar)가 말하는 '도덕적 요구'로 볼 수 있다.

셋째는 가르침이 원래 학습에 **내재**해 있는 어떤 것이 아니라, 키에르케고르의 표현을 빌리자면 학습에 **부수적인**(accidental) 것이 아니라 **필연적인**(essential) 것이며, 따라서 선험적인 것일 수 있다는 점, 즉 근본적으로 '외부'에서 오는 어떤 것, 단절, 중단(Biesta, 2009c), 개입 혹은 키에르케고르와 레비나스에게서 공통적으로 찾을 수 있는 용어인 '계시'일 수 있다는 것이 무엇을 의미하는지를 탐색했다. 계시로서의 가르침

흔들림 없는 교육: 도구로서의 교육을 넘어

은 어떤 의미에서 나에게 말을 걸어오는 경험, 즉 호명되는 경험을 다른 측면에서 바라보는 것이며, 그래서 '누군가에게서 배우는 것'과 '누군가로부터 가르침을 받는 것' 사이를 구분하는 것이 중요하다고 강조했다.

요컨대 이상의 통찰은 교육이란 관계를 맺는 것이라는 개념을 폐기하는 것은 아니지만, 교육적 관계를 다르게 바라보도록 도울 수 있다. 이것은 단순히 교육에서 간극, 균열, 분리 및 단절이 작동하는 방식을 보기 위해서만이 아니라, 그것들이 교육적으로 왜 중요한 문제가 될 수 있는지를 이해하기 위해서도 필요하다.

1   이 장의 초기 버전은 북미 교육철학학회(Philosophy of Education Society of North America) 회장으로서 발표한 연설문이었으며, 추후 다음과 같이 출판되었다. Biesta, G. J. J.(2012). No Education without Hesitation. Thinking differently about educational relations. In C. Ruitenberg et al.(eds.), *Philosophy of Education 2012* (pp. 1-13). Urbana-Campaign, IL: Philosophy of Education Society.

2   구소련 시대에 교육자 안톤 마카렌코가 운영했던 비행 청소년을 위한 교정 시설이다. 이곳에서 마카렌코는 비행 청소년들을 재사회화하고 교육하는 혁신적인 방법을 사용했다고 알려져 있다. 그는 학생들의 과거 역사나 배경에 대한 정보를 의도적으로 알려고 하지 않았다. 이는 학생들을 현재의 행동과 가능성으로 평가하기 위한 것이었다(옮긴이).

3   '상호 무관한 것(unrelated)'은 두 개념 또는 요소 사이에 명백하거나 인과적인 연결이 없다는 것을 의미하는 반면에, '관계 외적인 것(non-relational)'은 특정 개체나 개념이 다른 것들과의 관계를 통해 정의되거나 의미를 가지지 않는다는 것을 의미한다. 다시 말하면 '상호 무관한 것'은 두 개 이상의 개체가 관계를 맺고 있지 않음을 나타내는 데 비해, '관계 외적인 것'은 관계라는 개념 자체에 의존하지 않는 상태나 차원을 강조한다(옮긴이).

4   Pädagogik: 교육학, Didaktik: 교수법, Bildung: 교양교육, Erziehung: 훈육, 교육, Ausbildung: 훈련, 직업교육, Unterricht" 수업, 교습, Lehren: 가르치다, 교육하다(이상 독일어), danning: 교육, utdanning : 교육, 훈련(이상 노르웨이어), dannelse :교양, 전인 교육(노르웨이어, 덴마크어), bildning: 교양 교육, utbildning: 교육, 훈련(이상 스웨덴어). opvoeden: 양육, 훈육, onderwijzen: 가르치다, 교육하다, vormen: 형성하다, 양성하다(이상 네덜란드어)(옮긴이).

5   만일 'in'이라는 단어를 넣어서 "producing or living in a common world"라고 표현했다면 "공통의 세계 안에서 생산하거나 살아가는"이라는 의미가 되어 그런 세계"를" 주체적으로 창조해 가는 능동적인 과정이 드러나지 않기 때문에 의도적으로 'in'이라는 단어를 사용하지 않았다는 것이다. 다시 말하면 'in'이라는 단어를 실수로 빠트린 것이 아님을 말하고 있다(옮긴이).

6   포스트콜로니얼 이론가 호미 바바(Homi Bhabha)가 제안한 '제3의 상호작용 공간(third space of enunciation)'은 상호작용하는 두 주체나 문화 사이에서 나타나는 중간 공간(intermediate space)으로, 이 공간에서 새로운 의미와 정체성이 창조되는 것으로 본다. 그러나 이 공간은 고정적이거나 재현 가능한 형태를 가질 수 없으며, 항상 변화하고 유동적이다. 바바에 따르면 이 공간은 항상 미끄러지는 공간으로 재현 불가능하다고 설명한다. 즉, 이 공간을 정의하거나 포착하려는 시도는 또 다른 새로운 '사

흔들림 없는 교육 : 도구로서의 교육을 넘어

이 공간'을 생성할 뿐이라는 것이다. 이 공간은 창조와 변형의 공간으로 상호작용 과정에서 새롭게 만들어지는 의미의 가능성을 열어주며 이로 인해 기존의 정체성이나 질서가 재구성되고 확장된다고 본다(옮긴이).

7   바바의 '제3의 발화 공간'이 전달하는 것은 의사소통 당사자 누구도 상호작용에서 생성되는 의미를 정확히 이해하는 것이 불가능하다는 것이다. 이는 제3의 공간이 고정된 의미를 가지지 않고, 끊임없이 변화하고 재구성됨으로써 새로운 의미와 정체성이 지속적으로 창출될 뿐더러 또한 대화자는 자신의 경험과 관점에 따라 의미를 해석하기 때문이라는 것이다(옮긴이).

8   저자의 관점에서 '사건(event)'이란 예측 불가능한 상호작용과 창조적 과정이 포함된 교육 경험을 의미한다. 그는 교육이 위험(리스크)과 불확실성을 포함하는 과정이어야 하며, 이러한 위험을 제거하려는 시도는 교육 자체를 무의미하게 만든다고 주장한다. 이러한 의미의 '사건'은 교육의 본질적인 부분으로, 교육이 기계적이고 일방적인 과정으로 변질되는 것을 방지하는 역할을 한다(옮긴이).

9   첫 번째 영역에서는 의사소통의 두 가지 모형으로서의 송신자-수신자 모형과 실용주의적 의사소통의 문제를 논의하면서 차이와 간극(gap)의 중요성, 사건(event)으로서의 의사소통, 평가와 간극의 폐쇄 문제를 다루었다(옮긴이).

10 이론적인 의미에서 진리를 확증한다는 것은 어떤 진술이나 주장이 사실인지 아닌지를 객관적으로 검증하고 확증하는 과정을 말하는 것인 데 반해 실천적인 의미에서 진리를 만들어간다는 것은 어떤 가정이 참이라고 여길 수 있도록 실천함으로써 그 결과로 그 가정이 현실에서 참이 되도록 만드는 것을 말한다. 교육적인 진리는 객관적으로 참, 거짓을 가릴 수 있는 것이 아니라 어떤 믿음에서 실천하느냐에 따라서 현실에서 참이 되기도 하고 거짓이 되기도 하는 특징을 가지고 있다. 특정 학생이 학습할 수 있는 능력이 있다고 가정하고 교육을 하느냐 아니면 그런 능력을 불신하면서 교육을 하느냐에 따라 결과가 크게 달라진다는 랑시에르의 사상이다(Bingham, C & Biesta, G(2010). *Jacques Rancière: Education, Truth, Emancipation.* 이민철 옮김(2023). 『교육의 평등, 제3의 길: 자크 랑시에르의 시선』. 씨아이알. 참조(옮긴이).

11 경청과 인정에 관한 기존 문헌을 비판적으로 논의하려는 의도가 전혀 없음을 먼저 알리고자 한다. 여기서 내가 말하고자 하는 것은 기존의 내용을 부정하는 것이 아니라, 약간 다른 관점을 추가하여 이해와 존재의 방식에 대해 조금 다른 관점을 제시하고자 하는 것이다.

12 'being addressed'는 누군가에게 호명되거나 불리는 상태를 의미한다. 이는 다른 사람으로부터 주목받고, 인식되고, 그로 인해 반응을 요구받는 상황을 가리킨다. 교육의 상황에서 학생이 어떤 말을 할 때 교사는 학생이 자기에게 말을 걸고 있다는 것을 받아들이고 이에 응해야 한다. 이렇게 볼 때 'being addressed'에는 '말 걸어옴'이란 의미

도 있다고 볼 수 있다(옮긴이).

13 나에게 이 개념을 알려준 니나 조한슨(Nina Johannesen)에게 감사드리고 싶다.

14 랑시에르의 철학에서 '자신에게 향하는 인정(recognition directed towards the self)'
    이라는 개념은 타인이 말하고 있음을 내가 인정하는 것이 아니라 자신이 타인에 의해
    호명되고 있음(즉 타인이 나에게 말을 걸어오고 있음)을 인정하는 것을 의미한다. 이
    는 발화의 수용자(즉, 청자)로서 자신의 역할을 인정하고, 이에 따른 책임을 받아들이
    는 것을 강조한다. 교육의 맥락에서, 이 개념은 교사가 학생을 단순히 잠재적인 발화
    자로 인정하는 것이 아니라, 이미 발화하고 있는 존재로 인식하고 그에 따른 책임을
    받아들이는 것을 의미한다. 이는 교육적인 접근 방식을 평가에서 상호작용과 책임으
    로 전환시킨다. Rancière, J.(1991). *The Ignorant Schoolmaster*. Stanford University
    Press; Bauman, Z.(1993). Postmodern Ethics. Wiley-Blackwell; Bingham, C & Biesta,
    G.(2010). *Jacques Rancière: Education, Truth, Emancipation*. 이민철 옮김(2023). 『교
    육의 평등, 제3의 길: 자크 랑시에르의 시선』. 씨아이알. 참고(옮긴이).

15 '자폐 청소년은 이러이러하다'고 인식하는 것, 즉 자폐 청소년에 대해 우리가 이미 알
    고 있는 정보를 바탕으로 그들을 특정한 '범주'로 분류하는 것에는, 고정적 규정의 위
    험, 탈맥락화와 비인간화의 가능성에 대한 위험이 있기 때문에 사과라는 표현을 하는
    것이다(옮긴이).

16 소크라테스가 언급한 학습의 역설은 '메논의 역설(Meno's paradox)'로 잘 알려져 있
    다. 이 역설은 플라톤의 대화 편 『메논』에서 메논과 소크라테스 사이의 대화에서 제기
    된다. 역설의 핵심은 학습(지식 탐구)의 가능성에 대해 의문을 제기하는 다음과 같은
    논리적 문제이다.
    – 만약 당신이 무엇을 찾고 있는지 이미 알고 있다면, 그것을 배울 필요가 없다.
    – 반대로, 만약 당신이 무엇을 찾고 있는지 모른다면, 그것을 인식하거나 찾을 수 없다.
    – 따라서 학습은 불가능하다.
    이 논리는 학습이 '이미 아는 것'과 '아예 모르는 것'이라는 두 가지 극단적인 상태 사
    이에 갇혀 있기 때문에 발생하는 딜레마를 보여준다. 소크라테스는 이 역설을 해결하
    기 위해 영혼의 불멸성과 상기설을 제시한다. 상기설은 우리가 학습을 통해 새로운 지
    식을 얻는 것이 아니라, 우리의 영혼이 이미 알고 있는 것을 상기(recollection)하는 과
    정이라는 주장이다. 오늘날 메논의 역설은 학습 철학에서 중요한 논점으로 남아 있으
    며, "우리가 무엇을 모르는지를 어떻게 알 수 있는가?"라는 질문과 관련이 있다. 또한
    이는 학습과 인식의 본질, 학습의 과정, 그리고 인간의 지식이 어떻게 축적되는지를
    탐구하는 데 철학적 기반을 제공한다(옮긴이).

17 이 비판은 소크라테스의 교육 방식이 단순히 지식을 전달하는 전통적 교육보다 진일
    보한 것이긴 하지만, 교사와 학생 간의 권력 구조를 완전히 해체하지는 못한다는 한계

흔들림 없는 교육: 도구로서의 교육을 넘어

를 지적한다. 이는 소크라테스가 대화법을 통해 평등하고 열린 학습 환경을 조성하려 했지만, 실제로는 지식을 가진 교사가 학생을 특정 방향으로 유도하는 비대칭 구조를 완전히 제거하지 못했다는 비판적 관점을 반영한 것이다(옮긴이).

18 교사가 학생들에게 모르는 것을 질문하라고 했을 때, 질문을 할 수 있는 학생과 그렇지 못한 학생의 차이는 진리를 인식할 수 있는 조건과 밀접하게 연결될 수 있다. 이 차이는 단순히 지식의 양이나 지적 능력의 차이가 아니라, 학생이 진리를 탐구할 수 있는 내적 태도, 환경, 경험과 같은 조건을 갖추고 있느냐의 문제라고 볼 수 있다(옮긴이).

19 "자신을 드러내지 않고 그 의미를 나타내는 것(manifesting oneself without manifesting oneself)"은 어떤 존재나 개념이 완전히 드러나지 않으면서도 자신을 나타내는 것을 의미한다. 이는 레비나스가 계시를 설명할 때 사용한 개념으로, 계시는 우리의 인지와 이해를 초월하는 것이며, 따라서 우리가 완전히 이해할 수 없는 방식으로 우리에게 다가온다는 것을 강조한다. '계시', '절대자' 등의 개념을 보면 종교의 영역을 다루는 것처럼 보일 수 있으나 저자의 관심은 교육에도 인지 혹은 이성을 넘어서는 영역이 있음을 보여주는 데 있다. 저자는 계시만이 아니라 '에피파니(Epiphany, 레비나스)', '포화된 현상(Saturated Phenomenon)'과 '왜상(anamorphosis, 마리옹)' 등의 개념을 통해서 이성 중심, 학습자 중심의 교육담론을 비판하고 있다(이민철.「포스트모더니즘의 관점에서 본 학습자와 가르침 및 배움의 관계」.『복잡성교육학회』제3권. 2024. 3.1. 참고)(옮긴이).

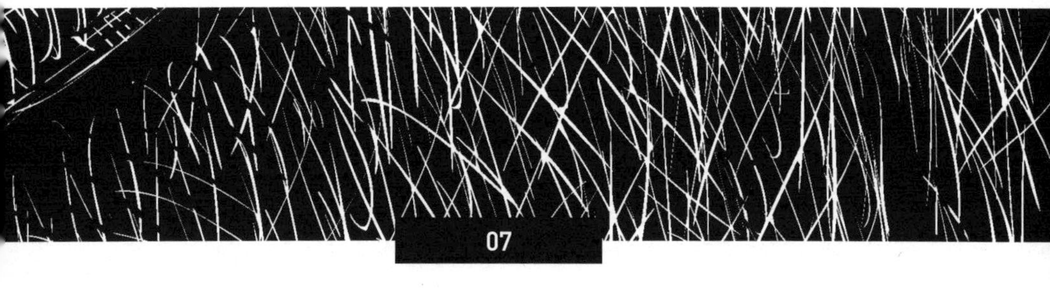

변혁적 포용

07

변혁적 포용

서론[1]

남성과 동등해지려는 여성은 야망이 부족하다는 티모시 리어리(Timothy Leary)의 주장은 포용에 대한 논의에서 발생하는 주요 긴장 중 하나를 흥미롭게 표현한 것이다. 간단히 설명하자면, 이 긴장은 포용을 '외부'에 있는 사람들을 '내부'로 끌어들이는 과정으로 생각하는 한, 우리는 누군가를 내부자와 외부자로 편 가르기 하는 사회적·정치적 구조를 재생산할 위험이 있다는 것이다. 따라서 더 깊은 수준에서 우리는 포용이라는 의제가 드러내고 극복하고자 하는 바로 그 분열과 권력 관계를 그대로 유지할 위험에 처하게 된다. 이는 '외부'에 있는 사람들을 포용함으로써 보다 포용적인 실천과 존재 방식을 만들어내려는 모든 시도가 무조건 나쁘거나 도움이 되지 않다는 의미는 아니지만, 포용을 **이러한 관점에서만** 생각하면 포용과 배제에 관한 보다 근본적인 문제를 다루지 못하게 될 위험이 있다.

이 문제들을 해결하기 위해서는 실질적이고 정치적인 작업뿐만 아니라 이론적이고 개념적인 탐색도 필요하다는 점을 지적하고자 한다. 이 장에서 밝히고자 하는 것은 후자에 관한 것이다. 앞으로 논의할 개념은 '변혁적 포용(Transclusion)'이다. 이 개념을 통해 '자리 이동'과 '지형 이동'이라는 이중의 이동을 설명하고자 한다. '변혁적 포용'이라는 개념은 포용과 유사한 면이 있으면서도(자리 이동) 이와 동시에 애초에 '자리가 형성되는 장(field)' 자체를 변화시켜야 한다는 요구까지 포함한다(지형 이동). 따라서 '변혁적 포용'은 문자 그대로, 그리고 비유적으로 내부자를 제자리에 그대로 두고 단지 외부자의 이동만을 요청(혹은 조장, 요구)하거나 촉진하기보다, 내부자와 외부자 **모두의** 자리(따라서 정체성과 관계)를 변화시키는 이동을 설명하려고 하는 것이다.

이렇게 표현하면 '변혁적 포용'이라는 개념은 간단하게 들릴 수도 있고, 어쩌면 지나치게 단순화된 것처럼 느껴질 수도 있다. 따라서 앞으로 이러한 생각에 약간의 이론적 '설명'을 덧붙이고자 한다. 이를 위해 민주주의와 민주시민교육에 관한 논의에서 포용의 개념을 탐색한다. 앞으로 밝히겠지만 이 영역은 포용과 배제 간의 긴장을 설명하는 데 풍부한 근거를 제공할 뿐만 아니라 '변혁적 포용'이 어떻게 이해되고, 구상되고, 실행될 수 있는지에 대한 보다 구체적인 '사례'를 제공한다. 나는 민주주의와 시민교육의 영역에 국한하여 논의하겠지만, 이 장에서 다루는 이론적이고 개념적인 작업이 다른 영역과 분야에서 포용

흔들림 없는 교육 : 도구로서의 교육을 넘어

과 배제 간의 긴장을 다루는 데에도 도움이 되기를 기대한다.

포용과 민주주의

포용은 민주주의의 핵심 가치 중 하나라고, 어쩌면 **가장 중요한 핵심 가치**일 수도 있다. 결국 민주주의의 '본질'은 사회를 **통치**(kratein)하는 일에 모든 사람, 즉 **데모스**(demos) 전체를 포함시키는 데 있다. 그래서 페리클레스는 민주주의를 "권력이 소수의 손이 아닌 전체 시민의 손에 있는 상태"라고 정의했으며(Held, 1987, p. 16), 아리스토텔레스는 민주주의를 "모두가 각자를 지배하고, 각자는 번갈아가며 모두를 다스리는 것"으로 표현했다(ibid., p. 19). 이와 유사한 민주주의 정의는 오늘날까지도 이어지며, 에이브러햄 링컨 또한 민주주의를 "국민의, 국민에 의한, 국민을 위한 정부"라고 정의했다. 포용은 또한 민주주의의 정당성과 정당화에 중요한 역할을 한다. 왜냐하면 아이리스 영(Iris Yong)이 지적한 바와 같이, 민주적 의사결정의 규범적 정당성은 "그 의사결정으로 인해 영향을 받는 사람들이 의사결정 과정에 얼마나 많이 포용되었는지, 그리고 결과에 영향을 미칠 기회를 얼마나 누렸는지"에 달려 있기 때문이다(Young, 2000, pp. 5-6).

그러나 포용은 민주주의의 본질이자 목적일 뿐만 아니라, 동시에 민주주의가 직면한 주요 문제 중 하나이기도 하다. 결국, 민주주의가 시작된 이래로 (어떤 의미에서는 민주주의가 시작되기 전부터 문제가 되었던) 민주주의를 괴롭혀 온 질문은 **데모스**, 즉 그 정의에 포함될 사람들이 누구인가 하는 것이다. 이것은 **민주적 시민권**(democratic citizenship) 의 문제이며, 우리는 아테네 도시국가에서 시민권이 매우 제한적이었 다는 것을 너무나 잘 알고 있다. 단지 20세 이상의 아테네 남성들만이 시민권을 가질 수 있었다. 여성, 어린이, 노예(인구의 약 60%를 차지) 및 여러 세대 동안 아테네에 정착한 이민자들조차 정치 참여에서 제외 되었다(Held, 1987, p. 23). 한편으로 민주주의의 역사는 포용을 향한 지 속적인 노력의 역사로 서술될 수 있다. 결국, 지난 두 세기 동안 여성 운동과 노동 운동을 포함한 가장 강력하고 성공적인 사회운동들은 억압 받고 소외된 사람들이 완전하고 평등한 시민으로 인정받기를 요구하는 주장을 중심으로 조직되었다(Young, 2000, p. 6).

하지만 민주주의의 역사는 **포용**의 역사일 뿐만 아니라 배제의 역사 이기도 하다. 어떤 경우에는 **배제**가 민주주의의 이름으로 정당화되기도 한다. **자유민주주의**가 그런 경우이다. 자유민주주의에서는 **평등**(equality) 의 원칙을 나타내는 대중 지배라는 민주적 원칙이, 대중의 지배보다 우 선하는 일련의 기본적인 자유에 의해 제한된다. 이것은 대중의 지배가 (자유의 원칙을 나타내는) 개인의 자유를 제한하거나 방해하지 않도록 하기 위함이다(Gutmann, 1993, p. 413). 샹탈 무페(Chantal Mouffet)는 이 를 **민주주의 역설**이라고 적절히 표현했다(Mouffe, 2000 참조). 자유민주 주의는 민주적 의사결정의 특정 **결과**(outcomes)를 배제하려고 하며(따 라서 그러한 결과를 주장하는 사람들을 배제해 왔다. 표현의 자유에 대 한 논의는 이 문제의 복잡성을 보여준다), 이와는 별개로 민주주의와 배제 사이에는 보다 직접적인 연관성 또한 존재하는데, 여기에는 교육 이 특별한 역할을 한다. 여기서의 논쟁은 민주적 참여의 기초로 간주되

흔들림 없는 교육 : 도구로서의 교육을 넘어

는 특정 자질, 예를 들어, 합리성이나 이성(아래 참조) 등의 자질이 부족하거나 민주주의 자체의 이상을 받아들이지 않는다 하여 민주주의에 '적합'하지 않다고 여겨지는 사람들에게 초점이 맞춰져 있다.

보니 호닉(Bonnie Honig)이 1990년대 초에 이미 분명히 밝혔듯이, 이는 특정 정치적 정체성을 중심으로 민주정치가 조직되기를 바라는 공동체주의자들만의 문제가 아니라 자유주의자들에게도 해당되는 문제이다. 자유주의자들은 합리적으로 행동할 수 있는 의지와 능력을 가진 사람들로 정치적 참여를 제한하며 선한 삶에 대한 실질적인 개념은 사적인 영역에 남겨두고자 하는 경향이 있기 때문이다(자세한 내용은 Honig, 1993을 참조). 이러한 전략은 '합리성의 수준이 낮은 것'으로 간주되는 사람들, 즉 이성적으로 행동할 수있는 최소한의 합리성이 결여된 것으로 간주되는 사람들을 배제하는 결과를 초래한다(물론 무엇이 합리성인지, 누가 합리성을 정의하고 결정할 수 있는지에 대한 중요한 의문을 제기한다). 또한 '전 합리적(pre-rational)', 보다 일반적으로는 '전 민주적(pre-democratic)'이라고 부를 수 있는 있는 사람들을 배제하는 것을 정당화하는 데도 이러한 전략이 사용되며, 아동은 이러한 범주의 가장 '분명한' 예이다(여기서도 다시 아동의 정의에 관한 물음과 이를 정의하고 결정할 권리나 권력을 가진 사람이 누구인가 하는 물음이 제기된다). 민주시민교육은 흔히 개인의 합리성을 증진시키거나, 더 직접적으로는 민주주의에 관한 지식, 역량 및 성향을 증진시킴으로써, 흔히는 두 가지를 모두 실천함으로써, 개인이 민주적 의사결정에 참여할 '준비'가 되도록 하는 과정으로 여겨지기 때문에 이 문제는 교육과 깊은 관련이 있다.

이것이 포용의 문제가 민주주의와 민주시민교육에 관한 논의에서 어떤 역할을 하는지에 대한 첫 번째 단서를 제공했다면, 이제 최근의 논의에서 민주적 포용의 문제가 어떻게 다루어졌는지, 그리고 논의의 범위를 확장하려는 시도가 어떻게 이루어졌는지에 대해 보다 자세히 살펴보고자 한다. 첫 번째 단계에서는 민주주의 이론에서 이른바 '숙의적 전환(deliberative turn)'을 살펴볼 것이다. 존 엘스터(Jon Elster), 존 드라이젝(John Dryzek), 아이리스 영의 연구에 대한 논의를 통해 다양한 숙의 개념이 어떻게 민주주의를 좀 더 포용적으로 만들고자 노력했는지 보여줄 것이다. 두 번째 단계에서는 민주적 포용의 문제에 대해 보다 급진적인 접근 방식을 제시한 자크 랑시에르(Jacques Rancière)의 연구를 살펴볼 것이다. 이는 기존의 민주주의 구성체를 더 포용적이고 환영받을 수 있도록 만들려는 시도의 문제점을 보여줄 뿐만 아니라, 앞에서 언급한 이중의 이동이 필요함을 명확히 밝히고 있다. 따라서 랑시에르는 마지막 단계에서 내가 '변혁적 포용'의 개념을 통해 명확히 하고자 하는 것의 기초를 제시하고 있다.

보다 포용적인 민주주의: 숙의적 전환

포용의 문제는 정치적 의사결정에 관한 논의에서 중심적인 역할을 한다. 현대 정치이론에는 민주적 의사결정과 관련하여 두 가지 주요 모형, 즉 **선호집계**(aggregative)모형과 **숙의**(deliberative)모형이 있다. 첫 번째 모형은 민주주의를 공직자와 정책을 선택할 때, 항상 그런 것은 아

흔들림 없는 교육: 도구로서의 교육을 넘어

니지만, 종종 개인의 선호를 집계하는 과정으로 본다. 이 모형의 핵심 가정은 개인의 선호를 주어진 것으로 보아야 하며, 정치는 다수결 원칙에 근거하여, 항상 그런 것은 아니지만, 종종 선호를 집계하는 데에만 관계가 있다는 것이다. 이러한 선호가 어디에서 비롯되었는지, 그것이 타당한지, 그리고 선호의 근거가 이기적인 것인지 아니면 이타적인 것인지는 논의 대상이 아니라고 본다. 다시 말하면 **선호집계**모형에서는 "목적과 가치는 주관적이고 비합리적이며 정치적 과정의 외부에 존재하는 것"으로 가정하며, 민주 정치는 기본적으로 "사적 이익 및 선호 간의 경쟁"으로 본다(Young, 2000, p. 22).

그러나 지난 20년 동안 점점 더 많은 정치이론가들이 민주주의는 단순한 선호집계에 국한되어서는 안 되며, **숙의에 의한 선호의 변화**를 포함해야 한다고 주장해왔다. **숙의모형**에서는 민주적 의사결정을, 집단행동의 수단과 목적에 대해 참가자들이 제시하고 받아들이는 논증에 의해 이루어지는 결정을 수반하는 과정으로 본다(Elster, 1998, p. 8). 영의 설명에 따르면, 숙의 민주주의는 "어떤 선호가 가장 많은 수의 지지를 받는지 결정하는 것이 아니라, 어떤 제안이 최선의 이유로 집단의 동의를 받는지 결정하는 것"이다(Young, 2000, p. 23).

'최선의 이유'라는 언급은 숙의 민주주의가 특정한 숙의 개념에 기반하고 있음을 나타내며 이는 중요한 포인트이다. 예를 들어, 드라이젝은 숙의가 매우 넓은 범위의 활동을 포괄할 수 있음을 인정하지만, **진정한** 숙의가 이루어지려면 선호에 대한 성찰이 **강제적이지 않은** 방식으로 이루어져야 한다고 주장한다(Dryzek, 2000, p. 2). 그는 이러한 조건에 의해 "권력 행사, 조작, 세뇌, 선전, 속임수, 단순한 사익의 발로, 위

협 … 및 이념적 일치를 강요하려는 시도가 배제된다"라고 설명한다
(ibid.). 이는 숙의 민주주의가 "참가자들이 합리성과 공정성의 가치를
준수하면서 논쟁을 주고받는 것이며(Elster, 1998, p. 8) 숙의는 "자유롭
고, 평등하며, 합리적인 주체들" 사이에서 이루어져야 한다는 것을 의
미한다(Elster, 1998, p. 8; ibid., p. 5).

어떤 측면에서 '숙의적 전환(또는 드라이젝이 제안한 대로 '귀환';
Dryzek, 2000, pp. 1-2 참고)'은 민주주의 이론과 실천에 있어서 중요한
진전이다. 첫째, 이는 민주주의의 기본 가치, 특히 민주주의는 집단적
의사결정에 실제로 참여하는 것이라는 개념을 보다 충실히 표현한 것
으로 보인다. 선호집계모형에서는 참여가 거의 없으며, 의사결정이 주
로 알고리즘적[단순한 계산을 뜻함(옮긴이)]으로 이루어진다. 둘째, 가령 영이
주장한 바와 같이, 숙의적 접근 방식은 교육적 잠재력이 훨씬 강한 것
으로 보인다. 숙의모형에서는 "정치적 행위자들이 단순히 선호와 이익
을 드러내는 것이 아니라, 포용적 평등의 조건하에서 이를 어떻게 조화
시킬 것인가에 대해 서로 논의"하기 때문이다(Young, 2000, p. 26). 영에
따르면 이러한 논의는 "참가자들이 서로에게 열린 자세로 세심하게 대
하고 모든 사람이 수용할 수 있는 방식으로 자신들의 주장과 제안을
정당화하도록 요구하며, 그 결과 참가자들의 가치지향이 자기 이익에
서 공적으로 주장될 수 있는 방향으로 이동"한다고 주장한다(ibid.).

이를 통해 "사람들은 종종 새로운 정보를 얻고, 집단의 문제에 대한
다양한 경험을 배우며, 자신의 최초 의견이 편견과 무지에 기초하고 있
음을 알게 되거나, 자신의 이익과 다른 사람들의 관계를 오해했음을 알
게 된다"(ibid.). 워렌이 말한 바와 같이, 숙의에 참여하는 것은 개인으로

흔들림 없는 교육 : 도구로서의 교육을 넘어

하여금 "공공정신을 더 많이 갖추고, 더 관용적이 되며, 더 많은 식견을 기르고, 다른 사람들의 이익에 더 주의를 기울이며, 자신의 이익을 더 면밀히 살피게" 할 수 있다(Warren, 1992, p. 8). 숙의 민주주의의 세 번째 장점은 정치 행위자의 **동기 부여**에 미치는 잠재적 영향에 있다. 그 이유는 민주적 의사결정에 참여함으로써 참가자들이 그 결과에 더욱 헌신하게 될 가능성이 높아지기 때문이다. 이는 숙의 민주주의가 사회적·정치적 문제 해결에 본질적으로 바람직한 방식일 뿐만 아니라, 어쩌면 이를 실행하는 데 더 효과적인 방식일 가능성이 높다는 것을 시사한다(Dryzek, 2000, p. 172 참조).

참여 조건과 민주적 배제

숙의적 전환은 민주주의를 그 핵심 가치에 더 가깝게 만들기 위한 시도로 볼 수 있으며, 이러한 측면에서 선호집계모형, 보다 일반적으로는 자유민주주의의 바탕인 개인주의 및 '단절된 다원주의'에 대한 중요한 수정을 나타낸다(Biesta, 2006a). 그러나 숙의 민주주의는 민주주의에 대한 참여를 높임으로써 민주적 포용의 어려움을 훨씬 더 선명하게 부각시켰으며, 따라서 포용의 문제를 둘러싼 일련의 문제들을 발생시켰다. 이는 아이러니하지만 놀라운 일은 아니다.

　여기서 주요 이슈는 숙의에 참여하기 위한 **참여 조건**에 모아진다. 앞서 인용한 저자들은 모두 민주적 숙의에 대한 참여가 규제되어야 하며, 특정한 가치와 행동을 지지하는 사람들로만 제한해야 한다고 주장하는 것 같다. 예를 들어, 영에 따르면 숙의모형은 "숙의하는 당사자들의 관계와 성향에 관한 여러 규범적 개념들을 필요로 하는데, 그중에는 포용, 평등, 배려심, 공공성 등이 있으며, 이들은 모두 숙의모형에서 상호간에 **논리적으로** 관련되어 있다"(Young, 2000, p. 23; 강조 표시는 추가). 대부분의 숙의 민주주의 옹호자들은 참여를 위한 일련의 참여 조건을 명시하지만, 관련 논의에서 흥미로운 것은 민주적 숙의를 위한 이상적인 조건은커녕 숙의를 위해 필요한 일련의 최소 조건을 설정하는 데도 애를 먹는다는 사실이다(예: Elster, 1998의 기고 참고).

영은 배려심(reasonableness, 필요조건으로 보는 것)과 합리성(rationality, 필요조건으로 보지 않는 것)의 구분을 통해 흥미로운 예를 제시하고 있다. 영에게 있어 배려심이 있다고 해서 합리적이라는 것을 의미하지는 않는다. 배려심은 "사람들이 토론에서 제시한 내용이라기보다는 토론 참가자들이 가진 일련의 **성향**을 의미한다"(Young, 2000, p. 24; 강조 표시는 추가). 그녀는 배려심을 가진 사람들이 "종종 터무니없는 생각을 하기도 한다"는 점을 인정하지만, "그들을 배려심 있는 사람으로 만드는 것은 그들의 생각이 잘못되었거나 부적절한지 그 이유를 설명하려는 다른 사람들의 말을 들으려는 의지"라고 말한다(ibid.). 따라서 영의 해석에서 볼 때 배려심은 사람들의 선호와 신념의 논리적 '특성'을 판단하기 위한 기준이 아니라, 의사소통의 **미덕**으로 부각된다.

이러한 예는 숙의모형에서 포용의 문제가 왜 그렇게 중요한지 보여줄 뿐만 아니라, 숙의적 전환이 포용 문제와 관련하여 전적으로 새로운 일련의 문제들을 야기한 이유도 설명한다. 그 이유인즉슨 숙의는 단지 정치적 의사결정의 한 형태라기보다는 무엇보다도 정치적 **의사소통**의

흔들림 없는 교육: 도구로서의 교육을 넘어

한 형태이기 때문이다. 따라서 숙의 민주주의에서 포용의 문제는 누가 포함되어야 하는가와 관련된 질문이라기보다는(물론 이런 질문도 항상 제기해야 한다), 누가 효과적으로 숙의에 참여할 수 있는가와 관련된 질문이다. 드라이젝이 적절하게 요약했듯이, 숙의 민주주의에 대한 의구심은 "특정 유형의 합리적인 정치적 상호작용에 초점을 맞추는 것이 사실상 중립적이지 않으며, 민주 정치에서 다양한 목소리를 체계적으로 배제한다는 점"에 있다(Dryzek, 2003, p. 58).

이와 관련하여 영은 두 가지 형태의 배제를 구분한다. 첫 번째는 **외적 배제**로, 이는 "사람들이 실제로 토론과 의사결정 과정에서 배제되는 방식"을 의미한다. 두 번째 **내적 배제**는 사람들이 형식적으로는 의사결정 과정에 포함되어 있기는 하지만, 가령 "자신의 주장이 진지하게 받아들여지지 않거나 동등한 존중을 받지 못한다고 느끼는 상황"을 말한다(Young, 2000, p. 55). 다시 말해, 내적 배제는 사람들이 "의사결정의 무대와 절차에 접근할 수 있음에도 불구하고 다른 사람들의 생각에 영향을 미칠 수 있는 실질적인 기회를 갖지 못하는 상황"을 가리킨다(ibid.). 이는 특히 일부 숙의 민주주의 옹호자들이 "냉정하고, 상황에 얽매이지 않으며, 중립적인 이성"을 강조한 결과일 수 있다(ibid., p. 63).

내적 배제의 극복: 보다 더 환영받는 민주주의를 위해

논증의 초점을 너무 편협하게 설정한 결과 초래되는 내적 배제의 문제에 대응하기 위해 영은 숙의 과정에 추가되어야 할 몇 가지 정치적 소통 방식들을 제안했다. 이는 "숙의를 실천함에 있어서 배제라는 경향을 바로잡기 위해서만이 아니라, '존중과 신뢰'를 증진하고, '구조적 및 문화적 차이를 초월한 이해'를 가능하게 하기 위해서도 필요하다(ibid., p. 57).

그중 첫 번째는 **환영** 또는 **공개적 인정**이다. 이는 "갈등 관계에 있는 사람들, 특히 의견이나 관심사 또는 사회적 위치가 다른 사람들이 토론에 포함되는 것을 **인정**하는 소통의 정치적 제스처"를 의미한다(ibid., p. 61; 강조 표시는 원문). 영은 환영을 정치적 상호작용의 출발점으로 생각해야 한다고 강조한다. 이는 "이유를 제시하고 평가하기에 **앞서**"(ibid., p. 79) 숙의에 참여하는 다른 당사자들을 인정함으로써 이루어진다. 두 번째 정치적 소통방식은 **수사**(rhetoric)이다.[2] 보다 구체적으로 말하면 수사를 긍정적으로 활용하는 것이다(ibid., p. 63). 수사는 정치적 소통의 내용이 아닌 형식만을 다룬다고 할 수도 있지만, 영이 지적하는 요점은 포용의 정치적 소통에서는 다양한 표현 방식을 존중하고 받아들여야 하며, 합리적 논증에서 수사를 배제하려고 하지 말아야 한다는 것이다.

수사가 중요한 이유는 특정 이슈를 숙의의 안건에 올리는 데만이 아니라 **"특정한 상황에서 특정한 청중에게 적합한 방식으로"** 주장과 논증을 명확히 표현하는 데도 도움을 줄 수 있기 때문이다(ibid., p. 67; 강조 표시는 원문). 수사학은 "특정 청중을 위해 논증을 배치하고 논증에 구체적인 스타일과 톤을 부여"하는 등 항상 논증과 함께 한다(ibid., p.

흔들림 없는 교육 : 도구로서의 교육을 넘어

79). 영의 세 번째 정치적 소통 방식은 **서사** 또는 **이야기하기**이다. 민주적 소통에서 서사의 주된 기능은 "중요한 것과 관련하여 매우 다른 경험이나 가정을 가진 정치체제 구성원들 간의 이해를 촉진할 수 있는 잠재력"에 있다(ibid., p. 71). 영은 정치적 소통의 교육적 측면에서 서사의 역할을 강조한다. 그녀의 주장에 따르면 "포용적인 민주적 소통"에서는 "모든 참가자들이 함께 살아가는 사회에 대해 대중에게 가르칠 것이 있고" 또한 "모든 참가자들은 사회적 세계 또는 자연계의 어떤 측면에 대해서는 무지하며, 모든 사람들은 어떤 편견, 선입견, 맹점 또는 고정관념을 가지고 있어서 정치적 갈등을 겪는다"라고 가정한다(ibid., p. 77).

환영과 수사, 서사는 논증을 **대체**하기 위한 것이 아니라는 점을 강조할 필요가 있다. 영은 숙의 민주주의가 "참가자들이 서로에게 근거를 요구하고 그 근거들을 비판적으로 평가하는 것"을 필요로 한다고 거듭 강조한다(ibid., p. 79). 다른 숙의모형 옹호자들은 훨씬 협소한 접근 방식을 취하여 숙의를 오직 **합리적** 논증의 형태로만 간주한다(예: Benhabib, 1996). 이들은 오직 정당한 힘만이 "강제력은 없지만 더 설득력 있는 주장(forceless force of the better argument)"이 되어야 한다고 주장한다(Habermas, 1975, p. 108). 마찬가지로 드라이젝은 영의 주장에 대해 논의하면서 "숙의 민주주의에서는 논증이 항상 중심이 되어야 한다"고 결론짓는다(Dryzek, 2000, p. 71).[3] 그는 다른 소통 방식들이 존재할 수 있으며 이를 환영할 만한 충분한 이유가 있음을 인정하지만, "이들은 반드시 있어야 하는 것은 아니기 때문에" 그 지위는 다르다고 본다(ibid.). 결국 드라이젝에 있어서 모든 정치적 소통방식은 합리성의 기준을 충족해야 한다. 이는 다른 소통방식들이 합리적 논증에 종속되어야 한다는 것을 의미하지는 않지만, "무엇을 해야 하는지에 대한 논증이 중심이 되는 맥락에서만 이들을 활용하는 것이 의미가 있다"(ibid., p. 168).

민주주의는 완전한 포용을 실현할 수 있는가?

지금까지의 설명은 지난 20년 동안 민주주의와 포용에 대한 논의가 어떻게 발전해 왔는지 보여준다. 이는 진전으로 볼 수도 있겠으나, 문제가 더 이상 남아 있지 않다는 의미는 아니다. 두 가지 점을 좀 더 살펴볼 필요가 있다. 첫 번째는 민주주의가 '당연한 것'이 될 수 있다는 가정과 관련이 있다(이 특정 단어를 사용하는 이유는 아래에서 더 자세히 설명할 것이다). 두 번째는 포용이 안에서 밖으로(inside out) 향하는 과정이라는 가정과 관련이 있다.

첫 번째 가정과 관련하여, 민주주의를 더욱 포용적으로 만들려는 의욕이 궁극적으로 **모든** 사람이 민주적 '질서'에 참여하는 상황으로 이어지는 경로라고 이해할 수 있다. 결국 민주주의와 포용에 관한 논의에서 주요 도전은 실질적인 문제로, 즉 우리의 민주적 실천을 어떻게 보다 더 포용적으로 만들 수 있는가(내적 포용), 그리고 어떻게 더 많은 개인을 민주적 숙의의 영역으로 끌어들일 수 있는가(외적 포용) 하는 문제로 인식되는 것 같다. 여기서의 가정은 우리가 만일 타자성과 차이에 더 많이 주의를 기울일 수 있다면, 결국에는 **완전한** 민주적 포용의 상황, 즉 민주주의가 '당연한 것'이 되는 상황에 도달하리라는 것이다. 사람들이 언제, 어떻게 이 상황에 도달할 수 있을지, 그리고 끝내 도달하

흔들림 없는 교육: 도구로서의 교육을 넘어

지 못하는 사람들은 언제나 일부 '남아 있을' 것인지에 대해서는 다른 견해를 가질 수 있다(Mouffe, 1993). 그러나 민주화란 점점 더 많은 사람들을 민주주의의 영역으로 포함시키는 것을 의미한다는 생각은, 최고의 민주주의란 가장 포용적인 민주주의이기 때문에 궁극적으로 민주주의는 모두를 포용하는 상황이라는 근본적인 아이디어를 드러낸다.

이는 두 번째 가정, 즉 민주주의 영역 밖에 있는 사람들을 내부로 끌어들이는 과정인 포용의 개념과 관련이 있다. 여기서 더욱 중요한 것은, 외부에 있는 사람들을 내부로 끌어들이는 주체가 이미 그 내부에 있는 사람들이라는 사실이다. 이는 포용이 안에서 밖으로 작용하는 과정이라는 관점이다. 즉, 이미 민주적이라고 여겨지는 사람들(혹은 자신들을 민주적이라고 생각하는 사람들)의 입장에서 시작되는 과정인 것이다. 이는 또한 내부에 있는 사람들이 포용의 기준을 설정하고, 포함되기를 원하는 사람들이 그 기준을 충족해야 한다는 것을 의미한다.

물론 이론적 순수성이라는 목욕물과 함께 숙의 민주주의라는 아기를 버릴 필요는 없으며[영어 속담 "throw out the baby with the bathwater"를 직역한 것으로, 좋은 것까지 나쁜 것과 함께 버리지 말라는 의미, 즉 이론적 순수성을 고집하다가 숙의 민주주의의 장점까지 폐기할 필요는 없다는 뜻임(옮긴이)], 이는 결코 내가 의도하는 바가 아니다. 숙의 민주주의는 다른 정치적 실천 및 과정에 비해 분명 많은 장점을 가지고 있다. 그러나 우리가 던져야 할 질문은 민주주의에 대한 근본적인 가정들이 과연 민주주의를 이해하고 실천하는 최선의 방식, 그리고 가장 민주적인 방식으로 이어지는가 하는 것이다. 이 질문에 답하기 위한 첫 번째 단계는 민주주의를 다르게 이해할 수 있는지 여부를 묻는 것이다. 민주주의와 포용에 관한 기존 담론과는 분명히 다른 방식으로 민주주의 문제에 접근하려고 시도한 철학자가 있다. 그는 바로 자크 랑시에르이다. 특히 그는 여기에서 언급한 두 가지 가정에 도전하며 이 문제에 접근하고 있다.

민주주의에서 민주화로

기존의 담론에서 민주주의는 항구적이고 당연한 것으로 여겨지는 반면, 랑시에르는 민주주의를 **어쩌다가 이루어지는**(sporadic) 것으로 이해해야 한다고 주장한다. 즉, 민주주의는 특정한 상황에서만 가끔 '일어나는' 것이라는 것이다(Rancière, 1995, pp. 41, 61 참조). 이 점은 랑시에르 저술에서의 중요한 구분, 즉 '정치'(랑시에르에게 정치는 항상 **민주적** 정치를 의미하며, 민주주의는 '정치의 원리 자체'를 가리킨다; Rancière, 1999, p. 101)와 그가 '**치안**' 또는 '**치안 질서**'라고 부르는 것 사이의 구분과 관련이 있다. 랑시에르는 푸코를 떠올리게 하는 방식으로 치안을, "행동 방식, 존재 방식, 말하는 방식을 할당하는 신체의 질서로, 그 신체들이 이름에 걸맞게 특정한 장소와 임무에 배정되는 것을 감시하는 질서"로 정의한다(Rancière, 1999, p. 29). 이는 특정 활동은 보이도록 하고 다른 활동은 보이지 않게 하며, 특정 발언은 담론으로 이해하고 다른 발언은 소음으로 처리하는 것을 규정하는 "보는 것과 말하는 것의 질서"이다(ibid.).

치안은 국가가 사회적 삶을 구조화하는 방식으로 이해되어서는 안 된다. 그것은 하버마스의 용어로, '생활세계에 대한 시스템의 지배'가 아니라, **시스템과 생활세계 모두**에 의해서 이루어진다.[4] 랑시에르가 설

흔들림 없는 교육 : 도구로서의 교육을 넘어

명했듯이, "치안 체제를 규정하는 위치와 역할의 분배는 경직된 국가기능에서만이 아니라 자발적인 사회적 관계에서도 비롯된다"(ibid.). 이러한 치안의 정의를 이해하는 한 가지 방식은 모든 사람이 특정한 위치와 역할 또는 지위를 갖는다는 점에서 이를 포괄적인(혹은 포용적인) 질서로 생각하는 것이다. 이는 모든 사람이 그 질서의 **운영**에 포함된다는 것을 의미하지는 않는다. 요점은 단지 아무도 그 질서에서 배제되지 않는다는 것이다. 결국, 여성이나 아이들, 노예, 이민자들은 아테네 민주주의에서 정치적 의사결정에 참여할 수 없었지만 분명한 위치를 차지하고 있었다. 바로 이러한 점에서 모든 치안 질서는 포괄적 혹은 포용적이다.

이러한 배경에서 랑시에르는 **정치**를 평등의 이념을 명분으로 혹은 평등과 관련하여 치안 질서를 붕괴시키는 것으로 정의한다. 랑시에르는 치안활동에 반하는 매우 결연한 활동이 아닌 경우 '정치'라는 용어의 사용을 유보한다. 결연한 활동이란 '여하간 현재의 권력지형에서는 정의상 설 자리가 없다는 전제로 인해 직분과 몫 혹은 몫의 결여가 정해지는 현실의 권력지형을 파열시키는 것'이다(ibid., pp. 30-31). 이러한 파열은 '당사자, 몫 그리고 몫의 결여를 규정하는 공간을 재구성하는' 일련의 활동으로 나타난다(ibid., p. 31). 이렇게 개념화된 정치활동은 '어떤 신체를 그에 할당된 자리에서 옮기는 것이다(ibid.). 그것은 기존의 질서에서 무시되었던 것을 보이게 하고 한때 소음의 자리밖에 차지하지 못했던 말에도 귀를 기울이게 한다'(ibid.).

정치활동은 언제나 눈에 띄는 치안 질서의 분할을 무효화시키는

방식의 표현이다. 이는 기본적으로 이질적인 가정, 즉 몫이 없는
자들의 몫에 대한 가정, 몫이란 것은 결국 그 자체가 순전히 우연
적인 질서이고 말하는 존재는 이 사람이나 저 사람이나 모두 평등
한 존재라는 가정을 실행에 옮김으로써 이루어지는 것이다(ibid).

그러므로 정치는 치안과 **평등**이라는 두 개의 '이질적인 과정'이 만
날 때의 사건을 가리킨다(ibid. 참고).

이 설명에는 추가할 점이 두 가지 더 있다. 첫 번째는, 랑시에르에게
있어서 이런 식으로 이해되는 정치는 항상 **민주**정치라는 점이다. 그의
주장에 따르면 민주주의는 "체제나 사회적 삶의 방식이 아니다." 다시
말해, 민주주의는 치안 질서의 일부가 될 수 없으며, 그렇게 되어서도
안 된다. 오히려 "정치를 구성하는 원리 자체로 이해되어야 한다"(ibid.,
p. 101). 따라서 모든 정치 또는 '정치 행위'는 **일련의 제도로서가 아니
라,** "평등의 논리를 치안 질서의 논리와 대립시키는 표현 형태"라는 의
미에서 민주적이다(ibid.). 그러므로 민주주의는 평등에 대한 '요청'이라
고 말할 수 있다.

두 번째 요점은 이 주장을 하는 주체가 **누구**인가에 관한 물음이다.
다시 말해, 누가 '정치'를 '수행'하거나 '민주주의'를 '실천'하는가에 관한
물음이다.[5] 질문을 이런 식으로 제기하는 요점은 정치의 주체가 없다든
가 민주주의에는 민주적 행위자들이 존재하지 않는다는 것을 말하는
것이 아니다. 핵심은 민주적 **'행위'를 하기 이전에는** 민주적 주체로서의
정치적 행위자들이 존재하지 않는다는 것이다. 더 정확히 말하자면, 그
들의 정치적 정체성, 민주적 주체로서의 정체성은 오직 치안 질서를 붕

흔들림 없는 교육: 도구로서의 교육을 넘어

괴시키는 행위를 통해서만 형성된다는 것이다. 그래서 랑시에르는 정치 자체가 **주체화**의 과정이라고 주장한다(Biesta, 2010a, 2011a, 2011b 참조). 이는 정치적 주체들이 구성되는 과정이다. 랑시에르는 **주체화**를 "주어진 경험의 장에서 이전에는 식별할 수 없었던 일련의 신체 활동과 표현 능력을 통해 무언가를 생성하는 것으로 정의하며, 따라서 그것을 식별하는 것은 경험의 장을 재구성하는 것"으로 본다(Ranciere, 1999, p. 35).

그러므로 민주주의, 더 정확히 말하면 민주주의의 출현은 단지 이전에 정치 영역에서 배제되었던 한 집단이 민주주의의 햇살 아래에서 자신의 자리를 주장하기 위해 나서는 상황이 아니다. 이는 동시에 이전에는 존재하지 않았던 특정의 정체성을 가진 새로운 집단을 **창조**하는 것이기도 하다.[6] 예를 들어, 민주적 활동은 19세기 노동자들의 활동에서 찾아볼 수 있는데, 그들은 이전에 "사적 개인들 간에 벌어지는 무수히 많은 관계의 산물로 여겨졌던 작업관계에 대해 집단적인 기반을 확립했다"(ibid., p. 30). 따라서 민주주의는 새로운 **정치적** 정체성을 확립하는 것이다. 혹은 랑시에르가 말했듯이 "민주주의는 국가 또는 사회의 당사자들과 불화를 야기하는 주체를 만들어내는 것이다"(ibid., pp. 99-100). 이는 또한 "사람들이 있는 자리가 곧 분쟁이 일어나는 곳"임을 의미한다(ibid., p. 100). 정치적 분쟁은 이미 형성된 당사자들 간 모든 이해관계의 충돌과 구별되는데, 이는 "그 당사자들의 자격에 대한 분쟁"이기 때문이다(ibid.). 이것은 "자리의 분배에 관한 치안의 논리와 평등주의적인 행위에 관한 정치 논리 간의 분쟁"이다(ibid.). 따라서 정치는 "근본적으로 공동의 무대의 존재를 둘러싼 분쟁이자 그 무대 위에 있는 사람들의 존재 및 지위에 관한 분쟁"이다(ibid., pp. 26-27).

따라서 랑시에르에게 민주화는 중심에서 주변으로 확장되는 과정이 **아니다**. 다시 말하면 이는 이미 민주적인(랑시에르의 관점에서는 불가능한 일임7) 사람들이 다른 사람들을 그들의 영역으로 포함시키는 과정이 아니다. 오히려 민주주의는 '외부'로부터의 요구로 나타난다. 이는 불공정에 대한 인식, 또는 랑시에르가 '잘못(wrong(영), tort(프)'이라고 지칭한 것에 기반한 요구이다. 더욱이, 이는 평등의 이념을 명분으로 혹은 평등과 관련하여 제기되는 주장이다. 그리고 여기서 중요한 차이점은, '외부'에서 요구하는 사람들이 단순히 기존 질서에 포함되기를 원하는 것이 아니라, 새로운 정체성과 새로운 행위 방식, 존재 방식이 가능해지고 '인정받을' 수 있도록 질서 자체를 **재설정**하고자 한다는 점이다.

이것은 랑시에르에게 민주화란 더 이상 기존 질서에서 배제된 당사자들을 포함시키는 과정이 아니라 평등을 명분으로 그 질서 자체를 변혁하는 것임을 의미한다. 이러한 변혁의 동력은 내부가 아니라 외부에서 온다. 그러나 중요한 점은, 기존의 민주적 포용에 관한 담론과 달리, 이 외부는 '드러난' 외부가 아니라는 것이다. 결국 민주화는 누가 의사결정에 참여하고 누가 참여하지 않는지가 명확한 **치안 질서 내에서** 일어나는 과정이 아니다. 민주화는 기존 질서를 **붕괴시키는** 과정이며, 이는 내부에서 표현하거나 설명할 수 없는 위치에서 이루어진다. 이는 랑시에르의 분석에서 또 다른 중요한 측면을 드러내는데, 배제된 것으로 알려진 사람들을 포용하기 위한 투쟁 외에도, 기존의 치안 질서에서 아직 배제된 것으로조차 인식되지 않는 사람들, 즉 정체성과 발언 방식을 가지지 못해 기존 질서 내에서 존재하지 않는 것으로 여겨지는 사람들을 포용하기 위한 투쟁도 필요하다는 것을 보여준다. 그리고 바로 이

흔들림 없는 교육 : 도구로서의 교육을 넘어

지점에서, 다음에서 제시할 '변혁적 포용'의 개념은 기존의 포용 개념과 구분되는 차이를 나타내는 지표가 될 것이다.

마지막으로, 랑시에르에게 있어서 민주주의의 목적과 민주화의 '의도'가 끊임없는 혼란과 분열을 초래하는 것이 아니라는 점을 이해하는 것이 중요하다. 랑시에르는 민주화가 기본적으로 좋은 것이라고 주장하지만, 그렇다고 해서 치안 질서가 반드시 나쁘다는 뜻은 아니다. 이 점은 그의 주장에서 그다지 명확하게 드러나지 않을 수 있지만, 랑시에르는 민주화가 치안 질서에 긍정적인 영향을 미칠 수 있다고 주장한다. 민주적 분쟁은 그가 "평등의 흔적"이라고 부르는 것을 만들어낸다(ibid., p. 100). 이러한 분쟁은 (변형된) 치안 질서 이면에 흔적을 남기는 것이다. 그래서 랑시에르는 "상대적으로 더 나쁜 치안이 있고 더 나은 치안이 있다"는 점을 강조한다(ibid., pp. 30-31). 그러나 더 나은 치안이란 "사회의 자연적인 순리로 간주되는 질서나 입법자들의 논리에 따르는 질서"가 아니라 평등주의 논리에 의해 수행된 파괴와 침입으로 인해 그 '자연적' 논리에서 매우 크게 벗어난 질서이다(ibid., p. 31). 따라서 랑시에르는 치안이 "여러 가지 선을 만들어낼 수 있으며, 어떤 치안은 다른 치안보다 훨씬 더 나을 수 있음"을 인정한다(ibid., p. 31). 그러나 그는 결론적으로, 치안이 아무리 '온화하고 친절'하더라도 그것이 정치의 본질과는 근본적으로 다르다는 사실을 부정하지는 못한다고 주장한다(ibid.).

논의: 기존의 포용과 변혁적 포용

이 장에서는 민주주의와 포용에 대한 최근의 논의를 바탕으로, 포용이라는 개념이 지금까지 어떻게 다루어져 왔으며 앞으로 어떻게 논의될 수 있는지를 보다 넓은 시각에서 조명했다. 논의의 핵심은 두 가지 측면에 있다. 하나는 외부인을 기존의 체제 안으로 포함시키는 것을 포용으로 이해하는 개념이고, 다른 하나는 이러한 과정이 기존 체제 내 모든 구성원을 포용하는 것을 목표로 해야 한다는 입장이다. 나는 이러한 민주주의와 민주화에 대한 접근 방식에는 몇 가지 문제가 있음을 지적했다. 가장 근본적인 문제는 우리가(물론 여기서 '우리'가 누구인가가 핵심 질문이다) 이미 민주주의가 무엇인지 알고 있으며, 포용은 단지 기존 민주적 질서 안으로 더 많은 사람들을 끌어들이는 기술적인 문제에 불과하다는 생각이 전제되어 있다는 점이다. 이러한 사고방식의 주된 문제는 정치적 질서 자체, 즉 민주적 질서 밖에 있는 사람들을 이 질서 안으로 끌어들이는 '민주주의 상태'를 당연시한다는 것이다. 이는 민주적 질서를 고정된 출발점이나 의심할 여지가 없는 기준으로 설정하며, 그 자체를 문제로 삼을 가능성을 차단한다. 이러한 특정의 논리는 '비민주적인 세계에 민주주의를 도입한다'는 전제하에 종종 강압적으로 실행되는 국제 정치의 영역에서만 문제가 되는 것은 아니다. 민주적 교육의 영역에서도 비슷한 문제가 발생한다. 즉, 민주적 교육이란 아이들이나 '새로 도래하는 이들(newcomers)'을 기존 민주적 질서 안으로 포함시키는 과정이며, 이를 통해 그들이 전 합리적이고 전 민주적인 상태에서 벗어나 장차 민주주의에 참여할 자격을 갖추도록 이끄는 것

흔들림 없는 교육 : 도구로서의 교육을 넘어

이라는 가정이 작동하는 것이다.

랑시에르 연구의 중요성은 그가 민주주의와 포용에 대한 이러한 사고방식을 완전히 뒤집었다는 데 있다. 랑시에르에게 민주주의는 당연한 상황이 아니다. 즉, 민주주의는 치안 질서가 존재하듯이 지속적으로 유지되는 것이 아니다. 오히려 민주주의는 평등이라는 명분으로 치안 질서를 단절시키는 순간에 발생하는 것이다. 그래서 그는 민주주의란 예외적인 것이라고 말한다. 또한 랑시에르에게 민주화는 **다른 사람들에게 행해지는** 것이 아니다. 즉, '그들'을 '우리'의 민주적 질서로 끌어들이는 것이 민주화가 아니다. 그는 오히려 민주화를 사람들이 **스스로의 노력으로만 실행할 수밖에 없는 과정**으로 설명한다. 세 번째로, 랑시에르는 민주적 포용을 단순히 기존 질서에 더 많은 사람들을 추가하는 것으로 이해해서는 안 되며, 오히려 기존 질서의 변화를 필연적으로 수반하는 과정으로 이해해야 한다는 것을 보여준다. 만약 우리가 포용의 노력을 이미 배제된 것으로 알려진 사람들로 제한한다면, 우리는 결국 기존 질서 내에서만 활동하는 것이다. 물론 이것도 **결코 사소한** 문제는 아니다. 랑시에르가 강조하듯이, 치안 질서에도 더 나쁜 치안과 더 나은 치안이 존재하기 때문이다. 그러나 랑시에르가 우리에게 보여주는 것은 다른 차원의 포용이 필요하다는 점이다. 즉, 기존 질서의 관점에서 배제되었다는 사실조차 알 수 없는 이들에 대한 포용이 필요하다는 것이다. 나는 이를 다른 글에서 '헤아릴 수 없는 것(incalculable)'에 대한 포용이라고 표현한 바 있다(Biesta, 2001 참조).

따라서 랑시에르는 포용의 개념이 가진 몇 가지 핵심 가정에 도전하는 틀과 더불어 이 장에서 논의한 포용과 배제 사이의 긴장을 극복할 수 있는 방식을 제시한다. 랑시에르는 이중의 이동이 필요하다는 것을 제안하는데, 포용이 단순히 외부인의 자리에서 내부인의 자리로 이동하는 것, 즉 '자리 이동'에 그치는 것이 아니라, 포용과 배제의 긴장이 발생하는 '장(field)' 자체를 새롭게 재설정하는 것, 즉 '지형 이동'까지 포함해야 한다고 말한다. 이러한 이중의 이동에서 중요한 것은, 포용이 더 이상 배제된 것으로 알려진 사람들을 포함시키는 과정이 아니라는 것이다. 즉, 기존 (치안) 질서 내에서 이미 특정한 정체성을 부여받은 사람들을 단순히 포함시키는 과정이 아니라, 포용은 정체성, 자리, 공간을 다시 분배하고 재설정하는 과정과 깊이 연결되어 있다.

따라서 이는 단순히 외부에 있는 사람들을 포용하는 것 **이상의 의미를 가진다.** 바로 이러한 이유로 나는 '변혁적 포용'이라는 개념이 이중적 이동의 중요성을 강조하는 데 더 적절한 방식이라고 주장한 것이다. 포용은 단순히 '우리'가 서 있는 위치에서 외부에 있는 사람들을 향하는 것이 아니라, '우리'가 존재하는 장(場) 자체에도 영향을 미쳐야 하며, 따라서 내부와 외부를 포함한 모든 이들의 정체성과 주체의 위치에도 변화를 가져와야 한다. 말하자면 이 장에서 내가 비판하고자 한 포용 개념의 논리에서는 기존 질서 속에서 내부에 속한 사람들뿐만 아니라, 같은 논리로 외부에 위치한 사람들 모두에게 영향을 미치는 과정이 되어야 함을 의미한다. 따라서 '변혁적 포용'은 포용이라는 움직임이 단순히 한 방향이 아니라 두 방향으로 동시에 작동해야 함을 암시한다. 이는 포용이 단순히 '우리'가 외부자를 더 개방적으로 받아들이고 환대하는 것을 의미하는 것이 아니라, 동시에 포용을 실천하는 바로 그 '우리'의 정체성을 다시 정의하고 재배치하는 과정이 필요함을 보여준다.

흔들림 없는 교육: 도구로서의 교육을 넘어

결국, '변혁적 포용'은 포용의 시도가 종종 선의(善意)에서 출발하지만, 그 선의가 일정한 질서와 공모하고 있음을 드러낸다. 이는 그러한 의도를 반드시 불신하기 위해서가 아니라, 그러한 의도가 발현될 수 있는 절대적으로 안전하고 확고한 기반은 존재하지 않는다는 점을 강조하기 위함이다.

1　이 장은 Biesta, G. J. J. (2007)의 논문 "Don't count me in." Democracy, education and the question of inclusion. *Nordisk Pedagogik, 27*(1), pp. 18-31의 일부 내용을 포함하고 있다.

2　영(Young)이 수사(rhetoric)를 중시한 이유는, 민주적 의사소통에서 포괄성, 다양성, 상호 이해를 촉진하기 때문이다. 수사는 전통적인 합리적 논증 중심의 모델이 배제할 수 있는 감정, 서사, 맥락적 표현 방식을 포함하여, 더 많은 사람들이 민주적 대화에 효과적으로 참여할 수 있도록 돕는 도구로 작동한다. 이를 통해 영은 민주주의가 모든 사람의 목소리를 포괄하고 존중할 수 있는 방향으로 나아가야 한다고 주장했다. 요컨대 영은 합리적 논증(rational argumentation) 중심의 전통적 민주주의 모델이 일부 목소리나 표현 방식을 배제할 수 있다고 보았으며, 이를 보완하기 위해 수사의 가치를 강조했다(옮긴이).

3　드라이젝은 영이『포용과 민주주의*Inclusion and Democracy*』를 출간하기 전에 발표한 연구를 언급하고 있다. 드라이젝이 영의 입장에 대해 제기한 몇 가지 쟁점은 이 책에서는 더 이상 영이 취하는 입장의 일부가 아닌 것으로 보인다.

4　랑시에르가 강조하는 것은, 치안은 국가의 통제 메커니즘만이 아니라 사회 전체의 자발적 관계와 질서를 포함하는 복합적 체계라는 점이다. 이를 통해 그는 정치적 활동이 단순히 기존 질서(치안)에 새로운 사람들을 포함시키는 것이 아니라, 그 질서를 근본적으로 재구성하고 변혁하는 과정임을 보여주고자 한다. 요컨대 랑시에르는 치안이 생활세계와 시스템의 상호작용을 통해 형성된다고 주장하면서, 기존의 틀 안에서 포용을 논하기보다, 질서 자체를 변혁시키는 정치적 활동의 중요성을 강조하고 있다(옮긴이).

5　이 질문을 이렇게 표현하는 것이 다소 어색하다는 것을 알고 있지만, 이는 랑시에르의 사고방식과 일치한다. 랑시에르 자신도 언젠가 "민주주의가 발생하는 계기가 되는 사람들"에 대해 언급한 바 있다(Rancière, 1999, p. 99).

6　여기에는 1927년 출간된 듀이의 저서『대중과 그 문제*The Public and Its Problems*』(Dewey, 1954)에서 제시한 민주적 공공성에 대한 아이디어와 흥미로운 연관성이 있다. 특히 '대중은 스스로를 정의해야 한다'는 그의 주장과 관련이 깊다. 이에 대한 자세한 논의는 융그렌(Ljunggren, 2003)을 참조하라.

7　랑시에르의 관점에서 민주주의는 완성된 '상태'나 고정된 '체제'가 아니라, 평등을 실현하기 위해 끊임없이 기존의 질서에 도전하고 재구성하는 '과정'이기 때문에 '이미 민주적인 사람들'이라는 개념 자체가 성립할 수 없다(옮긴이).

흔들림 없는 교육: 도구로서의 교육을 넘어

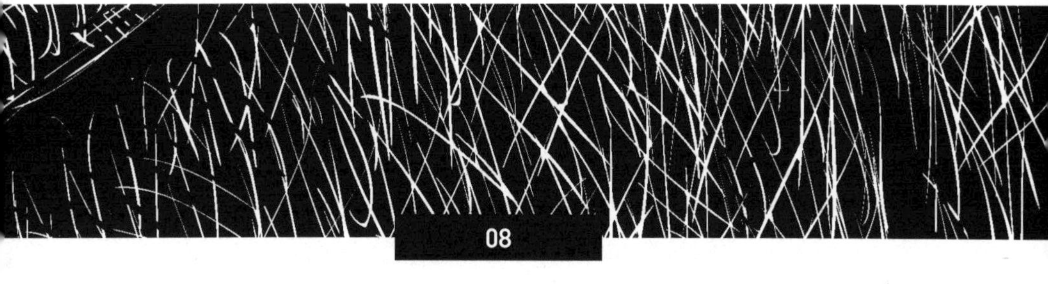

교육과 민주주의의 재조명

08

교육과 민주주의의 재조명

School education is but one educational agency out of many, and at the best is in some respects a minor educational force
학교 교육은 여러 교육 기관 중 하나에 불과하며, 최선의 경우에도 몇 가지 측면에서는 부차적인 교육적 영향력을 미칠 뿐이다.

존 듀이(1987a, p. 414)

서론[1]

린다 스톤(Lynda Stone)은 2008년 에세이 "잃어버린 연결고리에 대한 고찰: 듀이의 민주주의와 학교(Speculation on a Missing Link: Dewey's democracy and schools)"에서 듀이가 이 분야에서 '상징적 지위'를 가지고 있음에도 불구하고, 민주주의와 교육, 더 구체적으로는 민주주의와 학교 교육 간의 연결이 듀이의 연구에 대한 해석과 참조에서 가정하는 것만큼 견고하지 않을 수도 있다는 흥미로운 주장을 한다. 약 30편의 듀이 저작물을 검토한 결과, 스톤은 "듀이는 민주주의와 학교 모두에 관심이 있었지만, 사실상 이 둘을 직접적 혹은 개념적으로 거의 연결하지 않았다”라고 결론지었다(Stone, 2008). 스톤에 따르면 듀이의 관심은 두 가지 방식으로 드러난다. “하나는 국가적 위기 때 정치적 민주주의에 초점을 맞추는 것이고, 다른 하나는 학교보다는 더 넓은 맥락에서 민주주의와 교육에 초점을 맞추는 것”으로, 주로 “아이들의 발달과 관련된 넓은 범위의 심리학적 혹은 사회학적 과정”에 대해 글을 썼다(Stone, 2008). 위르겐 오엘커스(Jürgen Oelkers) 역시 민주주의와 교육의 관계를 다룬 에세이에서 교육이 민주주의와 어떻게 연결되어야 하는지에 대한 듀이의 견해가 실상은 “뜻밖에도 불명확하다”라고 지적한다(Oelkers, 2000, p. 16). 뿐만 아니라 “민주주의는 단지 **삶의 방식**으로 정의될 수 없으며 … 교육은 단순히 민주주의와의 상관관계에 불과한 것이 될 수 없기 때문”에 듀이의 견해가 불충분하다고 본다(Oelkers, 2000, p. 5; 강조 표시는 원문).

스톤이 지적한 듀이의 연구물에서 보이는 민주주의와 교육 간의 ‘잃어버린 연결고리’와 오엘커스가 제기한 명확성 부족에 대한 우려는 듀이 사상의 **본질**에 대해 중대한 질문을 던진다(이는 듀이의 학문적 위상과는 별개의 문제이며, 나는 듀이가 민주주의와 교육의 관계라는 문제를 지적이고 정치적인 의제로 제시하는 데 중요한 역할을 했음을 인정한다). 따라서 그의 사상을 재구성할 필요가 있다. 특히 앨런 라이언(Alan Ryan)이 언급했듯이, 많은 사람들이 명확한 답을 기대했던 듀이의 1916년 저서 『민주주의와 교육Democracy and Education』이 사실은 “별로 답을 주지 않았다”는 점에서 더욱 그러하다(Ryan, 1995, p. 81). 이후 논의에서 듀이의 사상을 재구성하면서 그의 사상 자체와 그것에 대해 제시한 이론적 설명(rationale)을 구별할 것이다.

흔들림 없는 교육 : 도구로서의 교육을 넘어

나는 듀이의 사상 자체에는 놀라운 **연속성**이 있다고 주장할 것이다. 반면, 그 이론적 설명에는 흥미로운 **단절**이 존재하는데, 이는 특히 듀이가 "절대주의에서 실험주의로" 또는 더 정확히 말해, 1930년 자서전적 에세이에서 명명한 바와 같이 이상주의에서 문화적 자연주의로 전환한 것과 관련이 있다(Dewey, 1984; 후자의 용어에 대해서는 또한 Dewey, 1938 참조). 내가 제기하는 핵심적인 질문은 듀이의 민주주의와 교육 간의 관계에 대한 두 번째 관점[실험주의 혹은 문화적 자연주의(옮긴이)]이 과연 실제로 도움이 되는가 하는 것이다. 나는 그렇지 않다고 주장하고자 한다. 듀이의 초기 입장이 더 명확하게 규범적이기 때문에, 이는 듀이의 시대뿐만 아니라 오늘날에도 교육의 민주적 '프로젝트'를 뒷받침하는 더 바람직한 방법이 될 수 있다고 생각한다.

민주주의와 교육의 관계: 도덕적 논증

많은 연구자들이 듀이의 민주주의와 교육에 대한 관점을 논할 때『민주주의와 교육』제7장 '민주적 교육의 개념'을 참고한다. 라이언에 따르면 이 장은 "항상 듀이가 민주주의와 교육을 이해하는 데 있어 핵심적 진술로 간주되어 왔다"(Ryan, 1995, p. 183). 그러나 나는 데이비드 한센(David Hansen)이 자신의 저서 한 챕터인 '듀이의 도덕적 자아에 관한 책'[2]에서 제안한 관점을 따르고자 한다. 여기서 한센은 듀이의『민주주의와 교육』마지막 문장에 주목한다. 여기서 듀이는 "삶의 모든 장면에서 배우려는 관심은 가장 중요한 도덕적 관심이다"라고 서술하고 있다

(Dewey, 1966, p. 360). 듀이가 『민주주의와 교육』이라는 책을 이러한 문장으로 끝맺는 것이 처음에는 이상하게 보일 수도 있다. 한센은 이에 대해 다음과 같은 질문을 던진다.

> 왜 듀이는 그의 긴 탐구를 마무리하면서 흥미, 학습, 그리고 도덕이라는 개념을 강조하는 것일까? 이 책에서는 특히 성장, 경험, 민주주의와 같은 다른 개념들이 오히려 더 크게 부각되고 있지 않은가? 왜 그는 작별 인사로 우리에게 도덕적 자아란 이미지를 남겨주고 있는가? (Hansen, 2006, p. 167)

이러한 질문에 대한 한센의 대답은, 듀이에게 있어 "인간 상호작용의 연합적 방식은 (…) 가능한 모든 방식으로 각 개인의 성장을 지원하는 동시에 각자가 타인에게 제공할 수 있는 최선의 것을 이끌어낸다"는 것이다(Hansen, 2006, pp. 167-168). 이 간결한 표현에서 우리는 사회적 자아 개념이라고 할 수 있는 자아와 사회의 관계에 대한 듀이의 견해를 간략하게 엿볼 수 있다(Biesta, 2007c 참조). 또한 이 구절은 듀이가 '민주적'이라고 정의한 사회적인 것의 독특한 '특성'과 듀이가 '도덕적'이라고 언급한 자아의 독특한 '특성'에 대해서도 암시한다. 따라서 나는 도덕적 자아에 대한 개념이 듀이의 민주적 교육 개념의 핵심에 자리하고 있다는 한센의 주장에 동의하며, 그렇기 때문에 『민주주의와 교육』을 '듀이의 도덕적 자아에 관한 책'이라고 하자는 한센의 제안이 사실 매우 적절하다고 생각한다.

민주주의와 교육에 대한 듀이의 접근 방식이 실제로는 도덕적 자아

흔들림 없는 교육: 도구로서의 교육을 넘어

에 대한 관점에 기반을 두고 있다는 주장, 간단히 말해서 듀이의 민주주의 개념의 기초가 정치적이라기보다는 도덕적이라는 주장은 이 장의 뒷부분에서 다시 다루게 될 주제이기도 하다. 이 주제는 듀이의 정치사상을 재구성한 페스텐스타인(Matthew Festenstein)의 저서에서도 제시된다(Festenstein, 1997). 실제로 페스텐스타인은 듀이의 정치 이론이 그의 도덕 철학에 기반을 두고 있으며, 그가 제시한 '도덕적 삶의 이론'의 핵심에는 "인간의 자아발달이 본질적으로 사회적이며 협동적이라는 목적론적 개념"이 들어 있다고 주장한다(Festenstein, 1997, p. 12). 이 개념은 "각자의 자아발달이 모두의 자아발달과 어떻게 양립할 수 있는지에 대한 질문을 제기함으로써 그의 정치 이론의 완성을 지향한다"(Festenstein, 1997, p. 12). 페스텐스타인은 또한 듀이의 '도덕 및 심리 이론', 즉 사회적 자아 개념 이 "모든 사람의 개성을 육성하는 사회 질서의 형태로 규율되어 있으면서도 창조적인 개성의 표현으로서 긍정적 자유에 대한 그의 설명을 어떻게 구체화하는지"를 보여준다(Festenstein, 1997, pp. 12-13). 이는 "듀이가 '파산한 자유방임주의 전통'으로 여기는 개인주의에서 찾을 수 있는 것보다 더 광범위한 '사회적 행위'의 범위를 요구한다"(Festenstein, 1997, p. 13).

"사회적 행위의 목적은 인간의 역량을 해방시켜 그것이 온전히 발달할 수 있도록 하는 데 있다"는 생각이 민주주의 및 그 안에서 교육의 역할에 대한 듀이의 대부분의 사상에 스며들어 있다(Festenstein, 1997, p. 72). 예를 들어, 『민주주의와 교육』의 마지막 구절에서 그는 "사회생활에 효과적으로 참여할 수 있는 능력을 기르는 교육은 모두 도덕교육이다. 그런 교육은 사회적으로 필요한 구체적인 일을 하면서 성장에 필수불가

결한 지속적인 조정에 관심이 있는 인격을 형성하기 때문"이라고 서술
하고 있다(Dewey, 1966, p. 360). 이를 위해서는 다음과 같은 교육적 상
황이 요구된다.

> 학습은 사회적인 목적을 가진 지속적인 활동 또는 직무에 수반되
> 며 이러한 활동이나 직무는 전형적인 사회적 사태에서 나온 자료
> 를 활용한다. 왜냐하면 이러한 조건에서 학교는 그 자체로 사회
> 생활의 한 형태이고 지역사회의 축소판으로서 학교 울타리를 넘
> 어 다른 양식의 연합된 경험과 긴밀한 상호작용을 하기 때문이다
> (Dewey, 1966, p. 360).

듀이가 도덕적 자아의 성장에 강하게 초점을 맞추고 있음에도 불구
하고, 카(Wilfred Carr)와 하네트(Anthony Hartnett)는 이를 완전히 개인
주의적인 방식으로 읽어서는 안 되며, "자기 변형과 사회 변화의 역동적
이고 변증법적인 과정"으로 이해해야 한다고 주장한다(Carr & Hartnett,
1996, p. 59). 이것은 "개인들이 그들의 사회를 재구성하면서 동시에 자
기 자신을 재구성하는 과정"이다. 그래서 듀이에게 있어 개인과 사회는
"서로 분리되거나 독립적인 것이 아니라, 하나의 성장 과정 내에 있는
요소들"이다(Carr & Hartnett, 1996, p. 59).

흔들림 없는 교육 : 도구로서의 교육을 넘어

빌둥(Bildung)으로서의 교육

초기 저작에서 발견되는 듀이의 사상적 기초에 대해 논의하기 전에, 소위 그의 접근 방식의 구조적 특징, 보다 구체적으로 교육에 대한 접근 방식과 이해의 구조적 특징과 관련하여 중요한 점을 강조하고자 한다. 여기서 지적하고자 하는 것은 교육에 대한 듀이의 이해가 독일의 **빌둥**(Bildung) 전통에 부합한다는 점이다. 이 전통은 3장에서 더 자세히 논의한 그리스의 **파이데이아**(paideia) 개념으로 거슬러 올라간다. 이 점을 지적하는 것은 듀이가 민주주의와 교육의 연결 문제에 접근하는 방식이 독자적인 것이 아니라는 것을 보여주고자 함이다. 오히려 그의 접근 방식은 교육을, 사회와 문화와의 상호작용을 통해 개인을 형성하는 과정으로 여기는 오랜 전통에 잘 맞아떨어진다.

이와 관련해 두 가지 중요한 점이 있다. 하나는 민주주의와 교육의 관계에 대한 듀이의 사상이 기본적으로 정치의 논리가 아니라 **교육의 논리**, 즉 **빌둥**의 논리를 따르고 있다는 것을 이해하면, 그의 접근 방식에서 도덕적 자아의 형성이 왜 중요한 역할을 하는지 이해하기가 더 쉬워진다는 점이다. 다른 하나는, 독일어권 맥락에서 교육 분야의 발전에 대해 아는 사람들이라면 쉽게 이해할 수 있는 점인데(이에 대해서는 Biesta, 2011d 참조), 듀이의 교육에 대한 관점이 **에르치훙**(Erziehung) 이론이 아니라 **빌둥** 이론에 입각해 있다는 점이다.[3] 따라서 그는 교육자와 교육받는 자 관계의 역동성과 복잡성보다는 문화와 사회의 교육적 또는 형성적 '특성', 즉 문화와 사회가 개인의 형성에 미치는 영향에 더 많은 관심을 두고 있었다. 이것이 듀이의 연구물에서 교사의 역할, 위치 및 업무에 대한 명확한 설명을 찾는 것이 어려운 이유이다(Biesta & Stengel, 2016 참조).

이 점을 염두에 두고, 교육과 민주주의에 대한 듀이의 견해를 재구성하는 논의로 돌아가겠다.

민주주의의 윤리에서 민주주의와 교육으로

『민주주의와 교육』은 듀이가 민주주의와 그 안에서 교육의 역할에 대한 자신의 사상을 처음 펼친 저서는 아니다. 이를 통해 우리는 듀이 사상의 놀라운 **연속성**을 살펴볼 수 있다. 1888년에 저술된 "민주주의의 윤리(The Ethics of Democracy)"라는 에세이에는 듀이가 평생 유지했던 많은 핵심 사상이 이미 개략적으로 담겨 있으며, 민주주의와 교육의 밀접한 관계를 논증하는 데 활용할 이론적 틀 또한 포함되어 있다. 예를 들어, 듀이는 이 에세이에서 "개념적으로 볼 때 … 민주주의는 모든 사회조직의 이상에 가장 근접한 형태이며, 개인과 사회가 서로 유기적으로 결합된 조직"이라고 주장한다(Dewey, 1969, p. 237).

듀이는 사회를 유기체로 보는 개념에 대한 논의를 통해 이러한 결론에 도달한다. 그러나 "독일의 이론에서는 표면적으로는 유기적 개념을 인정하면서도 유기체라는 용어에 생리학적 의미를 부여하는 바람에 그 중요성을 간과하고 있다"고 비판한다(Dewey, 1969, pp. 235-236). 듀이는 유기체의 개념을 "철저히 상호적인 것"으로 지지하며, 인간사회가 동물의 신체보다 "더 완벽한 유기체임을 나타낸다"고 주장한다. 이는 동

흔들림 없는 교육 : 도구로서의 교육을 넘어

물의 신체에서는 부분들이 "전체에 흡수되어 독립적인 생명으로 나타날 수 없기 때문"이다(Dewey, 1969, p. 237). 따라서 듀이는 "단지 숫자로 환원되는 개인주의"와 인간을 "본질적으로 사회적 존재"로 보는 개념을 대립시킨다(Dewey, 1969, pp. 248, 232). 그는 이것을 "윤리적 이상"으로서의 민주주의에 대한 자신의 신념과 연결시킨다. 이것은 우리의 개별성이 사회와의 상호작용을 통해 형성된다는 것을 표현하는 이상이다(Dewey, 1969, p. 248).

헨리 메인(Henry Maine)의 저서 『대중정부*Popular Government*』가 듀이 에세이 집필에 출발점을 제공하긴 했지만, 듀이는 민주주의를 "단순히 정부의 한 형태"로 보지 않는다(Dewey, 1969, p. 239). 대신 듀이는 민주주의가 "정부 형태의 하나인 것은 오로지 도덕적이고 정신적인 연합의 한 형태"이기 때문이라고 주장한다(Dewey, 1969, p. 240). 여기서 말하는 도덕적이고 정신적인 연합이란 "개인적 책임과 개인의 주도성"에, 다시 말하면 "윤리적 이상을 향해 그리고 그 실현을 위해 존재하는 자유와 책임, 그리고 주도권이 있는 개인주의에 기반을 두고 있는 것이다(Dewey, 1969, pp. 243-244).

에세이의 끝부분에서 듀이는 자신의 입장이 일종의 이상주의임을 인정하며, 이 입장은 시간이 지나면서 '문화적 자연주의' 형태로 전환되었다(Dewey, 1938). 그러나 이는 이상주의로부터의 이탈이라기보다, 이상주의 사상을 재구성한 것이다(Dewey, 1984 참조). 그는 이어 "어떠한 형태의 사회든 그것을 평가하는 최선의 기준은, 그 사회가 삶의 형태에 대해 어떤 이상을 제시하는가, 그리고 그 이상을 어느 정도 실현하고 있는가에 달려 있다"고 덧붙인다(Dewey, 1969, p. 249).

1916년에 출간된 『민주주의와 교육』에 제시된 '민주주의적 교육의 개념'은 28년 전 듀이가 서술한 내용과 많은 면에서 동일하다는 점을 확인할 수 있다. 듀이가 말하는 "민주주의의 이상(the democratic ideal)"에 대한 논의의 핵심에는 다음과 같은 주장이 자리 잡고 있다. "민주주의는 단순히 정부의 한 형태를 넘어선다. 그것은 근본적으로 공동의 삶의 방식이며, 소통을 통해 긴밀하게 결합된 경험의 양식이다"(Dewey, 1966, p. 87). 듀이는 교육을 "하나의 사회적 기능으로서, 미성숙한 구성원이 자신이 속한 집단의 삶에 참여함으로써 방향성을 확보해주고 성장해 나가도록 돕는 과정"으로 정의한다(Dewey, 1966, p. 81). 이는 앞서 논의한 바와 같이 '**빌둥**', 즉 사회와 문화에 참여함으로써 인간이 형성되는 과정으로서의 교육이라는 개념과도 일맥상통한다. 따라서 교육의 질과 그 '효과'를 판단하는 데 핵심적인 문제는 사회적 삶 자체의 질이다. 결국, 계속되는 듀이의 주장에 따르면, 모든 사회적 제도나 참여 방식이 반드시 긍정적인 영향을 미치는 것은 아니기 때문에 "주어진 사회적 삶의 방식이 지닌 **가치**를 평가할 필요가 있다"(Dewey, 1966, p. 83, 강조 표시는 추가).

듀이는 어떤 사회적 집단에서든 "심지어 도둑의 무리들 사이에서도 모종의 공통 관심사가 존재하며, 다른 집단과 일정 수준의 상호작용과 협력적 교류가 이루어진다"라고 주장한다(Dewey, 1966, p. 83). 그는 이러한 사실로부터 사회적 삶의 질을 판단하는 '기준'이 되는 두 가지 질문을 도출한다. 하나는 "의식적으로 공유되는 관심사가 얼마나 많고 다양한가"하는 것이고 다른 하나는 "다른 유형의 사회적 집단과의 상호작용은 얼마나 충만하고 자유로운가"하는 것이다(Dewey, 1966, p. 83).

흔들림 없는 교육 : 도구로서의 교육을 넘어

그렇다면 왜 이러한 사회적 삶의 측면이 중요한가? 듀이의 대답은 단순하고 명확하다. 이러한 요소들은 "개인이 반응해야 하는 자극의 다양성을 점점 증가"시킴으로써, "행동을 촉발하는 자극이 부분적일 때 억압되어 있던 능력을 해방"시키기 때문이다(Dewey, 1969, p. 87). 다시 말해, 이런 요소들은 **성장**을 가져온다. 듀이의 표현을 빌리자면, "사회적 목표를 향한 점진적 성장 과정에서 개인의 능력을 자유롭게 하는 것"으로 귀결된다(Dewey, 1966, p. 99).

따라서 듀이에게 사회적 삶의 **교육적** 질에 대한 기준은 동시에 사회적 삶의 **민주적** 질에 대한 기준이기도 하다[사회적으로 좋은 교육적 환경은 동시에 좋은 민주적 환경이기도 하다는 의미(옮긴이)]. 이와 관련해서 듀이는 다음과 같이 서술하고 있다(1966, pp. 86-87).

> 앞에서 언급한 기준의 두 가지 요소는 모두 민주주의를 가리킨다. 첫째 요소는 사회구성원이 공유하는 공동 관심사의 수가 많고 종류가 다양하다는 것뿐만 아니라, 사회 통제의 요소로서 상호관심사에 대한 인식에 더 많은 신뢰를 두고 있음을 의미하는 것이다. 두 번째 요소는 사회 집단 사이에 좀 더 자유로운 상호작용이 있다는 것뿐만 아니라, 다양한 교류로 인해 발생하는 새로운 상황에 대처함으로써 사회적 습관의 변화, 즉 지속적인 재조정이 이루어진다는 것을 의미한다. 그리고 이 두 가지 특성이 바로 민주적으로 구성된 사회를 특징짓는다.

"바람직하지 않은 사회"는 '내부적으로나 외부적으로 경험의 자유로운 교류와 소통에 장벽을 세우는' 사회를 의미하는 반면, 민주주의 사

회는 '모든 구성원이 동등한 조건으로 그 혜택을 누릴 수 있도록 보장'
한다. 또한 민주주의 사회는 "다양한 형태의 공동체적 삶이 서로 상호
작용함으로써 그 제도를 유연하게 재조정"해 나갈 수 있도록 한다
(Dewey, 1966, p. 99).

이러한 배경을 고려하면, 듀이가 학교를 "배아사회(embryonic society)"
로 간주한 이유를 이해하는 것은 비교적 쉽다. 이 개념은 듀이가 1899년
출간한 『학교와 사회*The School and Society*』에서 처음 제시한 것이다
(Dewey, 1990, p. 18). 학교는 사회적 상호작용의 질이 민주주의적 '기준'
을 충족시킬 때에만, 그 안에서 배우고 성장하는 모든 개인에게 긍정적
인 영향을 미칠 수 있다. 여기서 중요한 점은, 듀이가 개인이 단순히 자
신이 속한 사회적 상황이 지닌 고유한 특성에 의해 자아가 형성되는
일방적인 과정으로 생각하지 않았다는 것이다. 사회적 삶의 민주적 질
에 대한 듀이의 기준은 단순히 복수성, 즉 다양한 관심사의 수에만 해
당되는 것이 아니라 서로 다른 관심사들이 **의식적으로 공유되는 정도,**
다시 말하면 개인들이 자신의 행동이 더 넓은 '사회 구조'의 일부라는
사실을 인식하는 정도를 가리킨다. 이를 인식할 때 각 개인은 자신의
행동을 다른 사람들의 행동과 관련짓고 다른 사람들의 행동을 고려하
여 자신의 행동의 목적이나 방향을 결정하게 된다(Dewey, 1966, p. 87).

이러한 상황을 **동시에 교육적이고 민주적으로** 만드는 것은 개인들
이 자신들을 형성하는 맥락과 조건을 형성하는 데 적극적으로 참여한
다는 사실이다(Festenstein, 1997, p. 70 참조). 듀이에 따르면, 민주주의란
바로 이러한 것이다(1987b, p. 218). 왜냐하면 민주주의에서는,

흔들림 없는 교육: 도구로서의 교육을 넘어

사회 제도의 영향을 받는 모든 사람들이 그 제도를 만들고 관리
하는 데 참여할 권리를 가지기 때문이다. 각자가 자신이 하는 일
과 누리는 일에 영향을 받고, 자신을 둘러싼 제도로 인해 자신의
됨됨이가 형성된다는 사실, 그리고 그렇기에 민주주의 사회에서
는 그 제도를 스스로 형성해갈 수 있는 발언권을 가져야 한다는
사실—이 둘은 같은 사실의 수동적 측면과 능동적 측면이다.

자신을 형성하는 조건을 만드는 데 중요한 역할을 하는 지적 요인은
사회적 지력(social intelligence)이다. 사회적 지력은 지적인 협력에 참여
하기 위한 필수 조건이면서 동시에 그 결과이기도 하다. 이와 관련하여
카와 하네트는 다음과 같이 묘사하고 있다(Car & Hartnett, 1996, p. 59).

이 과정에 참여함으로써 개인은 자신과 사회 제도를 재구성할 수
있는 지적 성향을 발전시키며, 이는 자유를 실현하고 사회를 재
구성하는 데 도움이 되는 방식으로 이루어진다.

민주주의에 대한 듀이 이론의 한계와 모호성

앞서 언급한 내용들은 민주주의와 교육의 관계에 대한 듀이의 주요 견
해를 설명하고 있다. 그러나 그것들은 **교육**에 대한 듀이의 주요 견해와
그것들이 민주주의와 어떻게 관련되는지에 대한 설명이라고 하는 편이
더 적절할 것이다. 결국, 민주주의는 개인의 성장을 위한 최적의 환경
이기 때문에 논의의 '장면'에 등장하는 것이지 그 역은 아니다. 민주주

의에 대한 듀이의 접근 방식에서 중요한 것은 자아에 대한 관심, 더 구체적으로는 **도덕적** 자아에 대한 관심이다. 도덕적 자아란 "사회적으로 필요한 특정 행동을 할 뿐만 아니라, 성장에 필수적인 지속적인 조정에 관심이 있는 자아"를 의미한다(Dewey, 1966, p. 360). 듀이는 『대중과 그 문제*The Public and Its Problems*』에서 이를 "개별화된 자아"라고 부르고 있다(1954, p. 150).

듀이는 "인간은 사회와 단절된 고립된 원자가 아니라, 본질적으로 관계 속에 살아갈 때만이 비로소 인간이 된다"는 가정을 바탕으로(Dewey, 1969, p. 231), 자신의 저서 『윤리학*Ethics*』 초판에서 "사회 제도와 그 정치적 수단을 시험할 도덕적 기준"을 정립하려 했다(Dewey, 1978, p. 431). 이를 통해 그는 "사회적 목표를 향한 점진적 성장 과정에서 개인의 역량을 해방하는 조건"을 규명하고자 했다(Dewey, 1966, p. 99). 이 기준은 『민주주의와 교육』에서 사회적 삶의 질을 판단하는 두 가지 질문의 형태로 나타난다. 이 기준이 갖는 독특한 점은, 그것이 사회적 삶의 **민주적** 특성을 나타낼 뿐만 아니라 동시에 **교육적** 특성도 포함하고 있다는 것이다. 사실, 이 두 가지 측면은 생각보다 훨씬 밀접하게 얽혀 있어 쉽게 분리하기가 어렵다.

이러한 논의로부터 두 가지 결론을 도출하고자 한다. 하나는 듀이의 민주적 **교육** 이론이 지닌 문제를 제기하는 것이고, 다른 하나는 그의 **민주주의** 개념에 대한 문제를 제기하는 것이다. 첫 번째 결론부터 살펴보면, 듀이는 민주주의를 위한 교육 프로그램이나 민주적 교육을 위한 프로그램을 구체적으로 설명하는 것이 아니라, 민주적 삶의 교육적 기능을 강조하고 있다고 말할 수 있다. 즉, '진정한' 민주적 삶은 언제나

흔들림 없는 교육 : 도구로서의 교육을 넘어

교육적 '영향'을 미친다는 것이다. 한 단계 더 나아가, 듀이의 저작에 제시된 민주주의와 교육의 관계는 사실 **경험적** 관계가 아니라 개념분석을 통해서 설정되는 **개념적** 관계라고 주장하고자 한다. 만일 이 관계가 경험적 관계라면, 민주주의가 번영하기 위해서는 어떤 교육이 필요한지 혹은 민주적 제도가 거기에 참여하는 사람들의 교육에 어떤 영향을 미치는지와 같은 질문을 할 수 있을 것이다. 결국 듀이의 사고방식에서는 사회적 삶이 인간의 성장을 가능하게 한다면 그것을 민주적이라고 말할 수 있듯이, 사회적 삶이 교육적이라면, 즉 도덕적 자아의 성장을 가능하게 한다면 우리는 그것을 민주주의라고 불러야 할 것이다.

민주주의와 교육의 관계를 이렇게 바라보면, 듀이의 저작에서 **민주주의를 위해** 어떻게 교육해야 하는지에 대한 논의가 상대적으로 적은 이유를 이해할 단초를 찾을 수 있다. 이것이, 스톤이 말한 두 가지 사이의 '잃어버린 연결고리'에 대한 개념을 이해하는 한 가지 방법이다. 듀이는 아마도 이것이 그의 이론적 '체계(universe)' 내에서는 큰 의미가 없는 질문이라고 반박할지도 모른다. 이 모든 것은 듀이가 민주적 교육과 그 작동 방식에 대한 이론을 실제로 가지고 있지 않은 이유를 이해하는 데도 도움이 된다. 그러한 이론이라면 교육과 민주주의 영역 간의 개념적 연결이 아니라 경험적 연결을 정확하게 명시해야 하기 때문이다.

그러나 듀이의 민주적 교육 이론에서 드러난 문제는 단지 교육이론에만 영향을 미치는 것이 아니다. 나의 해석은 그의 민주주의 개념에도, 보다 구체적으로는 그에 대한 정당화 방식에도 중요한 문제를 제기한다. 왜 민주주의가 좋은가라는 질문, 즉 왜 민주주의가 다른 인간 존재 형식보다 더 바람직한가라는 질문에 대해 듀이의 관점으로부터 얻을 수 있는 대답은 민주주의가 성장을 가능하게 하기 때문이라는 것이다. 다시 말해, 민주주의는 우리에게 "개별화된 자아가 될 수 있고, 각자가 나름의 기여를 하며, 연합된 삶의 열매를 자신만의 방식으로 향유할 수 있게 하는 힘"을 주는 사회적 삶의 '방식'이라는 것이다(Dewey, 1954, p. 150). 듀이에게 추가적인 설명을 요구한다면, 민주주의가 왜 좋은가에 대한 대답은 단지 **우리에게 좋기 때문**이라는 것을 인정할 수밖에 없을 것이다. 이는 듀이에게 있어서 민주주의가 그 자체로 선호되는 정치적 존재 양식을 나타내지 않는다는 것을 의미한다. 민주주의는 단순히 관계적 개인성을 가능하게 하는 사회적 삶의 한 방식일 뿐이다. 아마도 우리는 그것을 '듀이의' 관계적 개인성, 즉 항상 관계 속에서의 개인성을 말하는 것이라고 해야 할 것이다. 여기서 도출할 수 있는 결론은, 민주주의에 대한 듀이의 정당화는 **내재적인** 것이라기보다는 **도구적인** 것이라는 점이다. 페스텐스타인(1997)이 보여주듯이, 듀이의 저작에서 민주주의는 바람직한 정치적 프로젝트로 나타나는 것이 아니고 최대한 많은 사람들에게 최적의 성장을 가능하게 하는 사회적 '장치'로 나타난다. 그리고 사고 실험을 통해 다양한 방식으로 최대한 많은 사람들에게 최적의 성장을 가능하게 하는 것이라면 듀이는 우리가 왜 민주주의를 유지해야 하는지에 대한 논거를 실제로 갖고 있지 않다고 주장할 수도 있을 것이다.

이 모든 논의에서 핵심이 되는 것은 듀이의 관계적 개인성에 대한 이해, 즉 듀이의 도덕적 자아 이론이다. 고전적 자유주의에서는 타인과의 교류가 언제나 개인의 자유를 제약할 가능성이 있는 것으로 간주되는 반면, 듀이는 오히려 타인과의 교류를 통해서만 우리는 진정한 "개

흔들림 없는 교육 : 도구로서의 교육을 넘어

별화된 자아"가 될 수 있다고 주장한다.[4] 듀이는 이러한 기본 입장을 바탕으로 자신의 교육 개념을 정립하고 이를 토대로 민주주의 개념을 구축해 나간다. 듀이는 『대중과 그 문제』(1954), 『개인주의의 과거와 현재*Individualism Old and New*』(1930), 『자유주의와 사회적 행위*Liberalism and Social Action*』(1935) 등의 저서에서 이러한 입장을 지속적으로 옹호하고 발전시켰다. 따라서 그의 논증 구조와 '논리'적 흐름은 비교적 명확하지만, 그의 입장을 정당화하는 과정은 여전히 논란의 여지가 있다. 이는 페스텐스타인도 지적하듯이, 듀이가 궁극적으로 인간 개체성을 이해하는 방식에 대해 '도덕적 선호'를 표현하고 있는데, 이러한 도덕적 선호의 표명 자체가 "현대 사회에서 다양한 선(善)과 이상이 공존함을 강조하는 그의 입장과 충돌"하기 때문이다. 이러한 점에서 볼 때, 그의 주장은 철학적 논증을 통해 도출된 것이라기보다 "단순히 하나의 다른 의견을 제시"한 것에 불과하다고 할 수 있다(Festenstein, 1997, p. 99).

듀이의 '도덕적 선호', 즉 그의 관계적 개인성 개념에 공감하는 사람들은 그가 이를 교육과 민주주의에 대한 견해와 연결하는 방식을 받아들일 수 있지만, 전통적인 자유주의적 견해나, 가령, 자아에 대한 종교적 또는 영적 이해를 선택하기 때문에 인간의 관계적 개인성에 대한 그의 견해에 공감하지 않는 사람들은 그런 연결 방식을 받아들이지 않을 가능성이 크다. 이는 듀이의 민주주의에 대한 정당성에 약점이 있음을 나타낼 뿐만 아니라, 그의 민주주의 개념에 '한계와 모호성(deficit)'이 있음을 의미한다고 결론지을 수도 있다. 오늘날 듀이의 저작에 대한 평가에 있어서 이것이 무엇을 의미하는지 결론을 내리기 전에, 추가로 논의하고자 하는 쟁점이 있다. 이것은 듀이가 자신의 입장에 대해 제시하는 더 폭넓은 정당화와 관련이 있으며, 결론에서 밝히겠지만 이는 지금까지의 논의에 있어서 작지만 중요한 '논의의 실마리'를 제공하는 것이다.

절대주의에서 실험주의로

나는 듀이가 경력 초기부터 민주주의와 교육에 대한 개념을 이상주의의 틀 안에서 표현한 방식을 보여주었다. 여기서 민주주의는 "모든 사회 조직의 이상"을 표현하는 윤리적 이상으로 그려지는데, "이러한 이상 속에서 개인과 사회는 서로 유기적인 관계를 맺고 있다"(Dewey, 1969, p. 237). 듀이는 인간이 "본질적으로 사회적 존재"라는 주장에서 출발하여(Dewey, 1969, p. 232), 관계적 개인성의 실현은 사회적 삶에 참여한 결과이며, 이를 떠나서는 결코 관계적 개인성이 나타날 수 없다고 주장한다. 좀 더 헤겔식으로 말하자면, 자유의 실현은 이상적인 형태의 사회적 삶에 참여함으로써 이루어진다는 것이다. 듀이는 이러한 이상적인 형태를 '민주주의'라고 부른다. 그러나 그는 민주주의를 '단지 정부의 형태'로 축소하는 것을 명시적으로 거부할 뿐만 아니라, 민주주의의 개념을 확장하여 특정한 정치적 조직 형태를 의미하는 대신에 전반적인 사회적 삶과 대등한 것으로 만들고 있다고 할 수 있다.

듀이의 관심은 자유의 실현을 가능하게 하는 사회적 상호작용의 질에 있다. 자유의 실현은 또한 교육적 관심의 핵심이기도 하기 때문에, 이는 그가 왜 민주주의와 교육을 서로 '관련'이 있는 것으로 보는지를 설명해 준다. 듀이는 민주주의를 사회적 삶의 이상적인 형태로 보는 이

흔들림 없는 교육 : 도구로서의 교육을 넘어

개념이 자유와 평등의 가치를 구현한다는 것을 보여주려고 하지만, 민주주의에 대한 그의 관심은 일반적인 수준에 머물러 있으며 민주정치의 복잡성에 대해서는 훨씬 덜 관심을 둔다. 페스텐스타인은 이 점을 좀 더 부각시켜 듀이는 "정치적 참여에 특별한 가치를 부여하지 않는다. 어울려 살아가는 삶에 대한 그의 이상은 정치적 영역을 규정하는 원칙이 아닌, 소위 사회적 삶 자체를 구성하는 원칙을 개괄하는 데 목표를 두고 있다"고 서술하고 있다(Festenstein, 1997, p. 95).

듀이가 경력의 후반부에 사용하는 언어는 초기에 자신의 생각을 표현했던 방식과 놀랍도록 유사하다. 또 다른 예로, 그는 『대중과 그 문제』에서 "하나의 개념으로서 민주주의는 다른 연합된 삶의 원칙들에 대한 하나의 대안이 아니다. 그것은 연합된 삶의 개념 그 자체이다"라고 묘사하고 있다(Dewey, 1954, p. 148). 여기서 듀이는 1888년의 주장에 비해 좀 더 신중해 보인다. 당시에 그는 민주주의에 대한 이러한 개념이 "이상이라는 개념을 이해할 수 있는 유일한 의미로서의 이상이다. 즉 존재하는 어떤 것이 최종적인 단계에 이르러 완성되고 완벽해진 것으로 간주되는 경향성과 움직임이다"라고 덧붙였다(Dewey, 1952, p. 148). 그러나 "사태는 그러한 완성에 도달하지 못하고 실제로는 방해받고 간섭받기 때문에, 이러한 의미에서의 민주주의는 현실이 아니며 앞으로도 결코 현실이 될 수 없을 것이다"라고 말한다(Dewey, 1952, p. 148).

그럼에도 불구하고, 듀이는 "공동체라는 개념 또는 이상은 … 구속하고 방해하는 요소로부터 자유로워지고 완전한 발달의 단계에 도달한 것으로 여겨질 때 연합된 삶의 실제 단계를 나타낸다고 주장한다(Dewey, 1952, pp. 148-149). 이는 "모든 참여자 한 사람 한 사람이 그 결과를 좋은 것으로 인식하는 연대 활동이 존재하고 그 좋은 것이 실현됨으로써 단지 모든 사람에게 공유되는 좋은 것이라는 이유만으로도 그것을 유지하려는 강한 열망과 노력을 하는 경우, 거기에는 그만큼의 공동체가 존재한다"는 것을 의미한다(Dewey, 1952, p. 149). 그리고 "모든 측면에서 함께 살아가는 삶에 대한 명확한 의식이 민주주의의 개념을 구성한다"고 주장한다(Dewey, 1952, p. 149). 이 맥락에서 "자유란 다른 사람들과의 풍부하고 다양한 유대에서만 일어나는 개인적 잠재력의 안전한 해방과 실현이다. 이는 개별화된 자아가 될 수 있게 하고, 각자가 나름의 기여를 하며, 연합된 삶의 열매를 자신만의 방식으로 향유할 수 있게 하는 힘이다." 한편, 평등은 "연대활동의 결과에 대해 공동체의 각 개인이 방해받지 않고 공유할 수 있는 몫을 의미한다"(Dewey, 1952, p. 150).

듀이가 사용하는 언어는 일관성이 유지되지만, 이 구절을 헤겔적 관점 없이 해석하는 것은 다소 어렵다. 그러나 그의 철학적 사유의 기본 틀과 논리는 초기 '절대주의'에서 점차 변화하여, 1930년 자서전적 에세이에서는 그가 '실험주의'라고 지칭한 방향으로 명확하게 이동했다. 그러나 여전히 헤겔 사상의 '잔재'가 뚜렷하게 남아 있는 실험주의였다(Dewey, 1984 참조). 듀이의 "문화적 자연주의"는 다원주의를 기반으로 하며(Dewey, 1938), 윌리엄 제임스의 사상에 강한 영향을 받았다. 이 개념 속에서 인간은 '문화화된 유기체(acculturated organism)'로 다시 규정된다. 여기서 문화화(acculturation)[5]는 참여의 결과로 이해되며, 듀이의 후기 철학에서 핵심 개념으로 등장하는 '소통'의 과정과 연결된다(Biesta, 2006b 참조). 듀이에게 소통이란 철저히 실용적인 개념으로 이해된다. 즉, "적어도 두 개의 서로 다른 행동 중심에서 공통의 무언가를 만들어

흔들림 없는 교육 : 도구로서의 교육을 넘어

내는 과정"(Dewey, 1958, p. 178)이며, 듀이는 이를 두 명 이상의 인간 유기체 사이에서 행동이 성공적으로 조정된 결과로 보았다.

마음, 의식, 사고, 주체성, 의미, 지능, 언어, 이성, 논리, 추론, 진리는 모두 사회적 소통 과정에 참여한 결과이지, 그러한 참여의 전제 조건이 아니다. 1925년에 처음 출판되고 1929년에 개정된『경험과 자연*Experience and Nature*』에서 듀이는 "내적 경험의 세계는 언어의 확장에 의존하며, 언어의 확장은 사회적 산물이자 사회적 작용이다"라고 서술한다(Dewey, 1958, p. 173). 이는 "심리적 사건들은 … 그 조건 중 하나로 언어를 가진다"는 것을 의미한다(Dewey, 1958, p. 169). 듀이는 언어 자체를 "인간의 사회적 유대에서 비롯된 자연적 기능'으로 보며, 언어의 결과는 물리적 사건이나 인간적 사건에 의미와 중요성을 부여한다"고 설명한다(Dewey, 1958, p. 173). 이러한 사실을 간과한 결과, "현대 사상은 주관주의적이고 유아론적이며 자기중심적 경향"을 띠게 되었다고 듀이는 비판한다(Dewey, 1958, p. 173). 그러나 듀이에 따르면, "독백은 타인과의 대화에서 비롯된 산물의 반영이며, 사회적 소통이 독백의 결과로 나타나는 것은 아니다"(Dewey, 1958, p. 170). 마찬가지로 지능과 의미도 인간에게서 특정한 방식으로 나타나는 상호작용의 자연스러운 결과이며(Dewey, 1958[1929], p. 180), 이는 결국 "소통이 곧 의식의 조건"이라는 점을 시사한다(Dewey, 1958, p. 187).

듀이 사상의 철학적 틀은 철저히 '변화'되었지만, 듀이는 '문화적 자연주의'라는 새로운 다원주의적 틀에 따라 우리는 여전히 소위 '문화'라는 더 큰 전체에 참여함으로써만 현재의 우리가 된다고 주장한다. 이 새로운 틀에서도 민주주의가 변함없이 바람직한 연합된 삶의 방식인 이유는 그것이 인간 유기체에게 가장 폭넓은 성장의 기회를 제공하기 때문이다. 그리고 이를 통해 우리는 비로소 개별화된 자아가 된다.

듀이의 문화적 자연주의에 대해서도 초기의 절대적 관념주의와 거의 동일하게 접근할 수 있었기 때문에 그의 사상의 구조에는 큰 변화가 없으며 다만 기본적인 철학적 틀, 즉 '포장'에만 변화가 있다고 할 수 있다. 그러나 달라진 것은 민주적인 삶의 방식에 대한 정당화와 그 교육적 기능에 대한 설명인데, 여기서 우리는 듀이의 입장에 대한 또 다른 문제를 접하게 된다. 민주주의와 그 교육적 기능에 대한 이상주의적 틀에서는 특정의 규범적 선호 또는 페스텐스타인과 마찬가지로 앞에서도 지적한 바와 같이 도덕적 선호를 표현했지만, 절대주의에서 실험주의로 전환되면서 민주주의에 대한 '논거'가 다원주의적 세계관에 바탕을 둠으로써 과학적으로 된 것 같다. 다시 말해, 다원의 세계관을 믿는 사람들에게는 아무 변화가 없겠지만 이에 대해 의구심을 갖는 사람들에게는 민주주의에 대한 주장이 훨씬 더 받아들이기 어려운 것이 된다. 민주주의는 개인이 더 이상 동의하지 않을 수 있는 도덕적 선호로 간주되지 않으며, 다원주의 세계관의 진리와 관련된 훨씬 더 복잡한 논의와 얽히게 된다(이 문제에 대해서는 Biesta, 2010d도 참조).

결론에 이르기 전에, 추가로 논의하고 싶은 것은 듀이의 문화적 자연주의를 어떻게 이해해야 하며, 특히 다원주의 세계관을 폭넓게 활용한 것을 어떻게 받아들여야 하느냐 하는 문제이다. 이에 대한 한 가지 이해 방식은 듀이가 이 세계관을 믿었다는 것, 즉 이를 진실로 받아들였고 따라서 자신의 철학적 기초로 삼았다는 것이다. 이 점에서 막스 호르크하이머(Max Horkheimer)와 같은 저자들이 듀이를 과학주의라고

흔들림 없는 교육: 도구로서의 교육을 넘어

비난하는 것은 타당할 수도 있다(Horkheimer, 1992 참조). 이러한 해석은 다원주의적 세계관이 진실이라는, 즉 그것이 '외부에 존재하는' 세계에 대한 적절하고 정확한 표현이라는 인식에 의한 것이다. 그러나 다원주의적 세계관을 확정된 진리로 보는 이러한 이해 방식은 듀이 자신의 지식 및 현실과 지식의 관계에 대한 이해, 그리고 '관조자의 인식론(spectator theory of knowledge)'[6]에 대한 그의 광범위한 비판과 명백히 상충된다. 이는 이러한 문화적 자연주의에 대한 듀이의 객관주의적 이해가 시사하는 것보다 상황이 약간 더 복잡하거나, 혹은 더 흥미로울 수 있음을 나타낸다. 여기서 발생할 수 있는 새로운 해석의 가능성을 이해하려면, 듀이의 더 넓은 철학적, 정치적 '프로젝트'를 간략히 살펴볼 필요가 있다.

문화의 위기 극복

내가 여기서 강조하고자 하는 요점은 듀이에 대한 논의에서 종종 간과되는 것으로, 이에 대해서는 그의 비판자들과 지지자들 모두가 놓치고 있다. 이것은 그야말로 가장 현실적인 질문이라고 할 수 있는 것, 즉 무엇이 문제인가, 보다 구체적으로 말하면, 듀이의 저작이 대응하고자 하는 문제가 무엇인가 하는 것과 관련이 있다(Biesta, 2009d). 거의 80세가 되어 자신의 경력을 되돌아보면서 듀이는 자신의 저술이 항상 "지식과 활동을 현실과 자연현상의 일반적인 틀 속에 재통합하는 데" 목적이 있었다고 결론지었다(Dewey, 1991, p. 80). 듀이는 이것이 현대 과학이 사회에 미친 영향으로 인해 발생한 현대 문화의 '위기'에 효과적으로 대응하기 위해 필요하다고 생각했다.

듀이의 관찰에 따르면 현대과학은 우리가 사는 세계에 대한 이해를 완전히 바꾸어 놓았다. 현대과학은 우리에게 세계를 기계로 보는 관점, 또는 그의 말로는 "수학적이고 기계적인 법칙에 따라 작동하는 무심한 물리적 입자들의 사건"이라는 관점을 제공했다(Dewey, 1960, p. 33). 따라서 현대과학은 "세계를 아름답고 인간에게 친숙하게 만들었던 질적인 것들을 박탈해버렸다"(Dewey, 1960, p. 33). 듀이에 따르면, 이러한 변화가 일상의 생활 세계에 미치는 문제점은 주로 과학적 세계관을 **해석한** 방식에서, 즉 있는 그대로의 현실을 정확하고 '사실대로' 설명할 것으로 해석한 데서 비롯된다. 우리가 알고 있는 것을 실제로 존재하는 것에 대한 설명으로 받아들이게 되면, 혹은 보다 구체적으로 말해, 과학이 제공한 지식을 세계의 진정한 모습에 대한 궁극적이고 최종적인 설명으로 받아들이게 되면, 실용적이고 미학적, 윤리적, 종교적인 것과 같은 삶의 모든 다른 차원들은 어떤 식으로든 과학을 통해 드러난 것으로 환원되거나 과학적으로 추적될 수 있는 경우에만 사실로 간주될 수 있다.

듀이의 주장에 따르면 과학적 지식이 사실인 것에 대한 '기준'을 제공한다고 가정하게 되면 삶의 다른 측면들은 주관적인 영역으로 격하된다. 듀이에 따르면, 실제 사물들이 지식의 대상과 동일시되면, 정서적이고 의지적인 모든 대상들은 필연적으로 '실제' 세계에서 배제되어, 경험하는 주체나 마음이라는 사적인 영역에서 피난처를 찾을 수밖에 없다"(Dewey, 1958, p. 30). 이로 인한 '실질적인 결과'로, 과학은 인간의 중

흔들림 없는 교육 : 도구로서의 교육을 넘어

요한 관심사와 가장 동떨어진 사물에만 존재한다고 믿게 된다. 그렇게 되면 사회적·도덕적 문제와 관심사에 접근할 때, 우리는 진정한 지식의 안내를 받는다는 희망을 포기하거나, 아니면 인간 고유의 모든 것을 희생하면서 과학적이라는 명성과 권위를 얻어야만 한다(Dewey, 1991, p. 51).

듀이의 요점은 현대 과학의 세계관을 세계의 진정한 존재 방식에 대한 설명으로 해석함으로써 두 가지 현실이 생겨났는데, 이 둘은 매력적이지 않다는 점에서는 동일하다. 하나는 현대 과학의 '비인간적' 합리성이며 또 하나는 일상생활에서의 '인간적' 비합리성이다. 듀이에 따르면 이러한 난제(predicament)가 현대 문화 위기의 핵심에 있으며, 듀이는 이 위기를 무엇보다도 합리성의 위기로 이해해야 한다고 보았다.

현대 과학의 세계관에 대한 특정 해석과 현대 문화의 위기를 관련짓는 듀이의 입장을 이 위기가 단지 이론적인 문제일 뿐이며 일상생활의 긴급한 실질적 문제와는 아무런 관련이 없다는 의미로 읽어서는 안 된다. 오히려 듀이는 과학적 합리성과 과학적 세계관의 패권, 즉 합리성은 과학의 '엄격한 사실'에만 관련되고 가치, 도덕, 감정, 감정 등은 제외되는 사태가 이러한 문제에 대한 적절한 해결책을 찾는 것을 거의 불가능하게 만든다는 점을 강조하고자 했다. 이러한 특정의 세계관에서 보면 우리가 처한 상황은, 합리성이 사실과 수단에 국한되는 것이고, 가치와 목적은 원칙적으로 합리적 숙고의 대상에서 제외되는 것이기 때문이다.

듀이에 따르면 현대인의 삶이 이 정도로 긴급하게 된 것은 과학이 "상식의 세계에까지 구현되어 있기 때문이다"(Dewey, 1991, p. 81). 특히 기술이 우리의 삶 구석구석에 들어옴으로써 우리는 결국 그 산출물과 성과에 끊임없이 직면하게 된다. 이는 기술이 기반하고 있는 과학적 지식이 진리임을 반복적으로 '입증'하는 것처럼 여기도록 만들기 때문에 듀이는 일상 경험의 세계가 "스스로 분열된 집"[7]이라고 주장했다(Dewey, 1991, p. 84).

핵심적인 질문은 과학적 세계관을 반드시 현실의 모습이 실제로 어떤 것인지에 대한 설명으로 해석해야만 하는가이다. 듀이는 그렇지 않다고 주장한다. 그의 핵심적 주장은 과학적 세계관을 외부 세계에 대한 객관적 설명으로 해석하는 것은 그리스 철학에서 유래한 고대의 인식론을 현대 과학의 발견에 적용한 결과라는 것이다. 현대 과학이 등장했을 당시에는 이러한 해석이 유일한 선택지로 보였을 수도 있지만, 이는 필연적인 선택은 아니었다. 그러나 당시에 선택되지 않았던 질문이 있다. 그것은 현대 과학이 부상하기 이전의 인식론을 그대로 적용하는 대신, 현대 과학 자체가 세계와 상호작용하며 지식을 얻기 위해 사용한 방식인 개입과 실험을 기반으로 '안다는 것'의 의미를 새롭게 정의했다면, 우리의 지식과 현실에 대한 이해가 어떻게 달라졌을 것인가를 묻는 것이었다.

후자는 듀이가 지식, 실재, 진리에 관한 자신의 사상을 발전시키는 과정에서 실험적 방법을 핵심 틀로 삼았다는 것을 의미한다. 이를 피상적으로 보면 호르크하이머가 '과학주의'를 정의한 것처럼 철학이 과학에 굴복한 것으로 해석될 수 있지만, 듀이는 그렇게 결론내리지 않았다. 듀이는 현대 과학이 지식과 인식에 대해 전제하는 바를 진지하게 받아들일 경우, 실험적 방법을 통해 생성된 지식은 결코 우리의 행위와 별도로 존재하는 세계를 나타내는 것이 **아니라**, 오히려 우리의 (실험적) 행위와 그에 따른 결과 간의 관계를 설명하는 것이라는 결론에 도달하게 된다고 보았다. 간단히 말해, 이것이 듀이가 지식을 개념화하는 방식의 핵심이다. 듀이는 과학이 현실의 진정한 모습에 대해 궁극적인 설명을 제공해 준다고 보지 않으며, 현대 과학의 특징인 실험적인 지식의 생성 방식은 지식을 **확실성의 영역에서 가능성의 영역으로** 옮겨놓는다는 것을 보여준다. 즉, 과학적 지식은 과장이나 축소 없이 우리의 행위와 그에 따른 결과 간의 가능한 관계를 제공해 준다는 것이다. 물론 우리가 물리적, 사회적 영역 모두에서 세계를 통제하려고 할 때 확실성의 영역에 속하는 지식을 보유한다는 것은 매우 유용할 수 있지만, 이것이 우리가 살고 있는 삶과 세계에 대해 말할 수 있는 전부라는 것을 의미하지는 않는다.

이러한 해석은 듀이의 철학이 과학주의라기보다는 오히려 과학주의에 대한 가장 효과적인 비판의 하나이며, 따라서 현대 과학의 패권에 대한 비판을 제공한다는 것을 보여준다. 즉, 과학과 그 세계관이 우리의 삶과 자아에 대해 믿어야 할 모든 것의 궁극적인 판단자라고 인정하는 대신, 과학은 행위와 결과 간의 관계를 이해하는 여러 가능한 방법 중 하나로 받아들여야 한다는 것이다. 즉, 필요한 곳에서는 유용하지만 다른 영역에서는 전혀 관련이 없는 것이 된다. 따라서 듀이의 철학을 과학적 합리성의 패권에 굴복하는 것으로 보는 대신, 그의 '프로젝트'를 사실상 인간 생활의 모든 측면에 합리성을 되돌리려는 시도로, 즉 분명히 인간적인 모든 것에 합리성과 현실성을 회복시키려는 노력으로 이해할 수 있다(Dewey, 1991, p. 51).

나는 이것이 듀이의 민주주의 개념 및 그의 민주주의 교육에 대한 견해에 따른 모든 문제를 해결한다고 주장하고 싶지는 않다. 그러나 나는 듀이의 철학을 실용적인 방식으로 접근하고, 지식과 실재에 대해 바로 그가 도전하고자 했던 관점으로 그의 철학을 읽는 실수를 저지르지 않는 것이 중요하다고 생각한다. 이렇게 비판적으로 접근할 때 듀이와 과학적 세계관의 관계는 겉으로 보이는 것보다 더 복잡하고 정교하며, 그의 근본적인 철학적, 그리고 궁극적으로는 정치적 프로젝트는 바로 현대 과학과 그 도구적 합리성의 패권을 극복하는 것이었음을 알 수 있다(이와 관련한 더 자세한 논의는 Biesta & Burbules, 2003을 참조). 따라서 듀이는 합리성 자체를 민주화하려고 했다고 말할 수도 있을 것이다.

결론: 잃어버린 연결고리 재조명

앞서 설명한 바와 같이, 교육과 민주주의의 관계에 대한 듀이의 견해는 그의 경력 전반에 걸쳐 상당히 일관되게 유지되었다. 물론 경력 초기에 그의 견해는 절대적 관념론의 언어로 표현되었고 나중에는 문화적 자연주의라는 틀 안에서 재구성되기는 했다. 이 장에서 내가 강조하고자 했던 점을 요약한다면 듀이의 민주주의 교육 개념은 민주주의에 관한 것도, 교육에 관한 것도 아니라는 점이다. 이는 다소 엄격한 해석일 수 있지만, 요점을 완전히 벗어난 말은 아니다. 교육과 관련해서 듀이는 교육을 주로 문화와의 상호작용을 통한 인간형성의 과정으로 본다는 점을 강조한 점이 중요하다. 영어로는 이를 사회화 이론이라고 부를 수 있으며, 독일어로는 앞서 설명했듯이 '빌둥'의 이론이라고 할 수 있다.

빌둥이라는 개념의 주요 원리 몇 가지를 요약해서 살펴볼 때 이것이 듀이의 민주주의 교육에 대한 견해와 얼마나 잘 부합하는지 놀라울 정도다. 독일어에서, 그리고 독일어권에서 발전한 교육 사상의 맥락에서 '빌둥'과 '에르치훙'을 구분한 것을 기준으로 보면 듀이의 민주주의 교육 이론은 실제로 교육 이론이 아니라고 할 수 있다.[8] 여기서 전자는 문화화의 일반 이론을 가리키고 후자는 성숙한 존재 방식을 조장하기 위한 교육자의 의도적 행위를 가리킨다. 이러한 담론[Erziehung을 가리킴(옮긴이)]은 듀이의 교육에 관한 글, 특히 민주주의 교육에 관한 글에서는 거의 찾아볼 수 없다. 빌둥과 에르치훙의 구분은 영어권에서 발전해 온 교육의 개념과 개념화 방식에 익숙한 사람들에게는 다소 낯설게 들릴 수 있지만, 그 구분은 교육에 대한 두 가지 전혀 다른 접근 방식과 교육의 의미를 제시한다. 최소한 그것들은 듀이의 설명을 뒷받침하는 틀 이상으로 교육에는 더 많은 것이 있음을 보여준다.

빌둥의 전통이 듀이의 사상에 미친 영향을 강조하는 이유는, 이 전통이 그의 사고에서 민주주의가 어떻게 등장하는지를 매우 우아하게 보여주기 때문이다. 물론 빌둥의 전통과 듀이 사상의 관계는 별도의 기회에 다루어야 할 문제이지만, 그 영향을 어떻게 설명할 것인가 하는 점에서 헤겔적 '잔재(Hegelian 'deposit')'가 확실히 유력한 후보로 거론될 수 있다. 듀이에게 있어서 민주주의란 단지 문화화에 최적의 조건, 혹은 듀이의 문화적 자연주의 용어로 성장을 위한 최적의 조건을 제공하는 사회적 환경을 의미한다. 듀이가 말하는 이러한 특정의 의미에서 보면 듀이의 저작에서 '민주주의'로 나타나는 것은 명시적으로 정치적인 프로젝트로서의 민주주의와는 별로 관련이 없다는 것을 알 수 있다. 요점을 말하자면 첫째, 듀이의 민주주의 설명은 기능주의적이라는 것이다. 둘째, 듀이 사고의 출발점과 더 관련이 있는 것으로, 민주주의를 도덕적이라고 생각할 수 있는 이유는 듀이가 민주주의를 도덕적 자아의 발현을 위한 맥락으로 보기 때문이다. 이는 나중에 듀이의 저작에서 '개별화된 자아'로 발전한다.

이러한 논의는 듀이가 장기간의 경력에서 민주주의에 대해 말한 모든 것을 비난하는 것으로 읽어서는 안 되며, 민주주의와 교육의 관계에 관한 맥락에서 민주주의가 정치적이라기보다는 사회적이고 도덕적인 개념으로 작용하고 있다는 점을 강조하고 있다(Biesta, 2007c 참고). 이 점에서 나는 '잃어버린 연결고리'를 언급한 스톤의 견해에 동의하는 편이다. 물론 나는 그 잃어버린 연결고리가 민주주의와 교육 간의 관계라기보다는, 교육을 문화와의 상호작용을 통한 인간 형성으로 이해하는 맥락에서 듀이가 민주주의를 이론화하는 방식과 교육의 영역을 벗어난 그의 다른 저작에서 민주주의를 이론화하는 방식 간의 관계를 가리키는 것이라고 주장하고 싶다. 후자, 즉 이 '다른' 연결고리를 탐구할 때 듀이가 민주주의와 교육에 대한 현대적 논의에 기여할 점이 있는지는 아직 알 수 없다. 내가 보기에 듀이의 연결고리에 대한 설명은 교육에 대한 것이든 민주주의에 대한 것이든 모두 21세기의 민주주의 교육에 중요한 의미를 갖기에는 너무 제한적이다.

흔들림 없는 교육 : 도구로서의 교육을 넘어

1 이 장은 이전에 발표된 Biesta, G. J. J. (2010)의 논문 "The most influential theory of the century." Dewey, democratic education and the limits of pragmatism의 아이디어를 바탕으로 하고 있다. 해당 논문은 D. Troehler, T. Schlag, & F. Osterwalder가 편집한 『실용주의와 모더니즘*Pragmatism and Modernities*』(Sense Publishers, 네덜란드 로테르담, pp. 197-213)라는 책에 수록되어 있다.

2 Hansen D. T.(2006), "Dewey's Book of the Moral Self," in David T. Hansen (ed.), *John Dewey and Our Educational Prospect: A Critical Engagement with Dewey's "Democracy and Education,"* Albany, State University of New York Press, pp. 165-87(옮긴이).

3 에르치훙(Erziehung)과 빌둥(Bildung)은 독일 교육의 역사적 전통을 반영한 개념으로 역사가 다른 우리말로 옮기기 어려운 측면이 있다. 이런 어려움을 무릅쓰고 간단히 정리한다면, 에르치훙과 빌둥은 성숙을 목표로 사회·문화적 환경 속에서 자신의 성향과 잠재력을 계발하여 인성을 발달시키려는 활동이라는 점에서는 공통적이다. 그러나 에르치훙이 사회가 성장하는 세대에게 바람직하다고 하는 가치와 행동규범을 전수하는 행위라면, 빌둥은 인간이 스스로와 세계를 만들어 감으로써 스스로를 형성해 가는 과정을 의미한다는 점에서 구분된다고 할 수 있다. 그리고 에르치훙에 비해 빌둥이 번역하기 더 어려운 측면이 있다. 과거에는 빌둥을 '도야'라고 번역하는 경우도 있었지만, 그냥 원음대로 '빌둥'으로 표기하는 경우도 있다(옮긴이).

4 페스텐스타인에 따르면, 듀이의 '개인성으로서의 자유(freedom as individuality)' 개념에는 세 가지 측면이 있다(Festenstein, 1997, p. 67). 첫 번째는 자유가 지적인 자기통제(intelligent self-control)에 있다는 것이다. 이는 "행위자가 자신의 목표, 목적, 의도를 성찰하고, 그 성찰의 결과로 이를 수정할 수 있는 능력과 의지"가 있음을 의미한다(Festenstein, 1997, p. 67). 듀이는 이를 다음과 같이 표현했다. "미래의 객관적 대안을 예견하고, 숙고를 통해 그중 하나를 선택하며, 이를 통해 향후 생존을 위한 투쟁에서 그 대안의 변화를 평가하는 능력이 자유의 적도가 된다"(Festenstein, 1997, p. 67에서 인용). 두 번째 측면은, '개인성이란 것은 엄격한 의미에서 주어진 능력이 아니라, 그 실현을 위해 적절한 사회적 환경에 의존하는 것'이라는 관념으로 나타난다(Festenstein, 1997, p. 69). 여기서 듀이는 "자유를 확보하는 데 필요한 것은 외부의 장애물을 제거하는 것뿐이다"라는 고전적 자유주의와 분명히 다르다(Festenstein, 1997, p. 69). 세 번째로, '개인성으로서의 자유'라는 듀이의 관점은 "개인성을 형성하는 사회적 조건을 형성하는 데 참여하는 것"을 함의한다(Festenstein, 1997, p. 70).

5 문화인류학에서는 이질적인 문화를 가진 두 사회가 지속적이고 직접적인 접촉을 통해 서로가 갖고 있는 문화에 변화를 일으키는 현상을 설명하는 개념으로서 보통 '문화변용' 또는 '문화 접변'으로 번역하지만, 여기서는 개인이 문화와 상호작용을 하면서

변화되는 과정을 의미하기 때문에 '문화화'로 번역했다(옮긴이).

6   사물에 관하여 무언가를 안다는 것, 즉 지식을 소유한다는 것을, 어떤 고정된 대상물을 보는 '틀'을 가지게 되는 것으로 이해하는 관점으로, 이는 관조의 주체와 대상이 별도로 존재한다는 이원론적 구조를 상정하고 있는 인식론이다. 듀이는 서양 철학사에서 이어져 온 이런 관점의 인식론을 비판한다. 이에 대해서는 이돈희(2019). 『교육적 경험의 질성적 구조』. 대한민국학술원. 참고(옮긴이).

7   듀이가 "일상 경험의 세계는 '스스로 분열된 집'이다"라고 표현한 것은, 현대 사회에서 과학적 세계관이 일상생활에 깊숙이 스며들어 있음에도 불구하고, 이러한 과학적 합리성과 인간의 감정, 가치, 도덕 등의 측면이 조화를 이루지 못하고 분리되어 있다는 것을 지적한 것이다. 이는 과학적 합리성이 인간의 삶의 모든 측면을 포괄하지 못하고, 오히려 인간적인 요소들과 충돌하거나 분리되는 상황을 나타낸다. 따라서 일상 경험의 세계가 '스스로 분열된 집'이라는 표현은 이러한 불일치와 분열을 강조하는 것이다(옮긴이).

8   듀이의 이론은, 명확한 교육목표를 추구하고 교사 중심의 형식적이고 전통적인 교육 모형을 따르는 에르치홍보다는 포괄적이고 문화적, 사회적 맥락에서의 개인의 형성과 발전을 중시하는 빌둥의 철학적 접근과 더 가까운 관계가 있다는 의미이다. 다시 말하면 듀이는 교육을 특정한 기술적 방법이나 제도로 한정하지 않고, 교육을 민주적 삶과 사회 형성을 위한 철학적이고 실천적인 과정으로 이해하고 있다. 이는 그의 이론이 전통적 교육 이론의 범주를 넘어서는 폭넓은 철학적 관점을 담고 있음을 보여준다(옮긴이).

흔들림 없는 교육: 도구로서의 교육을 넘어

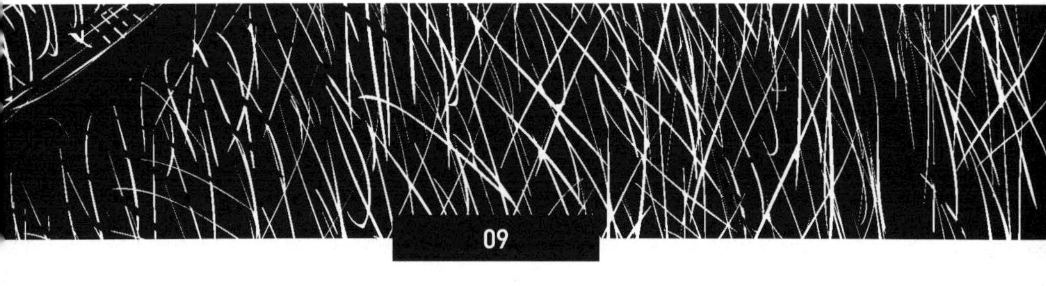

교육의 공공성 실현

09

교육의 공공성 실현

서론[1]

점점 증가하는 학술 문헌에서 공공 교육론(public pedagogy)이라는 개념은 미디어, 대중문화, 그리고 보다 일반적으로는 사회가 가지는 교육적 '힘'을 이론화하고 연구하기 위한 분석적 개념으로 자주 사용된다(Sandlin, Schultz, & Burdick, 2010 참고). 예를 들어, 헨리 지루(Henry Giroux)는 공공 교육론에 대한 자신의 관심과 관련하여, 이는 "문화가 어떻게 권력의 생산, 배분 및 규제를 둘러싼 경쟁의 장으로 다양하게 기능하며, 상징적으로나 제도적 측면에서 어떻게 그리고 어디에서 교육적, 정치적, 경제적 힘으로 작용하는지"를 탐구하는 것이라고 설명한다(Henry Giroux, 2004, p. 77). 공공 교육론에 대한 이러한 해석은 샌들린(Sandlin), 오말리(O'Malley), 버딕(Burdick)이 이 분야를 검토하면서 밝힌 다섯 가지 주요 영역 중 적어도 두 가지에 반영되어 있음을 확인할 수 있다(Sandlin, O'Malley, & Burdick, 2011, pp. 343, 351). 하나는 "대중문화와 일상생활을 공공 교육론의 관심으로 보는 관점"이고, 다른 하나는 "지배적 담론을 공공 교육론으로 보는 관점"이다.

북미의 논의에서는 '학교를 넘어선 교육과 학습'의 영역에서 보다 활동적이고 정치적인 흐름에 대한 명확한 인식이 존재한다(Sandlin, Schultz, & Burdick, 2010). 샌들린, 오말리, 버딕은 이를 '공적 지식인(public intellectualism)'에 관한 연구와 학술활동(Sandlin, O'Malley, & Burdick, 2011, p. 354)에, 그리고 '민주적 프로젝트를 진전시킬 수 있는 가능성으로서의 수행적이고 활동적인 공공성 교육의 차원'을 탐구하는 새롭게 떠오르는 연구(ibid., p. 357)에 자리매김했다. 이러한 논의에서 많이 다루어지지 않는 영역은 성인 교육, 지역사회 교육 및 대중 교육의 풍부한 역사(예: Fieldhouse, 1998; Knowles, 1962; Welton, 1995; Wildemeersch, Finger, & Jansen, 1998)와, 독일어 'Sozialpädagogik'을 다소 제한적으로 번역한 '사회적 교육'이라는 대륙의 전통이다. 이는 일반적인 학교와 대학교 같은 교육기관의 틀을 벗어나 작동하지만, 여전히 스스로를 **페다고지**(Pädagogik(독)), 즉 의도적인 교육 '활동'으로 간주하는 페다고지이다(예: Füssenhäuser, 2005; Kommission Sozialpädagogik, 2010 참조).

사회가 교육적 **힘**일 뿐만 아니라 교육적 **책임**을 지닐 수 있다는 생각(Perquin, 1966 참조)은 성인교육, 지역사회교육 및 대중교육의 많은 부분에 기저로 깔려 있으며 '사회적 교육'을 특징짓는 개념이기도 하다. 따라서 이러한 생각은 공공 교육론의 개념에 대한 보다 실천적인 해석을 암시하며 이 장에서 자세히 탐구하고자 하는 것도 바로 이러한 해석이다. 여기서 염두에 두고 있는 것은 공공성 교육을 특정한 형태의 페

흔들림 없는 교육 : 도구로서의 교육을 넘어

다고지, 즉 특정한 형태의 교육 '활동 수행으로 이해하는 것이다. 말하자면 이는 페다고지가 공적인 방식으로 '작동'하는 형태로서, 이어지는 논의에서는 이러한 공적 형태의 페다고지 작동을 이해할 수 있는 세 가지 다른 방식을 구분할 것이다. 여기서의 목표는 교육적인 것과 정치적인 것을 (다시) 연결하고 이를 공공성 영역에 확고히 자리 잡게 하는 공공성 교육의 개념을 명확히 하는 것이다.

이런 일이 필요한 것은 공적 공간과 장소의 지속적인 민영화 및 탈정치화(다음 절 참조)뿐만 아니라 교육 자체의 지속적인 민영화 때문이기도 하다. 교육이 민영화되는 상황에서 교육은 민주주의와 사회 정의를 지향하는 공공의 이익보다는 점점 더 사적 재화, 즉 개인의 (경제적) 이익을 위한 수단으로 자리매김되고 또 그렇게 인식되고 있다(Biesta, 2006a 참조). 그러므로 이 장에서는 인간 공동체의 공공성을 위한 교육을 실행한다는 것이 무엇을 의미하는지 그 성격을 밝히고자 한다. 이를 통해 샌들린과 오말리, 그리고 버딕(2011)이 이 분야에 대한 검토를 통해 제기한 두 가지 도전에 응답할 수 있다. 하나는 왜 공공 교육론이 실제로 커리큘럼이나 문화 연구의 한 형태가 아니라 **교육론의 형태**로 인식되는지에 대한 질문이며, 다른 하나는 '공공성'이 의미하는 바가 "관련 문헌에서 거의 탐구되지 않았다"는 관찰과 관련이 있다(ibid., p. 365; 이 문제에 대해서는 Savage, 2010 참조).

다음 절은 공적 영역의 쇠퇴에 대한 논의를 간략히 살펴보는 것으로 시작한다. 이러한 배경을 바탕으로, 그리고 한나 아렌트의 연구를 기반으로 공적 공간과 장소의 공적 특성을 "자유가 출현할 수 있는 공간"이라는 관점에서 이해하고자 한다. 세 번째 단계에서는 이를 바탕으로 공공 교육론을 어떻게 이해할 수 있는지를 탐구한다(Arendt, 1955, p. 4). 이를 위해 공공 교육론의 세 가지 양식 또는 양상, 즉 공공을 **위한** 교육론, 공공**의** 교육론, 그리고 인간 공동체의 공공성에 대한 관심을 실천에 옮기는 **공공성을 위한** 교육론을 구분할 것이다.

공적 영역의 쇠퇴

지난 수십 년 동안 공적 영역의 변화에 대한 우려를 제기하는 연구와 논의가 끊임없이 이어져 왔다. 다양한 학문과 영역에서 이루어진 이러한 작업은 공적 영역의 변화를 쇠퇴 또는 상실의 과정으로 묘사하는 경향이 있다. 이러한 변화의 과정에서 공적 영역의 필수적인 특성들은 압박을 받고 있어서 소멸의 위기에 처해 있거나 이미 사라졌다고 주장한다(Sennett, 1992 참조). 데이비드 마퀀드(David Marquand)는 그의 저서 『공공의 쇠퇴*Decline of the Public*』에서 공적 영역은 시장의 논리와 사적 이익의 논리라는 두 가지 측면에서 위협받고 있다고 주장한다.

마퀀드는 공적 논리에서 시장 논리로의 신자유주의적 변화로 인해 어떻게 공공선에 대한 민주적 논쟁에 시민들이 참여하는 정도가 점점 저하되고, 대신 공공 서비스의 소비자로 전락하는 상황이 초래되었는지를 보여준다. 이러한 '시민-소비자'는 우선적으로 공공 서비스 메뉴에 무엇이 포함되어야 하는지에 대한 숙의에 참여하는 대신, '공공 서비스'라는 정해진 메뉴에서 '선택'과 '품질', 그리고 '가성비'를 제공받고 있다. 사적 영역에서 오는 위협과 관련하여 마퀀드는 두 가지 문제를

흔들림 없는 교육 : 도구로서의 교육을 넘어

지적한다. 하나는 그가 '사적 영역의 복수(revenge of the private)'라고 부르는 것과 관련이 있다(Marquand, 2004, p. 79). 여기서 그가 염두에 두고 있는 것은 시민들이 "공적 의무와 공적 참여에 수반되는 힘들고, 요구가 많고, '부자연스러운' 절제"를 받아들이려는 의지가 감소하고 있다는 인식이다(ibid., p. 79). 또 다른 문제는 정체성 정치의 부상과 관련이 있다. 말하자면 개인 정체성이나 집단 정체성은 협상이 불가능한 민주정치의 '통용 화폐(currency)'라는 생각이 확산되고 있는 것이다.[2] 이와 관련해서 마퀸드는 "사적 자아가 모든 면에서 전권을 가져야 하고 모든 영역에서 중심적인 역할을 해야 한다"는 생각이 어떤 형태이건 숙의적 정치를 "사실상 불가능하게" 만들었음을 지적한다(ibid., pp. 80-82; Biesta, 2010a 참조).

공적 영역의 쇠퇴에 대한 마퀸드의 평가는, 미첼이 공적 영역을 규범적 개념의 공적 공간으로 정확하게 그 성격을 규정한 데서 비롯된다(Mitchell, 1995, p. 116). 그의 규정에 따르면 "공적 영역은 사회와 국가 간의 관계를 중재하는 기관과 활동의 집합체로 생각하는 것이 최선이다." 실제로 마퀸드는 그가 공적 영역[3]이라 부르는 것을 "인접한 시장 및 사적 영역으로부터 보호된 공간으로 정의하며 거기에서 낯선 이들끼리 사회의 연합된 삶에서 동등한 파트너로 서로를 만나게 된다"고 본다(Marquand, 2004, p. 27). 이 개념에서 공적 영역의 주요 기능은 공공의 이익을 정의하고 공공재를 생산하는 것이다. 그래서 이 공적 영역을 지탱하는 가치와 공적 영역에 의해 지탱되는 가치[4]는 자기 이익의 가치가 아니라 집단적 이익의 가치라고 마퀸드는 주장한다(ibid., p. 57). 집단적 이익은 때로 개인의 즉각적인 이익, 즉 개인의 즉각적인 욕구와 선호에 반할 수 있기 때문에, 공적 영역에 대한 참여와 헌신은 '모종의 훈련'과 '자기 절제'를 함의한다고 마퀀드는 설명한다(ibid., p. 57). 마퀀드의 주장에 따르면 이것은 자연스럽게 이루어지는 것이 아니며 "배워야 하고 내면화해야 하며, 때로는 고통스럽게 이루어져야 한다"(ibid., p. 57).

마퀀드와 같은 저자들의 관점에서 볼 때 공적 영역(또는 하버마스(1989)가 선호하는 용어인 공론장)은 물리적 장소가 아니라 사회적 상호작용의 어떤 '특성'으로 이해해야 한다. 따라서 마퀀드는 공적 영역을 "독자적인 규범과 결정 규칙이 있는 일련의 활동"이라고 부르며(Marquand, 2004, p. 4), 공적 영역에서의 관계는 사적 영역을 특징짓는 '사랑, 우정, 개인적 연결의 관계'와도 다르고 시장 영역을 특징짓는 '구매와 판매, 이익과 인센티브의 관계'와도 다르다는 것을 강조한다. 그렇다면 공적 영역을 특징짓는 '규범과 결정 규칙'은 어떻게 이해할 수 있으며, 이 영역에 적합한 활동은 무엇인가? 이러한 질문에 대한 답을 찾기 위해 한나 아렌트의 연구로 돌아가 5장에서 제시된 논의를 이어나갈 것이다.

행위와 복수성,[5] 그리고 자유에 대한 아렌트의 사유

아렌트의 철학은 인간을 능동적 존재로 이해하는 데 중점을 둔다. 즉 인간은 단지 사고하고 성찰하는 능력에 의해 규정되는 존재가 아니라 무엇을 하는가에 따라 인간됨이 결정되는 존재라는 것이다. 아렌트는 활동적 삶(the 'vita activa')의 세 가지 유형인 노동, 작업, 행위를 구분한다. 노동은 신체의 생물학적 프로세스에 해당하는 활동으로, 생명 유지

흔들림 없는 교육 : 도구로서의 교육을 넘어

에만 전적으로 집중한다. 작업은 환경을 적극적으로 변형시키고 이를 통해 지속 가능한 세계를 창조하는 방식과 관련이 있다. 작업은 제작과 관련이 있으며 "전적으로 수단과 목적의 범주에 의해 결정된다"(Arendt, 1958, p. 143). 반면에 행위는 그 자체가 목적이며, 행위의 결정적인 특성은 자유라고 아렌트는 주장한다.

아렌트에게 있어서 행위를 한다는 것은 우선 주도권을 쥐고, 새로운 것을 시작하며, 세계에 새로운 것을 가져오는 것을 의미한다. 아렌트는 인간을 "시작하는 행위와 시작하는 주체"로서의 **이니티움**(initium)으로 특징짓는다(Arendt, 1977, p. 170). 탄생할 때마다 세상에 '유일하게 새로운' 것이 들어오기 때문에 행위를 탄생이란 사실에 비유하여 설명한다(Arendt, 1958, p. 178). 말하고 행동하는 것을 통해 우리는 끊임없이 새로운 시작을 세상에 가져온다. 아렌트에 따르면 우리는 '말과 행동으로' 세계에 자신을 들여놓으며(Arendt, 1958, pp. 176-177), 이러한 편입은 마치 두 번째 탄생과 같다는 것이다. 아렌트에게 있어서 행위는 자유와 밀접하게 연결되어 있다. 그러나 그녀는 자유를 우리가 선택하는 것이면 무엇이든 할 수 있는 의지의 현상으로 이해해서는 안 되며, "이전에 존재하지 않았던 것을 존재하는 것으로 불러올 수 있는 자유"로 이해해야 한다고 강조한다(Arendt, 1977, p.151). '주권으로서의 자유(freedom as sovereignty)'와 '시작으로서의 자유(freedom as beginning)'의 미묘한 차이는, 후자의 자유란 '내면의 감정'이나 개인적인 경험이 아니라 필연적으로 공적인 현상, 즉 정치적인 현상임을 의미한다. 그래서 아렌트는 "정치의 존재 이유는 자유"이며 "그 경험의 장은 행위"라고 말한다(Arendt, 1977, p. 146).

아렌트는 자유가 출현하기 위해서는 '공적 영역'이 필요하다고 거듭 강조한다(Arendt, 1977, p. 149). 게다가 자유는 오직 행위 **속**에서만 존재한다. 이는 "자유란 것이 선물을 소유하는 것"과는 달리 인간은 행위 '이전도 이후도' 아닌 행위를 하는 순간에만 자유롭다는 것을 의미한다(ibid., p. 153). 그렇다면 자유는 어떻게 나타날 수 있는가? 이 질문에 대한 아렌트의 응답을 이해하려면 '시작'은 행위의 전부가 아니며, 모든 것은 다른 사람들이 우리의 주도권을 어떻게 받아들이느냐에 달려 있다는 것을 아는 것이 중요하다. 그래서 아렌트는 행위자를 창작자나 생산자가 아니라 서로 모순되는 의미를 가진 주체, 즉 행위를 시작하는 자이면서 동시에 그 행위의 결과에 영향을 받고 문자 그대로 결과에 종속되는 자라고 표현하고 있다. 따라서 행위의 이해에 관한 아렌트의 기본적인 아이디어는 매우 간단하다. **우리는 고립된 상태에서는 행위를 할 수 없다**는 것이다. 내가 무언가를 시작했지만 아무도 응답하지 않는다면, 나의 주도로부터 아무것도 따라오지 않을 것이며, 결과적으로 나의 시작은 세상에 나오지 않을 것이다. 즉 나는 세상에 출현하지 않을 것이다.[6] 그러나 내가 무언가를 시작하고 다른 사람들이 나의 시작에 대해 반응한다면, 나는 세상에 나오게 되고, 이전이나 이후가 아닌 바로 그 순간에 나는 자유롭게 된다.

그러나 문제는 다른 사람들이 우리의 주도에 대해 예측할 수 없는 방식으로 반응한다는 점이다. 결국 우리는 항상 '자기 나름의 행위를 할 수 있는 존재들'을 상대로 행위를 하고 있는 것이다(Arendt, 1958, p. 190). 이는 우리의 시작을 좌절시키기도 하지만, 아렌트는 '우리가 하는 행위에 대한 유일한 지배자가 될 수 없다는 불가능성'이 우리의 시작을

흔들림 없는 교육 : 도구로서의 교육을 넘어

세상에 나올 수 있게 하는 조건, 그것도 유일한 조건이란 사실을 거듭 강조한다(Arendt, 1958, p. 244). 물론 우리는 다른 사람들이 우리의 시작에 반응하는 방식을 통제하려고 할 수 있으며, 아렌트는 그렇게 하는 것에 마음이 끌릴 수 있다는 점을 인정한다. 그러나 만일 그렇게 한다면, 우리는 다른 이들이 시작할 기회를 그들에게서 박탈하는 셈이 된다. 그들이 행위를 할 기회를 빼앗는다면 결과적으로 그들의 자유를 빼앗는 셈이 될 것이다.

아렌트의 관점에서 볼 때 이것은 무엇보다도 고립된 상태에서는 행위를 한다는 것이 결코 가능하지 않다는 것을 의미한다. 아렌트는 한걸음 더 나아가 "고립된다는 것은 행위를 할 수 있는 능력을 빼앗기는 것이다"라고까지 주장한다(Arendt, 1958, p. 188). 따라서 우리가 행위를 할 수 있기 위해서는 우리의 주도성에 응답하고 우리의 시작을 받아들이는 타인이 필요하다. 이는 또한 복수성이 없이는 행위가 결코 가능하지 않음을 의미한다. 우리가 복수성을 삭제하는 순간, 즉 우리의 주도성에 타인이 반응하는 방식을 통제하려고 함으로써 그들의 타자성을 제거하는 순간, 우리는 타자에게서 그들의 행위와 자유를 박탈하게 되며, 결과적으로 우리 자신에게서도 행위를 할 가능성, 즉 자유를 박탈하게 된다. 그래서 아렌트는 복수성, 즉 차이가 동질성으로 축소되지 않는 상황이 '인간 행위의 조건'이라고 결론지었다(Arendt, 1958, p. 8).

"자유가 출현할 수 있는 공간"

이러한 맥락에서 아렌트는 우리에게 자유에 대한 고도의 정치적 이해를 제시한다. 이는 그녀가 자유를 자유주의 정치 이론과 같이 개인적인 어떤 것이 아니라 궁극적으로 공적 영역, 즉 폴리스(polis)에서 출현하는 것으로 보기 때문이다. 또한 더 중요한 것으로 그녀는 우리의 자유가 다른 사람들의 자유와 근본적으로 서로 연결되어 있어서 행위가 복수성의 조건에서만 가능하다는 것을 보여주기 때문이다. 이는 기본적으로 동일성과 공통성을 바탕으로 해서만 행위가 가능하다고 가정하는 공동체주의 정치 이론과는 다른 것이다. 나의 자유가 모든 타자의 자유에 달려 있다는 주장은 경험적 관찰로 이해되는 것이 아니라, 아렌트 철학의 규범적 '핵심'이다. 이는 모두가 활동하고 세계에 출현하고 자유로울 수 있는 기회를 누리는 세계에 대한 신념을 아렌트가 갖고 있기 때문이다.

이러한 사유방식이 갖는 한 가지 함의는 아렌트에게 있어서 "자유가 출현할 수 있는 영역"으로서의 공적 영역을 물리적인 장소로 이해해서는 안 된다는 것이다(Arendt, 1955, p. 4). 즉, 그것은 특정한 위치가 아니라 인간 상호작용의 특별한 질적 특성을 나타내는 것이다. 이와 관련하여 그녀는 다음과 같이 묘사한다.

> 엄밀히 말해 폴리스는 물리적 공간으로서의 도시국가가 아니다. 이는 사람들이 함께 활동하고 말함으로써 형성되는 조직이며, 폴리스의 진정한 공간은 그들이 어디에 있든 이러한 목적으로 함께 살아가는 사람들 **사이에** 존재한다. (⋯) 이는 이 말의 가장 넓

흔들림 없는 교육 : 도구로서의 교육을 넘어

은 의미에서 '출현의 공간', 즉 내가 다른 사람들에게 나타나듯이 다른 사람들이 나에게 나타나는 공간이다. 이 공간에서 인간은 단순히 다른 생명체나 무생물처럼 존재하는 것이 아니라, 명확하게 자신의 모습을 드러낸다(Arendt, 1958, pp. 198-199).

이 '출현의 공간'은 '사람들이 함께 말하고 활동할 때 형성된다'는 점을 고려할 때(ibid., p. 199), 이 공간은 '손의 작업으로 만들어진 공간', 즉 작업을 통해 창조된 공간과는 달리, '그것 [공적 영역]을 존재하게 만든 활동이라는 현상을 벗어나서는 지속되지 않으며, 그 활동 자체가 사라지거나 중단되면 (…) 공적 영역도 사라진다'는 것을 의미한다(ibid., p. 199).

행위, 자유, 복수성의 상호관계에 대한 아렌트의 탐구는 공적 영역을 이해하는 데 중요한 교훈을 제공한다. 그녀는 복수성의 조건에서만 행위가 가능하며 자유가 출현할 수 있음을 보여준다. 여기서 말하는 자유는 시작하는 행위로서의 민주적 자유로서, 주권으로서의 자유주의적 자유 혹은 동질성으로서의 공동체주의적 자유와는 다르다. 아렌트는 우리가 복수성을 축소하기 시작할 때, 즉 공적 공간에서 무엇을 할 수 있고 말할 수 있는지, 무엇이 '적절한 것인지' 혹은 '일탈한 것인지'를 규정하고 통제함으로써 그러한 공간을 '동질화'하고 '정화'하기 시작할 때, 우리는 행위가 가능하고 자유가 출현할 수 있는 조건 자체를 근본적으로 파괴하기 시작한다는 것을 보여준다.

그러나 '함께 함'의 공공적 성격에 대한 관심은 단순히 어떤 복수성을 촉진하는 것이 아님을 유념하는 것이 중요하다. 아렌트에게 있어서 공적 행위의 문제, 즉 공적 영역 혹은 타인의 존재 앞에서 행위를 하는 문제는 단순한 개인 주도의 복수성이 아니라 소위 '협력적 행위(acting in concert)'와 관련된 것이다(Benhabib, 1993 참조). 여기서 제기되는 질문은, 함께 하는 세계라 하더라도 수많은 관점과 측면을 동시에 포함하고 있는 상황에서, 그리고 이를 해결하기 위한 공통의 척도나 분모를 마련할 수 없는 상황에서(Arendt, 1958, p. 57), 어떻게 협력적 행위가 가능한가 하는 것이다. 아렌트는 전체적 합의, 총체적인 일치, 또는 전체적 동일성에 바탕을 두어야 협력적 행위가 가능하다는 (공동체주의적인) 개념을 강하게 거부한다. 이는 결국 행위의 조건인 복수성을 파괴할 것이기 때문이다. 그녀는 또한 단순한 복수성에 기초한 협력적 행위는 불가능하다고 주장한다. 함께 하는 행위, 즉 협력적 행위를 위해서는 무엇을 해야 할지에 대한 결정과 심사숙고 및 판단이 필요하다. 다시 말하면 이를 위해서는 사적인 의제를 추구하는 것이 아니라 공동선을 지향해야 하는 것이다. 그러나 아렌트는 소위 '판단 없는 복수성(pluralism-without-judgement)'이라 부르는 것을 거부하듯, '복수성 없는 판단(judgement-without-plurality)'도 거부한다.

아렌트는 우리의 공동의 판단에서 복수성을 유지하는 데 무엇이 중요한지를 '이해'라는 개념으로 설명하려고 한다. 그러나 여기서 말하는 이해란 '올바른 정보와 과학적 지식'으로 이해되어서는 안 된다. 그것은 '끊임없는 변화와 변이 속에서 현실과 타협하고 화해하며, 세계에서 편안하게 자리 잡으려고 노력하는 끝없는 활동'이라고 설명한다(Arendt, 1994, pp. 307-308). 복수성의 조건에서 협력적 행위를 가능하게 하는 것은 '형제애', 즉 공통의 정체성이나 사해동포주의적인 동일성이 아니라, 오히려 거리감과 낯설음을 유지하는 것이다. 이는 공통의 기반을 확립

흔들림 없는 교육 : 도구로서의 교육을 넘어

하려 하지 않고, 오히려 공동의 세계의 '성취'라는 지속적인 도전에 관심을 두는 형태의 인간 공동체를 촉진하는 것을 요구한다(이 구분에 대해서는 Gordon, 2001을 참고).

공공을 위한 교육인가, 공공에 의한 교육인가, 아니면 공공성을 위한 교육인가?[7]

이러한 아렌트의 사상이 공공의 개념, 특히 '함께 함'의 공공적 성격을 어떻게 이해할 수 있을지에 대한 하나의 실마리를 제공한다고 볼 때, 마지막 단계에서 나는 교육의 문제로 돌아와 우리가 함께 활동하고 살아가는 방식의 공공적 성격에 대한 관심에서 어떤 형태의 교육 '활동'이 이루어질 수 있는지, 어떤 교육이 실행될 수 있는지를 묻고자 한다. 여기서 나는 공공 교육의 개념을 해석할 수 있는 세 가지 방식을 구분할 것을 제안하고자 한다. 각각의 해석에서는 소위 교육을 공적으로 만든다는 것, 즉 공적 영역 '안에서' 의도적인 교육 활동을 수행한다는 것이 무엇을 의미하는지를 다른 방식으로 설명한다(여기서 '안에서(in)'라는 단어를 따옴표로 묶은 이유는 내가 구분할 공공 교육의 세 가지 개념이 **'공공'**과 **'교육'**이 만나는 이 **지점(location)**을 **다르게 이해**하고, 따라서 '교육'과 '공공성'의 관계에 대해서도 다르게 접근하기 때문이다). 분명한 것은 각각의 경우에 교육 '활동'을 의도적으로 수행하는 교육자가 존재한다는 것이다. 그러나 세 가지 공공 교육의 방식을 구분하는 것은 바로 그 공공의 교육자가 **수행하는** 일에 있다. 그러나 세 가지 공공 교육의 차이는 의도적인 교육 활동으로서의 공공 교육이 성취할 수 있는 것에 결정적인 영향을 미친다. 내가 생각하고 있는 바를 설명해 보겠다.

공공 교육을 생각하는 한 가지 방식은 공공을 위한 교육, 즉 공공을 목표로 하는 교육으로 보는 것이다. 여기서의 교육은 지시적 가르침(instruction)의 형태를 취한다. 이 개념에서는 세계가 하나의 거대한 학교로 나타나며, 교육 행위자(educational agents),[8] 즉 공적인 교사의 주된 역할은 시민을 **가르치는 것**이다. 여기에는 시민들에게 무엇을 생각해야 하는지, 어떻게 행동해야 하는지, 그리고 아마도 가장 중요한 것으로, 무엇이 되어야 하는지를 가르치는 것이 수반된다. 따라서 이러한 방식의 공공 교육은 궁극적으로 복수성의 삭제를 지향하며, 결과적으로 정치와 자유의 조건을 삭제하는 방향으로 나아간다. 국가가 시민에게 법을 준수하고, 관용을 베풀며, 인간을 존중하고, 능동적이 되라는 등 무엇이 되라고 요구할 때마다 이러한 형태의 공공 교육이 실행되는 것을 볼 수 있다. 국가는 직접적으로 혹은 교육의 행위자를 통해 이러한 지시를 내린다(이에 대한 비판적 논의는 Biesta, 2011e 참고). 이러한 방식의 공공 교육에서는 교육자가 시민에게 교훈을 가르친다고 말할 수 있는데, 이는 궁극적으로 시민에게 어떻게 행동해야 하는지를 가르치는 데 목표를 두고 있기 때문에 이런 표현을 통해서 공공 교육의 도덕적 기조를 엿볼 수 있다. 이러한 방식의 공공 교육이 지니는 문제는 학교 교육의 '논리'와 민주 정치의 '논리' 사이의 근본적인 차이와 관련이 있다. 따라서 민주적 관점에서 볼 때, 세계는 학교가 아니며 학교가 되어서도 안 된다는 점을 상기하는 것이 중요하다(Bingham & Biesta, 2010 참고).

흔들림 없는 교육 : 도구로서의 교육을 넘어

지시적 가르침의 형태를 취하는 공공 교육의 개념이 자유가 출현할 수 있는 '함께함'의 조건인 복수성을 삭제할 위험이 있다면 공공 교육의 개념을 가르침이 아닌 배움의 관점에서 접근해야 할 필요가 있을지도 모른다. 이는 관련 문헌에 근거하여 재구성할 수 있는 공공 교육이라는 개념의 두 번째 해석으로서, **공공의**(of the Public) 교육, 즉 공공에 **의해** 이루어지는 교육으로 그 성격을 규정하고자 하는 접근이다. 여기서의 교육활동은 소위 '외부'에서 이루어지는 것이 아니다. 말하자면 지시적으로 가르치는 교육 행위자들에 의해 이루어지는 것이 아니라 민주적인 과정과 실천 속에 자리매김되는 것이다(그래서 그러한 실천이 제공하는 학습 기회에 관심을 두게 된다; Van der Veen et al., 2007 참조). 이 해석에서 이루어지는 교육의 '양상'은 집단 학습의 형태 또는 파울로 프레이리가 '의식화(conscientization)'라고 부른 형태이다. 이는 비판적 인식(critical awareness)과 '비판적 의식(critical consciousness)'의 생성을 목표로 하는 활동이다(Freire, 1970). 여기서 세계는 교육 행위자들이 촉진자의 역할을 수행하는 거대한 성인교육의 장으로 나타난다. 공공 교육론의 첫 번째 해석과 달리, 두 번째 해석에 따른 교육의 과정이 진행되는 방향은 처음부터 결정되지 않고, 집단적 정치 학습의 과정에서 결정되어야 할 중요한 논점 중 하나가 된다.

따라서 이러한 공공 교육에 대한 해석은 복수성의 개념과 더 잘 연결이 되지만 이러한 관점이 지니는 한 가지 한계는 민주주의를 학습의 틀에 묶어 놓게 된다. 프레이리의 접근방식에서 보면 이는 세계로부터의 소외를 극복하거나 프레이리가 '실천(praxis)'이라고 부르는 세계 속에서의 존재 방식을 회복하고자 하는 매우 특별한 학습이다(Freire,

1972; Galloway, 2012 참고). 흔히 가정하는 것과는 달리 공공 교육의 두 번째 해석에 따른 학습은 어떤 방향으로든 나아갈 수 있는 개방적이고 자연스런 어떤 과정이 아니라, 매우 특수하고 구체적인 체제라는 점을 지적하고자 한다. 이 체제에서는 자기 자신과의 특정한 관계를 요구하는데 구체적으로 말하면 자기인식과 자기반성을 하고 결론을 도출하며 이를 바탕으로 행동하는 관계이다. 이러한 의미에서, 비록 학습이 전통적인 교육의 틀을 벗어난 장소에서 또는 그런 형태로 이루어지더라도 여전히 교육 체제 안에 머물러 있다고 할 수 있다(Elsworth, 2004). 왜냐하면 학습에는 시민들이 배워야 한다는 요구가 수반되기 때문이다. 공공 교육이라는 개념의 두 번째 해석과 관련해서 제기되는 문제는 민주적 시민성에 대해 배울 것이 있는가, 아니면 민주주의의 핵심은 미래에 대해 급진적으로 열려 있는 것인가 하는 것이다(이 문제는 무지한 시민의 모습을 통해 더 자세히 탐구되었다; Biesta, 2011b 참고). 학습에 대한 요구는 또한 이 공공 교육에 대한 이해에서 작동하는 '학습의 정치'라는 문제를 드러내고 있다(Biesta, 2012, 2013b). 이는 사회적·정치적 문제를 학습의 문제로 환원하려는 경향으로, 이를 통해 사회적·정치적 문제가 집단의 책임으로 남기보다는 개인의 책임이 되도록 한다.

여기서 제시하고자 하는 공공 교육에 대한 세 번째 해석의 주요 동기는 두 번째 해석에 따른 체제를 넘어 공공 교육이 교육과 정치의 교차점에서 작동할 수 있도록 하려는 것, 다시 말하면 공공 교육이, 행위가 가능하고 자유가 나타날 수 있는 조건을 지우는 것이 아니라 공공의 '복수성의 조건'에 대한 관심에서 작동하도록 하려는 것이다. 따라서 공공 교육을, 공공을 **위한** 교육 혹은 공공**의** 교육으로 보는 해석 말고 다

흔들림 없는 교육: 도구로서의 교육을 넘어

른 해석이 가능하고 또 필요하다. 이 해석에서는 공공 교육이 '공공성'에 대한 관심, 즉 인간 공동체의 공공적 **성격**에 대한 관심, 따라서 행위자와 사건이 **공공적으로 될 수 있는** 가능성에 대한 관심의 구현으로 나타난다. 공공적으로 되는 것은 단순히 가정에서 거리로, 또는 사적 영역(oikos)에서 도시(polis)로 물리적인 의미에서 장소나 위치를 옮기는 것이 아니라, 행위의 가능성과 자유가 확대될 수 있는 형태의 인간 공동체를 성취하는 것 또는 내가 다른 곳에서 언급한 바와 같이(Biesta, 2010c), 그러한 정치적 **삶의 방식**을 실현하는 것이다.

공공 교육의 세 번째 '해석'에서 이루어지는 교육 '활동'은 대중을 대상으로 하는 교육이나 대중에 의한 학습 촉진의 형태를 취하지 않고, 더 활동적이고 실험적이며 시범적인 형태로 이루어진다. 이는 현실적인 대안의 창출, 즉 다양성 속에서 형성되는 공적 관계의 기회를 되찾는 대안적인 존재 방식과 행동 방식, 다시 말해 협력적 행위의 창출을 추구한다는 점에서 더욱 활동적이 된다. 따라서 이는 한편으로는 시장의 논리에 저항하고 이를 '밀어내는(push back)' 방식을, 다른 한편으로는 사적 영역으로부터의 침입에 저항하고 이를 '밀어내는' 방식을 창조하는 것이다. 이러한 활동은 새로운 존재 방식과 행동 방식, 예를 들어, 이윤 극대화와 착취가 아닌 연대와 지속 가능성에 기반을 둔 새로운 경제의 실천 방식, 그리고 개인의 이익, 경쟁, 우수성에 중점을 두지 않고 다양성과 차이 속에서 협력과 함께 사는 힘든 작업을 지향하는 학교 교육을 '실천하는' 새로운 방식의 창출을 추구하는 것이기 때문에 항상 **실험적**이다. 이는 공공의 방식으로 협력적 행위를 되찾기 위함이다. 인간 공동체의 공공적 성격을 추구하는 이러한 실험적 활동주의를 페다고지의 형태로 이해할 수 있는 것은, 이것이 다른 방식의 실천이 가능함을 보여주기 때문이다. 이는 정치인들과 정책 입안자들이 흔히 하는 '대안이 없다'는 주장에 반하여, 항상 대안이 있다는 것, 즉 실천방식이 달라져야 하며 또 실제로 그럴 수 있다는 것을 보여주는 것이다. 이러한 의미에서 공공 교육의 세 번째 방식은 일종의 페다고지, 즉 가르침을 받거나 배워야 할 교육과정으로서가 아니라 시범으로서의 교육이다. 그리고 이는 그 방향성과 실행에 있어서 완전히 공공적인 형태의 교육이다.

결론

이 장에서는 교육이 인간 공동체의 공공적 성격을 추구하기 위하여 작동한다는 것이 어떤 의미인지를 탐색했다. 이 질문을 공적 영역의 침식이라는 일련의 더 광범위한 우려 안에 자리매김했으며, 한나 아렌트의 도움을 받아 복수성, 행위, 자유 간의 연결을 강조했다. 이러한 배경을 바탕으로 공공 교육이라는 개념에 대한 세 가지 가능한 해석을 제시했다. 각각의 해석과 관련하여 핵심 문제는 그것들이 복수성을 축소시키는 방식의 교육 활동으로 이어지는가 아니면 복수성을 촉진하는 방향으로 이어지는가 하는 것이다. 공공 교육이 대중을 **위한** 교육이나 대중이 주체가 되는 교육으로서 작용하는 경우, 가르침을 통해서 혹은 학습에 대한 요구를 통해서 복수성을 축소시키는 경향이 있는 반면, 공공 교육의 세 번째 형태는 반대 방향, 즉 다원화를 지향하며 그로 인해 행위의 가능성과 자유가 확대되어 나타날 수 있는 조건을 촉진한다.

흔들림 없는 교육 : 도구로서의 교육을 넘어

1 An earlier version of this chapter was published as Biesta, G. J. J. (2014). Making pedagogy public: For the public, of the public, or in the interest of publicness? In J. Burdick, J. A. Sandlinm, & M. P. O'Malley (Eds.), *Problematizing public pedagogy* (pp. 15-25). New York, NY: Routledge.

2 저자는 개인적 정체성(예: 성별, 인종, 성적 지향)이나 집단적 정체성(예: 특정 사회적, 문화적, 종교적 집단에 소속됨)이 민주주의 정치에서 점점 더 중요하게 여겨지고 있음을 지적하고 있다. 이는 정체성이 단순한 개인적 특징을 넘어 정치적 요구와 권리를 주장하거나, 집단 간 협상과 경쟁의 기반으로 사용된다는 것을 의미한다. 저자에 따르면 정체성은 협상의 여지가 없는 '통용 화폐'처럼 사용되면서 합리적 토론이나 상호 이해가 어려워지고 있다는 것이다. 이것은 민주주의 정치에서 정체성이 협상의 여지가 없는 절대적 요소로 작용하며, 이를 통해 정체성 중심의 정치적 요구와 갈등이 증가하고 있음을 비판적으로 드러내고 있다. 이는 민주적 대화와 협력의 가능성을 제한하는 결과를 초래할 수 있다는 경고로도 해석될 수 있다. 현대 사회에서 정치집단 간 갈등이 점점 격화되는 현상은 이러한 해석을 뒷받침한다(옮긴이).

3 서로 다른 저자들이 서로 다른 개념을 사용한다는 사실은 논의에 도움이 되지 않는다. 나는 '공적 영역(public domain)'과 '공론장(public sphere)'이라는 개념을 동등하게 취급한다. 반면에 '공적 공간(public space)'이라는 개념은 물리적 장소를 지칭하며, 따라서 공적 영역이나 공론장과는 구별되어야 한다. 왜냐하면 이 논의의 핵심 질문 중 하나는 공적 공간이 어느 정도 (여전히) 공적인 방식으로 사람들이 함께 존재할 수 있는 장소로 기능할 수 있는가 하는 것이기 때문이다.

4 공적 영역을 지탱하는 가치는 민주적 참여, 공공성, 집단적 이익과 같이 공적 영역이 존재하고 제대로 기능하는 데 필요한 기본적인 원칙과 신념을 말하며, 공적 영역에 의해 지탱되는 가치는 사회적 연대, 사회적 책임, 정의와 공공성 등 공적 영역의 운영과 활동을 통해 강화되고 유지되는 가치를 말한다. 두 가지 가치 체계는 상호 보완적이며, 하나가 강화되면 다른 하나도 강화되는 경향이 있다(옮긴이).

5 아렌트의 'plurality'란 용어는 '다양성', '복수성' 또는 '복수성' 등으로 번역할 수 있지만 여기서는 편의상 '복수성'으로 옮겼다(옮긴이).

6 수업의 사태에서 학생들은 저마다 나름 행위를 하며 타자(동료 학생 혹은 교사)로부터 어떤 응답을 개대한다. 만일 어떤 학생의 행위에 대해 아무도 반응을 하지 않는다면 그 학생은 그림자 취급을 받는 것이며 그의 자아(주체성)는 세상에 나타나지 못하게 된다. 이런 일이 교육의 현장에서 비일비재하게 일어난다는 점에서 교육은 어려운 것이고 이런 문제를 무시하고 넘어갈 때 학생의 성장에 부정적인 영향을 미친다는 점에서 위험한 것이기도 하다(옮긴이).

7   'For the Public', 'Of the Public', 'In the Interest of Publicness'는 공공 교육의 세 가지 다른 방식이나 관점을 나타내며, 교육의 목적, 수행 주체, 그리고 공공성과의 관계에서 뚜렷한 차이를 보인다. 첫째, 'For the Public(공공을 위한)' 교육은 공공을 교육의 대상으로 삼아, 공공에게 특정한 가치나 행동 방식을 가르치는 접근 방식이다. 둘째, 'Of the Public(공공에 의한)' 교육은 공공 자체가 주체가 되어 민주적 과정 속에서 공공이 비판적으로 사고하며 스스로 배우는 집단적 학습(collective learning)의 형태로 나타난다. 셋째, 'In the Interest of Publicness(공공성을 위한)' 교육은 공공성(publicness) 자체를 보호하고 확장하는 데 초점을 맞춘 방식으로, 특정 가치를 강요하거나 학습을 요구하는 대신, 공공성과 복수성을 증진하고 새로운 형태의 관계와 행동을 실험적으로 창출한다(옮긴이).

8   교육 행위자로 번역한 'educational agents'는 교육의 과정에서 중요한 역할을 담당하는 개인이나 집단을 의미하며 맥락에 따라 교사, 교수, 교육 관리자, 교육 기관, 학부모, 지역사회, 교육 정책 입안자 등 교육에 영향을 미치는 다양한 주체가 여기에 포함될 수 있다(옮긴이).

흔들림 없는 교육 : 도구로서의 교육을 넘어

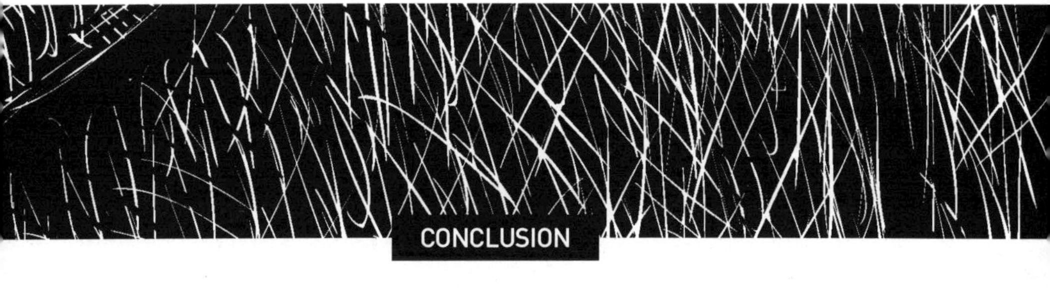

마무리

마무리

회고와 전망

앞장의 논의에 추가로 덧붙이고 싶은 내용은 많지 않다. 서론에서 밝힌 바와 같이, 이 책은 지난 15년에 걸쳐 발전시켜 왔고 다양한 출판물에서 발표한 아이디어들을 담고 있다. 그동안 나의 생각을 다듬고 새로운 주제와 관심사를 추가하고 새로운 정책과 실천 영역에 참여했지만, 이 책에 담긴 일련의 사유는 교육 분야에서 보다 더 오랜 기간 지속돼온 관심사나 문제들을 다루고 있다고 확신한다. 오늘날의 교육은 글로벌 네트워크, 특히 글로벌 교육 측정 산업의 네트워크와 더욱 밀접하게 얽히게 되었다. 이는 교육이 이에 적응하고 성과를 내야 한다는 지속적인 압력을 만들어내며, 교육이 단순히 수동적인 반응 모드로 빠지지 않고 새로운 세대가 세계 속에서, 그러나 세계의 중심이 아닌 곳에서, 성숙한 삶을 살아가는 방식을 찾도록 지원하고 격려하는 교육적 관심에 대한 책임을 유지하는 것을 더욱 중요하게 만들고 있다.

또한 교육의 세계화는 기초과목을 강조하는 방향으로 나아가거나 점점 많은 국가에서 소위 '강력한 지식'을 추구하는 등 커리큘럼에 영향을 미치고 있다. 그래서 커리큘럼을 둘러싼 인식론적 주장에 대해 건전한 회의론을 유지하는 것이 중요하다. 이는 지식이 '단지' 사회적 구성물일 뿐이며 따라서 모든 지식이 '단지' 상대적일 뿐이라고 주장하기 위한 것이 아니라, '일반적인 것'으로 제시되어 중요한 것으로 또는 강력한 것으로 여겨지는 것들은 대부분 특정한 지역적 맥락의 비대칭적 확장[1]에 불과하다는 것을 이해하기 위한 것이다. 이러한 건전한 회의론은 지식의 가치를 떨어뜨리는 것이 아니라, 진행되는 사태의 핵심을 놓치고 있는 상대주의의 비난에 굴복하지 않고 더 넓은 사회적 맥락에 집중할 수 있게 한다. 이 모든 것은 교육이 다음 세대를 현명하게 만드는 데 중요한 역할을 해야 함을 시사한다. 그러려면 단순히 상징에 대해 현명해지는 것, 즉 인식의 과정과 언어, 그리고 세계 사이의 연결을 이해하는 것을 넘어, 끊임없이 세계에 현명해지는 것, 즉 '있는 그대로'의 세계 혹은 겉으로 드러나는 세계를 항해하는 것에 그치지 않고 세계에 대해 항상 (비판적) 거리를 유지하고 그런 세계를 표현하고, 재현하고, 질서를 부여하는 다양한 방법을 모색하는 것을 필요로 한다.

4장에서 내가 시도한 것은 '비판성'이 실제로 무엇인지, 그것이 어떻게 나타날 수 있는지, 어떻게 실행될 수 있는지, 그리고 이를 이끄는 동력이 무엇인지 자세히 검토하는 것이었지만, 비판, 비판적 사고 및 비판적 태도는 여전히 교육에서 중요한 지향점으로 남아 있다. 결국 학생들이 비판적이어야 하거나 비판적 사고 능력을 개발해야 한다고 **말하**

는 것은 비교적 쉬운 일이지만, 그것이 정확히 무엇을 의미하는지, 그리고 그것이 어떻게 정당화될 수 있는지 **알아내는 것은 상당히 어려운 일이다.** 비판의 세 가지 '형태', 즉 독단적 비판과 선험적 비판 그리고 해체를 구분하는 것은 내가 볼 때 교육에서 비판과 비판적 사고가 그 비판의 '날(edge)'을 유지하고, 예를 들어, 단순히 유용한 (21세기) 기술로 제시함으로써 전적으로 '안전한 것'으로 되지 않도록 하는 데 여전히 유용한 '틀'이라고 본다. 5장에서 탐구한 바와 같이 철학은 분명히 여기에 기여할 수 있지만, 여기서도 철학이 '안전'하게 만들어지고, 필요할 때마다 '자유롭게' 활용할 수 있는 도구로 전환될 위험은 남아 있다.

철학은 이러한 방식으로 활용될 수 있다 해도 그것은 아이들과 젊은 이들을 실제로 세계와 접촉하게 하지 못할 위험이 있다. 이 세계는 단순히 비판적 분석의 대상으로 존재하는 것이 아니라, 어쩌면 우선적으로 그들에게 말을 걸고, 그들을 향해 다가오며, 그들이 원하든 원하지 않든 그들이 노출되는 세계이다. 이는 교육의 관계적 차원과 관련해서도 중요하다. 이것이 6장의 주제이다. 교육이 지나치게 관계위주로 진행되지 않도록 하는 것, 즉 교육적 관계를 제한하거나 중단하는 요소를 항상 남겨두는 것도 중요하지만, 나는 학생들이 세계와 '접촉'할 수 있는 세 가지 방식으로서 듣기, 인식하기, 그리고 말 걸어오기의 구분이 여전히 중요하다고 생각한다. 특히 교육이 궁극적으로는 아이 중심, 학생 중심, 또는 커리큘럼 중심이 아니라, 세계 중심이라는 지향을 가져야 한다는 점에 동의한다면 더욱 그렇다.

'변혁적 포용'이라는 개념은 출판물의 형태로는 아직 제시되지 않은 아이디어의 하나이다. 물론 관련 논의에서 기본적인 주장이 제기되기는 했다. 나는 변혁적 포용이라는 개념이 포용에 관한 노력을 흥미롭게 보완한다고 생각하는 편이다. 포용은 매우 중요하지만, 때로는 포용이 항상 이중의 이동을 필요로 한다는 사실을 망각할 수 있다. 이는 '외부'에 있는 사람들을 기존의 사회 질서로 포함시키는 것뿐만 아니라, 그러한 질서의 변혁을 위해서도 항상 노력해야 한다는 것을 의미한다. 따라서 포용은 단순히 기존의 정체성을 획득하는 것이 아니라 진정한 주체화의 과정이 될 수 있어야 한다. 변혁적 포용은 이러한 이중의 이동을 포괄하는 개념이다.

후자는 교육적 포용을 민주주의 문제와 직접적으로 연결시키고 있는데, 8장에서 내가 주장한 것은, 유명세에도 불구하고 듀이의『민주주의와 교육』과 그가 이 주제와 관련하여 발전시킨 보다 포괄적인 이론이 민주주의를 정치적 프로젝트로서 논할 때 실제로는 별로 도움이 되지 않는다는 점이었다. 이것은 듀이가 민주주의와 민주화에 관심이 없었다는 것을 의미하는 것이 아니라, 앞에서 주장했듯이, 듀이의 진정한 공헌은 합리성을 민주화하고 이를 인간 활동의 넓은 스펙트럼과 다시 연결하여 근대과학의 헤게모니에서 벗어나게 하려는 시도에 있다고 할 수 있다. 이는 마지막 장에서 내가 주장한 주요 논점과 잘 연결되는데, 만약 교육론이 '공공적'이 되고자 한다면, 민주주의를 길들이거나 과학주의로 대체하려는 시도에 맞서 민주주의를 위한 투쟁에 대한 지향과 연결을 유지해야 한다는 것이다.

내 견해가 바뀌었거나 적어도 다른 어휘를 사용하고 더 미묘하고 아마도 더 정확하게 글을 썼던 두 가지 지점이 있다. 첫 번째는 이 책에서 이미 언급한 바와 같이, 빌둥 개념의 사용과 관련된 것이다. 나는 점차

흔들림 없는 교육 : 도구로서의 교육을 넘어

빌둥이 교육을 개인의 함양 과정으로 보는 사고의 계열에 속한다는 통찰을 얻게 되었다. 이러한 사고는 그 자체로 유용하고 가치 있는 교육의 한 차원이다. 왜냐하면 함양은 개인에게 문화적 '도구(언어, 개념, 지향, 전통, 실천 등)'를 제공하기 때문이다. 그러나 내가 생각하기에 빌둥의 '패러다임'에서 결여되어 있는 것은 존재론적이고 정치적인 차원의 문제이다. 즉, 이러한 함양의 과정에서 '문화화된 유기체'(듀이)도, 정체성을 가진 개인도, 심지어 자아 정체성을 가진 개인도 아닌 주체로서의 자아가 어떻게 '출현'하는가 하는 문제가 결여되어 있다. 주체로서의 자아는 첫 번째 장에서 사용된 어휘로 말하자면 단순히 반응하는 존재가 아니라 책임을 질 줄 아는 존재, 보다 정확히 말하면 자신의 책임에 대해 책임질 수 있는 존재, 즉 자아가 자기 자신과 '직면하는' 책임을 받아들이는 존재로서의 주체를 말한다.

여기에 상징에 현명해지는 것과 세계에 현명해지는 것 사이의 차이가 있다. 또한 여기에는 권한부여와 해방 간의 차이, 식별 가능한 '객체'로서의 인간(the human being as an identifiable 'thing')과 존재형성의 과정에 있는 인간(the being of the human being) 간의 차이가 있다. 말하자면 본질과 존재의 차이가 있는 것이다.[2] 빌둥의 '패러다임'이 개인의 함양에 관심이 있는 반면, 에르치훙의 '패러다임'은 교육이 (함양된) 개인에 대해 어떻게 독립적인 주체가 되도록 요청하고, 격려하고, 설득할 것인지, 그래서 개인이 함양의 대상에 머무르지 않도록 할 것인지에 관심이 있다. 이 책의 여러 장에는 이 두 교육적 '패러다임' 간의 구분과 관련된 많은 흔적들이 있지만, 아마도 이 구분의 중요성을 명확히 이해하기 위해 여러 장에서 제시된 논의를 직접 탐구할 필요가 있었던 것 같다. 이 구분은 단순히 이론적이나 철학적으로만 중요한 것이 아니라 무엇보다도 교육 자체의 실천적 차원에서 중요하다. 나는 이것을 이 책의 부록에서 다분히 자서전식으로 기록한 존재론적 '전환'으로 간주할 것이다.

실존적 논거는 어쩌면 교육에서의 포스트휴머니즘에 대한 최근의 논의에 대해 대응해온 방식일 것이다. 그리고 이것이 두 번째 지점으로서, 이는 교육 활동이 근본적으로 실존적이라는 점을 강조하는 것이다. 이 실존적 지향은 여전히 지켜야 할 가치가 있으며, 특히 인간으로서 우리의 존재가 궁극적으로는 실존적 문제라는 사실을 부정하려는 모든 시도에 맞서 이를 지켜내기 위해 싸워야 할 가치가 있다. 우리 각자가 자신의 삶을 살아가야 한다는 이 피할 수 없는 사실로부터 벗어나기 위한 '탈출구'로 제시될 수도 있는 유전자, 뇌, 혹은 그 어떤 지식도 이러한 실존적 문제를 대신할 수는 없다. 바로 이 지점을 흔들림 없이 지켜내는 것, 이 피할 수 없는 사실로부터 주의를 돌리게 하는 모든 '해결책'에 저항하는 것은 교육이 취해야 할 올바른 입장이다. 아마 지금은 그 어느 때보다 그럴 것이다.

흔들림 없는 교육 : 도구로서의 교육을 넘어

1 정한 지식이나 관점이 특정한 맥락에서만 유효함에도 불구하고 다른 맥락에서도 일
   반적이거나 보편적인 것으로 간주되는 현상을 말한다(옮긴이).

2 인간을 본질적 속성에 따라 규정짓는 것(essence)과, 인간이 삶의 과정을 통해 스스로
   의 존재와 정체성을 만들어가는 과정(existence)을 대조하고 있다. '본질'을 추구하는
   교육은 단순히 문화적 도구를 습득하는 '개인의 함양(cultivation)'에 머무는 것을 의
   미하는 반면, '존재'를 추구하는 교육은 개인이 주체로서 책임과 자유를 가지고 자기
   존재를 형성해 나가도록 돕는 것을 지향한다(옮긴이).

실험주의에서 실존주의로
(교육 철학의 언저리에서 글쓰기)

실험주의에서 실존주의로
(교육 철학의 언저리에서 글쓰기)

생애 초기: 1957~1990[1]

나는 1957년 네덜란드 로테르담에서 태어났다. 제2차 세계대전이 끝난 지 12년이 지난 시점이었지만, 1940년 5월의 폭격으로 인해 도심은 여전히 대부분 비어 있었다. 학교에 가는 길마다 항상 건설 현장을 지나쳤고, 몇 년 동안 말뚝을 박는 소리가 배경음처럼 들렸다. 어릴 때부터 교육에 대한 관심이 있었음을 부정할 수 없다. 어린 시절 내가 처음으로 꿈꾼 직업 중 하나는 건축가였으며, 나중에는 건축가를 가르치는 교사가 되고 싶었다. (몬테소리) 유치원과 (일반) 초등학교는 비교적 수월하게 다녔지만, 중학교는 훨씬 더 어려워 가까스로 졸업할 수 있었다. 경제학은 내가 잘했던 몇 안 되는 과목 중 하나였기에 대학에서 경제학을 전공하기로 결정했다. 하지만 곧 그것이 '내 길'이 아님을 깨닫고 1년

만에 신학으로 전공을 바꿨다. 신학 공부는 훨씬 더 즐거운 경험이었지만, 학업 2년 차에 심각한 교통사고를 당하면서 학업을 중단할 수밖에 없었다. 이 사건을 계기로 내 선택을 다시 고민하게 되었고, 대학을 계속 다니기보다는 일을 찾기로 결심했다. 그렇게 병원에서 일자리를 구하게 되었고, 이후 방사선사가 되기 위한 과정을 이수했다.

자격증을 취득한 후, 운 좋게도 방사선사 교육에 기여할 기회를 얻게 되었다. 이후 10년 동안 방사선사 지원 학생들에게 물리학을 가르쳤다. 처음 몇 년 동안은 방사선사로 일하면서 교육을 병행했지만, 2년간의 파트타임 교사 자격증 과정을 마친 후, 교육에 대한 지식을 더욱 깊이 쌓고 싶어 대학으로 돌아가 교육학을 공부하기로 결정했다. 영국을 비롯한 영어권 국가에서는 교육학이 주로 교사 양성의 일부로 연구되는 경우가 많았지만, 네덜란드에서는 'pedagogiek'(교육학)이 독립된 학문 분야로 자리 잡고 있다. 나는 이 분야를 네덜란드 라이덴 대학교 (Leiden University)에서 4년 동안 심도 있게 탐구했다. 처음에는 교육과정과 교수법을 전문으로 할 계획이었지만, 점차 교육의 이론적·역사적 측면에 더 큰 관심이 생겨 결국 이 분야에 집중하기로 했다.

라이덴 대학교에서 나는 네덜란드 자유대학교 벤 스피커(Ben Spiecker) 교수의 영향을 받아 철학에 관심을 두게 되었다. 스피커 교수는 비트겐슈타인과 교육에 관한 흥미로운 논문을 다수 저술한 분이었다. 학업 2년 차에는 철학의 기본 개념을 다루는 1년 과정의 프로그램을 추가로 이수했으며, 특히 논리학, 인식론, 과학철학, 그리고 아리스토텔레스를 포함한 그리스 철학을 깊이 있게 공부하는 과정이 인상적이었다. 그중에서도 아리스토텔레스에 대한 강의는 탁월했다. 라이덴 대학교에서의

흔들림 없는 교육 : 도구로서의 교육을 넘어

3년 차에는 다시 교육학에 집중했지만, 점점 더 깊어지는 철학적 관심과 자연스럽게 연결할 수 있었다. 비고츠키 전문가인 르네 판 데르 페어(René van der Veer)의 강의를 통해 나는 피아제의 발생론적 인식론에 관심을 두게 되었고, 린 판 아이젠도른(Rien van IJzendoorn)의 강의는 교육 및 사회 연구의 철학적 측면에 대한 흥미를 더욱 자극했다. 또한 시브런 미더마(Siebren Miedema)의 강의는 비판이론(하버마스), 비판교육학(독일과 북미 두 가지 형태 모두), 그리고 교육 및 사회 연구의 이론과 철학에 대한 관심을 더욱 깊게 만들어 주었다. 동시에, 이 과정에서 나는 존 듀이의 사상을 접하게 되었다. 듀이의 연구는 1950년대 초 이후 네덜란드 교육 담론에서 거의 다뤄지지 않았으며, 네덜란드 철학자들 사이에서도 간헐적으로만 주목을 받아왔다. 결국 나는 미더마 교수의 지도 아래 듀이에 관한 석사 논문을 쓰기로 결정했다.

나는 교육학도로서 마지막 해에 로테르담 에라스무스 대학교에 신설된 사회과학 철학 프로그램을 이수하며 철학에 대한 관심을 더욱 심화시켰다. 이 과정을 통해 논리학, 인식론, 과학철학에 대한 이해를 심화할 수 있었을 뿐만 아니라 분석철학, 현상학, 실존주의, 탈근대 및 탈구조주의 철학(특히 푸코의 연구), 그리고 당시 막 떠오르기 시작한 리처드 로티(Richard Rorty)의 신실용주의 철학도 접할 수 있었다. 특히, 로티의 『철학과 자연의 거울*Philosophy and the Mirror of Nature*』(1979)은 내가 작성한 논문의 이론적 틀을 형성하는 데 중요한 역할을 했으며, 이 논문은 네덜란드의 교육 연구에서 패러다임 다원주의에 초점을 맞추었다. 철학 공부를 계속하던 중, 운 좋게도 듀이에 관한 박사 학위 논문 연구를 수행할 수 있는 4년간의 장학금을 받게 되었다. 내 연구는 지식과 행위의 관계에 대한 듀이의 관점 및 그것이 교육과 사회 연구에 주는 시사점을 중점적으로 탐구하는 것이었다. 라이덴 대학교에서 시브런 미더마 교수와 린 판 아이젠도른 교수의 지도 아래 박사 연구를 수행했다. 특히 미더마 교수와는 듀이 연구를 중심으로 긴밀하게 협력했으며, 초기 연구 논문들 중 상당수를 공동 집필했다. 그중에는 1989년 함께 출간한 공동 저서도 포함되어 있다(Miedema & Biesta, 1989). 1992년 나는 박사 학위를 받았지만, 학위를 마치기 전에 이미 흐로닝언 대학교(University of Groningen)에서 교육학 강사로 선발되는 행운을 얻게 되었다. 그래서 나는 1990년 여름부터 그곳에서 교육학, 교육 및 사회 연구 철학을 가르치며 학자 생활을 시작했다.

내 경력 초기에 중요한 점 중 하나는, 내가 철학이나 교육철학이 아니라 **교육학**(pedagogiek)의 틀 안에서 지적·학문적인 정체성을 발전시켰다는 사실이다.[2] 이러한 배경 때문에 나는 지금까지도 스스로를 철학자라기보다는 철학에 대한 깊은 관심과 전문성을 가진 교육학자(pedagoog(네))로 소개하는 것을 선호한다. 특히 '교육철학자(philosopher of education)'라는 표현은 교육학자(pedagoog)로서의 나의 정체성과 **교육학**(pedagogiek)에 대한 나의 헌신을 완벽하게 담아내지 못한다고 느끼기에, 교육철학자로 불리는 것에 대해 다소 망설임이 있다. 교육학과 교육철학의 차이점에 대한 문제는 계속해서 나를 매료시켜 왔으며, 1999년 네덜란드에서 영국으로 이주하면서 더욱 중요한 문제가 되었다. 영국에서 나는 유럽 대륙과 앵글로-아메리칸 교육철학 간 '구조상'의 차이를 매우 구체적으로 경험하게 되었고, 이후 여러 출판물을 통해 이 주제를 탐구해왔다(Biesta, 2011a 참조). 이러한 이유로 나는 항상 앵글로-아메리칸 교육

흔들림 없는 교육 : 도구로서의 교육을 넘어

철학의 중심이 아니라 변방에서 활동하고 있다고 느껴왔다. 특히 북미보다 영국식 교육철학과 관련해서 이러한 느낌이 더욱 강했다.

내가 교육학과 철학을 공부할 당시는 네덜란드의 교육 연구와 학문이 급격하고도 근본적인 변화를 겪던 시기였다. 1980년대 네덜란드에서 교육 연구와 관련하여 '**실증주의 논쟁**(Positivismusstreit)'이 있었다면 (나는 있었다고 생각한다), 이는 두 개의 근본적으로 다른 연구 개념 간의 갈등이었다. 한쪽에서는 양적-설명적 연구가 유일하게 타당한 과학적 연구 방식이라고 주장했으며, 다른 한쪽에서는 질적-해석학적 연구의 타당성을 옹호하려 했다. 네덜란드에서는 양적-설명적 연구, 즉 흔히 '경험적-분석적' 연구로 불리는 접근이 '승리'를 거두었으며, 이는 영어권 국가에서의 상황 전개와 비교할 때 특히 중요한 의미를 갖는다. 영어권 국가에서는 질적 접근법을 주장하는 측에서 양적 연구의 헤게모니를 극복하고 방법론적 다원주의를 옹호하려는 것이 주된 논점이었다. 이와는 대조적으로 네덜란드에서는 오랫동안 해석학적 연구의 전통이 강하게 자리 잡고 있었으며, 특히 유트레흐트 학파(Utrecht School)의 현상학이 대표적이었다. 교육과 발달심리학의 분야에서는 마르티누스 얀 랑게펠트(M. J. Langeveld)가 오랫동안 중심적인 인물로 자리했다.[3] 따라서 네덜란드에서의 논쟁은 오히려 반대 방향, 즉 양적-설명적 연구가 기존의 질적-해석적 연구를 대체하려는 흐름으로 진행되었다. 네덜란드에서 벌어진 이 '**논쟁**(streit)'은 단순히 경험적 연구의 '올바른' 또는 '타당한' 방법론을 둘러싼 논의에 그치지 않았다. 이는 또한 비경험적 방법론의 탐구에 대한 반대이기도 했다. 이러한 결과로 이론적·철학적 연구 전통은 점점 더 주변화되었으며, 시간이 흐를수록 네덜란드 학계는 학문적 단일 문화를 초래했다. 영국에서 내가 경험한 것과는 달리, 이러한 변화는 경험적 연구 방법론뿐만 아니라 비경험적 탐구와 학문 활동에 대한 가능성마저도 크게 제한하는 결과를 초래했다.

네덜란드에서 교육 연구가 변화하면서 국제화에 대한 강력한 추진력도 함께 나타났다. 이는 내가 연구자로 성장하는 데 중요한 영향을 미쳤다. 나는 일찍부터 해외 연구자 및 학자들과 교류하도록 장려받았으며, 특히 듀이에 대한 관심으로 인해 북미 지역과의 학문적 교류를 더욱 중요하게 생각했다. 1988년, 박사 과정 첫해에 나는 뉴올리언스에서 열린 미국교육연구협회(AERA) 학술대회에 참석했고, 당시 조앤 보보이드스턴(Jo-Ann Boydston)이 이끌고 있던 카본데일의 듀이연구센터를 방문했다. 당시 책임자인 보이드스턴은 내 박사 연구 초기 단계에서 매우 큰 도움을 주었다. 당시 듀이의 저작들이 아직 모두 출판되지 않았고, 인터넷도 보편화되지 않은 시기였기 때문에, 카본데일뿐만 아니라 컬럼비아 대학교 교육대학과 시카고 대학교의 아카이브 방문은 박사 연구에 필요한 특별한 자료를 확보하는 데 중요한 역할을 했다. 또한 이러한 기관들을 방문하면서 북미 지역에서 연구 네트워크를 구축할 수 있었으며, 그 과정에서 존 듀이학회는 특히 중요한 역할을 했다.

흔들림 없는 교육 : 도구로서의 교육을 넘어

네덜란드: 1990~1999

흐로닝언에서 보낸 시간은 매우 도전적이고 흥미로운 경험이었다. 이는 단순히 경험이 상대적으로 부족한 강사인 나를 신뢰해준 동료들이 있었기 때문만이 아니라, 내가 가르치는 과정에서 '**나만의**' 주제인 교육학(pedagogiek)에 집중할 수 있었기 때문이기도 하다. 이로 인해 유럽 대륙의 교육 이론에 대한 이해를 더욱 깊이 할 수 있었는데, 특히 네덜란드의 교육학자 랑게펠트, 니코 페르퀸(Nic. Perquin), 벤 스피커와 얀 데르크 이멀만(Jan Dirk Imelman), 독일 이론가 클라우스 몰렌하우어(Klaus Mollenhauer)와 클라우스 샬러(Klaus Schaller)의 연구를 강조하고 싶다. 또한 북미 지역 비판 교육학의 선구자들, 특히 조지 카운츠(George Counts)와 같은 학자들이 주장한 '**사회적 재건주의**(social reconstructionism)' 사상에 대해서도 깊이 있게 탐구할 수 있었다. 흐로닝언에서의 첫 2년 동안 나의 가장 중요한 과제는 박사 학위 논문을 완성하는 것이었다. 나는 주로 지식과 행위의 관계에 대한 듀이의 관점을 재구성하는 작업을 수행했지만, 듀이의 사상을 단순히 채택하거나 거부할 수 있는 '또 하나의 철학적 입장'으로 제시하고 싶지는 않았다. 듀이의 사상에는 사회 및 교육적 연구의 본질을 둘러싼 논의에서 중요한 요소가 많다고 생각했기 때문이다. 당시 이러한 논의에는 칼 포퍼(Karl Popper)의 연구가 강한 영향을 미치고 있었다. 그러나 내가 듀이의 사상에서 가장 어려움을 느낀 부분은, 듀이의 아이디어와 함께 수반되는 것으로 보이는 형이상학적 틀, 즉 분명히 세속적 자연주의에 뿌리를 두고 있으며, 궁극적으로는 다원주의로까지 거슬러 올라가는 틀과 관련이 있었다. 사실 듀이는 자신의 자서

전적 에세이『절대주의에서 실험주의로*From Absolutism to Experimentalism*』
에서 이를 명확하게 인정한 바 있다(Dewey, 1984[1930]).

나의 우려는 한편으로 다원주의 자체와 관련이 있었다. 나는 다원주의가 인간의 조건을 지나치게 제한적으로 이해하는 관점이라고 보았으며, 궁극적으로는 인간 존재를 한정된 틀 안에서 해석하는 것이라고 생각했다. 또한, 다른 한편으로는 세속적 자연주의가 암묵적으로 들여오는 과학주의(scientism)와도 관련이 있었다. 이는 막스 호르크하이머(Max Horkheimer)가 자신의 저서『이성의 상실*Eclipse of Reason*』[4]에서 듀이의 실용주의의 핵심적인 문제로 지적한 바 있기도 하다(Horkheimer, 1947). 결국 나는 듀이가 생애 후반에 발표한「경험과 지식 및 가치*Experience, Knowledge and Value: A Rejoinder*」라는 논문에서 이 문제를 해결할 실마리를 찾았다(Dewey, 1991[1939]). 이 논문은 여러 학자들이 듀이의 연구를 주제로 쓴 에세이에 대한 듀이 자신의 답변이었는데, 해당 에세이들은 폴 쉴프(Paul A. Schilpp)가 편집한『존 듀이 철학*The Philosophy of John Dewey*』에 실렸다. 이 논문을 통해 나는 듀이의 지적·정치적 '프로젝트'를 형성하는 데 동기가 된 핵심 문제를 파악할 수 있었고, 이를 바탕으로 듀이의 연구를 실용주의적 관점에서 해석할 수 있었다. 즉, 철학적 입장을 명확히 표현한 것이라기보다는 특정한 문제를 해결하려는 시도로 이해할 수 있었다(Biesta, 2009a 참고). 나는 듀이 철학의 핵심 동기가 과학주의에 대한 비판, 즉 과학만이 유일하게 유효한 지식의 형태라는 생각에 대한 비판에서 비롯되었음을 보여줄 수 있었다. 또한 듀이 철학은 "세계와 우리가 연결되는 단 하나의 '진정한' 방식은 지식이다"라는 인식론적 세계관에 대한 비판에서도 동기를 부여받았음을 확인할 수 있었다. 그래서 나는 듀이의 연구물을 재구성하면서, 그가 대응하고자 했던 '문화의 위기'를 본질적으로 **합리성**의 위기로 이해해야 하며, 그의 궁극적인 프로젝트는 합리성을 인간 경험의 모든 영역으로 되돌리는 것이지, 이를 단순히 인식의 영역이나 과학적 지식의 영역에 국한시키는 것이 아니었다고 주장했다.

듀이의 연구에서 특히 흥미로웠던 것은 과학적 합리성의 헤게모니를 비판하면서도, '과학'이라는 이름하에 이루어지는 기술적·실천적 '성과'를 굳이 거부할 필요가 없었다는 점이었다. 듀이는 과학을 무조건적으로 **거부**하거나 맹목적으로 **수용**하는 것 사이에서 **제3의 길**을 열어주었다. 이는 과학적 세계관과 과학적 합리성이 지닌 헤게모니를 보다 정교하게 비판할 수 있도록 해주었으며, '과학'이라는 이름으로 이루어지는 것들의 가능성과 한계를 보다 성숙한 방식으로 탐구할 수 있도록 해주었다. 이러한 사고의 흐름은 브뤼노 라투르(Bruno Latour)의 『젊은 과학의 전선Science in Action』을 읽으면서 더욱 강화되었다(Latour, 1987). 라투르의 연구는 이후에도 지식과 교육과정에 대한 나의 연구에서 중요한 역할을 했는데(Biesta & Miedema, 1990; Biesta, 2002, 2012a 참고), 이는 그의 아이디어의 순화된 버전이 '행위자-네트워크 이론'이라는 이름으로 유행하기 훨씬 전부터 그러했다. 시간이 지나면서 나는 듀이 연구의 몇 가지 핵심적인 측면에 대해 점점 더 비판적인 시각을 가지게 되었다. 특히 민주주의에 대한 듀이의 견해에 대해, 나는 그것이 정치적 관점이라기보다는 사회적 관점에 가깝다고 보았으며(Biesta, 2007a, 2010a 참조), 그의 의사소통 개념이 지나치게 전체주의적 경향을 띠고 있다고 비판했다(Biesta, 2010b 참고). 그럼에도 불구하고 듀이의 거시적 프로젝트는 현대의 과학주의를 효과적으로 비판하는 데 여전히 커다란 가치가 있다고 생각한다(Biesta, 2009b, 2011b 참조).

박사 과정을 이수하면서 나는 실용주의의 교육적 차원, 특히 듀이 의 연구에서 의사소통 이론에 점점 더 많은 관심을 두게 되었고, 이는 박사 과정 이후 몇 년 동안 나의 핵심 연구 주제가 되었다. 이 주제에 대한 첫 번째 논문(Biesta, 1994)에서 나는 '실천적 상호주관성'이라는 개념을 중심으로 하버마스의 비판이론과 듀이 및 조지 허버트 미드(George H. Mead)의 실용주의 간의 관계를 탐구했다. 이 연구는 듀이의 저작을 읽으면서 얻은 영감과 함께, 한스 요아스(Hans Joas)의 미드에 대한 연구(Joas, 1985), 그리고 하버마스와 의사소통 및 교육에 관한 얀 마스켈라인(Jan Masschelein)의 박사 논문(Masschelein, 1987)에서 많은 영향을 받았다. 1993년 미국교육연구협회 학술대회에서 이 주제와 관련된 연구의 첫 번째 버전을 발표했다. 여기서 짐 개리슨(Jim Garrison)을 만났고, 이 만남은 이후 듀이와 실용주의에 관한 중요한 학문적 논의로 이어졌다. 이 논문은 『교육 이론*Educational Theory*』 학술지에 게재 승인되었으며, 이는 내가 처음으로 영어로 발표한 학술 논문이었다. 이후 짐 개리슨으로부터 듀이에 관한 새로운 학술서의 기고 요청을 받았고, 나는 이 기고문을 통해 듀이의 의사소통 개념이 교육에 미치는 영향을 더욱 깊이 탐구할 기회를 얻었다(Biesta, 1995a).

1993년, 나는 흐로닝언 대학교에서 레이던 대학교(University of Leiden)로 자리를 옮겨, 내가 교육학을 공부하고 박사 학위를 취득한 학과에서 강사직을 맡게 되었다. 강사로 일한 지 얼마 지나지 않아, 위트레흐트 대학교(University of Utrecht)에서 교육학 분야의 선임 강사직에 지원할

흔들림 없는 교육 : 도구로서의 교육을 넘어

기회가 생겼다. 여기에 지원을 한 것은, 이 직책을 맡으면 교육학 연구에 더 집중할 수 있을 뿐만 아니라, 교육 이론 분야의 얀 디르크 이멜만, 교육 역사 분야의 브리타 랑(Brita Rang)과 더욱 긴밀하게 협력할 수 있을 것으로 판단했기 때문이다. 다행히 지원은 성공적이었고, 1995년 봄, 나는 위트레흐트로 이사했다. 그러나 안타깝게도 내가 도착한 지 얼마 지나지 않아 이멜만은 조기 퇴직했고, 랑 역시 프랑크푸르트에서 교수 직을 맡기 위해 떠났다. 1994년 가을, 나는 미국국립교육아카데미에서 주관하는 스펜서 박사후 연구 펠로우십에 지원서를 제출했다. 이 과정에서 짐 개리슨과 벤 스피커의 격려와 추천을 받았으며, 1995년 초 선정되었다는 소식을 들었다. 덕분에 이후 두 학년도 동안 연구에 집중할 수 있는 소중한 시간을 가질 수 있었다. 돌이켜보면, 이 시기는 나의 학문적 '아비투스(habitus)' 형성에 결정적인 영향을 미친 매우 중요한 시기였다. 내가 제출한 연구 프로젝트는 실용주의 탐구를 조지 허버트 미드의 연구로 확장하는 것이었다. 연구 기간 동안 나는 네덜란드뿐만 아니라 버지니아 공대에서 짐 개리슨과 함께 연구하며 시간을 보냈고, 시카고 대학교에서 미드의 논문을 연구할 기회를 가졌다. 그 과정에서 나는 미드가 교육 철학 강의에서 사용했던 미공개 강의 노트를 발견했고, 이를 다니엘 트뢸러(Daniel Tröhler)와 함께 편집하여 영어와 독일어 번역본으로 출판할 수 있었다(Mead, 2008a, 2008b). 스펜서 프로젝트는 미드에 관한 여러 편의 논문 발표로 이어졌다(Biesta, 1998, 1999). 나는 연구를 진행하면서 미드가 듀이보다 더 강력한 이론가라는 생각을 하게 되었다. 또한 1994년에는 처음으로 미국교육철학회 연례 학술대회에 참석했으며, 그 이후로 지금까지 거의 매년 빠짐없이 참석해오고 있다.

스펜서 박사후 연구원으로 있던 시절, 아마도 가장 중요한 사건은 뉴질랜드의 짐 마샬(Jim Marshall)로부터 그가 편집 중인 책에 자크 데리다(Jacques Derrida)에 관한 장을 기고해달라는 요청을 받은 일이었다. 당시 나는 데리다의 이름을 들어본 적은 있었지만, 그의 연구물을 제대로 읽어볼 기회는 없었다. 나는 짐에게 데리다에 대한 특별한 지식은 없지만, 도전을 기꺼이 받아들이겠다고 말했다. 짐은 나에게 기회를 주었고, 이를 계기로 지속적으로 데리다 읽기에 몰두하게 되었다. 데리다 저작과의 만남은 나의 사고에 깊은 영향을 미쳤다. 이전까지 나는 실용주의가 의식 중심 철학을 의사소통 중심 철학으로 대체함으로써, 하버마스가 말하는 근대의 '의식철학'에 대한 포스트모던적 비판에 '해답'을 제공할 수 있을 것이라 기대했다. 그러나 데리다는 철학의 새로운 출발점이나 더 나은 토대를 찾는 것이 핵심이 아니라, 그러한 토대를 명확하게 설명하고 규명하는 것이 과연 가능한지를 질문하는 것이 중요하다는 것을 깨닫게 해주었다. 그러면서도 데리다는 또한 리처드 로티 및 다른 반정초주의적(anti-foundational) (신)실용주의자들이 취한 경로처럼 단순히 토대를 거부하는 것이 해답이 아니라는 것을 보여주었다. 이렇게 토대를 거부하는 것은 결국 토대를 거부하기 위해 마찬가지로 고정되고 안전한 또 하나의 토대에 의존해야만 하는 동일한 문제에 봉착하기 때문이다. 데리다에게서 내가 발견한 것은, 우리가 어떤 토대에 접근하는 순간, 그 목적이 그것을 수용하기 위한 것이든 거부하기위한 것이든, 아니면 수행적 모순을 식별하는 기준으로 그것을 사용하기 위한 것이든, 토대와 그에 대한 거부 사이를 끊임없이 오가는 이상한 진동을 경험하게 된다는 것이었다. 데리다는 이러한 진동을 '해체'라

흔들림 없는 교육 : 도구로서의 교육을 넘어

고 불렀으며, 해체는 방법론이 아니며 방법론으로 전환될 수 있는 것도 아니라는 것이라고 강조했다(Derrida, 1991, p. 273). 나아가 해체는 단순히 일어나는 어떤 것이기도 하지만 동시에 "무(無)가 아닌 어떤 것이 존재하는 한 결코 일어날 수 없는 것"이기도 하다는 점을 지적했다(Derrida & Ewald, 2001, p. 67).

데리다의 연구는 실용주의를 새로운 시각에서 바라보는 데 도움을 주었을 뿐만 아니라, 내가 오랫동안 문제의식을 가져왔던 실용주의의 형이상학적 해석, 즉 또 다른 형태의 정초주의로 귀결될 위험성을 보다 명확하게 설명할 수 있도록 해주었다. 이에 나는 상호주관성을 보다 근본적으로 이해할 필요성이 있다고 주장하기 시작했으며(Biesta, 1999), 결국 유일하게 가능한 실용주의는 '해체적 실용주의'가 될 것이라는 결론에 도달했다. 이는 의사소통이 본질적으로 '해체 과정에 있는 것'임을 인정하는 실용주의다(Biesta, 2010b). 데리다와의 만남은 또한 철학과 교육 양 측면에서 비판에 대한 논의를 새롭게 열어갈 수 있는 계기를 마련해주었다. 이는 한편으로 고정된 기준이나 인간에 대한 고정된 진리에 의존하는 독단적 형태의 비판이 가진 문제를 드러내는 동시에, 다른 한편으로 수행적 모순, 즉 발화와 그 가능성 조건 간의 모순을 강조함으로써 유사한 토대의 제스처에 의존하는 선험적 형태의 비판 모두에 관련된 문제를 보여주었다.[5] 비판적 사고와 관련하여 교육 문헌에서 꽤 두드러지게 나타나는 후자 형태의 비판은 가능성의 조건을 식별할 수 있다는 가정에 의존하고 있지만, 데리다는 그러한 제스처가 동시에 불가능성의 조건을 드러내며 따라서 그것이 의도한(그리고 주장한) 것을 달성할 수 없음을 드러냈다고 할 수 있다(Biesta & Stams, 2001). 비판에서 해체로의 전환은 특히 내가 북미의 비판적 교육학에 관심을 두게 된 상황에서 더욱 중요한 의미를 가졌다. 나는 헨리 지루(Henry Giroux)와 피터 맥라렌(Peter McLaren) 같은 비판적 교육학의 주요 학자들이 전개한 중요한 연구의 흐름을 오랜 기간 동안 추적해왔으며, 이제는 교육에서 '비판적'이라는 것이 실제로 무엇을 의미하는지에 대해 보다 구체적인 문제를 제기할 수 있게 되었다(Biesta, 1998).

또한 데리다의 연구는 해체의 핵심이 부정적이거나 파괴적인 것이 아니라, 철저히 긍정적인 것임을 깨닫게 해주었다. 이는 배제된 것 자체를 긍정하는 데 그치는 것이 아니라, 오히려 특정한 '체계'나 '질서'에서 배제된 것이 그러한 '체계'나 '질서'를 가능하게 만든다는 점에서 더욱 중요했다. 즉, 해체는 이미 배제된 것으로 알려진 것뿐만 아니라, 현재 개념화할 수 없는 것, 데리다가 일부 저술에서 '헤아릴 수 없는 것'이라고 표현한 것에 대해서도 긍정하는 행위라는 뜻이었다.[6] 나는 점차 '헤아릴 수 없는 것'이 도래하도록 준비하는 태도야말로 철저히 교육적인 자세로 볼 수 있음을 깨닫게 되었고(Biesta, 2001), 나아가 데리다가 해체의 긍정적 '성격'이란 정의에 의해 추진된다고 주장한 점을 교육적 관심사 및 주제와 연결하기 시작했다(Biesta, 2003).

마지막으로, 데리다와의 만남이 내 경력에 중요한 영향을 미친 또 하나의 이유는 데리다가 해체를 인식론적 관점에서 접근하지 않고, 윤리적·정치적 고려를 자신의 글쓰기 중심에 두었다는 사실과 관련이 있다. 이는 내가 오랫동안 포스트모더니즘으로의 전환이 추구하는 바라고 생각해 온 것을 보다 명확하게 이해하는 계기가 되었다. 말하자면 포스트모더니즘은 인식론적 객관주의를 인식론적 상대주의로 대체하

흔들림 없는 교육 : 도구로서의 교육을 넘어

려는 것이 아니라(현재까지도 이어지는 포스트모더니즘에 대한 오해다), 세계에 대한 지식이 처음이자 마지막이라는 인식론적 세계관을 넘어서, 세계와 인간에 관한 보다 심층적인 모종의 지식이 윤리와 정치의 기반이 되기보다는 오히려 윤리적·정치적 문제와 관련하여 형성되며, 그로부터 파생된다는 관점을 강조하는 윤리적·정치적 '태도'로의 전환을 요구하는 것이다. 이러한 태도는 윤리적·정치적 문제를 세계-내-존재의 중심에 위치시킨다. 따라서 데리다는 어떤 의미에서 나에게 이미 나의 글 속에서 자리하고 있던 윤리적·정치적 '전환'을 성취(아마 완성이라 해야 할 것이다)하도록 도와주었다. 그리고 이 '전환'과 관련하여 두 사람의 철학자가 더욱 중요한 역할을 하고 영향을 미쳤는데, 한 사람은 한나 아렌트였고, 또 한 사람은 나의 경력 초기에 접했지만 그의 사상이 나에게 온전히 '도착'하는 데 시간이 걸렸던 에마뉘엘 레비나스(Emmanuel Levinas)였다.

돌이켜보면, 1992년 박사 과정을 마친 후 7년 동안 나는 다양한 주제와 문제를 탐구하고 여러 이론가 및 철학자들과 교류하면서, 비로소 내 자신의 목소리와 연구의 방향을 찾아가기 시작했다는 느낌을 받는다. 그 다음 약 7년 동안, 2006년 첫 번째 단행본 『학습을 넘어*Beyond Learning*』(Biesta, 2006; 현재까지 스웨덴어, 덴마크어, 포르투갈어, 한국어로 번역 출간됨)를 출판하기까지, 나는 이러한 연구 흐름을 더욱 확신을 가지고 이어나갈 수 있었다. 1990년대에는 철학적 탐구에 더 많은 관심을 두었다면, 이후에는 교육적 주제와 문제가 독서, 글쓰기, 연구의 중심이 되기 시작했다. 이 시기에 두 가지 중요한 사건이 있었다. 하나는 빌 돌(Bill Doll)과의 만남이었다. 그는 나에게 복잡성 이론을 소개해 주었고,

여전히 연구 방향을 모색하던 시기에 아낌없는 지지와 격려를 보내주었다. 빌을 통해 나는 드니즈 에제아 퀴네(Denise Egéa-Kuehne)를 만났으며, 데리다에 대한 우리의 공통된 관심은 데리다의 사상과 교육을 다룬 첫 번째 연구서『데리다와 교육*Derrida & Education*』(Biesta & Egéa-Kuehne, 2001)의 출판으로 이어졌다. 또 다른 중요한 사건은 짐 개리슨이 나에게『철학 및 교육학 연구*Studies in Philosophy and Education*』의 편집장을 맡아달라고 제안한 것이었다. 나는 1999년부터 편집 업무에 비공식적으로 참여하기 시작했고, 2001년부터는 이 저널의 공식적인 편집장이 되었다.

위트레흐트에서의 활동으로 나는 흥미로운 기회를 얻고 좋은 동료들을 만날 수 있었는데, 그중에는 당시 네덜란드에서 위트레흐트 학파로 거슬러 올라가는 연결을 분명히 유지하면서 보다 넓은 범위에서의 교육 연구와 학문적 전통 속에서 연구 활동을 이어가던 바스 레버링(Bas Levering)도 있었다. 하지만 나는 점차 열려 있고 보다 다양한 지적 환경이 필요하다는 생각을 가지게 되었다. 북미로의 이주를 잠시 고려하기도 했지만, 운 좋게도 영국에서 일자리를 얻게 되었다. 그래서 1999년 가을에 엑서터 대학교(University of Exeter)에서 선임 강사직을 맡게 되었다.

영국과 스코틀랜드: 1999~2012

엑서터에서의 나의 직책은 포스트-16 교육[중등교육 이후, 대학에 진학하기 전의 교육과정(옮긴이)]의 선임 강사로 지정되었으며, 성인 교육 및 직업 교육에 명확한 초점을 두었다. 나의 교육활동은 한편으로 해당 분야에서 교

흔들림 없는 교육 : 도구로서의 교육을 넘어

사 교육과 관련된 것이었으며, 다른 한편으로는 석사 및 박사 과정에서 교사들과 함께 작업하는 것이었다. 네덜란드에서는 대학들이 계층적으로 구조화되어 있으며, 모든 것이 '적절한' 위치에 있음을 확인하는 데 많은 시간이 소요되었다. 이는 이러한 시스템에 맞지 않는 개인이나 연구 분야에는 어려움을 초래했다. 그런데 엑서터에서는 학문적 문화가 훨씬 더 개방적이고 수평적이어서 다른 사람들에게 무엇을 해야 하는지 또는 무엇이 되어야 하는지에 대해 간섭하거나 강요하려는 경향이 훨씬 덜했다. 이는 훨씬 더 큰 지적 자유를 낳았을 뿐만 아니라, 나의 학문적 정체성을 더 유연하게 했으며, 그 덕분에 이론적-철학적 연구와 경험적 연구 모두를 추진할 수 있었다. 나는 마틴 블루머(Martin Bloomer), 로브 로위(Rob Lawy)와 함께 일할 수 있는 행운을 누렸는데, 로브는 엑서터에서 박사후 과정을 막 시작한 처지였고 마틴은 나중에 포스트-16 교육의 교수가 되었다. 로브와 함께 나는 시민권과 민주주의에 대한 연구를 발전시키기 시작했으며, 이로 인해 젊은이들의 시민권에 대한 몇 가지 경험적 연구(Biesta, Lawy, & Kelly, 2009; Lawy et al., 2010 참고), 그리고 교육과 민주주의 및 시민권에 대한 보다 이론적인 연구를 추진하게 되었다(Biesta, & Lawy, 2006; Lawy, & Biesta, 2006 참고). 시민권 교육과 시민 학습의 이론 및 정책에 대한 연구는 결국 2011년에 출판된 짧은 책으로 결실을 맺었다(Biesta, 2011c). 이 책은 현재 덴마크어와 일본어로 번역되었다.

마틴은 내가 직업 교육과 성인 교육 연구에 대한 관심을 발전시키는 데 핵심적인 역할을 했으며, 학습과 생애에 관한 연구 제안에 아낌없이 참여하도록 해 주었다. 이 프로젝트는 원래 학습과 정체성에 관한 것이었지만, 나는 사람들이 단지 어떤 사람이 되느냐 하는 문제보다 배운 것을 가지고 무엇을 할 수 있느냐 하는 데 관심이 있었기 때문에 '행위능력(agency)'이라는 주제를 추가할 것을 제안했다. 안타깝게도 마틴은 2002년에 학습생애 프로젝트로 발전하게 될 연구 활동 제안서를 완성하여 제출한 직후 사망했다(Biesta et al., 2011). 이것은 생애과정에서 학습과 정체성 및 행위능력에 대한 최초의 대규모 종단 연구가 될 수 있는 것이었다. 마틴의 사망 당시, 그는 또한 성인교육에서의 학습문화 변혁(Transforming Learning Cultures in Further Education)이라는 대규모 연구를 공동으로 지도하고 있었다(James & Biesta, 2007 참고). 나는 마틴을 대신하여 프로젝트 팀의 지도를 요청받았다. 이는 내가 앞으로 6년 동안 주요 경험적 프로젝트에 긴밀하게 관여하고 흥미롭고 헌신적인 동료들과 긴밀히 협력하게 되었다는 것을 의미했다. 또한 이 프로젝트로 인해 나는 포괄적인 국가연구프로그램, 즉 교수-학습 연구 프로그램(TLRP)에도 관여하게 되었다. 두 프로젝트는 이 국가연구프로그램으로부터 자금을 지원받았다. 이 모든 연구 활동은 나에게 대규모 협력 연구의 즐거움과 복잡성에 대해 많은 것을 가르쳐 주었으며, 영국의 많은 교육 연구자들과 연결될 수 있는 특별한 기회를 제공했다. 이론과 철학에 대한 나의 선호를 감안할 때, 이러한 프로젝트들은 이론적 연구, 나아가 철학적 연구가 단지 자체적으로만 언급되며 곁다리에서 수행되어야 한다고 생각하기보다는, 경험적 연구와 이론적 연구 간의 더 긴밀한 소통이 필요하다는 것을 확신시켜주었다. 나의 경험은 이러한 소통이 가능할 뿐만 아니라, 교육 연구 분야의 건전한 발전을 위해 필요하다는 것을 보여주었다.

흔들림 없는 교육 : 도구로서의 교육을 넘어

2002년 엑서터 대학교에서 나는 교육 이론 교수로 승진되었으며, 곧이어 교육대학의 연구 책임자가 되었다. 이 직책은 영국고등교육기관의 운영과 고등교육정책의 정치적 측면에 대한 귀중한 통찰을 제공해 주었다. 부총장 스티브 스미스(Steve Smith)의 지도력으로 엑서터는 명확한 방향성을 확립했으며, 가까이에서 대학의 변화를 경험하는 것은 즐겁고 유익한 일이었다. 행정과 경험적 연구 및 연구 관리로 많은 시간이 소요되었지만, 나는 이론적이고 철학적인 연구를 계속할 수 있었다. *Derrida & Education*(Biesta & Egéa-Kuehne, 2001)은 2001년 출간되었고, *Pragmatism and Educational Research*는 닉 버뷸리스(Nick Burbules)와 공동으로 저술하여 2003년에 출간되었다(Biesta & Burbules, 2003). 나는 2001년부터 2008년까지 스웨덴 외레브로 대학교(Örebro University)에서, 2006년부터 2013년까지 스웨덴의 멜라르달렌대학교(Mälardalen University)에서 교환 교수직을 통해 이론적 연구의 발전과 관련하여 큰 도움을 받았다. 이 연구의 초점은 교육과 민주 시민권에 있었으며, 내가 그곳에서 가르친 많은 박사과정 학생들을 위한 강의에서는 훌륭한 학생들 및 동료들, 특히 토마스 엥룬드(Tomas Englund), 카르스텐 융그렌(Carsten Ljunggren)과 함께 논의의 핵심적인 측면을 자세히 탐색할 수 있었다. 칼 안데르스 셰프스트룀과의 협력은 이미 1990년대에 시작되었고, 그가 멜라르달렌 대학교로 옮겨오면서 우리의 협력에 대한 제도적 기반이 마련될 수 있었다. 나는 1990년대 초에 토마스와 칼 안데르스를 만났는데, 그 당시는 시브런 미데마(Siebren Miedema)와 더불어 유럽에서 프래그마티즘에 관한 소규모 학회를 조직했을 때였다. 오슬로 대학교의 라르스 뢰블리(Lars Løvlie)도 그 학회의 참가자 중 한 명이었으며,

그는 나의 경력 내내 지속적인 지지와 영감의 원천이 되어 주었다. 또한, 미국교육철학회와 미국교육연구협회의 연례 컨퍼런스에 매년 참석한 것도 중요한 경험이었으며, 특히 철학연구특별관심그룹(Philosophical Studies SIG)의 활동에 참여했던 것은 큰 의미가 있었다. 나는 그 그룹에서 프로그램 위원장을 맡았고, 이후에는 그룹의 위원장으로 활동했다. 또한 존 듀이학회에도 참여했으며 여기서는 학회의 이사회 구성원으로도 활동했다.

출판과 관련하여, 나는 『학습을 넘어』(Biesta, 2006)가 출간된 것을 특히 기쁘게 생각했다. 이 책은 내가 첫 번째 '진정한' 단독 저서로 여기는 책이다. 이론적으로 이 책은 내가 이미 1990년대에 연구했던 주제를 다루고 있는데, 이는 흔히 '주체의 죽음'이라는 문제로 불리는, 휴머니즘에 대한 포스트모더니즘의 비판이다(Biesta, 1998). 포스트모더니즘에 대한 대중적인 해석에서 '주체의 죽음'이라는 주제는 종종 인간 주체성의 개념 자체에 대한 비판으로 여겨지지만, 내가 이 책에서 전달하려고 했던 요점은 이 비판이 실제로는 철학적 휴머니즘, 즉 인간의 본질을 확인하고 이를 교육과 정치 등 여러 이론적, 실천적 '프로젝트'의 기초로 활용하는 것이 가능하고 바람직하다는 아이디어를 겨냥한 것이라는 점이다. 이 책에서 나는 휴머니즘이 현대 교육의 사상과 실천에 어떻게 영향을 미쳤는지를 보여주었을 뿐만 아니라, 인간이란 무엇인지, 그리고 이에 근거하여 아이는 무엇이 되어야 하는지에 관한 '표준'에 교육의 기초를 둠으로써 휴머니즘이 교육으로 성취할 수 있는 것을 어떻게 제한해 왔는지에 대해서도 논의했다.

『학습을 넘어』에서 나는 인간 존재의 본질이나 본성에 초점을 맞추

흔들림 없는 교육: 도구로서의 교육을 넘어

지 않고, 그들의 존재에 초점을 맞춘 대안적인 교육의 개념들을 제안했다. 보다 구체적으로 말하자면, '새로 도래하는 이들'이 어떻게 '현존하게 되는가'라는 질문에 집중했다. 나는 한나 아렌트의 사상을 참조하여, 현존하게 된다는 것은 결국 공적인 과정이며, 따라서 문자 그대로 정치적인 과정, 즉 '폴리스에서 일어나는' 과정, 우리와 같지 않은 다른 사람들의 존재 속에서 일어나는 과정이라고 주장했다.[7] 그래서 결국 나는 교육을, 새로 도래하는 이들이 어떻게 '세상으로 나오는가' 하는 측면에서 접근해야 한다고 주장하게 되었다. '세상으로 나오는' 것으로서의 교육은 교육자들에게 새로운 시작에 대한 책임뿐만 아니라, 다원적이고 '현실절인' 세계의 특성에 대한 책임도 부여한다. 왜냐하면 '복수성의 조건에서(아렌트)'만 모든 사람들은 세계에서 자신의 삶을 시작할 수 있기 때문이다.

내가 제시한 또 하나의 개념은 '유일성(uniqueness)'이었다. 에마뉘엘 레비나스와 그의 저서를 번역한 알폰소 링기스(Alphonso Lingis)의 텍스트에서 영감을 받아, 나는 차이로서의 유일성(uniqueness-as-difference)과 대체불가능성으로서의 유일성(uniqueness-as-irreplaceability)을 구분하는 개념을 발전시켰다. 전자는 우리의 정체성이나 본질, 즉 내가 다른 사람들과 어떻게 다른가에 관한 것이고, 후자는 본질적이라기보다는 실존적인 접근으로, 무엇이 나를 유일하게 만드는가 하는 질문이 아니라 나의 유일성이 언제 중요한가 하는 질문을 다룬다. 즉, 내가 나 자신이고 다른 누구도 아닌 것이 언제 중요하게 되는가 하는 질문이다. 이러한 상황은, 내가 링기스의 '공통성이 없는 이들의 공동체'라는 개념(Lingis, 1994)을 바탕으로 주장한 바와 같이, 나에게 호소가 이루어지는 상황, 다른 인간이 나에게 말을 걸고, 그 호소가 나를 향해서만 이루어지기 때문에 내가 다른 누구로 대체될 수 없는 상황이다. 이는 질문이나 요청, 호소에 의해 내가 문자 그대로 '단독으로 지목'되는 상황이다. 그러므로 그에 대해서 내가 반응할지 말지, 즉 내게 주어진 책임을 받아들일지 말지, 그렇게 함으로써 그 특정한 순간에 나의 유일한 개별성을 '실현'할지 말지는 여전히 내 몫으로 남아 있다.

교육을 실존적인 측면에서 접근한 이유는 '주체의 죽음' 이후에도 교육을 사회화로서의 교육과 자유를 지향하는 교육으로 구분할 수 있게 하기 위해서였다. 후자의 교육은 나중에 특히 2010년에 출판된 『우리는 교육에서 무엇을 평가하고 있는가*Good Education in an Age of Measurement*』(Biesta, 2010c)에서 '주체화(subjectification)'라고 부르게 되었다. 어떤 의미에서 『학습을 넘어』는 나의 경력에 있어서 '전환점'이 되었다. 이는 그때까지 몇 년 동안 해왔던 많은 연구를 종합했을 뿐만 아니라, 이후로도 계속될 많은 연구의 의제를 설정했기 때문이다. 이후의 연구에서는 특히 교육적 질문과 이슈에 점점 더 집중하게 되었고 그러한 질문을 교육적인 방식을 통해, 즉 교육적인 형태의 이론과 이론화를 통해 다루고자 하는 야망도 커지게 되었다.

이후 약 7년 동안 나는 교육, 자유, 해방과 같은 핵심적인 교육적 질문과 이슈에 점점 더 집중하게 되었다. 이 과정에서 자크 랑시에르(Jacques Rancière)의 연구는 특히 도움이 되었는데, 비판 이론과 비판 교육학에서 다뤄지던 것과는 상당히 다른 방식으로 해방의 문제에 (재)접근할 수 있게 해주었기 때문이다(Biesta, 2010d 참고). 하지만 이러한 접근은 오직 이 과정에 한해서만 도움을 받았음을 덧붙여 둔다(Biesta,

흔들림 없는 교육: 도구로서의 교육을 넘어

2013a 참고). 나는 찰스 빙엄(Charles Bingham)과 함께 랑시에르의 저작을 다룬 책을 출판했는데(Bingham & Biesta, 2010), 그 책에서는 해방의 문제가 중심 주제로 다루어졌다. 교육, 자유, 해방의 관계에 대한 질문들은 내가 칼 안데르스 셰프스트룀(Carl Anders Säfström)과 함께 쓴 짧은 글에서도 중심 주제가 되었으며, 우리는 이 글을『교육을 위한 선언문*A Manifesto for Education*』이라는 제목으로 출판했다(Biesta & Safstrom, 2011a). 이 선언문은 여러 나라에서 많은 관심을 끌었으며, 학자들뿐만 아니라 학생들과 교사들에게도 주목을 받았다. 실제로 첫 번째 번역본은 노르웨이의 한 교사노조에서 출판되었다(Biesta & Säfström, 2011b).

이 시기에 내가 추구한 또 하나의 연구 방향은 교육 정책과 실천에 중점을 두는 것이었으며, 이는 특히 교육의 이슈가 얼마나 그리고 어떻게 소외되고 있는지를 보여주기 위한 것이었다. 교육적 이슈의 소외는 교육의 언어를 학습의 언어로 대체하면서 나타났는데, 이것이 바로 교육의 문제를 다시 주목받게 하려면 '학습을 넘어서' 나아가야 한다고 내가 주장했던 이유 중 하나였다(Biesta, 2004, 2013b 참고). 그리고 교육을 생산의 논리, 즉 교육적 '투입'과 '산출' 사이의 예측 가능한 연결의 논리로 밀어 넣는 방식을 통해 이루어졌다. 이러한 추세와 관련하여 발표한 논문 중 하나에서는 교육에서 전문적-민주적 책임에서 기술적-관리적 책임으로의 전환에 초점을 맞추었다(Biesta, 2004). 그리고 또 하나의 논문에서는 교육을 증거 기반의 일로 전환하라는 요구에 초점을 맞추었다(Biesta, 2007b; 현재까지 가장 많이 인용된 논문임; Biesta, 2010e도 참고). 두 논문 모두 상당한 주목을 받았다는 사실[8]은 이 주제들이 중요하다는 것을 시사하는 것이었으며, 나의 성찰에 어느 정도 타당성과 유용성이 있음을 보여주는 것이었다. 이는 나에게 좋은 교육에 관한 질문, 즉 교육은 어떤 것이어야 하고 무엇을 목표로 해야 하는지에 대해 보다 명확하고 '적극적으로'(단순히 비판적으로가 아니라) 집중하도록 하는 동기를 부여했다. 이러한 논문들 중 몇 편을『우리는 교육에서 무엇을 평가하고 있는가』(Biesta, 2010)에서 하나로 묶었다. 이 책에서는 『학습을 넘어』의 주요 주제들을 계속해서 다루었지만, 보다 넓은 관점에서 접근했다. 이는 한편으로 교육 정책의 발전(책임성; 증거)과 연결시키는 방식으로, 다른 한편으로 교육의 기능과 목적에 대한 더 넓은 시각, 즉 교육 목적의 세 가지 영역(자격부여, 사회화, 주체화)을 구분하는 방식으로 이루어졌다(Biesta, 2010, 1장). 이 구분 자체는 단순했지만, 교육이 지향하는 것이 무엇인지에 대한 논의를 보다 명확하고 구체적으로 할 수 있게 하는 유용한 탐구 수단임이 입증되었다. 이는 이 책이 비교적 빠르게 여러 나라 언어로 번역되었다는 사실로도 입증되었다 (현재까지 스웨덴어, 덴마크어, 네덜란드어, 한국어로 번역되었다).

교육 이론과 정책에 집중하는 일은 2007년 스코틀랜드의 스털링 대학교(University of Stirling)로 옮기면서 더욱 강화되었다. 나는 '교육 및 학습 연구 프로그램(Teaching and Learning Research Programme)'이라는 프로젝트에서 스털링 대학교의 존 필드(John Field)와 리처드 에드워즈 (Richard Edwards) 두 교수와 일하면서 긴밀하고 생산적으로 협력했으며 스털링에서 자리가 생겼을 때 기회를 잡아보기로 했다. 나는 스털링에서 5년간 멋진 시간을 보냈다. 줄리 앨런(Julie Allan)과 교육 연구소의 다른 동료들과 함께, '교육이론연구소(Laboratory for Educational Theory)' 를 설립하여 교육에서 이론의 중요성을 강조하고자 했다. 이것은 매우

흔들림 없는 교육 : 도구로서의 교육을 넘어

흥미로운 도전이었지만, 일부 어려움도 있었다. 그 이유는 부분적으로 관련 (연구) 전문성이 거의 없는 상황에서 새로운 시도를 하고 있었기 때문이다. 그럼에도 불구하고 우리는 세미나와 심포지엄, 여러 차례의 국제 학술대회와 박사과정 하계학교를 통해 국내외적으로 이론에 관한 논의를 어느 정도 불러일으킬 수 있었다. 또한 영국에서 진행 중인 연구 역량 강화에 관한 논의에서 이론의 문제에 어느 정도 주목을 받게 했으며(Biesta, Allan, & Edwards, 2011), 교육에서의 이론 문제와 이론에서의 교육 문제를 주제로 여러 나라 학자들의 글을 모아 편집한 논문집을 출판했다. 스털링에서 있었던 또 하나의 유익한 협력사례는 마크 프리스틀리(Mark Priestley)와 함께한 것으로, 교육과정 연구와 이론에 초점을 맞추었다. 이 분야는 특히 잉글랜드에서 1990년대 국가 교육과정(National Curriculum)이 도입된 이후로 주변부적인 지위에 머물러 있었다.[9] 마크와의 협력은 그 외에도 스코틀랜드의 교육과정 동향을 더 넓은 국제적 발전의 배경에 맞춰 분석하여 새로운 교육과정에 대한 편집본을 출간한 것으로 결실을 맺었다(Priestley & Biesta, 2013).

내가 스코틀랜드에 있는 동안 일어난 세 가지 중요한 사건 중 하나는 데보라 오스버그(Deborah Osberg)와 함께 작업한 복잡성과 교육에 관한 짧은 편집본의 출간(Osberg & Biesta, 2010)이었는데, 우리는 이 주제에 관해 이미 여러 논문을 공동으로 발표한 바 있다. 복잡성과 교육에 관한 여러 문헌과 달리, 우리는 특히 복잡성의 관점에서 교육에 접근하는 것이 지니는 정치적 측면, 잠재력, 그리고 그 함의에 주목하고자 했다. 두 번째 사건은 2011년에 겐트 대학교의 마리아 데 비에(Maria de Bie)와 루벤 대학교의 대니 와일드메어스(Danny Wildemeersch)의 노력 덕분에 벨기에의 프랑키 재단(Francqui Foundation)으로부터 대학 간 국제 프랑키 교수직(International Interuniversity Francqui Professorship)을 수여받은 것이다. 이로 인해 2011년 봄부터 약 반년간 겐트 대학교에서 시간을 보내며 겐트와 루벤의 동료들과 함께 교육, 사회 복지, 민주주의 및 시민권에 관한 문제들을 연구할 수 있었다. 이 프로젝트는 이론적 연구와 실증적 연구의 연결이 중요하다는 것을 입증한 또 하나의 사례였으며, 이러한 주제들에 대한 사고를 계속 진행시켜 나가는 데 도움이 되었고, 아마도 이 활동에 참여한 많은 사람들의 경우에도 마찬가지였을 것이다(Biesta, De Bie, & Wildemeersch, 2013 참고). 세 번째는 2011~2012년 미국교육철학회(Philosophy of Education Society) 회장으로 선출된 것인데, 이는 동료들로부터 가장 큰 인정을 받은 사건이다. 이는 북미 지역 밖에서 선출된 첫 번째 회장이었다. 회장의 특권 중 하나는 넬러 강연(Kneller Lecture, George F. Kneller의 기금으로 후원되는 학회의 연례 회의에서 열리는 강연)의 연사를 초청하는 것이다. 나는 카푸토(John D. Caputo)가 철학자로서의 명성뿐만 아니라 그의 학문이 나의 연구에 상당한 영향을 미쳤기 때문에, 그가 나의 초청을 수락해 준 것에 대해 매우 감사했다. 또한 카푸토는 내가 최근 교육에 관한 연구들을 모아 출판한 『교육의 아름다운 위험*The Beautiful Risk of Education*』(Biesta, 2013c; 한국어 번역본 출간, 덴마크어 번역본이 곧 출간될 예정)의 제목과 일부 내용에 영감을 주었다.

흔들림 없는 교육: 도구로서의 교육을 넘어

룩셈부르크: 2013년과 그 이후

이 글을 쓰고 있는 시점에서, 일자리를 옮긴 것은 최근의 일이며 마지막이 될 성 싶기도 하다.[10] 영국에서 거의 14년 동안 활동한 다음 나는 대륙으로 (다시) 돌아갈 필요성을 느꼈다. 이는 나의 일과 학문적 정체성이 얼마나 대륙 철학과 교육 이론의 영향을 받아왔는지를 수년에 걸쳐 깨닫게 되었기 때문이기도 하고, 매우 다른 제도적, 지적, 언어적 환경에 대한 호기심 때문이기도 하다. 나는 룩셈부르크 대학교에서 교육이론 및 정책 강의를 위한 교수직에 선발되는 행운을 얻었다. 이 직책은 오랜 세월 내가 역점을 두었던 두 가지 영역에 집중할 수 있게 해줄터였다. 룩셈부르크에서 어떤 경험을 하게 될지는 두고 보아야 하겠지만 계속해서 추진하고자 하는 몇 가지 이슈는 여전히 남아 있다. 이는 나에게 중요할 뿐 아니라 국제적으로 교육 연구와 실천이 나아갈 방향에 있어서도 중요한 문제들이라고 생각하기 때문이다.

나는 학습이라는 담론에 대해 차츰 거리를 두고 있으며, 점점 더 가르침으로 전환하고 있다. 내가 최근에 출판한 에세이 "교육에 가르침을 되돌려 주기*Giving teaching back to education*"(Biesta, 2012b)는 이와 관련해서 해야 할 일의 지표를 제시한다. 이 에세이에서 내가 '배움'과 '가르침 받음'의 차이를 구분하는 것은 가르침에 대해 생각하고 그것을 수행하는 방식에 있어서 중요한 실천적 함의만이 아니라, 보다 넓은 이론적 가능성을 지닌다. 왜냐하면 이 구분은 이 세계에서 다른 사람들과 더불어 어떻게 살아가야 할 것인가 하는 문제와 관련하여 매우 다른 두 가지 사고방식을 제시하기 때문이다. 하나는 다른 사람들을 우리 자신의 성장과 발전을 위한 자원으로 본다는 것이고, 다른 하나는 다른 사람들이 우리를 향해 말을 걸고 있으며, 이렇게 말을 거는 것은 (말 그대로) 인간이 되는 방식에 대해서 매우 다른 기회를 '열어준다'는 것이다. 따라서 '배움'과 '가르침 받음'의 구분은 단지 교사와 학생이 교실에서 어떻게 처신할 것인지에 관한 미시적 문제에 그치는 것이 아니라, 훨씬 더 넓은 윤리적, 정치적, 실존적, 교육적 주제와 이슈를 암시한다. 이러한 도전의 실존적 측면을 탐색하는 데 있어 버겐 대학교(University of Bergen)의 헤머 세버로트(Hemer Sæverot) 및 NLA 대학(NLA University College) 베르겐 캠퍼스의 여러 동료들과 보다 최근에 협력한 일이 특히 중요하다.

가르침으로 '전환'하는 데 있어 추가로 지적해야 할 점이 두 가지 더 있다. 하나는 물질적 세계와 사회적 세계의 저항이라는 경험의 교육적 중요성과 관련이 있는데 이는 의지의 교육이라는 오래된 교육의 주제인 의지가 어떻게 '현실적인(worldly)' 형태로 나타날 수 있는가 하는 질문으로 돌아가야 할 필요가 있음을 시사한다(Biesta, 2012c; Meirieu, 2007 참조). 다른 하나는 구성주의에 대한 합리적인 비판과 현실적인 대안을 명확히 제시하는 것이 필요하다는 점이다. 이는 앎을 단순히 (우리 자신이) 구성한 것이라는 측면에서 이해하는 것이 아니라, 무엇보다도 수용이라는 측면에서, 즉 우리에게 주어진 것으로 이해할 수 있게 하기 위함이다. 여기에는 많은 이론적, 철학적, 정치적 도전이 수반되지만 이는 현대 교육의 새로운 '도그마'가 된 것 같은 것에 도전한다는 점에서 중요한 입장이다. 이 외에 검토가 필요한 또 하나의 주제는 교육 연구 및 학문 영역의 변화에 대한 비판적 이해를 발전시키는 것과 관련이

흔들림 없는 교육 : 도구로서의 교육을 넘어

있는데 이는 영미권의 교육 연구 및 학문에 대한 정의가 지속적으로 확산되는 것을 저지하기 위한 것이기도 하다. 영미권의 접근에서는 다른 접근, 즉 소위 '토착적'이라고 부를 수 있는 형태의 교육 이론과 연구를 점점 소외시키고 있기 때문이다. 또한 시간이 허락된다면, 특히 '탈바꿈(metamorphosis)'이라는 개념의 교육적 중요성을 더 깊이 탐구하고 싶다.[11] 이는 점점 더 빨리 교육적 '개입'을 시작해야 한다는 것을 주장하는 선형적 사고와 행동 방식에 도전하기 위한 것이다. 이는 (어린) 아이들과 그들의 교사들에게 부당한 압력을 가하는 사고방식이다.

이 모든 것으로부터 나타날 수 있는 것(그리고 어느 정도는 이미 나타나고 있는 것)은 전적으로 '세계 중심적'인 교육의 개념일 것이다. 이를 우리는 '인류를 위한 교육'이라고 부를 수도 있다(Lingis, 1994, p. 117). 이는 새로 도래하는 이들이 자신과 같지 않은 타인들과 함께 세계에서 존재할 수 있는 가능성에 중점을 둔 교육이다. 이러한 더 큰 목표와 관련해서 주체성, 자유, 해방, 그리고 민주주의에 관한 질문들이 중요한 역할을 할 가능성이 크며, 교육적으로 중요한 모든 것을 교육에서 제거하여 교육을 위험이 없는, 미리 정해진 정체성과 학습결과를 생산하는 것으로 전환하려는 세계에서 교사교육을 어떻게 해야 할 것인가 하는 질문도 그러할 것이다.

마지막으로 이 부록의 제목은 나의 지적이고 학문적인 궤적을 담아 내려는 노력이다. 이 궤적은 실용주의에서 시작되었으며, 나는 여전히 실용주의에 빚지고 있음을 언급했다. 하지만 데리다와 아렌트, 레비나스와 같은 철학자들 및 랑게펠트, 몰렌하우어, 메리외와 같은 교육 사상가들과의 만남으로 말미암아 오늘날 교육에서 가장 중요한 도전 과제가, 아렌트의 아름다운 표현대로, 우리가 어떻게 "세계 속에서 편안하게" 존재할 수 있는가 하는 질문에 있다고 확신하게 되었다. 나는 궁극적으로 이것이 이론이나 철학의 문제가 아니라 존재의 문제임을 깨닫게 되었다. 그래서 이론과 철학이 삶을 방해하지 않도록, '지구인으로' 존재함에 있어서 현실적으로 중요하게 여기는 것과, 실존적으로 가장 중요하게 여겨야 하는 것들을 방해하지 않도록 하는 도전이 지속되고 있는 것이다.

감사의 인사

이 장은 나의 아내와 아이들에게 헌정한다. 그들은 교육이 무엇이며 또 무엇이어야 하는지를 나에게 가장 깊이 가르쳐 준 이들이다.

연구에 중요한 영향을 미친 출판물들

Arendt, H.(1958). *The human condition.* Chicago, IL: The University of Chicago Press.

Bauman, Z.(1993). *Postmodern ethics.* Cambridge, MA: Basil Blackwell.

Caputo, J. D.(2006). *The weakness of God: A theology of the event.* Bloomington, IN: Indiana University Press.

Derrida, J.(1976). *Of grammatology.* Baltimore, MD & London: Johns Hopkins University Press.

Dewey, J.(1929). *The quest for certainty: A study of the relation of knowledge and action.*

흔들림 없는 교육 : 도구로서의 교육을 넘어

New York, NY: Minton Balch & Company.

Latour, B.(1987). *Science in action.* Cambridge, MA: Harvard University Press.

Levinas, E.(1981). *Otherwise than being or beyond essence.* The Hague: Martinus Nijhoff.

Meirieu, P.(2007). *Pédagogie: Le devoir de résister.* Issy-les-Moulineaux: ESF éditeur.

Mollenhauer, K.(1964). *Erziehung und Emanzipation* [Education and emancipation.] Weinheim: Juventa.

Mollenhauer, K.(1983). *Vergessene Zusammenhänge. Über Kultur und Erziehung* [Forgotten connections: On culture and education]. München: Juventa.

Rorty, R.(1979). *Philosophy and the mirror of nature.* Princeton, NJ: Princeton University Press.

주요 간행물

Biesta, G. J. J. (2006). *Beyond learning. Democratic education for a human future.* Boulder, CO: Paradigm Publishers.

Biesta, G. J. J. (2007). Why 'what works' won't work. Evidence-based practice and the democratic deficit of educational research. *Educational Theory, 57(1),* 1–22.

Biesta, G. J. J. (2010). *Good education in an age of measurement: Ethics, politics, democracy.* Boulder, CO: Paradigm Publishers.

Biesta, G. J. J. (2012). Giving teaching back to education. *Phenomenology and Practice, 6(2),* 35–49.

Biesta. G. J. J. (2014). *The beautiful risk of education.* Boulder, CO: Paradigm Publishers.

참고문헌

Biesta, G. J. J. (1992). *John Dewey: Theory & Praktijk*. Delft: Eburon.

Biesta, G. J. J. (1994). Education as practical intersubjectivity. Towards a critical-pragmatic understanding of education. *Educational Theory, 44*(3), 299–317.

Biesta, G. J. J. (1995a). Pragmatism as a pedagogy of communicative action. In J. Garrison (Ed.), *The new scholarship on John Dewey* (pp. 105–122). Dordrecht/Boston/London: Kluwer Academic Publishers.

Biesta, G. J. J. (1995b). Postmodernism and the repoliticization of education. *Interchange, 26*, 161–183.

Biesta, G. J. J. (1998). Pedagogy without humanism. Foucault and the subject of education. *Interchange, 29*(1), 1–16.

Biesta, G. J. J. (1999). Radical intersubjectivity. Reflections on the "different" foundation of education. *Studies in Philosophy and Education, 18*(4), 203–220.

Biesta, G. J. J. (2001). "Preparing for the incalculable." Deconstruction, justice and the question of education. In G. J. J. Biesta & D. Egéa-Kuehne (Eds.), *Derrida & education* (pp. 32–54). London & New York, NY: Routledge.

Biesta, G. J. J. (2002). How general can Bildung be? Reflections on the future of a modern educational ideal. *British Journal of Philosophy of Education, 36*(3), 377–390.

Biesta, G. J. J. (2003). Jacques Derrida. Deconstruction = Justice. In M. Peters, M. Olssen, & C. Lankshear (Eds.), *Futures of critical theory: Dreams of difference* (pp. 141–154). Lanham, MD: Rowman and Littlefield.

Biesta, G. J. J. (2004). Against learning. Reclaiming a language for education in an age of learning. *Nordisk Pedagogik, 23*, 70–82.

Biesta, G. J. J. (2006). *Beyond learning. Democratic education for a human future.* Boulder, CO: Paradigm Publishers.

Biesta, G. J. J. (2007a). Education and the democratic person: Towards a political understanding of democratic education. *Teachers College Record, 109*(3), 740–769.

흔들림 없는 교육 : 도구로서의 교육을 넘어

Biesta, G. J. J. (2007b). Why 'what works' won't work. Evidence-based practice and the democratic deficit of educational research. *Educational Theory, 57*(1), 1–22.

Biesta, G. J. J. (2009a). How to use pragmatism pragmatically: Suggestions for the 21st century. In A. G. Rud, J. Garrison, & L. Stone (Eds.), *John Dewey at 150. Reflections for a new century* (pp. 30–39). Lafayette, IN: Purdue University Press.

Biesta, G. J. J. (2009b). What kind of citizenship for European Higher Education? Beyond the competent active citizen. *European Educational Research Journal, 8*(2), 146–157.

Biesta, G. J. J. (2010a). "The most influential theory of the century." Dewey, democratic education and the limits of pragmatism. In D. Troehler, T. Schlag, & F. Osterwalder (Eds.), *Pragmatism and modernities* (pp. 197–213). Rotterdam, The Netherlands: Sense Publishers.

Biesta, G. J. J. (2010b). "This is my truth, tell me yours." Deconstructive pragmatism as a philosophy for education. *Educational Philosophy and Theory, 42*(7), 710–727.

Biesta, G. J. J. (2010c). *Good education in an age of measurement: Ethics, politics, democracy.* Boulder, CO: Paradigm Publishers.

Biesta, G. J. J. (2010d). A new 'logic' of emancipation: The methodology of Jacques Rancière. *Educational Theory, 60*(1), 39–59.

Biesta, G. J. J. (2010e). Why 'what works' still won't work. From evidence-based education to value-based education. *Studies in Philosophy and Education, 29*(5), 491–503.

Biesta, G. J. J. (2011a). Disciplines and theory in the academic study of education: A comparative analysis of the Anglo-American and continental construction of the field. *Pedagogy, Culture and Society, 19*(2), 175–192.

Biesta, G. J. J. (2011b). How useful should the university be? On the rise of the global university and the crisis in higher education. *Qui Parle: Critical Humanities and Social Sciences, 20*(1), 35–47.

Biesta, G. J. J. (2011c). *Learning democracy in school and society: Education, lifelong learning and the politics of citizenship.* Rotterdam, The Netherlands: Sense

Publishers.

Biesta, G. J. J. (2012a). Knowledge/Democracy. Notes on the political economy of academic publishing. *International Journal of Leadership in Education, 15*(4), 407–420.

Biesta, G. J. J. (2012b). Giving teaching back to education. *Phenomenology and Practice, 6*(2), 35–49.

Biesta, G. J. J. (2012c). The educational significance of the experience of resistance: Schooling and the dialogue between child and world. *Other Education, 1*(1), 92–103.

Biesta, G. J. J. (2013a, April 9–11). *Don't be fooled by ignorant schoolmasters.* Presentation at the Discourse, Power and Resistance 2013 Conference, London.

Biesta, G. J. J. (2013b). Interrupting the politics of learning. *Power and Education, 5*(1), 4–15.

Biesta. G. J. J. (2014). *The beautiful risk of education.* Boulder, CO: Paradigm Publishers.

Biesta, G. J. J., Allan, J., & Edwards, R. G.(2011). The theory question in research capacity building in education: Towards an agenda for research and practice. *British Journal of Educational Studies, 59*(3), 225–239.

Biesta, G. J. J., Allan, J., & Edwards, R. G.(Eds.).(2014). *Making a difference in theory: The theory question in education and the education question in theory.* London & New York, NY: Routledge.

Biesta, G. J. J., De Bie, M., & Wildemeersch, D.(Eds.).(2013). *Civic learning, democratic citizenship and the public sphere.* Dordrecht & Boston, MA: Springer Science+Business Media.

Biesta, G. J. J., & Burbules, N.(2003). *Pragmatism and educational research* Lanham, MD: Rowman and Littlefield.

Biesta, G. J. J., & Egéa-Kuehne, D.(Eds.).(2001). *Derrida & Education.* London & New York, NY: Routledge.

흔들림 없는 교육: 도구로서의 교육을 넘어

Biesta, G. J. J., Field, J., Hodkinson, P., Macleod, F. J., & Goodson, I. F.(2011). *Improving learning through the lifecourse: Learning lives.* London & New York, NY: Routledge.

Biesta, G. J. J., & Lawy, R. S.(2006). From teaching citizenship to learning democracy. Overcoming individualism in research, policy and practice. *Cambridge Journal of Education, 36*(1), 63–79.

Biesta, G. J. J., Lawy, R. S., & Kelly N.(2009). Understanding young people's citizenship learning in everyday life: The role of contexts, relationships and dispositions. *Education, Citizenship and Social Justice, 4*(1), 5–24.

Biesta, G. J. J., & Miedema, S.(1990). Pedagogy of science: The contribution of pedagogy to the philosophy of science. *Phenomenology and Pedagogy, 8,* 118–129.

Biesta, G. J. J., & Säfström, C. A. (2011a). A manifesto for education. *Policy Futures in Education, 9*(5), 540–547.

Biesta, G. J. J., & Säfström, C. A. (2011b). Et manifest for utdanning. *Første Steg, 3,* i–iv.

Bingham, C., & Biesta, G. J. J. (2010). *Jacques Rancière: Education, truth, emancipation.* London & New York, NY: Continuum.

Biesta, G. J. J., & Stams, G. J. J. M. (2001). Critical thinking and the question of critique. Some lessons from deconstruction. *Studies in Philosophy and Education, 20*(1), 57–74.

Derrida, J. (1991). Letter to a Japanese friend. In P. Kamuf (Ed.), *A Derrida reader* (pp. 270–276). New York, NY: Columbia University Press.

Derrida, J., & Ewald, F. (2001). "A certain 'madness' must watch over thinking." Jacques Derrida's interview with François Ewald, trans. Denise Egéa-Kuehne. In G. J. J. Biesta, & D. Egéa-Kuehne (Eds.), *Derrida & education* (pp. 55–76). London & New York, NY: Routledge.

Dewey, J. (1984[1930]). From absolutism to experimentalism. In J. A. Boydston (Ed.), *John Dewey. The later works, 1925–1953. Volume 5: 1929–1930* (pp. 147–160). Carbondale & Edwardsville, IL: Southern Illinois University Press.

Dewey, J. (1991[1939]). Experience, knowledge, and value: A rejoinder. In J.-A. Boydston (Ed.), *John Dewey. The later works (1925–1953), Volume 14: 1939–1941* (pp. 3–90). Carbondale & Edwardsville, IL: Southern Illinois University Press.

Horkheimer, M. (1947). *Eclipse of reason.* New York, NY: Oxford University Press.

James, D., & Biesta, G. J. J. (2007). *Improving learning cultures in Further Education.* London: Routledge.

Joas, H. (1985). *George Herbert Mead: A contemporary re-examination of his thought.* Cambridge: Polity Press.

Latour, B. (1987). *Science in action.* Cambridge, MA: Harvard University Press.

Lawy, R. S., & Biesta, G. J. J. (2006). Citizenship-as-practice: the educational implications of an inclusive and relational understanding of citizenship. *British Journal of Educational Studies, 54*(1), 34–50.

Lawy, R. S., Biesta, G. J. J., McDonnell, J., Lawy, H., & Reeves, H. (2010). The art of democracy. *British Educational Research Journal, 36*(3), 351–365.

Lingis, A. (1994). *The community of those who have nothing in common.* Bloomington, IN: Indiana University Press.

Masschelein, J. (1987). *Communicatief handelen en pedagogisch handelen* [Communicative action and educational action] (PhD thesis). KU Leuven, Leuven.

Mead, G. H. (2008a). *Philosophie der Erziehung* (Herasugegeben und eingeleitet von Daniel Tröhler und Gert Biesta). Bad Heilbrunn: Verlag Julius Klinkhardt.

Mead, G. H. (2008b). *The philosophy of education* (Edited and introduced by Gert Biesta and Daniel Tröhler). Boulder, CO: Paradigm Publishers.

Meirieu, P. (2007). *Pédagogie: Le devoir de résister.* Issy-les-Moulineaux: ESF éditeur.

Miedema, S., & Biesta, G. J. J. (1989). *Filosofie van de Pedagogische Wetenschappen* [Philosophy of the educational sciences]. Leiden: Martinus Nijhoff.

Osberg, D. C., & Biesta, G. J. J. (Eds.). (2010). *Complexity theory and the politics of education.* Rotterdam, The Netherlands: Sense Publishers.

흔들림 없는 교육: 도구로서의 교육을 넘어

Priestley, M., & Biesta, G. J. J. (Eds.). (2013). *Reinventing the curriculum. New trends in curriculum policy and practice*. London: Bloomsbury.

Rorty, R. (1979). *Philosophy and the mirror of nature*. Princeton, NJ: Princeton University Press.

1   이 부록은 이전에 다음의 형태로 게재되었다. Biesta, G. J. J. (2014). "실험주의에서 실 존주의로: 교육철학의 변방에서 쓰다(From experimentalism to existentialism: Writing from the margins of philosophy of education)." L. Waks(편집), 『교육철학의 리더들Leaders in philosophy of education』. 제2권(13-30쪽)에 수록. 네덜란드 로테르 담: Sense 출판사).

2   네덜란드에서 pedagogiek는 교육학을 의미하며 이론적 탐구와 교육 현장에서의 실천 을 모두 포함하는 학문 분야이다. 다시 말하면 교육학은 독립된 학문이며 교육철학은 일반적으로 교육학의 한 분야로서 교육의 이론적, 철학적 측면을 다룬다. 네덜란드에 서는 교육철학이 독립된 학문 영역으로 존재하기보다는, 교육에 관한 철학적 논의가 교육학의 이론적 틀 안에서 이루어진다고 할 수 있다(옮긴이).

3   위트레흐트 학파가 망명했다고까지 말하기는 어렵지만, 특히 캐나다의 막스 반 마넨 (Max van Manen)의 노력을 통해 위트레흐트 학파의 현상학적 전통이 여전히 북미에 서는 살아있으나, 그 기원지인 네덜란드에서는 분명히 그렇지 않다는 점은 흥미롭다.

4   미국에서 발간된 원본 제목이 『이성의 상실(Eclipse of Reason)』이며 이를 알프레드 슈 미트(Alfred Schmidt)가 독일어로 번역하여 출판한 책의 제목이 Zur Kritik der instrumentellen Vernunft인데 국내에서는 독일어 번역본의 제목을 따라 『도구적 이성 비판』(박구용 옮김, 문예출판사, 2022)으로 출간되었다(옮긴이).

5   '발화와 그 가능성 조건 간의 모순'은 가령, 학생들에게 자율성을 자율적이지 않은 방 식으로 가르치는 경우와 같이 말과 실천이 따로 노는 경우를 가리킨다. 선험적 형태의 비판은 이런 모순을 찾아내는 점에 있어서는 설득력이 있으나 데리다에 따르면 이 비 판은 자율적인 것과 비자율적인 것의 기준이 명확히 결정되어 있다는 가정에서만 가 능한데 기준 자체가 끊임없이 변하는 것이기 때문에 이 가정 자체가 설득력이 없다는 것이다(옮긴이).

6   해체가 배제된 것에 대해 긍정적이라는 것은, 배제된 것들이 단순히 무시되거나 사라 져야 할 것이 아니라, 오히려 기존의 틀을 다시 생각하게 만들고 그 틀을 재구성하는 데 중요한 기여를 할 수 있다는 점을 인정하는 것이다. 다시 말하면 해체는 **기존 질서 를 재구성하는 역할**을 할 수 있음을 말하는 것이다. 인권의 역사만 보더라도 보다 많 은 사람들을 인간답게 살 수 있는 질서 안으로 끌어들이는 노력과 더불어 기존의 '질 서' 틀 자체를 부단히 해체하고 확장해 온 노력의 역사라 할 수 있다. 그러나 미래에 어 떤 질서가 해체될지는 사전에 '헤아릴 수 없는 것'이 아니다(옮긴이).

7   개인의 정체성이나 존재가 형성되고 인식되는 과정이 타인과의 관계 속에서, 그리고 사회적이고 공적인 장에서 이루어진다는 점을 말하는 것임(옮긴이).

흔들림 없는 교육 : 도구로서의 교육을 넘어

8 이 글을 작성할 당시(2013년 6월), 이 논문들은 지난 10년간 학술지『교육 이론 *Educational Theory*』에서 각각 1위와 3위로 가장 많이 인용된 논문으로 나타났다 (Harzing의 Publish or Perish 참조).

9 영국에서 1990년대에 국가 교육과정(National Curriculum)이 도입된 이후로 교육과 정 연구가 주변적인 위치에 머물게 된 주요 이유로는 교육과정에 대한 중앙집권적 통 제의 강화, 실천 중심의 교육으로 전환, 정책적 우선순위의 변화 등을 지적할 수 있다. 국가(정부)가 교육 내용을 표준화함으로써 학교와 교사들이 자율적으로 교육과정을 개발하거나 수정하는 권한이 크게 제한되었으며, 학생들이 반드시 배워야 할 내용과 기준을 국가 교육과정에서 명시했기 때문에 교육 연구의 초점이 교육과정의 개발보 다는 그 내용의 전달과 평가, 즉 교수법과 학습 평가로 이동했다. 또한 정책적 우선순 위를 성과 측정, 데이터 분석, 그리고 증거 기반의 교육 실천에 둠으로써 교육과정 연 구는 정책적 우선순위에서 밀려나게 되었던 것이다(옮긴이).

10 불행하게도 룩셈부르크에서의 시간은 다소 짧게 끝나고 말았다. 지적으로 유럽 대륙 에 더 가까이 다가가고 싶었지만, 그곳에서 마주한 매우 다른 학문적 문화에 대해 준 비가 부족했음을 깨달았다. 더군다나 그 학문적 문화는 독일, 프랑스, 앵글로 – 아메리 카 및 토착 전통, 문화, 일하는 방식, 행동, 의사소통 방식을 융합하며 스스로를 만들어 가는 과정에 있었다. 멀리서 보면, 다른 (학문적) 문화와 만나는 것이 얼마나 어려운지 를 알 수 있는 놀라운 경험이었다. 개인적으로 그곳에서 겪은 일을 회복하는 데 수년 이 걸렸다고 말할 수밖에 없다. 다행히 나는 내가 '읽고' 이해하며 탐색할 수 있는 학문 적 문화가 있는 영국 런던 브루넬 대학교(Brunel University London)에 취직할 수 있 었다. 또한 네덜란드의 인문학 대학(University of Humanistic Studies)에서 일주일에 하루씩 강의를 맡게 되어, 교육 사상과 실천에 있어 대륙 전통에 보다 명확히 집중할 수 있는 기회를 얻었다. 2014년에는 네덜란드 교육위원회(Onderwijsraad)의 준회원 으로 초대받아, 2014년부터 2018년까지 네덜란드 정부와 의회에 교육 문제에 대해 조 언하는 일에 긴밀히 참여했다. 내가 이 일을 하며 느낀 점은 이론과 역사가 정책에 실 제로 매우 중요하다는 것이었는데, 이는 특히 더 넓고 장기적인 관점을 유지하는 데 도움을 주기 때문이다.『교육 이론(*Educational Theory*)』의 부편집장이 되었을 뿐만 아니라, 2018년에는 영국 교육연구협회(British Educational Research Association)의 대표 저널인 *British Educational Research Journal*의 공동 편집장이 되었다. 이 글을 쓰 는 현재, 나는 활동 포트폴리오를 정리하는 과정에 있으며, 이와 관련하여 편집 활동 외에도 아일랜드의 메이누스 대학교(Maynooth University)의 공교육 교수직, 에든버 러 대학교(University of Edinburgh)의 교수 펠로십, 노르웨이 아그데르 대학교 (University of Agder)의 초빙교수직(Professor II)을 맡고 있다. 앞으로 무엇이 기다리 고 있을지에 대한 예측은 하지 않겠지만, 다가오는 몇 년 동안 교육 이론의 영역에서 (광의의 관점으로) 더 많은 기여를 할 수 있기를 희망한다.

11 탈바꿈(Metamorphosis)이란 원래 곤충의 성장과정에서 일어나는 뚜렷한 형태 변화를 말한다. 이를 교육에 비유할 때 교육적 개입이 효과적으로 이루어지기 위해서는 적절한 시기와 맥락이 필요하다는 것과 깊이 관련되어 있다(옮긴이).

흔들림 없는 교육 : 도구로서의 교육을 넘어

참고문헌

Albert, H. (1985). *Treatise on critical reason.* Princeton, NJ: Princeton University Press.

Alston, K. (1995). Begging the question: Is critical thinking biased? *Educational Theory, 45*(2), 225–233.

Andreotti, V. (2011). *Actionable postcolonial theory in education.* New York, NY: Palgrave MacMillan.

Apel, K.-O. (1973). *Transformation der Philosophie.* Frankfurt am Main: Suhrkamp.

Apel, K.-O. (1976). The transcendental conception of language-communication and the idea of a first philosophy: Towards a critical reconstruction of the history of philosophy in the light of language philosophy. In H. Parret (Ed.), *History of linguistic thought and contemporary linguistics* (pp. 32–61). Berlin: De Gruyter.

Apel, K.-O. (1980). *Towards a transformation of philosophy.* London: Routledge & Kegan Paul.

Apel, K.-O. (1987a). The problem of philosophical foundations in light of a transcendental pragmatics of language. In K. Baynes, J. Bohman, & T. McCarthy (Eds.), *After philosophy. End or transformation?* (pp. 250–290). Cambridge, MA: MIT Press.

Apel, K.-O. (1987b). Falllibilismus, Konsenstheorie der Wahrheit und Letztbegündung. In Forum für Philosophie (Eds.), *Philosophie und Begründung* (pp. 116–211). Frankfurt am Main: Suhrkamp.

Apple, M. (1979). *Ideology and curriculum.* London: Routledge Kegan Paul.

Apple, M. W. (1986). *Cultural politics and education.* New York, NY: Teachers

College Press.

Apple, M. (1993). *Official knowledge: Democratic education in a conservative age.* London & New York, NY: Routledge.

Apple, M. (2004). *Ideology and the curriculum* (3rd ed.). New York, NY & London: RoutledgeFalmer.

Arcilla, R. V. (1995). *For the love of perfection.* London & New York, NY: Routledge.

Arendt, H. (1955). *Men in dark times.* New York, NY: Harcourt, Brace, Jovanovich.

Arendt, H. (1958). *The human condition.* Chicago, IL: The University of Chicago Press.

Arendt, H. (1977). *Between past and future: Eight exercises in political thought.*

Harmondsworth: Penguin Books.

Arendt, H. (1994). Understanding and politics (the difficulties of understanding). In H. Arendt & J. Kohn (Eds.), *Essays in understanding 1930–1954* (pp. 307–327). New York, NY: Harcourt, Brace and Company.

Bailey, C. (1984). *Beyond the present and the particular: A theory of liberal education.* London: Routledge & Kegan Paul.

Ballauff, T., & Schaller, K. (1970). *Pädagogik: Eine Geschichte der Bildung und Erziehung, Band II: Vom 16. Jahrhundert bis zum 19. Jahrhundert.* Freiburg im Breisgau: Alber.

Bauman, Z. (1992). *Intimations of postmodernity.* London & New York, NY: Routledge.

Bauman, Z. (1993). *Postmodern ethics.* Cambridge, MA: Basil Blackwell.

Bauman, Z. (1998). De risico's van de 'Risikogesellschaft.' In R. Munters (Ed.), *Zygmunt Bauman: Leven met veranderlijkheid, verscheidenheid en onzeker-heid* (pp. 48–72). Amsterdam: Boom.

Bauman, Z. (2000). *Liquid modernity.* Cambridge: Polity Press.

Benhabib, S. (1993). Feminist theory and Hannah Arendt's concept of public space. *History of the Human Sciences, 6*(2), 97–114.

Benhabib, S. (1996). Toward a deliberative model of democratic legitimacy. In S.

혼들림 없는 교육 : 도구로서의 교육을 넘어

Benhabib (Ed.), *Democracy and difference* (pp. 67–94). Princeton, NJ: Princeton University Press.

Bennington, G. (1993). Derridabase. In G. Bennington & J. Derrida (Eds.), *Jacques Derrida*. Chicago, IL & London: The University of Chicago Press.

Bhabha, H. (1994). *The location of culture.* London & New York, NY: Routledge.

Biesta, G. J. J. (1995a). Opvoeding en intersubjectiviteit: Over de structuur en identiteit van de pedagogiek van John Dewey. *Comenius, 15*(2), 21–36.

Biesta, G. J. J. (1995b). Postmodernism and the re-politicisation of education. *Interchange, 26*(2), 161–183.

Biesta, G. J. J. (1998a). Say you want a revolution … Suggestions for the impossible future of critical pedagogy. *Educational Theory, 48*(4), 499–510.

Biesta, G. J. J. (1998b). Pedagogy without humanism: Foucault and the subject of education. *Interchange, 29*(1), 1–16.

Biesta, G. J. J. (1999a). The right to philosophy of education. From critique to deconstruction. In S. Tozer (Ed.), *Philosophy of education 1998* (pp. 76–484). Urbana-Champaign, IL: Philosophy of Education Society.

Biesta, G. J. J. (1999b). Radical intersubjectivity. Reflections on the "different" foundation of education. *Studies in Philosophy and Education, 18*(4), 203–220.

Biesta, G. J. J. (2001). "Preparing for the incalculable." Deconstruction, justice and the question of education. In G. J. J. Biesta & D. Egéa-Kuehne (Eds.), *Derrida & education* (pp. 32–54). London & New York, NY: Routledge.

Biesta, G. J. J. (2004). "Mind the gap!" Communication and the educational relation. In C. Bingham & A. M. Sidorkin (Eds.), *No education without relation* (pp. 11–22). New York, NY: Peter Lang.

Biesta, G. J. J. (2005). What can critical pedagogy learn from postmodernism? Further reflections on the impossible future of critical pedagogy. In I. Gur Ze'ev (Ed.), *Critical Theory and critical pedagogy today. Toward a new critical language in education* (pp. 13–159). Haifa: Haifa Studies in Education/ University of Haifa.

Biesta, G. J. J. (2006a). *Beyond learning: Democratic education for a human future.* Boulder, CO: Paradigm Publishers.

Biesta, G. J. J. (2006b). "Of all affairs, communication is the most wonderful." Education as communicative praxis. In D. T. Hansen (Ed.), *John Dewey and our educational prospect. A critical engagement with Dewey's democracy and education* (pp. 23–37). Albany, NY: SUNY Press.

Biesta, G. J. J. (2007a). The education-socialisation conundrum. Or: 'Who is afraid of education?' *Utbildning och demokrati, 16*(3), 25–36.

Biesta, G. J. J. (2007b). Why 'what works' won't work. Evidence-based practice and the democratic deficit of educational research. *Educational Theory, 57*(1), 1–22.

Biesta, G. J. J. (2007c). Education and the democratic person: Towards a political understanding of democratic education. *Teachers College Record, 109*(3), 740–769.

Biesta, G. J. J. (2009a). Good education in an age of measurement: On the need to reconnect with the question of purpose in education. *Educational Assessment, Evaluation and Accountability, 21*(1), 33–46.

Biesta, G. J. J. (2009b). Witnessing deconstruction in education. Why quasi-transcendentalism matters. *Journal of Philosophy of Education, 43*(3), 391–404.

Biesta, G. J. J. (2009c). What is at stake in a pedagogy of interruption? In T. E. Lewis, J. G. A. Grinberg, & M. Laverty (Eds.), *Philosophy of education: Modern and contemporary ideas at play* (pp. 785–807). Dubuque, IA: Kendall/Hunt.

Biesta, G. J. J. (2009d). How to use pragmatism pragmatically: Suggestions for the 21st century. In A. G. Rud, J. Garrison, & L. Stone (Eds.), *John Dewey at 150. Reflections for a new century* (pp. 30–39). Lafayette, IN: Purdue University Press.

Biesta, G. J. J. (2010a). *Good education in an age of measurement: Ethics, politics, democracy.* Boulder, CO: Paradigm Publishers.

Biesta, G. J. J. (2010b). A new 'logic' of emancipation: The methodology of Jacques Rancière. *Educational Theory, 60*(1), 39–59.

흔들림 없는 교육: 도구로서의 교육을 넘어

Biesta, G. J. J. (2010c). How to exist politically and learn from it: Hannah Arendt and the problem of democratic education. *Teachers College Record, 112*(2), 558–577.

Biesta, G. J. J. (2010d). 'This is my truth, tell me yours.' Deconstructive pragmatism as a philosophy for education. *Educational Philosophy and Theory, 42*(7), 710–727.

Biesta, G. J. J. (2010e). Why 'what works' still won't work. From evidence-based education to value-based education. *Studies in Philosophy and Education, 29*(5), 491–503.

Biesta, G. J. J. (2010f). Learner, student, speaker. Why it matters how we call those we teach. *Educational Philosophy and Theory, 42*(4), 540–552.

Biesta, G. J. J. (2010g). Five theses on complexity reduction and its politics. In D. C. Osberg & G. J. J. Biesta (Eds.), *Complexity theory and the politics of education* (pp. 5–13). Rotterdam, The Netherlands: Sense Publishers.

Biesta, G. J. J. (2011a). *Learning democracy in school and society: Education, life- long learning and the politics of citizenship.* Rotterdam, The Netherlands: Sense Publishers.

Biesta, G. J. J. (2011b). The ignorant citizen: Mouffe, Rancière, and the subject of democratic education. *Studies in Philosophy and Education, 30*(2), 141–153.

Biesta, G. J. J. (2011c). Transcendence, revelation and the constructivist classroom; or: In praise of teaching. In R. Kunzman (Ed.), *Philosophy of education 2011* (pp. 358–365). Urbana-Champaign, IL: Philosophy of Education Society.

Biesta, G. J. J. (2011d). Disciplines and theory in the academic study of education: A comparative analysis of the Anglo-American and continental construction of the field. *Pedagogy, Culture and Society, 19*(2), 175–192.

Biesta, G. J. J. (2011e). Citizenship education reconsidered: Socialisation, sub-jectification, and the desire for democracy. *Bildungsgeschichte. International Journal for the Historiography of Education, 1*(1), 58–67.

Biesta, G. J. J. (2012). Have lifelong learning and emancipation still something to say to each other? *Studies in the Education of Adults, 44*(1), 5–20.

Biesta, G. J. J. (2013a). Receiving the gift of teaching: From 'learning from' to 'being taught by.' *Studies in Philosophy and Education* (Special Issue).

Biesta, G. J. J. (2013b). Interrupting the politics of learning. *Power and Education, 5*(1), 4–15.

Biesta, G. J. J. (2014a). *The beautiful risk of education.* Boulder, CO: Paradigm Publishers.

Biesta, G. J. J. (2014b). You can't always get what you want: An anarchic view on education, democracy and civic learning. In I. Braendholt Lundegaard & J. Thorek Jensen (Eds.), *Museums: Knowledge, democracy, transformation* (pp. 110–119). Copenhagen: Danish Agency for Culture.

Biesta, G. J. J. (2017). *The rediscovery of teaching.* London & New York, NY: Routledge.

Biesta, G. J. J., & Burbules, N. (2003). *Pragmatism and educational research.* Lanham, MD: Rowman and Littlefield.

Biesta, G. J. J., & Säfström, C. A. (2011). A manifesto for education. Policy Futures in *Education, 9*(5), 540–547.

Biesta, G. J. J., & Stams, G. J. J. M. (2001). Critical thinking and the question of critique. Some lessons from deconstruction. *Studies in Philosophy and Education, 20*(1), 57–74.

Biesta, G. J. J., & Stengel, B. (2016). Thinking philosophically about teaching. In D. H. Gittomer & C. A. Bell (Eds.), *Handbook of research on teaching* (5th ed., pp. 7–68). Washington, DC: AERA.

Bingham, C. (2001). *Schools of recognition: Identity politics and classroom practices.* Lanham, MD: Rowman and Littlefield.

Bingham, C., & Biesta, G. J. J. (2010). *Jacques Rancière: Education, truth, emancipation.* London & New York, NY: Continuum.

Bingham, C., & Sidorkin, A. M. (Eds.). (2004). *No education without relation.* New York, NY: Peter Lang.

Black, P., Harrison, C., Lee, C., Marshall, B., & William, D. (2003). *Assessment for*

흔들림 없는 교육: 도구로서의 교육을 넘어

learning: Putting it into practice. Maidenhead: Open University Press.

Bloom, A. (1987). *The closing of the American mind. Harmondsworth*: Penguin Books.

Bloor, D. (1991). *Knowledge and social imagery* (2nd ed.). Chicago, IL: Chicago University Press.

Böhme, G., Daele, W., Hohlfeld, R., Krohn, W., & Schäfer, W. (1978). *Die gesell-schaftliche Orientierung des wissenschaftlichen Fortschrits.* Frankfurt am Main: Suhrkamp.

Bonnett, M. (2009). Education and selfhood: A phenomenological investigation. *Journal of Philosophy of Education, 43*(3), 357–370.

Brummett, B. (2012). Taking a metaperspective on rhetorical education. *Journal of Curriculum Studies, 44*(6), 809–814.

Burbules, N. C. (1990). Modes of criticality as modes of teaching. In S. Tozer (Ed.), *Philosophy of education 1998* (pp. 485–489). Urbana-Champaign, IL: Philosophy of Education Society.

Burke, K. (1951). Rhetoric – Old and new. *The Journal of General Education, 5*(3), 202–209. Burke, K. (1955). Linguistic approaches to problems of education. In B. H. Nelson (Ed.), *Modern philosophies and education: The fifty-fourth yearbook of the National Society for the Study of Education* (pp. 259–303). Chicago, IL: University of Chicago Press.

Burke, K. (1966). *Language as symbolic action.* Los Angeles, CA: University of California Press.

Caputo, J. D. (Ed.). (1997). *Deconstruction in a nutshell. A Conversation with Jacques Derrida.* New York, NY: Fordham University Press.

Caputo, J. D. (2012). Teaching the event: Deconstruction, hauntology and the scene of pedagogy. In C. W. Ruitenberg (Ed.), *Philosophy of education 2012* (pp. 23–34). Urbana-Champaign, IL: Philosophy of Education Society.

Carr, W., & Hartnett, A. (1996). *Education and the struggle for democracy: The politics of educational ideas.* Buckingham: Open University Press.

Cipolla, C. M. (1976). Before the industrial revolution: *European society and economy, 1000–1700*. London: Methuen.

Cleary, J., & Hogan, P. (2001). The reciprocal character of self-education: Introductory comments on Hans-Georg Gadamer's address 'Education is self-education.' *Journal of Philosophy of Education, 35*(4), 519–528.

Critchley, S. (1999). *The ethics of deconstruction: Derrida and Levinas* (Expanded Second Edition). Edinburgh: Edinburgh University Press.

Davidson, D. (1974). On the very idea of a conceptual scheme. *Proceedings and Addresses of the American Philosophical Association, 47*, 5–20.

Derrida, J. (1978). *Writing and difference.* Chicago, IL: The University of Chicago Press.

Derrida, J. (1981). *Positions.* Chicago, IL: The University of Chicago Press.

Derrida, J. (1982). *Margins of philosophy.* Chicago, IL: The University of Chicago Press.

Derrida, J. (1987). Some questions and responses. In N. Fabb et al. (Eds.), *The linguistics of writing. Arguments between language and literature* (pp. 252–264). Manchester: Manchester University Press.

Derrida, J. (1988). *Limited Inc.* Evanston, IL: Northwestern University Press.

Derrida, J. (1991). Letter to a Japanese friend. In P. Kamuf (Ed.), *A Derrida reader: Between the blinds* (pp. 270–276). New York, NY: Columbia University Press.

Derrida, J. (1992). Force of law: The mystical foundation of authority. In D. Cornell, M. Rosenfeld, & D. Carlson (Eds.), *Deconstruction and the possibility of justice* (pp. 3–67). New York, NY & London: Routledge.

Derrida, J. (1995a). *Points ... Interviews, 1974–1994.* Stanford, CA: Stanford University Press.

Derrida, J. (1995b). Honoris Causa: This is also extremely funny. In E. Weber (Ed.), *Points ... Interviews, 1974–1994* (pp. 399–421). Stanford, CA: Stanford University Press.

Derrida, J. (1986). Remarks on deconstruction and pragmatism. In C. Mouffe (Ed.),

흔들림 없는 교육: 도구로서의 교육을 넘어

Deconstruction and pragmatism (pp. 77–88). New York, NY & London: Routledge.

Derrida, J. (1999). Hospitality, justice, and responsibility: A dialogue with Jacques Derrida. In R. Kearney & M. Dooley (Eds.), *Questioning ethics. Contemporary debates in philosophy* (pp. 65–83). New York, NY & London: Routledge.

Derrida, J., & Ewald, F. (1995). A certain 'madness' must watch our thinking. An interview with Jacques Derrida. *Educational Theory, 45*(3), 273–291.

Dewey, J. (1930). *Individualism old and new.* New York, NY: Milton Balch.

Dewey, J. (1935). *Liberalism and social action.* New York, NY: G.P. Putnam's.

Dewey, J. (1938). Logic: *The theory of inquiry.* New York, NY: Henry Holt.

Dewey, J. (1954[1927]). *The public and its problems.* Chicago, IL: The Swallow Press.

Dewey, J. (1958[1925]). *Experience and nature.* New York, NY: Dover.

Dewey, J. (1960). *The quest for certainty* (Originally 1929). New York, NY: Putnam.

Dewey, J. (1966[1916]). *Democracy and education.* New York, NY: The Free Press.

Dewey, J. (1969[1888]). The ethics of democracy. In J. A. Boydston (Ed.), *John Dewey: The early works, 1882–1898. Volume 1: 1882–1888* (pp. 227–252). Carbondale & Edwardsville, IL: Southern Illinois University Press.

Dewey, J. (1978[1908]). Ethics. In J. A. Boydston (Ed.), *John Dewey: The middle works, 1899–1924. Volume 5: 1908.* Carbondale & Edwardsville, IL: Southern Illinois University Press.

Dewey, J. (1984[1930]). From absolutism to experimentalism. In J. A. Boydston (Ed.), *John Dewey: The later works, 1925–1953. Volume 5: 1929–1930* (pp. 147–160). Carbondale & Edwardsville, IL: Southern Illinois University Press.

Dewey, J. (1987a[1937]). Education and social change. Originally 1937. In J. A. Boydston (Ed.), *John Dewey: The later works 1925–1953. Volume 11: 1935* (pp. 408–418). Carbondale & Edwardsville, IL: Southern Illinois University Press.

Dewey, J. (1987b[1937]). Democracy and educational administration. In J. A. Boydston (Ed.), *John Dewey: The later works, 1925–1953. Volume 11: 1935–1937* (pp. 217–225). Carbondale & Edwardsville, IL: Southern Illinois

University Press.

Dewey, J. (1990[1899]). *The school and society; The child and the curriculum. An expanded edition with a new introduction by Philip W. Jackson*. Chicago, IL: University of Chicago Press.

Dewey, J. (1991[1939]). *Experience, knowledge, and value: A rejoinder*. In J. A. Boydston (Ed.), *John Dewey: The later works, 1925–1953. Volume 14: 1939–1941* (pp. 3–90). Carbondale & Edwardsville, IL: Southern Illinois University Press.

Dilthey, W. (1961). *Pädagogik. Geschichte und Grundlinien des Systems. Gesammelte schriften, Bd. IX. 3. Aufl*. Göttingen: Vandenhoeck & Ruprecht.

Dryzek, J. (2000). *Deliberative democracy and beyond. Liberals, critics, contestations*. Oxford: Oxford University Press.

Dryzek, J. (2010). *Foundations and frontiers of deliberative governance*. Oxford: Oxford University Press.

Ellsworth, E. (2004). *Places of learning: Media, architecture, pedagogy*. London & New York, NY: Routledge.

Elster, J. (Ed.). (1998). *Deliberative democracy*. Cambridge: Cambridge University Press.

Ennis, R. (1962). A concept of critical thinking. *Harvard Educational Review, 32*(1), 81–111.

Ennis, R. (1987). A taxonomy of critical thinking dispositions and abilities. In J. Baron & R. Sternberg (Eds.), *Teaching for thinking* (pp. 9–26). New York, NY: Freeman.

Enoch, J. (2004). Becoming symbol-wise: Kenneth Burke's pedagogy of critical reflection. *College Composition and Communication, 56*(2), 272–296.

Enoch, J. (2012). Claiming access to elite curriculum: Identification and division at the Harvard Annex. *Journal of Curriculum Studies, 44*(6), 787–808.

Feifer, G. (2006). *Breaking open Japan: Commodore Perry, Lord Abe, and American imperialism in 1853*. New York, NY: Smithsonian Books.

흔들림 없는 교육: 도구로서의 교육을 넘어

Festenstein, M. (1997). *Pragmatism and political theory*. Chicago, IL: University of Chicago Press.

Fieldhouse, R. (1998). *A history of modern British adult education*. Leicester: NIACE.

Foucault, M. (1970). *The order of things. An archaeology of the human sciences*. New York, NY: Random House.

Freire, P. (1970). *Pedagogy of the oppressed*. New York, NY: Continuum.

Freire, P., & Macedo, D. P. (1987). *Literacy: Reading the word & the world*. South Hadley, MA: Bergin & Garvey Publishers.

Füssenhaüser, C. (2005). *Wirkungsgeschichte(n) der Sozialpädagogik*. Baltmannsweiler: Schneider Verlag.

Galloway, S. (2012). Reconsidering emancipatory education: Staging a conversation between Paulo Freire and Jacques Rancière. *Educational Theory, 62*(2), 163–184.

Garrison, J. (1999). Reclaiming the lógos, considering the consequences, and restoring context. *Educational Theory, 49*(3), 317–337.

Garrison, J., & Phelan, A. (1990). Toward a feminist poetic of critical thinking. In R. Page (Ed.), *Philosophy of education 1989* (pp. 304–314). Normal, IL: Philosophy of Education Society.

Gasché, R. (1986). *The tain of the mirror. Derrida and the philosophy of reflection*. Cambridge, MA: Harvard University Press.

Gasché, R. (1994). *Inventions of difference. On Jacques Derrida*. Cambridge, MA: Harvard University Press.

Geissler, E. E. (1970). *Herbarts Lehre vom erziehenden Unterricht*. Heidelberg: Quelle & Meyer.

Gellner, E. (1992). *Postmodernism, reason and religion*. London & New York, NY: Routledge.

Giroux, H. (2004). Cultural studies and the politics of public pedagogy: Making the political more pedagogical. *Parallax, 10*(2), 73–89.

Gordon, M. (Ed.). (2001). *Hannah Arendt and education: Renewing our common world.* New York, NY: Westview Press.

Groothoff, H.-H. (Ed.). (1978). *Das Fischer Lexicon: Pädagogik. Neuausgabe.* Frankfurt am Main: Fischer Taschenbuch.

Gutmann, A. (1993). Democracy. In R. Goodin & P. Pettit (Eds.), *A companion to contemporary political philosophy* (pp. 411–421). Oxford: Blackwell.

Habermas, J. (1989). *The structural transformation of the public sphere: An inquiry into a category.* Cambridge, MA: MIT Press.

Habermas, J. (1975). *Legitimation crisis.* Boston, MA: Beacon Press.

Hannam, P., & Echeverria, E. (2009). *Philosophy with teenagers.* London & New York, NY: Continuum.

Hansen, D. T. (2006). Dewey's book of the moral self. In D.T. Hansen (Ed.), *John Dewey and our educational prospect* (pp. 165–187). Albany, NY: SUNY Press.

Haroutunian-Gordon, S. (1998). Some issues in the critical thinking debate: Dead horses and red herrings, anyone? *Educational Theory, 48*(3), 411–425.

Haroutunian-Gordon, S. (2004). Listening – In a democratic society. In K. Alston (Ed.), *Philosophy of education 2003* (pp. 1–18). Urbana-Champaign, IL: Philosophy of Education Society.

Held, D. (1987). *Models of democracy.* Cambridge: Polity Press.

Heydorn, H. J. (1972). *Zu einer Neufassung des Bildungsbegriffs.* Frankfurt am Main: Suhrkamp.

Hill, D., McLaren, P., Cole, M., & Rikowski, G. (Eds.). (1999). *Postmodernism in educational theory. Education and the politics of human resistance.* London: The Tufnell Press.

Hirsch Jr., E. D. (1987). *Cultural literacy: What every American needs to know.* Boston, MA: Houghton-Mifflin.

Hirsch Jr., E. D. (1989). *A first dictionary of cultural literacy: What our children need to know.* Boston, MA: Houghton-Mifflin.

Honig, B. (1993). *Political theory and the displacement of politics.* Ithaca, NY &

흔들림 없는 교육: 도구로서의 교육을 넘어

London: Cornell University Press.

Horkheimer, M. (1992[1947]). *Eclipse of reason.* New York, NY: Continuum.

Hudak, G. (2011). Alone in the presence of others: Autistic sexuality and intimacy reconsidered. In D. Carlson & D. Roseboro (Eds.), *The sexuality curriculum and youth culture* (pp. 57–70). New York, NY: Peter Lang.

Hughes, T. (1979). The electrification of America: The system builders. *Technology and Culture, 20*(1), 124–162.

Jaeger, W. (1945). *Paideia: The ideals of Greek culture.* New York, NY: Oxford University Press.

Johnson, R. (1979). Really useful knowledge: Radical education and working-class culture. In J. Clarke, C. Critcher, & R. Johnson (Eds.), *Working class culture: Studies in history and theory* (pp. 75–102). London: Hutchinson.

Kant, I. (1784). Beantwortung der Frage: Was ist Aufklarung? *Berlinische Monatsschrift December, 1784,* 481–494.

Kant, I. (1929). *Critique of pure reason.* New York, NY: St. Martin's Press.

Kant, I. (1956). *Kritik der reinen Vernunft. Nach den ersten und zweiten Original-Ausgabe neu herausgegeben von Raymund Schmidt.* Hamburg: Felix Meiner.

Kant, I. (1982). Über Pädagogik. In I. Kant (Ed.), *Schriften zur Anthropologie, Geschicht- sphilosophie, Politik und Pädagogik* (pp. 695–761). Frankfurt am Main: Insel Verlag.

Kant, I. (1992). An answer to the question 'What is Enlightenment?.' In P. Waugh (Ed.), *Postmodernism. A reader* (pp. 89–95). London: Edward Arnold.

Kierkegaard, S. (1985). *Philosophical fragments* (Edited and translated with introduction and notes by H. V. Hong & E. H. Hong). Princeton, NJ: Princeton University Press.

Klafki, W. (1964). *Studien zur Bildungstheorie und Didaktik.* Weinheim & Basel: Beltz.

Klafki, W. (1969). Zur Theorie der kategoriale Bildung. In E. Weber (Ed.), *Der*

Erziehungsund Bildungsbegriff im 20. Jahrhunderts (pp. 54–85). Bad Beilbrunnn: Klinkhardt.

Klafki, W. (1986). Die Bedeutung der klassischen Bildungstheorien für eine zeitge-mäßes Konzept von allgemeiner Bildung. *Zeitschrift für Pädagogik, 32*(4), 455–476.

Kliebard, H. (1986). *The struggle for the American curriculum 1893–1958.* New York, NY & London: Routledge.

Knowles, M. S. (1962). *The adult education movement in the United States.* New York, NY: Holt, Rinehart and Winston.

Kommision Sozialpädagogik. (Eds.). (2010). *Bildung des effective citizen. Sozialpädagogik auf dem Weg zu einem neuen Sozialentwurf.* Weinheim & München: Juventa.

Koring, B. (1990). *Einführung in die moderne Erziehungswissenschaft und Bildungstheorie.* Weinheim: Deutschen Studien Verlag.

Kron, F. W. (1989). *Grundwissen Pädagogik: Zweite, verbesserte Auflage.* München & Basel: Ernst Reinhardt.

Lankshear, C., & Lawler, M. (1988). *Schooling, literacy and revolution.* Philadelphia, PA: Falmer.

Latour, B. (1983). Give me a laboratory and I will raise the world. In K. D. Knorr-Cetina & M. Mulkay (Eds.), *Science observed* (pp. 141–170). London: Sage Publications.

Latour, B. (1987). *Science in action.* Cambridge, MA: Harvard University Press.

Latour, B. (1988). *The pasteurization of France.* Cambridge, MA: Harvard University Press.

Latour, B., & Woolgar, S. (1986). *Laboratory life: The construction of scientific facts* (2nd ed.). Princeton, NJ: Princeton University Press.

Levinas, E. (1969). *Totality and infinity: An essay on exteriority.* Pittsburgh, PA: Duquesne University Press.

Levinas, E. (1981). *Otherwise than being or beyond essence.* The Hague: Martinus

흔들림 없는 교육 : 도구로서의 교육을 넘어

Nijhoff.

Levinas, E. (1985). *Ethics and infinity.* Pittsburgh, PA: Duquesne University Press.

Levinas, E. (1987). Phenomenon and Enigma. In E. Levinas (Ed.), *Collected philosophical papers* (pp. 61–74). Dordrecht: Martinus Nijhoff.

Levinas, E. (1990). *Difficult freedom. Essays on Judaism.* Baltimore, MD: The Johns Hopkins University Press.

Levinas, E. (1998). *Of God who comes to mind.* Stanford, CA: Stanford University Press.

Lingis, A. (1994). *The community of those who have nothing in common.* Bloomington, IN: Indiana University Press.

Lipman, M. (2003). *Thinking in education* (2nd rev. ed.). Cambridge, MA: Cambridge University Press.

Ljunggren, C. (2003). The public has to define itself. *Studies in Philosophy and Education, 22*(5), 351–370.

Long, F. (2005). Thomas Reid and philosophy with children. *Journal of Philosophy of Education, 39*(4), 599–615.

Marquand, D. (2004). *Decline of the public: The hollowing-out of citizenship.* Cambridge: Policy Press.

Masschelein, J. (1996). Individualization, singularization and education (between indifference and responsibility). *Studies in Philosophy and Education, 15*(1–2), 97–105.

Masschelein, J., & Simons, M. (2004). Globale immuniteit. Leuven: Acco.

Masschelein, J., & Simons, M. (2010). The hatred of public schooling: The school as the mark of democracy. *Educational Philosophy and Theory, 42*(5–6), 666–682.

Masschelein, J., & Wimmer, M. (1996). *Alterität, Pluralität, Gerechtigkeit. Randgänge der Pädagogik.* Sankt Augustin & Leuven: Academia/Leuven University Press.

McLaren, P. (1995). *Critical pedagogy and predatory culture. Oppositional politics in a postmodern era.* London & New York, NY: Routledge.

McLaren, P. (1997). *Revolutionary multiculturalism: Pedagogies of dissent for the new millennium.* Boulder, CO: Westview Press.

McPeck, J. (1981). *Critical thinking and education.* New York, NY: St. Martin's.

McPeck, J. (1990). *Teaching critical thinking.* New York, NY: Routledge.

Meirieu, P. (2007). *Pédagogie: Le devoir de résister.* Issy-les-Moulineaux: ESF éditeur.

Merton, R. K. (1942). *The sociology of science: Theoretical and empirical investigations.* Chicago, IL: University of Chicago Press.

Miller, A. (2007). Rhetoric, paideia and the old idea of a liberal education. *Journal of Philosophy of Education, 41*(2), 183–206.

Mitchell, D. (1995). The end of public space? People's park, definitions of the public, and democracy. *Annals of the Association of American Geographers, 85*(1), 108–133.

Mollenhauer, K. (1973). *Erziehung und Emanzipation.* München: Juventa.

Mollenhauer, K. (1982). *Theorien zum Erziehungsprozess.* München: Juventa.

Mollenhauer, K. (1983). *Vergessene Zusammenhänge: Über Kultur und Erziehung.* München: Juventa.

Mortensen, P. (2012). The work of illiteracy in the rhetorical curriculum. *Journal of Curriculum Studies, 44*(6), 761–786.

Mouffe, C. (1993). *The return of the political.* London & New York, NY: Verso.

Mouffe, C. (2000). *The democratic paradox.* London & New York, NY: Verso.

Mouffe, C. (2005). *On the political.* London & New York, NY: Routledge.

Murris, K. S. (2008). Philosophy with children, the stingray and the educative value of disequilibrium. *Journal of Philosophy of Education, 42*(3–4), 667–685.

Nietzsche, F. (1964). *Der Wille zur Macht: Versuch einer Umwertung aller Werte.* Stuttgart: Alfred Kröner.

Nohl, H. (1935). *Die pädagogische Bewegung in Deutschland und ihre Theorie.* Frankfurt am Main: Gerhard Schulte-Bulmke.

Norris, C. (1987). *Derrida.* Cambridge, MA: Harvard University Press.

Norris, S. (Ed.). (1992). *The Generalizability of Critical Thinking.* New York, NY:

흔들림 없는 교육: 도구로서의 교육을 넘어

Teachers College Press.

Oelkers, J. (1996). *Reformpädagogik. Eine kritische Dogmengeschichte*. München: Juventa.

Oelkers, J. (2000). Democracy and education: About the future of a problem. *Studies in Philosophy and Education, 19*(3), 3–19.

Orr, D. (1989). Just the facts ma'am: Informal logic, gender and pedagogy. *Informal Logic, 9,* 1–10.

Osberg, D. C., & Biesta, G. J. J. (Eds.). (2010). *Complexity theory and the politics of education*. Rotterdam, The Netherlands: Sense Publishers.

Paul, R. W. (1992). *Critical thinking*. Santa Rosa, CA: Foundation for Critical Thinking.

Peters, R. (1966). *Ethics and education*. London: George Allen & Unwin, Ltd.

Perelman, C., & Olbrechts-Tyteca, L. (1958). *Traite de l'argumentation: La nouvelle rhétorique*. Paris: Presses Universitaires de France.

Perelman, C., & Olbrechts-Tyteca, L. (1969). The new rhetoric: A treatise on argumentation. Notre Dame, IN: University of Notre Dame Press.

Perquin, N. C. A. (1966). *De pedagogische verantwoordelijkheid van de samenleving*. Roermond: Romen.

Pickering, A. (Ed.). (1992). *Science as practice and culture*. Chicago, IL: Chicago University Press.

Portelli, S. P., & Bailin, S. (Eds.). (1993). *Reason and values: New essays in philosophy of education*. Calgary: Detselig Enterprises.

Rancière, J. (1991). *The ignorant schoolmaster. Five lessons in intellectual emancipation*. Stanford, CA: Stanford University Press.

Rancière, J. (1995). *On the shores of politics*. London & New York, NY: Verso.

Rancière, J. (1999). *Dis-agreement. Politics and philosophy*. Minneapolis, MN & London: University of Minnesota Press.

Rancière, J. (2004). *The politics of aesthetics*. London: Continuum.

Rang, A. (1987). Over de betekenis van het element 'algemeen' in het concept van de algemene vorming. *Comenius, 7*(1), 49–62.

Rorty, R. (1978). Philosophy as a kind of writing: An essay on Derrida. *New Literary History, 10*(1), 141–160.

Rorty, R. (1980). *Philosophy and the mirror of nature.* Oxford: Blackwell.

Roth, H. (1963). Die realistische Wendung in der pädagogische Forschung. *Die Deutsche Schule, 55,* 109–119.

Röttgers, K. (1990). Kritik. In J. J. Sandkühler (Ed.), *Europäische Enzyklopädie zu Philosophie und Wissenschaften. Band 2* (pp. 889–898). Hamburg: Felix Meiner Verlag.

Rutten, K., & Soetaert, R. (2012). Revisiting the rhetorical curriculum. *Journal of Curriculum Studies, 44*(6), 727–743.

Ryan, A. (1995). *John Dewey and the high tide of American liberalism.* New York, NY & London: W.W. Norton.

Sandlin, J. A., O'Malley, M. P., & Burdick, J. (2011). Mapping the complexity of public pedagogy scholarship: 1894–2010. *Review of Educational Research, 81*(3), 338–375.

Sandlin, J. A., Schultz, B. D., & Burdick, J. (Eds.). (2010). *Handbook of public pedagogy: Education and learning beyond schooling.* New York, NY: Routledge.

Sas, P. (1995). Het geweten van de transcendentaalfilosofie: Karl-Otto Apel en de mogelijkheid van strikte reflectie. *Tijdschrift voor Filosofie, 57,* 505–525.

Savage, G. (2010). Problematizing 'public pedagogy' in educational research. In

J. A. Sandlin, B. D. Schultz, & J. Burdick (Eds.), *Handbook of public pedagogy: Education and learning beyond schooling* (pp. 103–115). New York, NY: Routledge.

Schaffar, B. (2009). *Allgemeine Pädagogik im Zweispalt: Zwischen epistemologische Neutralität und moralischer Einsicht.* Würzburg: Ergon Verlag.

Sennett, R. (1992). *The fall of public man.* New York, NY: W.W. Norton.

Siegel, H. (1987). *Relativism refuted. A critique of contemporary epistemological relativism.* Dordrecht: Reidel.

Siegel, H. (1988). *Educating reason. Rationality, critical thinking and education.* New

흔들림 없는 교육: 도구로서의 교육을 넘어

York, NY & London: Routledge.

Siegel, H. (1990). Why be rational? On thinking critically about critical thinking. In R. Page (Ed.), *Philosophy of education 1989* (pp. 392–401). Normal, IL: Philosophy of Education Society.

Siegel, H. (1992). The generalizability of critical thinking skills, dispositions and epistemology. In S. P. Norris (Ed.), *The generalizability of critical thinking* (pp. 97–108). New York, NY: Teachers College Press.

Siegel, H. (1995). What price inclusion? *Teachers College Record, 97,* 6–31.

Siegel, H. (1997). Rationality redeemed? *Further dialogues on an educational ideal.* New York, NY & London: Routledge.

Simmons, J., & Biddle, G. (1997). *The Oxford companion to British railway history: From 1603 to the 1990s.* Oxford: Oxford University Press.

Sloterdijk, P. (1996). *Selbstversuch. Ein Gespräch mit Carlos Oliveira.* München: Hanser.

Sloterdijk, P. (2009). Rules for the human zoo: A response to the 'Letter on humanism.' *Environment and Planning D: Society and Space, 27*(1), 12–28.

Snik, G. L. M., & Zevenbergen, J. K. (1995). Kritisch leren denken: Posities en problemen. *Pedagogisch Tijdschrift, 20,* 101–116.

Spencer, H. W. (1909). *Education: Intellectual, moral, and physical.* New York, NY: Appleton.

Spivak, G. C. (2004). Righting the wrongs. *South Atlantic Quarterly, 103*(2–3), 523–581.

Stojanov, K. (2006). *Bildung und Anerkennung. Soziale Voraussetzungen von Selbst-Entwicklung und Welt-Erschließung.* Wiesbaden: Verlag für Sozialwissenschaften.

Stone, L. (2008). Speculation on a missing link: Dewey's democracy and schools. *Journal of Educational Controversy, 3*(1). (Online) Retrieved from http://cedar.wwu.edu/ jec/vol3/iss1/3

Sünker, H. (1989). Bildungstheorie als Gesellschaftskritik. In O. Hansmann & W. Marotzki (Eds.), *Diskurs Bildungstheorie II.* Weinheim: Deutscher Studien

Verlag.

Sünker, H. (1994). Pedagogy and politics: Heydorn's 'survival through education' and its challenge to contemporary theories of education (Bildung). In S. Miedema, G. Biesta, B. Boog, A. Smaling, W. Wardekker, & B. Levering (Eds.), *The politics of human science* (pp. 113–128). Brussels: VUB Press.

Tenorth, H.-E. (Ed.). (1986). *Allgemeine Bildung. Analysen zur ihrer Wirklichkeit, Versuch über ihre Zukunft.* Weinheim: Juventa.

Thayer-Bacon, B. (1992). Is modern critical thinking sexist? *Inquiry: Critical Thinking Across the Disciplines, 323–340.*

Thayer-Bacon, B. (1993). Caring and its relationship to critical thinking. *Educational Theory, 43*(3), 323–340.

Thayer-Bacon, B. (1998). Transforming and redescribing critical thinking: Constructive thinking. *Studies in Philosophy and Education, 17*(2–3), 123–148.

Thayer-Bacon, B. (2000). *Transforming critical thinking: Constructive thinking.* New York, NY: Teachers College Press.

Thompson, A. (2011). Listening at an angle. In G. J. J. Biesta (Ed.), *Philosophy of education 2010* (pp. 1–10). Urbana, IL: Philosophy of Education Society.

Todd, S. (2003). *Learning from the other.* Albany, NY: SUNY Press.

Usher, R., & Edwards, R. (1994). *Postmodernism and education.* London & New York, NY: Routledge.

Vanderstraeten, R. (1995). *Leren voor het leven.* Leuven & Apeldoorn: Garant.

van der Veen, R., Wildemeersch, D., Youngblood, J., & Marsick, V. (Eds.). (2007). *Democratic practices as learning opportunities.* Rotterdam, The Netherlands: Sense Publishers.

Vansieleghem, N. (2005). Philosophy for children as the wind of thinking. *Journal of Philosophy of Education, 39*(1), 19–37.

van Woudenberg, R. (1991). *Transcendentale reflecties. Een onderzoek naar transcendentale argumenten in de contemporaine filosofie, met bijzondere aandacht voor de transcendentale pragmatiek van Karl-Otto Apel.* Amsterdam: Vrije

흔들림 없는 교육: 도구로서의 교육을 넘어

Universiteit.

Waks, L. J. (2010). Two types of interpersonal listening. *Teachers College Record, 112*(11), 2743–2762.

Walters, K. S. (Ed.). (1994). *Re-thinking reason: New perspectives on critical thinking.* Albany, NY: SUNY Press.

Warren, M. (1992). *Democratic theory and self-transformation. American Political Science Review, 86*(1), 8–23.

Welton, M. R. (1995). *In defense of the lifeworld: Critical perspectives on adult learning.* Albany, NY: SUNY Press.

Westbrook, R. (1991). *John Dewey and American democracy.* Ithaca, NY: Cornell University Press.

Westphal, M. (2008). *Levinas and Kierkegaard in dialogue.* Bloomington, IN: Indiana University Press.

Wildemeersch, D., Finger, M., & Jansen, T. (1998). *Adult education and social re- sponsi- bility.* New York, NY: Peter Lang.

Winter, P. (2011). Coming into the world, uniqueness, and the beautiful risk of education: AN interview with Gert Biesta by Philip Winter. *Studies in Philosophy and Education, 30*(5), 537–542.

Woolgar, S. (1988). *Science: The very idea.* London & New York, NY: Tavistock Publications.

Young, I. M. (2000). *Inclusion and democracy.* Oxford: Oxford University Press.

Zappen, J. P. (2012). US and Russian traditions in rhetoric, education and culture. *Journal of Curriculum Studies, 44*(6), 745–760.

Zevenbergen, J. K. (1997). Twee rechtvaardigingen van kritisch denken en ration- aliteit: Siegel en Apel. *Pedagogisch Tijdschrift, 22,* 289–308.

Zijderveld, A. (1974). *De relativiteit van kennis en werkelijkheid: Inleiding tot de kennissociologie.* Meppel: Boom.

찾아보기

흔들림 없는 교육 : 도구로서의 교육을 넘어

353

ㅇ

ㅈ

흔들림 없는 교육 : 도구로서의 교육을 넘어

흔들림 없는 교육 : 도구로서의 교육을 넘어

흔들림 없는 교육

도구로서의 교육을 넘어

초판 발행 2025년 8월 13일

지은이 거트 비에스타(Gert J. J. Biesta)
옮긴이 이민철
펴낸이 김성배

책임편집 최장미
디자인 송성용, 엄해정
제작 김문갑

발행처 도서출판 씨아이알
출판등록 제2-3285호(2001년 3월 19일)
주소 (04626) 서울특별시 중구 필동로8길 43(예장동 1-151)
전화 (02) 2275-8603(대표) | **팩스** (02) 2265-9394
홈페이지 www.circom.co.kr

ISBN 979-11-6856-346-9 (93370)